Christiane Schmelzkopf

Zur Gestaltung jüdischer Figuren in der deutschsprachigen Literatur nach 1945

Germanistische Texte und Studien

Band 16

Christiane Schmelzkopf

Zur Gestaltung jüdischer Figuren in der deutschsprachigen Literatur nach 1945

1983
Georg Olms Verlag
Hildesheim · Zürich · New York

Christiane Schmelzkopf

Zur Gestaltung jüdischer Figuren in der deutschsprachigen Literatur nach 1945

1983
Georg Olms Verlag
Hildesheim · Zürich · New York

Gedruckt mit Genehmigung
der Neuphilologischen Fakultät
der Universität Tübingen

Printed in Germany
Umschlagentwurf: Paul König, Hildesheim
Herstellung: Weihert-Druck GmbH, Darmstadt
ISBN 3 487 07385 4

Für die ermutigende Betreuung meiner Arbeit und für seine Anregungen möchte ich Herrn Prof. Dr. Paul Hoffmann ganz besonders danken. Sehr verbunden fühle ich mich auch Herrn Prof. Dr. Marcel Reich-Ranicki und Herrn Dr. Reinhold Mayer für ihre beratende Unterstützung.

Außerdem gilt mein Dank dem Evangelischen Studienwerk Villigst, das mir durch ein Promotionsstipendium ermöglicht hat, diese Arbeit zu schreiben.

Meinen Eltern

V o r w o r t

Nicht ohne Zögern gebe ich diese Arbeit nun mehr als drei Jahre nach ihrer Fertigstellung zur Drucklegung.
Ihr Vorhaben, charakteristische Beziehungen aufzudecken zwischen der Darstellung jüdischer Gestalten und der dabei wirksamen Auseinandersetzung mit dem Nationalsozialismus und seinem antisemitischen Hetzbild, wendet sich gezielt - und dabei vielleicht zu gezielt - besonders bekannt gewordenen literarischen Werken zu und verfolgt an ihnen die Tendenzen der Judendarstellung bis hin zum Auftauchen des alten Klischees des "häßlichen Juden" in den Siebziger Jahren, wobei andeutungsweise Erklärungen für diese Entwicklung versucht werden. Die an diesen Literaturbeispielen herausgearbeitete These, daß bis in die Siebziger Jahre in der literarischen Auseinandersetzung mit dem Judentum die Tendenz vorherrschte, Judengestalten entsprechend den Anforderungen von Ideen zu zeichnen, anstatt sie in ihrer geschichtlich-relativierbaren Vielfalt und Besonderheit wahrzunehmen, hat zwar zwischenzeitlich nicht an Berechtigung verloren, doch erscheint es mir vom heutigen Standpunkt aus klarer als zuvor als ein Mangel, auf die deutliche Gegenbewegung, die sich vor allem in literarischen Werken jüdischer deutschsprachiger Schriftsteller abzeichnet, nicht mehr eingegangen zu sein, obwohl ich im Nachwort noch auf sie hingewiesen habe. So scheint es mir heute, daß das in meiner Untersuchung herausgestellte Defizit einer Darstellung von Judengestalten in der Vielfalt geschichtlich gewordener Eigenarten und einer komplexeren Thematisierung von Fragen jüdischer Identität durch Bücher wie Jurek Beckers "Jakob der Lügner" (1975) und "Der Boxer" (1976), Jeannette Landers "Ein Sommer in der Woche der Itke K." (1974) und "Die Töchter" (1976) oder Stefan Heyms "Ahasver" (1981) sich inzwischen aufgefüllt hat, eine Entwicklung, die meine These überflügelt hat. Bezeichnend allerdings ist - und dies bestätigt meine These in gewisser Weise - daß all diese literarischen Werke von Schriftstellern stammen, deren Schreibimpuls ganz oder in seinen Anfängen außerhalb der Bundesrepublik liegt. Auf

ein solches Beispiel, den Essay "Zusammenhänge" des Schweizers Friedrich Dürrenmatt, bin ich noch eingegangen; die anderen, die zum Teil damals schon erschienen waren, zu behandeln, hätte eine ausführliche Darstellung des individuellen Entstehungshintergrunds - z.B. die entsprechende Entwicklung in der DDR - verlangt, so daß bei der von mir zum Schluß einseitig verfolgten Konzentration auf die westdeutsche Entwicklung die Arbeit zu umfangreich geworden wäre.
So umreißen die von mir dargestellten Beobachtungen ein Stück des Hintergrunds, vor dem die Entwicklung des letzten Jahrzehnts in seiner eigentlichen Bedeutung gesehen werden kann, eine Entwicklung, die nicht abgeschlossen ist und die darauf hindeutet, daß die Zeit einer engagierten und doch unverkrampften Darstellung von Problemen jüdischer Identität im deutschen Sprachraum erst jetzt eigentlich gekommen ist.

Tübingen, im März 1982

Inhalt

E i n l e i t u n g

I. Die vorliegende Arbeit wird untersuchen, in welcher Weise nach dem Ende des zweiten Weltkriegs jüdische Figuren durch deutsche Schriftsteller literarisch gestaltet worden sind.

Der Fragehorizont der Untersuchung ist dabei von der Vermutung bestimmt, daß in derartiger literarischer Gestaltung etwas von jenem Prozeß der Auseinandersetzung mit der geschichtlichen Erfahrung des nationalsozialistischen Faschismus und seiner Ideologie greifbar werden müßte, in den nach 1945 im besiegten Deutschland jeder Einzelne in eigener Weise gestellt war.
Nach dem von Deutschen unter dem Hitlerregime geplanten und in unvorstellbarem Ausmaß auch durchgeführten Völkermord an Juden, dessen ideologische Rechtfertigung sich einem Konglomerat aus rassischem Antisemitismus und Welterlösungswahn verdankt hatte, stand das literarische wie nicht-literarische Sprechen von Juden oder jüdischen Themen nach 1945 vor der Notwendigkeit, sich einerseits Rechenschaft über den eigenen Standpunkt zu geben, andererseits die Frage nach der weiterwirkenden Macht dieser Ideologie und der sie tragenden Bilder zu stellen. In einem Lebens- und Sprachbereich, in dem zwölf Jahre lang von Staats wegen die gleichgeschalteten Medien im Einklang mit "Literatur" und "Wissenschaft" durch das dämonisierte Zerrbild "des Juden" an tiefsitzende Ängste appelliert, Haß aufgepeitscht und zu Pogrom und Mord an jüdischen Mitbürgern gehetzt hatten, dürfte nach dem Zusammenbruch des totalitären Apparates die Suche nach einer sprachlichen Annäherung an dieses Geschehen, überhaupt nach einer neu ansetzenden Annäherung an die Probleme jüdischer Existenz, in ihrer Notwendigkeit und Fast-Unmöglichkeit zugleich einer unmittelbar empfundenen Herausforderung entsprungen sein, einer Herausforderung, welche zum Überdenken der Macht drängte, die das antisemitische Zerrbild über das Bewußtsein der Menschen gewonnen hatte.
Dieses Zerrbild, eingepeitscht in das Bewußtsein der Menschen

Nazi-Deutschlands, eine Teufelsfratze des Schmarotzers, des schlau anpassungsfähigen, das "Gastvolk" aussaugenden, mit Gerissenheit zur Weltherrschaft drängenden Schacherjuden, des geilen Frauenverführers, dessen Ziel Schwächung und Unterwerfung "arischen" Blutes ist, hatte seine Vorstufen. Reichen einzelne Wurzeln dieses Zerrbildes über den mittelalterlichen Judenhaß zurück bis in die Antike, so stabilisiert sich das aus diesen sowie einigen späteren Elementen zusammengesetzte Bild doch erst seit dem Aufkommen des säkularen Antisemitismus im Gefolge der Aufklärung; dabei bestanden im 19. Jahrhundert zunächst noch merkliche Differenzen zwischen den im Volk wirksamen, mehr von Elementen christlich-mittelalterlichen Judenhasses, wie z.B. der Ritualmordlüge, bestimmten Zerrbildern einerseits, und jenen in der zweiten Jahrhunderthälfte Einfluß gewinnenden, ökonomisch und rassenideologisch argumentierenden Ideensystemen spekulativen Antisemitismus' andererseits. Die systematische Verschmelzung beider in jenem gigantischen Wahnsystem, das es als vernünftig und tapfer hinstellte, eine rassisch definierte und mittels uralter Drohbilder zu Untermenschen deklarierte Menschengruppe auszurotten wie Ungeziefer, blieb dem 20. Jahrhundert vorbehalten.

Schriftsteller, die in ihren Werken jüdische Figuren oder Themen zur Sprache brachten, hatten somit, eingestanden oder nicht eingestanden, immer schon im Hintergrund zugleich die Frage nach der Wirksamkeit des Judenzerrbildes im angesprochenen gesellschaftlichen Zusammenhang mitzuberühren: dabei personifizierte im schlechtesten Fall der Schriftsteller selbst die im Volk unkoordiniert vorhandenen Elemente alten Judenhasses, ordnete sie der durch soziale und ökonomische Veränderungen bedingten Beunruhigung zu und brachte somit die Ängste einer Epoche ideologisch überschaubar auf einen Nenner, wie z.B. in der Mitte des vorigen Jahrhunderts Gustav Freytag in "Soll und Haben" und Wilhelm Raabe in "Der Hungerpastor". Im besten Fall dagegen gelang es einzelnen Autoren, meist selbst jüdischer Herkunft, etwas spürbar werden zu lassen von dem Aufrüttelnden und der Kraft der Infragestellung, die einer sprachlichen Gestaltung unmittelbar erfahrener Begegnung mit jüdischem Leben, mit einer geschichtlich alle Verbilderung verfremdenden jüdischen Wirklichkeit entspringen konnte, wie z.B. Joseph Roth in dem 1930 erschienenen Roman "Hiob".

II. Nach 1945 stellte sich das Problem in nahezu qualitativ neuer Weise: hatte sich doch in der Geschichte die Wirkungsmacht jenes aus Zerrbildern aufgebauten Wahns in solch noch nie dagewesener Ungeheuerlichkeit gezeigt, daß es für eine literarische Annäherung an jüdische Wirklichkeit auf dem Hintergrund des Geschehenen fast unmöglich erscheinen mochte, der Thematik noch in jener Offenheit und Bereitschaft zum Ertragen des Widersprüchlichen zu begegnen, die allein auch jetzt Raum zu aufrüttelnder Infragestellung gewährt hätte; stattdessen lag es wohl näher, sich in formelhafte Lösungsversuche gegenüber den Problemen des Judentums zu retten.
Es mochte das Bewußtsein einer größer gewordenen existentiellen Kluft zwischen Nichtjuden und Juden sein, das in solcher Befangenheit wirksam wurde: ein Bewußtsein, das jedoch Bedingungen und Konsequenzen dieser Kluft zumeist nicht reflektierte - wie z.B. die Konsequenz einer auseinanderstrebenden Identifizierungstendenz im Verhältnis zur eigenen Geschichtseingebundenheit auf beiden Seiten.
Dies muß kurz erläutert werden. Zunächst läßt sich gewiß sagen, daß das Geschehen des Massenmords weltweit einen entscheidenden Umbruch im Selbstverständnis jüdischer Identität bewirkt hatte. Mochte bis dahin für jüdische Selbstidentifikation zwischen den Polen einer religiös-kulturellen Selbstzuordnung einerseits und dem einer rassischen Identifikation durch die Judengegner andererseits ein Ausweichen in Indifferenz, Verleugnung oder Harmonisierung verschiedener Identitätsaspekte möglich gewesen sein, so hatte das Geschehen unter dem Nationalsozialismus unwiderruflich den Scheincharakter derartigen Ausweichens deutlich gemacht. Unter dem Zeichen des in jüngster Geschichte Erfahrenen mußte sich

jüdische Identität zwischen religiöser und rassischer Definition neu begreifen: die Betroffenheit, das Bewußtsein eines möglichen Betroffenwordenseins von der Vernichtung hatte die Notwendigkeit einer neuen Selbstzuordnung unausweichlich gemacht - Jude sein hieß fortan in erster Linie, zu einer Geschichtsgemeinschaft zu gehören.
Zwar war mit dieser Selbstidentifikation aus der Geschichte nur ein Sachverhalt aktualisiert und in seiner Unausweichlichkeit neu bewußt geworden, der, im jüdischen "Volks"-Begriff bereits ausgelegt, ganz ursprünglich das theologisch-kulturelle Selbstverständnis des Judentums bestimmt hatte: hatte doch, kultur- und religionsgeschichtlich gesehen, das jüdische Bewußtsein, etwas geschichtlich Besonderes zu sein, selbst eine Entwicklung herausgefordert, in der das jüdische Volk zu etwas in irreversibler Weise geschichtlich Besonderem geworden ist. Das Neuartige an der nun nach dem Massenmord aktualisierten Selbstbesinnung mag jedoch darin gesehen werden, daß nun für jüdisches Selbstverständnis die vorher noch möglichen Variationen denkerischen Ausweichens endgültig kompromittiert scheinen mußten.
Diesem Gedanken der Irreversibilität, der geschichtlich-bewußtseinsverändernden, identitätsbildenden und weiterwirkenden Macht von Geschehenem versuchte man dagegen auf nichtjüdischer Seite im Deutschland der Jahre nach dem Krieg unter der Last der Schuldfrage zunächst eher auszuweichen, so sehr man auch mit Entsetzen zurücksah: der Gedanke einer "Stunde Null", des möglichen Neuanfangs über den Trümmern, der am Beginn des Schreibens vieler der aus Krieg und Gefangenschaft zurückkehrenden Debütanten gestanden hatte, mag dafür ebenso sprechen wie die von den Älteren zunächst vollzogene Rückwendung zu Sprache und Inhalten vorfaschistischen Geisteslebens.[1)]

Die Frage, die uns also angesichts dieses Auseinanderklaffens im Folgenden beschäftigen wird, ist die, ob die beginnende, in der neu erstehenden Literatur sich abzeichnende Auseinandersetzung mit der Problematik von Juden und

Nichtjuden Aufschluß gibt über die verfremdende, den Prozeß der Selbstbesinnung weitertreibende Kraft derartiger Konfrontation über die existentielle, durch unterschiedliches Verhältnis zur Geschichte bedingte Kluft hinweg: wie wurde in diesem Land nach 1945 das den Juden Angetane zur Sprache gebracht, überhaupt von Juden und jüdischen Problemen gesprochen?

Gewiß ist davon auszugehen, daß im Bewußtsein der großen Masse der Menschen das Thema zunächst tabuisiert wurde, verdrängt - eine Erfahrung, die später zum oft zitierten Schlagwort der "unbewältigten Vergangenheit" führte: umso wichtiger dürfte entsprechend die Frage sein, wie nun also Schriftsteller sich der Thematik annahmen, gegen das Tabu anschrieben. Welche Funktion würde solchem Schreiben zugeordnet werden müssen, sowohl im Blick auf das distanzierend verarbeitende Bewußtsein des Schreibenden als auch im Blick auf die Bewußtseinsbildung möglicher Leser? Wie aber wird dabei das Verhältnis von intellektueller und intuitiver Annäherung zu beurteilen sein?

III. Vor einem von diesen Fragen bestimmten Problemhorizont Literatur zu untersuchen, um zu einer stichhaltigen Antwort auf die Frage nach Tendenzen der Judendarstellung und Thematisierung jüdischer Probleme zu gelangen, scheint methodisch jedoch ein schwieriges Unterfangen. Wie kann man literarische Zeugnisse, deren Funktion sowohl im Blick auf den Auseinandersetzungsprozeß des jeweiligen Schriftstellers als auch hinsichtlich einer möglichen Öffentlichkeit eine jeweils verschiedene ist, einem so komplexen Frageraster aussetzen, ohne dabei über ihre eigene Komplexität hinwegzugehen? Mit welchen Kriterien soll ausgewählt werden, was als Literatur hier untersucht werden soll, und mit welcher Signifikanz lassen sich Aussagen machen? Wie ist der Gefahr auszuweichen, daß die Untersuchung entweder die Voraussetzungen, von denen her Texte aufgeschlossen werden müßten, nicht hinreichend analysiert, oder anders bereits in der Analyse der Voraussetzungen steckenbleibt?

Stellt man diese Fragen mit aller Strenge, so läge es nahe,

vor ihnen zu kapitulieren. Eine Fragestellung eher psychologischer Herkunft, kristallisiert um die Begriffe der "Auseinandersetzung" und des "Verhältnisses zur Geschichte", soll hier an Textmaterial herangetragen werden, das den Bedingungen seiner Entstehungszeit, einer Phase der Neuorientierung, entsprechend wie kaum ein anderes sich dem vereinheitlichenden Zugriff entzieht. Zwar könnte es hilfreich sein, den literarischen Distanzierungsprozeß in seinem Verhältnis zu anderen Ansätzen intellektueller Annäherung an das Geschehen zu erfassen, danach zu fragen, welche Versuche einer Verarbeitung sich gleichzeitig auf dem Gebiet von Philosophie, Psychologie, Geschichtstheorie abzeichnen und welche Wechselwirkung zwischen diesen und der in der Literatur faßbaren Aufarbeitung besteht. Auch die Frage, welche entsprechenden Prozesse sich gleichzeitig unterhalb der intellektuellen Annäherung bei der Masse des Volkes abspielen, und in welcher Weise diese von den genannten Disziplinen sowie der Literatur reflektiert werden, dürfte einen wichtigen Aspekt zu einer möglichst komplexen Inangriffnahme des Themas bieten.

Doch sucht man in dieser Weise den Rahmen der Untersuchung wissenschaftlich abzusichern, so zeigt sich, daß gerade im Blick auf die besagte Fragestellung auch die wenigen Vorstöße, die im Bereich jener an die Literaturwissenschaft angrenzenden Disziplinen gemacht worden sind, ebenfalls vom methodischen Standpunkt aus durchaus in Frage zu stellen sind, ohne daß ihren auf vielschichtiger kritischer Beobachtung beruhenden Aussagen ihre Stringenz abgesprochen werden könnte. [2)]

Angesichts dieser Schwierigkeiten möchte es sodann für das hier anvisierte Vorhaben weniger riskant erscheinen, sich auf eine typisierende Zusammenstellung verschiedener Judendarstellungen der deutschen Nachkriegsliteratur und eventuelle Schlußfolgerungen zu beschränken. [3)] Doch hält auch dieser Einwand einer näheren Prüfung nicht stand, denn das methodische Dilemma - ein Moment von Willkür bei der Auswahl des Materials sowie die Wirkung eigenen Vorverständnisses hinsichtlich der Bewältigungsproblematik auf die gezo-

genen Schlußfolgerungen - würde dabei hinter einem Schein wissenschaftlicher Abgesichertheit das gleiche bleiben.
Aus diesem Grunde soll durchaus versucht werden, sich dem Material unter der oben ausgeführten komplexen Fragestellung zuzuwenden, dabei aber die möglichen Vorbehalte hinsichtlich der Schlußfolgerungen deutlich herauszustellen.
So sollen im folgenden Werke von deutschen Nachkriegsschriftstellern, in denen Juden eine Rolle spielen, untersucht und auf ihren möglichen Aussagewert hinsichtlich der Verarbeitung des erlebten National-Sozialismus sowie ihres Selbstverständnisses im Blick auf die Geschichte überhaupt befragt werden, wobei es sich nahelegt, sich mehr jener Schriftsteller-Generation zuzuwenden, für die diese Auseinandersetzung wesentlich am Anfang ihres Schreibens gestanden hat. Die über die reine Untersuchung hinausgehenden Schlußfolgerungen mögen allerdings Versuch bleiben, Frage, Hypothese auch, die doch ihren eigenen Wert im Fortgang wissenschaftlichen Dialogs haben mag.

1. Kapitel: Albrecht Goes

"Ich habe schon erzählt, wie mich das beschäftigt hat: daß sie untereinander sich kaum etwas mitteilten, und eigentlich ist mir der Rabbiner zuerst dadurch aufgefallen, daß er, er allein, oft genug gegrüßt und auch angeredet wurde. Ich hätte ihn nicht als Rabbiner erkannt, in der Kleidung zum Beispiel unterschied er sich in nichts von anderen älteren Männern. Das Einkaufsnetz, das er bei sich trug, war meist schon schwer, wenn er zur Metzgerei kam. Er hatte alle Lebensmittelrationen für sieben oder acht Menschen zu besorgen, jedesmal. Wie er aussah? Er sah aus wie - aber das wußte ich damals noch nicht, ich kam erst später dazu, richtig in der Bibel zu lesen, und da wußte ich es dann plötzlich, wenn ich im Buch des Propheten Jeremia las -: er sah aus wie der Prophet Jeremia. Meist war es gerade sechs Uhr, wenn er den Laden betrat. Einmal geschah es, die Glocke von der Petruskirche, es war nur noch e i n e Glocke um diese Zeit auf dem Turm, hatte geläutet, und nach dem Läuten gab es für einen Augenblick eine richtige Stille. Da sagte der Rabbiner mit lauter Stimme ein Wort. Ich hörte den Wortklang, aber ich verstand nicht. Später lernte ich diese Worte. Er hatte 'Schalom' gesagt, und auf dieses Wort standen alle, die im Laden waren, reglos still. Dann sprach er von neuem, und ich merkte: das ist nun ein Gebet oder ein Bibelwort und alle sind mit dabei. Ich verhielt mich ganz ruhig und legte das Messer weg. (Wenn nur jetzt nicht gerade schwarzer Besuch kommt, dachte ich, es wäre nicht gut.) Und da sah ich plötzlich einen, der mit einem bösen, einem wirklich tückischen Blick zum Rabbiner hinüberschaute. Es war ein junger Bursche, der selten einkaufte, meist kam seine Mutter...
Er trat an die Kasse und sagte mitten in die Stille hinein ganz laut zu mir: 'Was bin ich schuldig?' Ich nannte ihm so leise wie möglich die Summe, er aber legte geräuschvoll und umständlich die Münzen aufs Zahlbrett, laut sagte er 'Schön gut'n Abend' und ging zur Tür hinaus. Die anderen Kunden sahen sich nicht um, der Gottesdienst ging weiter. Ich dachte: so ist das also, auch dort - hier die Gemeinde, und dieser eine ist nicht mehr dabei. Aber wie gut, daß die Schwarzen heute nicht gekommen sind, dachte ich dann noch einmal."

Das hier wiedergegebene Textstück ist der kleinen Erzählung "Das Brandopfer"[1] von Albrecht Goes entnommen, die 1954, neun Jahre nach Ende des zweiten Weltkriegs also, in dem inzwischen autonomen und sich stabilisierenden Staatsgefüge der BRD erschien.[2]. In ihr wird stückweise, eingeflochten in einen über mehrere Wochen sich hinziehenden persönlichen Nachforschungsprozeß, ein Ereignis aufgedeckt, das sich in einem kleinen süddeutschen Ort während des Dritten Reiches, und zwar 1942, zur Zeit der dort beginnenden Judendeportationen, abgespielt hat. Es ist die Geschichte einer Schlachtersfrau, die, während ihr Mann im Feld ist, zur "Judenmetzig" des Städtchens bestimmt, d.h. mit dem auf die Stunden von 17 - 19 h am Freitag beschränkten Fleischverkauf an Juden beauftragt wurde: die Geschichte einer Frau, die, durch ihre berufliche Stellung unausweichlich mit dem Schicksal der in Deutschland verbliebenen Juden konfrontiert, ihre eigene Antwort auf die Frage nach Schuld und Mitschuld, Widerstand und Anpassung suchte, und angesichts der Erkenntnis, daß der ihr zunächst Hoffnung bietende Spielraum von Widerstand und entschiedener Stellungnahme für die Entrechteten das Letzte doch nicht verhindern konnte, ihre eigene Parteilichkeit nur noch im Freitod verwirklichen zu können glaubte. Das so nach und nach aus dem Dunkel gezogene Geschehen, der Selbstmordversuch und seine Vorgeschichte, wird dabei für den Erzähler, einen jungen Mann, zu einem Verfremdungshorizont, vor dem die Konturen neuer Fragen an die Gegenwart, aber auch deren mögliche Antwort, deutlich werden.

Jemand beginnt, durch scheinbar belanglose Beobachtungen stutzig geworden, nach dem Verhalten eines anderen Menschen unter der Hitler-Diktatur zu fragen, und aus dieser Konfrontation mit dem Geschehenen erwächst für ihn die grundsätzliche Frage nach dem Umgang mit dem Gewußten über diesen Teil deutscher Geschichte und verlangt nach einer Antwort - ein einfaches, zuvor und späterhin oft literarisch aufgegriffenes Schema. Im Blick auf unsere Thematik scheint die Verarbeitung des Motivs innerhalb dieser kleinen Erzählung jedoch so aufschlußreich, daß sie hier an den Anfang gestellt werden soll, sodaß die an ihr gemachten Beobachtungen in den Umkreis der Problematik, die literarische Gestaltung jüdischer Figuren nach 1945, einführen können.

II. Ein kleines süddeutsches Städtchen während der ersten Jahre nach dem Zusammenbruch des Hitlerregimes: Die Menschen kennen einander und scheinen sich deshalb vor zu viel Spre-

chen und Fragen zu hüten; das Gebaren der Andeutung, Sprache des Einverständnisses ins Nicht-Einverstandensein, steht über dem täglichen Miteinander und läßt, als beredtes Zeichen kleinbürgerlicher Bereitschaft zur Unterwerfung unter den totalitären Geist, die scheinbar klar strukturierte Gegenwart gespenstische Schatten an die Wand werfen.[3)]
Dagegen steht die um so selbstverständlicher, fragloser wirkende hartnäckige Bewegung des Nachforschens, Ausdeutens, Benennens von Seiten des Ich-Erzählers und jener Einzelpersonen, die mit ihm gleichen Sinnes sind: die Ausdrückbarkeit des Empfundenen wird vorausgesetzt, wenngleich nicht leichtfertigem Ausdruck überantwortet; wie von einem Einverständnis des Fühlens und Denkens gewährleistet, deutet sich zwischen allen Hauptbeteiligten eine klar strukturierte Raumordnung dessen an, was gesagt, geschrieben, oder evtl. erst von jemand anderem geschrieben wird. So tastet sich der Ich-Erzähler, Assistent an der Staatsbibliothek des Ortes, schreibend und fragend, zuhörend und lesend, an den Zielpunkt des damaligen Geschehens heran, indem er lange Erzählpassagen und Briefseiten seines langsam in den Mittelpunkt rückenden Gesprächs-Gegenübers, jener Schlachtersfrau, deren Selbstmordversuch damals verhindert worden war, mit eigenen Reflexionen und Informationen von dritter Seite zusammenfügt.
Hierbei nun gewinnen bald die Reflexionen und Zweifel, die in dem jungen Assistenten während der gedanklichen Beschäftigung mit der Frau aufbrechen, selbst an Eigengewicht und umreißen die Spannungsweite der für ihn relevanten Dimensionen des Problems: die deutsche Fragenskala nach Schuld und Versöhnung, nach der Möglichkeit und dem Vorzeichen eines Weiterlebens gegenwärtiger und künftiger Generationen "nach Auschwitz" steht hinter der gedanklichen Annäherung des Erzählers an diese Dinge, wobei dem Hindurchtasten durch die entsprechende Begrifflichkeit ein Moment von Behutsamkeit nicht abgesprochen werden kann: Anläßlich eines Besuchs in der Pro-Israel-Gesellschaft, "einer Vereinigung, die es sich zur Aufgabe gemacht hat, den Boden aufzulockern

für die Wiederherstellung von echten Beziehungen zu Israel"[4] an dem ein Vortrag mit dem Thema "Redet freundlich mit Jerusalem" gehalten wurde, bezeichnet der Erzähler das für ihn grundsätzliche Problem: "Ich denke an das junge Geschlecht in diesem Land, dem man einen Dienst tun möchte. Sie haben fast keine Anschauung mehr, und reine Ideen liebzuhaben, ist sehr schwer."[5]
Und mit der gedanklich durchgespielten Verfremdung eines Gesellschaftsabends nachkriegsdeutschen Bildungsbürgertums wird der Horizont der Problematik weiter umrissen:

> "Wir waren unser elf im Hause eines Landgerichtsrats, es gab vorzügliche kalte Platten und einen leichten Moselwein, es gab Hausmusik, ein helles französisches Barocktrio und eine Flötensonate von Couperin, einen Mozart zuletzt, es gab das gute Gespräch der weltoffenen Leute, an dem ich zu anderer Stunde mit Vergnügen teilzunehmen vermocht hätte -; aber wie konnte ich der Schinkenbrötchen froh werden, ... und wie tönt Mozart über dieser verstörten Erde ('Sie werden die Judenmetzig!') Auch wollte ich nicht des Landgerichtsrats Meinung über die byzantinischen Mosaiken hören, - ich wollte wissen, ob er einen Synagogenbrandstifter bestraft hatte, bestraft hätte, muß ich ja wohl sagen... Fieber kroch herauf, ich fühlte es, jetzt im Rücken und jetzt an den Schläfen, ich verabschiedete mich frühzeitig, kehrte heim und überstand die lange Nacht;"[6]

Die hier so exemplarisch vorgeführte, noch von keinem Zweifel an der Benennbarkeit der Probleme gestörte, dennoch die griffigsten Schlagworte vermeidende Konfrontation verlangt nun nach einer Lösung, und diese bietet sich sodann von der Komposition der Erzählung her aus der Geschichte der Schlachtersfrau heraus an: sie, die sich damals durch ihren dienstlichen Auftrag mit dem Leben der verbliebenen Juden und damit irgendwann auch mit ihrem Todesurteil auseinandersetzen mußte, hatte angesichts der unausweichlichen Wahrheit mit einem Verzweiflungsakt reagiert, der später vom Erzähler - und offenbar auch von ihr selbst[7] - mit Berufung auf übergeordnete Bestimmung abgelehnt wird: sie, die während eines Bombenangriffs selbst den Feuertod suchen wollte, um durch ein "Brandopfer" zu bewirken, "daß alles gut aufgeräumt wird - im Feuer"[8], wurde gerettet, das so bezeichnete Brandopfer "nicht angenommen"; doch die bleibende Brandnarbe im Gesicht der Frau wird gedeutet als Zeichen der Mahnung an jene aktive Zuwendung der Nächstenliebe zu den Überlebenden und den kommenden Generationen, um die es hinfort zu gehen habe:

> "Die Frage, ob da einer ist, der die furchtbare Schuld der Zeit aufrechnen könnte gegen das wilde Opfer einer Metzgersfrau, gegen diese Bereitschaft, die in den feurigen Ofen kriecht? Aber der eine, der hier aufrechnen könnte, der wird sagen, daß ihm solche Opfer nicht gefallen, daß er nicht Lust hat am Brandopfer und am Fett von den Gemästeten, sondern am geängsteten Geist und am zerschlagenen Herzen. Und wird sagen - und das wird die Antwort sein: daß sie alle ... bewahrt sind zu anderem Dienst. In dem Brandmal freilich auf dem Gesicht der Frau soll es aufgerichtet bleiben, das Zeichen, und anders nicht zu lesen sein denn als ein Zeichen der Liebe, jener Liebe, welche die Welt erhält ..." 9)

Die Bewältigungsproblematik der Überlebenden wird hier somit in einen theologisch-anthropologisch-ethischen Deutungsrahmen geschoben, der ihre gedankliche Einordnung unter dem Vorzeichen von Berechtigung und Verpflichtung erlaubt: abgelehnt wird der primitiv-magische Gedanke der Versöhnung der Gottheit durch das Selbstopfer des Unschuldigen, doch das Leben jener, die die "Schuld der Zeit" überlebten, steht dafür unter der Verpflichtung zu tätiger Liebe, zur Arbeit in der Pro-Israel-Gesellchaft etwa, zum zeichenhaften Gedenken, dem "zerschlagenen Gemüt", und gewinnt daher Sinn und Recht.

Deutlich steht im Hintergrund dieses Umgangs mit dem Schuldproblem der christlich-protestantische Gedanke, daß alle menschliche Schuld, sofern sie bereut werde, von jener Vergebung Gottes aufgehoben werde, die durch den freiwilligen Kreuzestod Jesu, des Unschuldigen, bereits ein für alle mal erwirkt worden sei und so das menschliche Leben unter die Freiheit zu christlich-tätiger Nächstenliebe gestellt habe. Die Dialektik aus einem auf diese Vergebung hoffenden Vergessen und dem Gedenken, das zu tätiger Hinwendung mahnt, soll die Haltung der Überlebenden bestimmen: dieses Ergebnis der Auseinandersetzung mit der Geschichte der Schlachtersfrau, die eine Auseinandersetzung mit der Geschichte Deutschlands ist, wird gleichsam als Motto und Einstimmung vor den Beginn der Erzählung gesetzt:

> "Geschehenes beschwören: aber zu welchem Ende? Nicht damit der Haß dauere. Nur ein Zeichen gilt es aufzurichten im Gehorsam gegen das Zeichen des Ewigen, das lautet: 'Bis hierher und nicht weiter'. Ein Gedenkzeichen, geschrieben - wohin und für wen? Ach, in die Luft schreibt, wer ihrer gedenkt, ihrer, deren irdisches Teil vergangen ist, Staub und Asche in Erde und Wind. Man hat vergessen. Und es muß ja auch vergessen werden, denn wer könnte leben, wer nicht vergessen kann? Aber zuweilen muß einer da sein, der gedenkt. Denn hier ist mehr als Asche im Wind. Eine Flamme ist da. Die Welt würde erfrieren, wenn diese Flamme nicht wäre." 10)

III. Allein, so deutlich die "Botschaft" der Erzählung dasteht, es wäre verfehlt, dieses kleine Prosawerk als programmatisch oder aufdringlich zu bezeichnen; auch etwa die Etikettierung des Erbaulichen oder gar Kitschigen wäre völlig fehl am Platze. Zu nahe steht hinter dieser Prosa die Dringlichkeit persönlicher Auseinandersetzung eines Schriftstellers mit diesen Dingen, der Verarbeitung auf dem Hintergrund der eigenen, christlich-protestantischen Glaubenswelt, deren Vorstellungen ihre Tragfähigkeit an dieser äußersten Belastung erweisen müssen, und zu sorgfältig werden Schlagworte und gängigste Klischeebilder vermieden, bewußt der Schwarzweißmalerei entgegengearbeitet.[11] Die langatmigen Wendungen persönlicher Rede oder des Gedankenflusses, der nur im einleitenden und dem beschließenden Passus in anspielender Aufnahme biblischer Wendungen ins Predigthaft-Meditative übergeht, und sich mit den eher knappen, zum Schlichten tendierenden Beschreibungen zu einem zwar stark subjektiv gefärbten, aber nicht angestrengten Erzählstil fügt, findet sich in vielen Erzählungen des ersten Nachkriegsjahrzehnts; und es scheint, daß diese Verbindung - ausholende Gespräche, gedanklicher Freilauf, dagegen schlichte, oft nur andeutende Beschreibung des Umfelds - einem allgemeinen Zeitgefühl jener Jahre entsprachen.
Und ähnlich dürfte es mit der Thematik sein: die aufgerollten Fragen zum Problem der Bewältigung, die Antwort, der Frau auf dem Heimweg von der Pro-Israel-Gesellschaft in den

Mund gelegt, "Und überhaupt; wenn nur einige unter uns den Schrecken behalten, dann ist das auch nicht umsonst" [12)] - eine Deutung, die später auf vielen Ebenen öffentlicher Rede übernommen werden und zu einer Art offiziell propagierter Einstellung erstarren sollte, - erscheint hier noch unmittelbarer, von ehrlichem Ringen um eine Lösung aus individuell durchlebtem Konflikt bestimmt.

Doch ist bei all dem bislang ein anderer Aspekt noch zu wenig in den Blick gekommen, der doch für jene "Botschaft" des gegenwärtigen und künftigen Wachhaltens einer Erinnerung gleichsam Bedingung und Konsequenz ist, und von dem her die Fragwürdigkeit derselben ins Licht tritt. Denn während einerseits deutlich in die Zukunft gefragt wird, unter welchem Vorzeichen ein Leben nach und mit der "Schuld der Zeit" stehen soll, so wird andererseits der Blick rückwärts auf diese Schuld nur scheinbar bewußt gerichtet, indem die Frage nach der damaligen Verantwortung des Einzelnen, nach geleistetem und nicht geleistetem Widerstand gegen das Terrorregime gestellt wird. Es ist die Vorgeschichte des Brandopfer-Abends, die dafür eine entsprechende Antwort christlicher Prägung dem Leser vor Augen führt: sie zeigt, wie eine Frau die ihr zugeordnete Rolle benutzte zu Gesten der Menschlichkeit, die nichts abändern konnten und doch verändernde Kraft hatten. Die für den Fleischverkauf an Juden vorgesehenen Stunden am Freitagabend von 17 - 19 h wurden so nach und nach zu einem winzigen Freiraum bezeugten Sympathisantentums: Kinder durften ausruhen, eine Nachricht konnte weitergegeben, ein paar Minuten Stille für ein gemeinschaftliches Gebet zum Eintritt des Schabbat gewährt werden - Szenen, die ausdrücken sollen, was an wenn auch kleinen Momenten von Parteilichkeit vielleicht praktiziert wurde, hätte praktiziert werden können und sollen. Nicht um die Dramatisierung konfliktträchtiger Motive wie Widerstand, Verschwörung, Flucht und Märtyrertum, die Figuration handelnden und leidenden Heldentums, die für Schriftsteller allemal verlockend ist, geht es dem

Autor, sondern um die Skizzierung von jenem bißchen Zivilcourage, das dem deutschen Charakter immer wieder abgesprochen wird. Deutlich wird dabei der Bewußtwerdungsprozeß einer einfachen Frau, die daran gewöhnt worden ist, nicht über das Nächstliegende hinaus zu fragen [13], und darum im entsprechenden Moment das für sie Nächstliegende tut. Der alte protestantische Gedanke, daß ein jeder in seinem Stande Gott dienen könne, tritt in der Gestalt der Schlachtersfrau, die als "Judenmetzig" den Verfolgten ein winziges Moment an Schutz gewährt, erneut hervor und sucht das Unversöhnbare mit Blick auf die Zukunft zu versöhnen. Es ist dies derselbe Grundgedanke, von dem die erste bekannt gewordene Erzählung des Autors, das 1952 erschienene "Unruhige Nacht" [14] getragen wird: während die großen Fragen nach den Bedingungen für diesen Zustand der Welt und seiner Veränderbarkeit nicht gestellt werden, da sie unlösbar erscheinen, werden die kleinen Antworten geben. Das nominalistische Erbe im Denken Luthers bildet die Folie, vor der die Ratlosigkeit einer Zeitepoche zu sich selbst kommen darf. Während das große Grauen seinen Gang ging, hat doch die kleine einzelne Tat ihren eigenen Wert "unmittelbar zu Gott" erwiesen: 15)

> Das ist die Welt. Das ist die Fratze der Macht. Das sind die Zerrütteten, die Leben, die durch den Fleischwolf gedreht werden. Und das ist die winzige, die wunderbare Möglichkeit des Menschen. Man kann ein Einwickelpapier weitergeben und eine Nachricht darin unterbringen. Man kann zwei Kindern ein Stück Kuchen vorsetzen. ... Eine Stunde Vertrauen, ein Atemzug Frieden. Aber es gibt keine Kirschenblütenstraße auf der Welt, die den befreiten Geistern so viel Licht zuwirft, wie nur irgend Licht drang durch den Türspalt dieser Judenmetzig, die Brühwürfel stapelte und oft genug ihrer Kundschaft nichts Besseres anzubieten hatte als sehniges Rindfleisch mit Knochen." 16)

IV. Die hier umrissene, im christlichen Selbstverständnis gründende und aus ihm heraus begründbare Vorstellung von Verantwortung und Rechtfertigung des Einzelnen und seiner Gewissensentscheidung coram deo gibt so den Blick frei auf jenes so zweideutige wie umstrittene Gedankenpotential christlicher Glaubenstradition, das, so sehr auch über ihm

die grundsätzliche Befürwortung parteilichen Engagements betont wird, doch zugleich Anhaltspunkte für eine ethische Rechtfertigung politischen Quietismus' bietet. Die "Botschaft" der Erzählung, in der es hier zum Ausdruck kommt, ist deutlich: literarisch vermittelt wird diese dabei in einer Weise, die auf jenen Grundgedanken kathartischer Wirkung des Dargestellten zurückzuweisen scheint, der aus der aristotelischen Tragödientheorie bekannt ist: denn in ähnlich dramatischem Enthüllungsprozeß, wie er dort angesprochen erscheint, wird auch hier Betroffenheit, wird Furcht und Mitleid hervorgerufen, damit der Leser eben dadurch vom Quälenden dieser Gefühle befreit werde auf ein handlungsfähiges, engagiertes Leben hin - mit der Darstellung von Unmenschlichkeit und Widersinnigkeit soll aufgerüttelt werden, soll jedoch zugleich der Leser befreit werden von selbstquälerischem Grübeln über die Schuldfrage, wird er aufgerufen zur Entscheidung für ein selbstbestimmtes Leben, das sich aktiv dafür einsetzen wird, daß die Widersinnigkeit sich nicht wiederhole.
Auch dem Gebot der Wahrscheinlichkeit, das in diesem Zusammenhang für die Darstellung ansteht, wird durch den Modus realistisch-vergegenwärtigenden Erinnerns scheinbar Genüge getan. Und doch liegt hier der Punkt, an dem der kritische Leser aufmerksam werden muß.
Was hier geschildert wird, dürfte als realistisch gemeinte Darstellung zunächst gewiß dem entsprechen, wie sich im nachherein die Nachgeborenen sowie auch jene, die damals den Blick nach innen oder zur Seite wandten, alles vorgestellt haben mögen: die Nacht des Terrorregimes; die Schlachtersfrau, die den Verfolgten für den Moment des Schabbatbeginns Schutz in ihrem Laden gewährt und dem Terror damit einen Atemzug des Widerstands entgegensetzt; und auf der anderen Seite der Widerstand des Glaubens, der an den Propheten Jeremia erinnernde Rabbiner, klein und würdig, die jüdische Gebetsgemeinschaft, die beim Glockenschlag reglos still steht und andächtig daran teil hat, daß der Rabbiner den Schlag sechs beginnenden Schabbat

mit Schalom und Gebeten begrüßt. Doch diese Szene, betrachtet man sie einmal verfremdend mit den Augen dessen, dem jüdische Umwelt vertraut ist, verzerrt sich dabei merklich und das Bild bekommt bizarre Konturen. Eine Reihe von Juden, unter ihnen ein Rabbiner, am Freitagabend in einem deutschen Schlachterladen inmitten treifenen Fleisches versammelt, wo sie in ein abstruses Ritual magisierten Schabbatbeginns einfallen - soll man sich das wirklich so vorstellen? Stimmig ist dabei eigentlich nichts. Denn so offenbar der Vergleich mit dem Propheten Jeremia nicht den krugzerschmetternden, zisternenkletternden, wortgewaltigen und doch mit seiner Berufung hadernden Mann Gottes der hebräischen Bibel meint, dessen Temperament ihn zwischen Fluch und Trost für sein Volk, Zeichen und Wort, Selbstverfluchung und Hader mit Gott hin- und herschleudert, sondern das duldsam-demütige Prophetenbild christlicher Tradition, ebenso ist die Darstellung dieses Schabbatbeginnrituals die Übertragung christlichen Gottesdienstverständnisses auf jüdische Personen. Die falsch verstandene Bedeutung des Schabbatbeginns[17)], des Gebets[18)], der Funktion des Rabbiners[19)] zeigen so deutlich, daß hinter dieser Darstellung bestes Bemühen um diese fremde Lebenswelt steht, auch ein großer Teil selbsterarbeiteten Wissens, jedoch nicht die Erfahrung konkreter Begegnung mit jüdischem Lebens- und Glaubenshintergrund, und man darf wohl auch ausschließen, daß sie mit einem "Fachmann", etwa einem Rabbiner, durchgesprochen worden sei.[20)] Das möchte schnell mit der prekären Situation jener Jahre zu rechtfertigen sein; allein, einmal aufmerksam geworden, stolpert man auf einmal über eine ganze Reihe von Ungenauigkeiten, auch im Bereich jener Dinge, die leichter nachprüfbar gewesen wären: so ist die ganze Chronologie etwas willkürlich gehandhabt. Da berichtet die Schlachtersfrau tiefbewegt von der Begegnung mit der ersten Kundin, die den gelben Stern am Mantel trug, "recht pünktlich war er aufgenäht mit gelbem Faden"[21)], und von dem anschließenden Gespräch mit ihrem Mann über den Synagogenbrand und ihrer plötzlichen Verstörung - im

Dezember 1938. Die Verordnung über das Tragen des Sterns für jüdische Personen innerhalb des deutschen Reichsgebietes wurde am 1.9.1941 erlassen.[22]
Ein anderes Beispiel: Unter den Kunden des Schlachterladens, um die sich Frau Walker Gedanken zu machen beginnt, ist auch jener alte, naiv-vertrottelte Mann, "der gar nichts mehr versteht"[23], jedesmal eine Weile braucht, bis er die Lebensmittelkarte in seiner Tasche gefunden hat, und mit seiner lächelnden Erklärung "'Deitsch - gutt, deitsch - nix beese' ... in dem Tonfall von Czenstochau"[24] der Frau die Tränen in die Augen treibt. Die Verordnung über die Abschiebung von polnischen Juden aus dem Reichsgebiet war noch vor der Kristallnacht ausgegeben worden.[25]
Und eine nur scheinbar belanglose, eher jedoch als bezeichnend einzuschätzende Einzelheit, die signalhaft immer wieder auch in anderen Literaturbeispielen auftaucht, ist die Namensgebung: da heißt eine von Sabine, der Freundin des Erzählers, erinnerte Schulfreundin nicht nur Rebekka, sondern sieht selbstverständlich auch so aus "wie die Rebekka am Brunnen, du kannst dirs schon denken, wie ... so nach 'Trinke, so will ich deine Kamele auch tränken'."[26]
Ein kurzer Blick in Namenslisten jener Zeit hätten dem Verfasser gesagt, wie äußerst unwahrscheinlich derartige graecisiert-hebräischen Namen wie Rebekka, Moses, Isaak usw. für junge Juden in Deutschland nach dem ersten Weltkrieg waren.[27] Sollten das Kleinigkeiten sein, oder sind es Indizien?

V. Die Kluft, die mit solch fragwürdiger Idyllisierung der "Rebekka am Brunnen" oder der frommen Schabbatbegrüßung im Schlachterladen überbrückt werden soll, muß aufmerksam machen. Von ihr aus wird der Gestus dieser Art des Heraufbeschwörens selbst zweifelhaft: denn das Problem einer Verzeichnung von geschichtlicher Wirklichkeit, die für den Schriftsteller selbst eben nur soweit bewußtseinsmäßig faßbar ist, wie Eigenerinnerung, Fremddarstellung oder dokumentarische Informationen reichen, hätte vielleicht aufge-

hoben werden können, indem es nicht selbstsicher überspielt, sondern bewußt gemacht worden wäre. Denkbar wäre z.B. ein Erzähler, der reflektierend das von den anderen Erzählte in Frage gestellt, und das heikle Problem der verstellenden Erinnerung selbst berührt hätte. Doch das geschieht nicht; eher legt sich aus dem Beobachteten die Vermutung nahe, daß hier die zu konkrete Konfrontation mit dem Vergangenen, sei es durch eigene Erinnerung, durch dokumentarische Darstellung oder in der Rücksprache mit Personen, die die Eigenerinnerung hätten korrigieren können, vermieden worden ist, und daß auch nicht damit gerechnet wird, die Leser könnten an der Überzeichnung Anstoß nehmen: Muß, - so könnte es, zugespitzt, über der Erzählung stehen - wer den guten Willen hat und zum "Gedenken" bereit ist[28], sich so genau erinnern?
Zu eben dieser Frage nimmt der Autor in einer später hinzugefügten Notiz selbst Stellung:

> "Man hat mich aufmerksam gemacht auf einige sachliche Unrichtigkeiten, die mir unterlaufen sind, und eine davon muß hier genannt werden: der Befehl, den "Stern" zu tragen, wurde nicht im Jahre 1938, sondern erst 1941 erteilt. Man wird es verstehen, wenn ich trotzdem nichts ändere am Text dieser Erzählung, die - ob sie gleich auf freier Erfindung beruht - niemand eine "frei erfundene" Geschichte nennen wird, eher ließe sich von "gebundener Erfindung" sprechen. Für die Weise einer Betrachtung, bei der Trauer und Scham die Windfackel halten, rücken Zeiten und Fakten zueinander, wie auf den Bildern von Marc Chagall Dimensionen und Konstellationen sich verschieben, ohne deshalb ihre Wirklichkeit zu verlieren." 29)

Diese "Weise der Betrachtung, bei der Trauer und Scham die Windfackel halten", die so das Recht zur Wirklichkeitsverschränkung in Anspruch nahm und damit dem Schreibenden erlaubte, einer zu genauen Konfrontation mit der gewesenen Wirklichkeit und seinem Selbst in ihr auszuweichen, dürfte einen häufig verwandten Typus der Zuwendung zu dieser Thematik repräsentieren. Das an unserem Text aufgewiesene Grundschema, daß die Bemühung um den Dienst an der Botschaft einer ideellen Welt - hier des christlich-protestantischen Glaubens - so sehr im Vordergrund steht, daß die Realität,

der Wahrscheinlichkeitsanspruch des als realistisch Dargestellten dagegen zurücktritt, drängt jedoch die Frage auf, ob nicht eine intensivere Begegnung mit der Vergangenheit, sei es erinnernd oder sei es durch Erarbeitung der Dokumente, als so bedrohend und kompromittierend erscheinen mußte, daß darin ein Grund für die Suche nach Schutz in den Antworten des Glaubens gesehen werden kann.[30)]
Deshalb soll am Rande der hier versuchten Analyse eines Verarbeitungsmodus die Chance angedeutet werden, die durch diese von Trauer und Scham bestimmte Betrachtungsweise vertan wird: denn der Blick, der sich hier, geklammert an den Schutz der christlichen Botschaft, dem Jahre 1942 zuwendet, müßte in weniger geschützter Rückbesinnung auch der Konfrontation mit dem einstigen Selbst standhalten, das in eben jenem Jahr über das Glück eines Hauskonzertes während eines Fronturlaubs schreiben könnte, es gewähre, trotz ungewisser Zukunft, die "Zuversicht über die Bangnis hinaus, daß auch dann diese hohen Gewalten nicht ihre Lebenskraft verlieren würden"[31)], eine Erfahrung, die dann in die Worte mündet: "das gute Abendland".[32)] Der das Auftauchen der denunzierenden Sterne so wenig registriert hat, der auch später den Angriff auf die Juden so wenig als historisch-konkrete, einer Entwicklung unterworfene und nur in geschichtlicher Einordnung konkret faßbare Wirklichkeit reflektiert hat, daß er sich in der Darstellung um ganze drei Jahre täuschen kann, würde sich der Verunsicherung durch die Neubegegnung mit der Selbstbeschreibung als "Ritter vom Geist"[33)] aussetzen müssen, der, als er während eines Truppeneinsatzes die Viertelstunde genießt, da er in Ruhe gelassen wird und am Horizont die blauen "Berge Witikos" erkennt - und die Frage muß stehen bleiben, ob nicht eine solche schutzlosere Begegnung ein dichterisches Gestalten nicht nur wahrscheinlicherer, weil zwiespältiger, abgründiger Menschen, sondern auch jenes Moments von Tragik ermöglicht hätte, dem die aristotelische Theorie kathartische Wirkung, Befreiung vom Quälenden zugesprochen hatte.

Was aber mit dem eiligen Griff zu den Antworten, dem anstelle von tragischer Widersprüchlichkeit vorgeführten Beschwören von Betroffenheit durch das Unwahrscheinliche bewirkt wird, diese Frage wird weiter mitgetragen werden durch den Gang der Untersuchungen. Vorerst wenden wir uns anderen Beispielen früher literarischer Aufarbeitung der Thematik zu.

2. Kapitel: Stephan Hermlin

"Wir träumten nicht: das Zimmer, das wir betraten, war von Männern und Frauen erfüllt, die um einen weißgedeckten Tisch saßen. Die Kerzen in den Leuchtern brannten. Sechs Becher waren mit Wein gefüllt. Wir dachten sicherlich alle zum erstenmal daran, daß das Getto in den Tagen des christlichen Ostern und des jüdischen Pessach unterging. Die unbekannten Alten um den Tisch, die uns nicht unfreundlich, aber ohne uns weiter zu beachten, Platz machten, trugen im Blick, in jeder Falte ihrer Gesichter nur den Eigensinn, mit dem sie des Auszugs aus Ägypten gedenken wollten und der Errettung aus höchster Gefahr.
Der Mann, der uns eingeladen hatte, wollte die Vorlesung aus der Hagadah fortsetzen. Mit zerstreutem Blick legte er das zerrissene Buch noch einmal hin, um an uns die Stücke einer der flachen Mazzoth zu verteilen, die vor ihm auf einem Teller lagen. Er schien sich noch einmal davon überzeugen zu wollen, daß alles Notwendige vorhanden war: die flachen ungesäuerten Brote, die Becher, die bitteren Speisen aus der Zeit der großen Wanderung. Jetzt schob er das schwarze Mützchen höher aus der Stirn und las weiter, indem er die hergebrachten Melodien wiederaufnahm. Die Gesichter um mich hatten sich nur scheinbar geschlossen - sie lebten in einer geheimen, nur ihnen bekannten Freude, als hätten sie alle zugleich sich dafür entschieden, nur mehr ihre eigene Geschichte zu sein. Wir hatten die Waffen neben uns gelegt, als hätten sie etwas zu tun mit den Gegenständen und Speisen auf dem Tisch, mit dem, was der Alte vorlas: mit den Peitschen der Treiber an den Pyramiden, mit den Plagen, mit dem Zug durch die Wüste und das Rote Meer, mit dem Geschrei der Hungernden um Manna.
Das Gesicht des Vorlesenden, so schien es mir, mußte einmal viel mehr Platz in allem verfügbaren Raum eingenommen haben; unaufhaltsam schrumpfte es ein unter der tödlichen Wucht der Ereignisse, die ein Volk durch die Zeit jagten. Ich sah mich nach dem Jüngsten im Kreise um, der die traditionellen Fragen an den Vorleser zu stellen hatte.
"Dieses Jahr", sagte der Alte plötzlich die üblichen Worte, "dieses Jahr noch Knechte, nächstes Jahr in Jeruscholajim."

Ich beobachtete bei diesen Worten Mloteks Antlitz, als sei er es, der nun zu sprechen hätte. Seine Stirn war nach vorn geneigt, und sein Blick kam darunter hervor wie der eines Mannes, der eine neue Erscheinung, die doch nicht so neu ist, als daß er sie nicht in seiner Erinnerung wiederzufinden möchte, in eine ganze Reihe, in ein System von vertrauten und oft durchdachten Tatsachen einzubeziehen bemüht ist. Ab=r Mlotek stand nur auf, und mit ihm erhoben wir uns alle. Wir wußten nicht recht, was wir tun sollten, und verließen den Raum mit einer Verbeugung nach dem Vorleser hin, der uns keine Beachtung schenkte. All das blieb wie eine Vision hinter uns zurück - die bärtigen Männer, die die Augen geschlossen hatten und den Oberkörper hin- und her wiegten,

und die alten Frauen mit ihren weißen, fest zusammengepreßten Lippen und den kurzgeschorenen grauen Haaren unter den dunklen Perücken.
In den zerschossenen Häusern um den Muranowskiplatz regte sich nichts. Jetzt, sagte ich mir, als ich neben Mlotek im ersten Stock einer Ruine lag, müßte man wie ein unaufhörliches Knistern das Geräusch der Herzschläge vernehmen, das nicht abreißende Flüstern der Schlaflosigkeit, die aus letzter Erschöpfung kommt.
Mlotek lachte leise.
"Für mich", sagte er, "müßte es anders heißen: gestern in Jerusalem, heute im Warschauer Getto. Und morgen..."
"Morgen sind wir alle nirgendwo", erwiderte ich. 1)

Dieses Textstück, das der 1949 in der DDR erschienenen Erzählung Stephan Hermlins [2] entnommen ist, scheint auf den ersten Blick Anhaltspunkte für den Vergleich mit dem in der Einleitung behandelten Text von Albrecht Goes zu bieten: ähnlich wie in jenem wird hier ein Ausschnitt jüdisch-religiöser Feier unter dem Terror des Nazi-Regimes vorgeführt, eine Feiersituation, die genau so in jedem Augenblick bedroht ist von der Möglichkeit der hereinbrechenden Verfolgung; Schauplatz des Geschehens ist hier das Warschauer Ghetto während des Aufstandes der Jüdischen Kampforganisation im April/Mai 1943, und gezeigt wird der in diese Zeit fallende Sederabend, der erste Abend des Pessachfestes, an dem mit traditonellem Mahl und Haggadah-Lesung an den Auszug der Israeliten aus dem "Sklavenhaus" Ägypten erinnert wird. Und ähnlich wie jenes Bild der Gebetsstunde im Schlachterladen könnte auch diese Zeichnung einer Pessachfeier im Kellerbunker spontan den zwiespältigen Eindruck jenes unvermittelten Nebeneinanders von Heroischem und Makabrem erwecken: während draußen die aufständischen Kämpfer das Rest-Ghetto, einen nur noch wenige Straßenzüge umfassenden Häuserblock-Komplex, mit Waffen gegen die Angriffe der SS verteidigen, die unter dem Befehl Stroops die Häuser und Keller gewaltsam zu räumen und zu sprengen versucht, findet in einem der Kellerbunker eine traditionsgemäß angeordnete Feier des Seder-Abends statt - ein weißes Tischtuch liegt auf dem Tisch, Mazzoth, Wein und die rituell vorgeschriebenen bitteren Kräuter stehen bereit, man liest die Haggadah. Einige alte Leute, vorläufig noch Überlebende

in einem Kellerversteck, haben sich zusammengefunden, um der Vorschrift der Tradition Folge zu leisten und das Fest der Erinnerung an die damalige Errettung der Israeliten und der Zuversicht auf weitere Errettungen zu feiern, auch angesichts der größtenteils schon zerstörten Lebenswelt des Ghettos um sie herum und des unausweichlich drohenden eigenen Untergangs.
Einbezogen in diese traditionelle Feier werden nun für einen kurzen Augenblick jene, die draußen den aussichts-, aber nicht sinnlosen Kampf gegen die Besatzer kämpfen: Mlotek, der Anführer der Kampf-Organisation, und der Ich-Sprecher, ein Kämpfer, der mit Mlotek zusammen auf nächtlichem Patrouillegang ist. Sie sind die eigentlichen Hauptfiguren der Erzählung, die zum größten Teil aus den Aufzeichnungen des Ich-Sprechers besteht; ihre Erlebnisse während der Keller-Sitzungen der Organisation und bei den Straßenkämpfen, ihre Begegnungen mit Mitkämpfern und anderen Menschen des Ghettos, ihre gedanklichen Auseinandersetzungen mit dem Sinn ihres Kampfes und des Sterbens um sie herum und die Gespräche über die Bedeutung des ihnen gewissen eigenen Todes sind der Inhalt der jeweils mit Datum versehenen Aufzeichnungen, die dann schließlich abbrechen, nachdem sie noch vermerkt haben, daß alle anderen schon tödlich getroffen sind und der Schreiber selbst bereits verwundet ist. Innerhalb dieser Niederschrift, die in Briefform sich zugleich an den unbekannten möglichen Finder richtet, stellt der Bericht über den Besuch bei den feiernden alten Leuten im Keller ein kurzes Einsprengsel dar in der Reihe der sich überstürzenden Ereignisse dieser Tage: er beschreibt ein Eintauchen in eine andere, anscheinend längst nicht mehr vorhanden geglaubte Welt, die Welt der jüdischen Tradition, die die Kämpfenden nach wenigen Minuten wieder verlassen müssen, um mit ihren Gewehren hinter den zerschossenen Hauswänden Stellung zu beziehen zur weiteren Verteidigung des Ghettos.

II. Stellt man so den hier ausgewählten Textausschnitt dem eingangs untersuchten Text von Albrecht Goes gegenüber, so deutet sich jenseits der zunächst auffallenden Ähnlichkeit der Motivik nun doch bereits im Vergleich von Szenerie und Stoffwahl die Gegensätzlichkeit beider Erzählungsentwürfe an: in beiden werden Juden (und Nicht-Juden) in der Zeit der nationalsozialistischen Verfolgung gezeigt, in beiden der Widerstand eines frommen Judentums gegen die Bedrohung dargestellt - doch während in jenem ein unter dem Nazi-Regime eher alltäglicher, unbedeutender Hintergrund gewählt und eine gewöhnliche, sich öfters wiederholende Feierstunde gezeigt wurde, spielt sich hier das Geschehen in einem Umfeld ab, das von der Dramatik des einmaligen historischen Ereignisses bestimmt ist, und die Feier, die dem Leser vor Augen geführt wird, ist nicht irgendeine, sondern die eines symbolhaft-bedeutungsvollen Festes.
Faßt man dann weiter die Gesamtkomposition beider Erzählungen vergleichend ins Auge, so stellt man fest, daß der Effektsteigerung in der gewählten Szenerie dieser Erzählung dann aber eher eine Nivellierung in der Anordnung des Handlungsgefüges entspricht, während es in jener gerade umgekehrt ist: dort spielt sich vor vergleichsweise unbedeutendem Hintergrund ein dramatisch sich zuspitzendes Geschehen zwischen einzelnen Menschen ab, hier scheinen die dargestellten Menschen und ihre Handlungsweisen eher Figurationen zu sein, mit denen das eindrucksvolle Gesamtbild der historisch-einmaligen Szenerie des kämpfenden und untergehenden Ghettos anschaulich gemacht werden soll. Im Erleben des berichtenden Ich, in seinen Aufzeichnungen, soll, so scheint es, das mögliche Erleben aller Menschen des Ghettos zum Ausdruck kommen: was hier vom bewaffneten Aufstand vor Augen geführt wird, die Szenen in den verlassenen oder teilweise noch bewohnten Häusern, den unterirdischen Bunkern, die Kampfhandlungen auf den Straßen oder Dächern, der Bericht eines Geflüchteten vom "Umschlagplatz" - all das wird auffällig beherrscht von der alle Einzelberichte oder - beschreibungen immer wieder durchbrechenden Erzählperspektive des "wir",

dem angesichts der Todesdrohung fraglosen Gemeinsamkeitsbewußtsein der Opfer.
Denn was hier dargestellt wird, geht auf ein Ende zu, das der Leser als das historische kennt, und das auch vom Schreibenden als sicher vorausgesetzt wird, das Ende der Totalzerstörung und des "es gibt keinen jüdischen Wohnbezirk in Warschau mehr": da das Erzählte von vorneherein durch die Form der Aufzeichnung und den Rückbezug zur historischen Wirklichkeit Anspruch auf Wahrscheinlichkeit erhebt, ist das Ende vorgegeben und der Erzähler kann somit auf Techniken gesteigerter Spannung und ihrer Auflösung verzichten. Die individuelle Geschichte der Zentralfiguren - des Anführers Mlotek, der beiden polnischen, nicht-jüdischen Mitkämpfer Jan und Stanislaus, des Briefschreibers, der ein deutscher Jude ist, und der Kämpferin Franka, die während eines Gefechts von ihm gerettet wurde und als Kampfgefährtin neben ihm bleibt - all das will durch alles Einzelgeschehen hindurch, von Gesprächen, Gängen, Kampfhandlungen an bis hin zum Tode der Einzelnen durch Geschosse und zusammenbrechende Häuser allererst stellvertretende Geschichte der Menschen, aller Menschen des Ghettos sein. Das Gemeinsamkeitsbewußtsein der Untergehenden umschließt dabei zugleich die gedankliche Gemeinsamkeit mit einer unbekannten Nachwelt: die Aufzeichnungen werden für jene gemacht, denen dieser Bericht über Kampf und Tod der Ghettokämpfer einmal Mahnung und Ansporn sein wird, sich mit dem Leben dafür einzusetzen, daß sich derartiges nicht wiederholt.

III. Daß ein solcher Erzählungsentwurf ein gewagtes schriftstellerisches Unternehmen sein dürfte, legt sich nach dem bisher Gesagten nahe. Zunächst mögen es gewiß die generellen Probleme jeder dichterischen Aufnahme historischer Stoffe sein, die sich hier stellen: die Frage nach dem Anspruch auf Wahrscheinlichkeit und entsprechend nach der Vereinbarkeit des Dargestellten mit den vorhandenen authentischen Zeugnissen, weiter die Frage nach der Rechtfertigung eines Abweichens von den historischen Fakten zugunsten der dichterischen Darstellungsabsicht. Sodann scheint in diesem Fall aber auch ein Problem hinzuzukommen, das durch die besondere Art von Subjektivität der Zeugnisse und der Extremsituation der Berichtenden bedingt ist.

Verfolgt man die Quellenfrage, so kommt man zu dem Ergebnis, daß gerade über jene letzten Tage des Ghettos und den Aufstand nur relativ spärliches Material vorhanden ist, während über die ersten Jahre nach der Abriegelung bis hin zum August 1942, dem Beginn der Transporte ins Todeslager, eine ganze Reihe von Berichten und Tagebüchern Auskunft geben, allen voran das Archiv Emanuel Ringelblums.[3] Das wenige allerdings, was als Zeugnis über den Verlauf des Aufstandes vorhanden ist, wurde vom Verfasser genau aufgenommen und, wie zu zeigen sein wird, teilweise mit äußerster Akribie literarisch verarbeitet, sodaß hier ein schriftstellerisches Bemühen erkennbar wird, sich in die Zeugnisse hineinzufühlen, um sich zum Sprachrohr für die zu machen, deren Sprache die Nachwelt nur noch in fetzenhaften Manifestationen erreichte. Und dieser Impetus des Sich-Hineindenkens und der sprachlichen Vergegenwärtigung hat etwas Überzeugendes, wenn dabei einerseits in einfühlsamer Weise ein sprachlicher Ausdruck gesucht wird für die Aussagekraft der erhalten gebliebenen Photographien, umd andererseits die Knappheit der Erschütterung in den Berichten betroffener Augenzeugen und die brutale Knappheit der SS-Dokumente zu Bildern erweitert wird. Was die Aufzeichnungen so in ebenfalls knapper, wenn auch immer wieder in interpretierende Vergleiche ausbrechender Sprache hier beschreiben - Häuser, Höfe, Straßen des Ghettos, die verhungernden, zerlumpten Gestalten, die Enge, Trostlosigkeit, Entwürdigung, die das gesamte Lebensgefüge unterhöhlende Drohung des Abtransports vom "Umschlagplatz", die Verhaltensweisen von Menschen unter dem unerträglichen Druck der Extremsituation - all das ist mit unzweifelhafter, engagierter Sensibilität den verbliebenen Zeugnissen abgelauscht und ersteht als eine in künstlerischer Fertigkeit, vor allem durch Techniken geräuschlicher Ausmalung anschaulich gemachte Welt vor dem Leser.

So beginnen die Aufzeichnungen, die sich als Fragment geben, mit einer Beschreibung der Ghettostraßen, einer Skizze, die eine verbale Nachzeichnung der entsprechenden Bilder des Ringelblum-Archivs sein könnten:

> "... und die Straßen nicht anders als gestern und vorgestern mit den Sängern und Händlern und Hungernden und den knüppelschwingenden Patrouillen und den Maueranschlägen und den Kindern, die auf ihren Fersen hokken." 4)

Und eine Anlehnung an den berichtenden Ton des Archivars, der der Nachwelt Kunde geben möchte, wird im Folgenden gesucht:

> "Die Einwohnerschaft des Gettos ist zum Zeitpunkt, da diese Zeilen geschrieben werden, auf ein Achtel ihres ursprünglichen Bestandes zusammengeschmolzen. Die nicht in den Aktionen fielen (man breitet Zeitungspapier über diese Toten, die verrenkt an den Hauseingängen liegen oder in den Gossen) gehen den Weg nach dem Umschlagplatz, von dem niemand zurückkommt. Wir sehen die Tausende unter Eskorte nach dem Umschlagplatz ziehen, wir hören das Rollen und Klirren der Züge, wir kennen das Wort Treblinka - aber unter dem Druck einer unheimlichen Vereinbarung reden wir von Umsiedlung, geben wir vor, von Treblinka nichts zu wissen, sagen wir 'vielleicht'. Das Getto bebt von Lebenshunger, und dieser Lebenshunger gerade bedeutet den Sieg des Todes." 5)

Authentischen Berichten folgt auch die Beschreibung einzelner Kampfhandlungen, z.B. die des Beginns des Aufstands in den Morgenstunden des 19. April, über den Zusammenstoß von SS und jüdischen Kämpfern an der Ecke Zamenhofa/Miła, bei dem ein deutscher Panzer von einer Brandflasche getroffen wurde und ausbrannte, und die Deutschen sich zurückzogen, ohne ihre Verwundeten mitzunehmen, u.a.[6] Als ein Beispiel für die Aufnahme von Quellenmaterial und die Techniken einer literarischen Ausgestaltung desselben seien hier einige Zeilen aus dem sogenannten "Stroop-Bericht" wiedergegeben, die Hermlin als Vorlage eines Erzählstücks gedient haben dürften:

> "Es wurde systematisch ein Betrieb nach dem anderen geräumt und anschließend durch Feuer vernichtet. Fast immer kamen dann die Juden aus ihren Verstecken und Bunkern heraus. Es war nicht selten, daß die Juden

> in den brennenden Häusern sich so lange aufhielten, bis sie es wegen der großen Hitze und aus Angst vor dem Verbrennungstod vorzogen, aus den Stockwerken herauszuspringen, nachdem sie vorher Matratzen und andere Polstersachen aus den brennenden Häusern auf die Straße geworfen hatten. Mit gebrochenen Knochen versuchten sie dann noch über die Straße in Häuserblocks zu kriechen, die noch nicht oder nur teilweise in Flammen standen." 7)

Diese Zeilen wandeln sich in der Verarbeitung zum Erlebt-Erzählten zu folgendem Bericht des Ich-Schreibers um:

> "Ich hatte geglaubt, daß das Haus leer sei. Es wehte ohne Laut seine Gardinen aus den Fenstern den Deutschen entgegen, die Maschinenpistolen im Anschlag hatten. Nichts rührte sich. Eine Minute darauf rollten Benzinfässer an unserem Kellerfenster vorbei. Die Deutschen leerten sie drüben vor das Tor und warfen ein Streichholz auf den Bürgersteig. Wir hörten das hohle Donnern der Flamme, die in den Hausflur schoß und die Fassade ansprang.
> Sofort schien das Haus sein Inneres nach außen zu kehren: es wimmelte von Menschen, die an den leeren Fenstern standen und blindlings schrieen. Bis es zu uns kam, war das Schreien schon dünn geworden, denn die Straße knisterte vom Feuer, ...
> Dann kamen an der Fassade Schatten herunter, Matratzen und Kissen vor den Menschen selbst. Ich zwang mich, ganz kalt zu werden; noch jetzt hätte ich etwas Übereiltes tun können. Mechanisch sprach ich Frankas Namen in mich hinein, als müsse ich mich an eine Pflicht erinnern, während die Menschen herabstürzten. Sie waren nicht immer tot, sondern begannen manchmal wegzukriechen, nicht nach der Straße zu, wo die Deutschen standen, die gar nicht weiter böse zu sein schienen, sondern nur neugierig starrten und lachten - die Herabgestürzten krochen mit gebrochenen Gliedern zurück ins Feuer, aus dem sie gekommen waren.
> Die Deutschen sahen ihnen nach, ohne ein Wort, kopfschüttelnd mit einem Ausdruck, den ich von sonntäglichen Spaziergängern in Erinnerung hatte, die einem Betrunkenen nachsehen. Statt der Gardinen wehten nun lange Flammen aus den Fenstern. Kleine Schatten glitten an der Fassade herab; die Karabiner krachten, um sie noch im Flug zu erhaschen. Eben hatte man noch die Mütter, die ihre Kinder hinabschleuderten, mit dem Kreisrund der geöffneten Münder am Fenster erblickt. Doch schon waren sie hinter dem schweren Vorhang aus Qualm verschwunden, der sie mit dem Feuer zugleich zudeckte." 8)

In solchen Stücken scheint eine Veranschaulichung gelungen, die das heikle Unternehmen dieser Erzählung rechtfertigen könnte. Der Dichter Stephan Hermlin, der später durch zahlreiche Nachdichtungen fremdsprachiger Literatur und engagiert gezeichnete Portraits von Dichtergestalten hervorgetreten ist,[9] scheint sich hier mit aller intuitiven Gestaltungskraft in den Dienst der Aufgabe einer Belebung von Zeugnissen gestellt zu haben, für deren Aussage er eine weiterreichende aufrüttelnde Wirkung auf die Menschen seiner Zeit gewünscht haben mag. Auch hier, so legt es sich nahe, dient die gegenwärtigende Darstellung vergangenen Leids dazu, die Betroffenheit der Nachgeborenen hervorzurufen, und die Bereitschaft zum Engagement für eine andere Gegenwart und Zukunft zu wecken.

IV. Und doch ist das Überzeugende dieser Art der Ausgestaltung von Zeugnissen immer nahe am Rand des Abgleitens ins Fragwürdige, und das Fragwürdige gewinnt oft die Oberhand. Die ständig in die Beschreibungen eingeschobenen Vergleiche und Deutungen des Geschauten, die bisweilen ins Prätentiöse übergehen, mögen zunächst noch hingenommen werden als eine notwendige Geste des Beschreibenden, um dem Anblick und der Forderung einer sprachlichen Darstellung durch das Mittel der Transposition in die begriffliche Ebene besser standzuhalten; befremdlicher allerdings wirken jeweils solche Passagen, in denen nicht das Geschaute und Gehörte, sondern Gefühle und Gedanken der Betroffenen vorgeführt werden. Denn dies geschieht zumeist in so wohlgeordneter syntaktischer Strukturierung, die Unter- und Nebenordnung, adverbiale Relationen und Einschübe so genau berücksichtigt, und in so gepflegten Formulierungen, daß diese einer äußersten bewußtseinsmäßigen Konzentration entspringenden Sätze in krassen Widerspruch geraten zu der chaotischen, bedrängten Situation, in der sie entstanden sein sollen. Dieses Phänomen nimmt teilweise so groteske Züge an, daß der Leser etwas zwiespältig vor dem Gegensatz von genialer Kunstfertigkeit bei der bildlichen und akustischen Beschwörung des Lokalkolorits der Ghetto-Szenerie einerseits, und der durch ihre wohlgeordneten Gedanken so ganz und gar unwahrscheinlich wirkenden Menschen andererseits, steht. Deutlicher als bei der Ausmalung der

Stroop-Notiz wird das, wenn es um die Annäherung an die Berichte betroffener Verfolgter geht. Dafür sei ein Beispiel angeführt: an einer Stelle der "Aufzeichnungen" wird ein langer Bericht über das Geschehen auf dem "Umschlagplatz" eingeflochten, in den Mund eines Geflüchteten gelegt, der zwar bei der Flucht verwundet wurde, dann aber doch von den jüdischen Kämpfern in das Bunkerversteck gezogen werden konnte. Dieser Bericht basiert auf der authentischen Niederschrift eines Journalisten, der durch Zufall dem Abtransport entgehen konnte, und nimmt seinen Stoff bis ins kleinste Detail[10)] auf, wobei die Einzelheiten jeweils etwas abgeändert werden. Ein Auszug aus dieser authentischen Niederschrift lautet:

> "Es ist 11 Uhr, als ich mit anderen auf die Gesiastraße gehe. Brandt persönlich führt uns allein. Sein Gesicht ist zu einem sadistischen Lächeln verzogen. Unter seinen bösen Augen zittern die Tränensäcke. Ich kann das Spiel der Adern auf seinem Handrücken genau erkennen. Gleichzeitig wundere ich mich, daß mein Hirn immer noch 'journalistische' Eindrücke registriert, daß bei mir die Wahrnehmungsfähigkeit überhaupt noch existiert.
> Wenn ich überlebe - schreibe ich alles nieder. Aber es gibt keine Chance zum Überleben. Brandt führt uns an die Mauer.
> ...
> Vom Hof in der Zamenhofastraße 19, wo der Judenrat ist, ertönt dauernd das Knattern kurzer Maschinengewehrsalven. Ein kurzes Aufjaulen - Pause - dann wieder eine Salve.
> Was geschieht dort? ...
> Jene, die vor uns an der Mauer standen, meinen, dort auf dem Hof fänden Exekutionen statt. Man erschießt. Man legt um.
> Wen? ...
> Verschiedene. Alte Leute und auch Kinder nehmen sie zum Erschießen. Junge Leute suchen sie aus der an der Mauer zusammengepferchten Masse ebenfalls heraus.
> Ob das bedeutet, daß man eine Auswahl unter uns trifft? Brandt und seine Henkersknechte schlendern zwischen dem Schauplatz des Blutbades und unserem Platz hin und her. Sie betrachten die Leute eingehend und treffen ihre Auswahl für den Tod.
> In der Sprache des Ghettos heißt so etwas 'Selektion'. Mit dem Zeigefinger winkt der Henker Opfer aus der Reihe. Ein kurzes 'Komm!Komm! 'Der Zeigefinger biegt sich nach unten und der Mensch marschiert in den Tod. Er geht mit hölzernen Schritten. Nicht etwa, daß er

> zurückschreckte, nein, fast schnell geht er.
> Immer häufiger ertönen die Salven vom Hof, der zur Richtstatt wurde, herüber. Von unserer Mauer bis zu jenem Hof sind es etwa 100 Meter.
> ... Wieder erscheint Brandt. Wieder sein "Komm!Komm!" Der herrische Finger winkt und die Menschen gehen in den Tod. Die Menge an der Mauer der Gesiastraße wird immer lichter, immer kleiner." 11)

Aus dem Ton dieser Niederschrift, die im nachhinein notiert wurde, spricht im Original bis in die lakonischen, scheinbar sachlichen Sätze und die Hilflosigkeit bei der Beschreibung des Bösen hinein die aufgewühlte, verstörte Fassungslosigkeit dessen, der dies erlebt hat. Dieser Bericht, niedergeschrieben immerhin aus gewissem Abstand, wird nun hier im Munde dessen, der dem Erlebten gerade erst und auf ungewisse Dauer entkommen sein soll, zu folgender Rede:

> "Dann beginnen sie mit einem Maschinengewehr hinter der Mauer zu schießen, in gleichmäßigen, kurzen Stößen, als fahre jemand mit einem Holzscheit einen Gartenzaun entlang. Auch im Getto wurde wieder geschossen; ich wußte, daß die Juden sich verteidigten. Nur wir standen da, bis auf die, die herausgewinkt wurden und, von zwei SS-Männern begleitet, die Mauern entlanggingen bis zum Eingang, hinter dem sie verschwanden. Wenn die kleine Gruppe hinter der Mauer komplett sein mußte, kamen die Feuerstöße des Maschinengewehrs. Aber doch war es um uns so still wie am Ende der Zeit. Brandt ging von einem zum anderen, wenn er nicht gerade mit seinen Untergebenen sprach. Er spazierte an uns vorbei, lächelte und hob die Hand. Dann sah man nur seinen Zeigefinger, der sich krümmte und streckte, als wolle er uns lehren, wie man winkt, und man hört nur seine Stimme: Komm! Nur das: der Zeigefinger und sein Komm!, gerade so, als sei die Figur in einem Lexikon lebendig geworden, die den Begriff des Winkens verkörpert, und die Figur habe den Namen Brandt angenommen und eine kleine Ader schlage ihr sichtbar in der Schläfe." 12)

Und vom nur Fragwürdigen ins offen Makabere und bereits als geschmacklos zu bezeichnende entgleiten die Worte des Schwerverwundeten im Folgenden:

> "Ich saß so im Innern eines Würfels, dessen Wände glatt waren von altem Schleim und Kot, in einem der Zimmer, deren ursprüngliche Bestimmung, Gegenstände zu enthalten und bewohnt zu werden von lebenden Wesen, schon längst hinter ihrer abstrakten Gegenwärtigkeit verschwunden war und in denen nur noch unausgesprochene Wünsche geisterten nach der Mauer, wo man so schnell und sauber hätte sterben können, nach dem Zug, der einen in zwölfstündiger Fahrt der Gaskammer zuführte,

> nach allem, was das unvermeidliche träge Ende zu beschleunigen vermocht hätte." 13)

Diese Art der Stilisierung von Menschen und ihren sprachlichen Äußerungen, die in so bizarrem Widerspruch steht zu der Fähigkeit des Autors, den Hintergrund zu beleben, muß nachdenklich machen. Denn man gewinnt durch sie zunächst den Eindruck, daß der Verfasser sich in die Menschen, die hier gelitten und gehofft haben, und zu deren Sprachrohr er sich macht, nicht hat einfühlen können oder wollen; und es drängt sich dann vor allem auch der Gedanke auf, daß er, der Betroffenheit mit seiner Darstellung erwecken möchte, vielleicht selbst keine wirkliche Betroffenheit gegenüber den Zeugnissen empfunden haben mag, eine Betroffenheit, die ihn hätte zögern lassen, mit so selbstsicherem Griff an die literarische Verwertung der Zeugnisse zu gehen. Die Vermutung stellt sich ein, daß eine behutsamere Annäherung an die Sprache dieser Augenzeugenberichte jene Grenze hätte wahren oder vielleicht sogar bewußt machen können und müssen, die irgendwann die betroffenen Augenzeugen von den Nicht-Dabeigewesenen endgültig trennt. Denn wer beginnt, sich mit diesen Dokumenten zu beschäftigen, spürt sehr bald in den ganz unterschiedlichen Berichten das Unauslotbare dieses ihnen gemeinsamen Grundtons aus sachlicher Darstellung und Bewegtheit, Mut und Bitterkeit, Gewißheit über das Nicht-Entkommen und gleichzeitiger Hoffnung auf Entkommen, dem Wunsch, sich Außenstehenden und Nachgeborenen noch nachrichtlich zu vermitteln, und dem Wissen, daß das unmöglich und vielleicht auch sinnlos sei: eine Sprache, die "nachzumachen" auch in bester dichterischer Absicht fragwürdig bleiben muß.

Dieses Erlebnis einer Annäherung an die Texte und den Ort des Geschehens darzustellen, die eigene bewußtseinsmäßige Veränderung bei der Konfrontation mit den Überresten und bei der Suche nach Nachricht über das, was dort geschehen ist und nach den in die Gegenwart hineinwirkenden Spuren zur Sprache zu bringen, wäre eine Möglichkeit gewesen, die sich in der Rahmenhandlung der Erzählung andeutet, und die dann doch nicht wahrgenommen wird.

In diesem Rahmen beschreibt ein Ich-Erzähler, der leicht mit dem Schriftsteller Stephan Hermlin zu identifizieren ist, über seine Eindrücke bei seinem Besuch als Deutscher im Warschau der ersten Nachkriegsjahre. Hier, bei der Beschreibung von Bildern der Zerstörung und des Aufbaus, gelingen ihm Sätze, die ihre Unmittelbarkeit aus jenem Ineinander von eigener Fremdheit und Angerührtsein durch diese Stadt beziehen, Sätze, die ihre Aussagekraft nicht durch Stilisierung fremder Empfindungen beweisen müssen.[14)]
Doch die Möglichkeit, die sich hierin andeutet, die Möglichkeit, über den Straßen der wiedererstehenden Stadt und der Schutthalde des Ghettos, über den Photographien und schriftlichen Zeugnissen anzuhalten und die Eindrücke und dabei sich stellenden Fragen zur Sprache zu bringen, wird zerschlagen; stattdessen wird das aus den Zeugnissen erhebbare Wissen über den Untergang des Ghettos zum Gerüst für jene fiktiven Aufzeichnungen, die dann in äußerst suspekter Konstruktion mit dem Rahmen einer Ich-Erzählung des deutschen Warschau-Besuchers verknüpft werden: diesem nämlich wird von einem polnischen Freund der Aufzeichnungs-Brief des Ghetto-Kämpfers übergeben, mit der Bemerkung, es handle sich "um ein einzigartiges, so gut wie unbekanntes Schriftstück, das ihm in die Hände geraten sei, nachdem man es unter manchen vom Regen und Schmutz fleckigen Dokumenten entdeckt habe"[15)] - ein Aufzeichnungsbrief, den er dann, während einer hellen Juninacht in den Trümmern des Ghettos sitzend, durchliest.
Diese Rahmen-Konstruktion, die so tut, als seien keine Molkereikannen und Eisenkisten, keine Vergrabungs- und Ausscharrungs-Aktionen nötig gewesen, als habe es keine Totalzerstörung gegeben und der einzige Feind eines solchen in einer Gemäuerecke aufbewahrten Dokuments sei der Regen und der Schmutz gewesen, scheint bereits alles Sich-Hinwegsetzen über die Wirklichkeit der Menschen, die in mühevollem Einsatz Nachrichten an die Nachwelt übermittelten, vorwegzunehmen, jenes Sich-Hinwegsetzen, das dann auch die Konstruktion eines Schreibenden ermöglicht, der in der

Situation äußerster Bedrängung wohlformulierte Aufzeichnungen macht, auch den Tod seiner Freunde mit würdigen Worten bedenkt und schließlich, selbst bereits verwundet, im Moment, da er eine brennende Fassade über seiner Freundin zusammenbrechen sieht, mit folgendem Passus seine Niederschrift beendet:

> "Mit dem Knie auf dem Boden spürte ich nur das scharfe Stechen der Funken, die mir ins Gesicht flogen. Mich verlangte nach einem Sesam-öffne-Dich, als ob es hinter der Waberlohe, die mich umgab, ein neues Land geben würde, in dem Franka schon zu Hause war, von dem sie Besitz ergriff, gefahrlos und ohne Angst." 16)

V. Was solch episch ausholende Passagen, sterbenden oder schwer verwundeten Menschen in den Mund gelegt, so peinlich macht, ist jedoch nicht allein das spürbare Sich-Hinwegsetzen über die Wirklichkeit dieser Menschen: es ist gewiß auch etwas, was mit dem emotional engagierten Unterton des Erzählers zusammenhängt, der das Erzählte auf jenem schmalen Grat des Anrührenden, Aufrüttelnden entlangschiebt, von dem aus es öfters ins Makabere oder gar Geschmacklose abgleitet, sich dem Kitschigen nähert und den Leser so irritiert. Dieses Phänomen, das schon in der zuvor besprochenen Erzählung am Rand aufgetaucht ist, und das generell im Hintergrund zu stehen scheint, wenn Leid dargestellt und Betroffenheit erregt werden soll - also durch Darstellung von Gefühlen an Gefühle appelliert wird - bedarf einer vorsichtigen Analyse.

Eindeutiger Kitsch ist leicht auszumachen, wenn auch schwierig allgemein zu definieren: das Appellieren an Gefühl durch Darstellung und Benennung von Gefühltem, ohne daß das emotionale Engagement des Schreibenden dahintersteht und seine Verarbeitung durch das Dargestellte hindurchscheint und kathartische Wirkung haben könnte - auch im thematischen Umkreis der Zeichnung jüdischer Gestalten und jüdischen Schicksals hat sich ein eigenes Genre derart zu bezeichnenden Kitsches herausgebildet, das uns im Fortgang der Untersuchungen noch näher beschäftigen wird. Was sich jedoch bei der Lektüre der Erzählung Stephan Hermlins aufdrängt,

ähnlich wie bei der von Goes' "Brandopfer", ist der schwerer zu greifende, zwiespältige Eindruck, daß hier manche Passagen fast kitschig wirken, obwohl sehr deutlich echte Empfindung, eigenes Angerührtsein und seine sprachliche Verarbeitung in diesen Texten zu spüren ist. Der Grund für diese Zwiespältigkeit mag sein, daß dieses Engagement nicht eigentlich dem dargestellten Stoff zu gelten scheint, sondern über ihn hinweg sich auf etwas anderes richtet, wobei dann solche Passagen, in denen der Stoff zu sehr übertönt wird, stilisiert wirken, unecht, fragwürdig jedenfalls.
Dieser Grundsachverhalt, über dem der Verdacht des Kitschigen zugleich entsteht und zerfällt, konnte bereits an der Erzählung von Albrecht Goes umrissen werden: auch dort galt der erzählerische Einsatz weniger den dargestellten Personen selbst, als jener Idee einer christlich-humanistisch fundierten Zuwendung zum jüdischen Volk über das Geschehene hinweg, und auch dort konnten Momente des stofflichen Daneben-Greifens stellenweise den Eindruck des Makabren und den Anklang ans Kitschige spürbar werden lassen, ohne daß der Gesamttenor der Erzählung verloren ginge. Die Idee, um die es dabei ging, eine Idee, die das Bild der Juden und die Vorstellung eines anzustrebenden Verhältnisses von Juden und Nicht-Juden betrifft, ist nun ganz offenbar auch in Hermlins "Zeit der Gemeinsamkeit" das Anliegen, dessen Dringlichkeit so im Vordergrund steht, daß das etwas willkürliche Schalten und Walten mit der historischen Wirklichkeit und den betroffenen Menschen dadurch gerechtfertigt erscheinen soll.
Dieses Anliegen soll im Folgenden näher untersucht werden; und wir wenden uns deshalb zurück zum Eingangstext - einem Bild, dessen Einschub von den bisherigen Überlegungen aus zu den eher makabren Elementen gerechnet werden kann, denn auch diese Zeichnung eines gepflegt-rituellen Seder-Abends während des Aufstands scheint Hohn zu sprechen auf alles, was die authentischen Zeugnisse als wahrscheinlich glaubhaft machen.[17)] Doch gerade als künstlicher Einschub ist dieses Bild aufschlußreich für das, was dem Verfasser am

Herzen liegt: das Bild der Juden selbst.

VI. Dieses Bild scheint zunächst das des heldenhaften Judentums allgemein zu sein, jenes Gegenbild zum Klischee des gebeugten Ghetto-Juden, der sich beim Pogrom widerstandslos dahinmetzeln läßt: ein Gegenbild, das im jüdischen Gedankenbereich in der frühen zionistischen Literatur verstärkt eine Rolle zu spielen begann, und dessen wirkungsgeschichtliche Brisanz bis heute, teils lebendig-widersprüchlich, teils zur Ideologie versteint, in der israelischen und amerikanisch-jüdischen Literatur und Trivialliteratur greifbar ist. Es ist die Vorstellung jener starken, unerschrockenen, um Selbstbestimmung und Freiheit kämpfenden Juden, die Theodor Herzl im Blick auf die Bürger des künftigen Judenstaates mit den Worten umriß: "Die Makabäer werden wieder aufstehen".[18)]
Der Rückbezug zum Makkabäer-Motiv wird nun auch hier in Hermlins Erzählung, die das Hohe Lied jüdischen Heldentums aufnimmt, hergestellt durch die Namensgebung: Mlotek als die polnische Version des Judas Makkabäus, des jüdischen Unabhängigkeitskämpfers.[19)] An anderer Stelle wird auch an Bar Kochba erinnert, den Führer des jüdischen Aufstandes unter Hadrian, und sein Bild wird unter dem des leidenden Hiob gesucht.[20)]
Doch beide Assoziationen mit den Helden jüdischer Geschichte treffen nicht. Denn diese waren Kämpfer für Unabhängigkeit und religiöse Eigenständigkeit des jüdischen Volkes, hier aber werden jüdische Helden vorgeführt, die aus dem Zorn über die jahrtausendealte Unterdrückung ihres Volkes heraus zu unerschrockenen Vorkämpfern im allgemeinen Kampf von Juden und Nicht-Juden um eine bessere Welt werden. Es sind junge Kämpfer, die die Waffen neben sich legen, als sie für einen Augenblick während der Wachpatrouille Rast machen, um teilzuhaben am traditionellen Ritus des Judentums, des Seder-Abends, dann aber wieder gehen und mit ihren Gewehren Stellung beziehen in den zerschossenen Häusern: und ein Einverständnis scheint zu bestehen zwischen ihnen, die sich für einen Moment an die Geschichte des jüdischen Volkes

erinnern, und denen, an die die Pflege des Ritus und die erzählende Erinnerung an jene Rebellion eines Sklavenvolkes gegen die ägyptischen Unterdrücker delegiert ist, den Alten. Doch auch diese sind keine demütigen Märtyrer, die dem Feind ein "Gott will nicht, daß Sie verderben"[21] entgegensetzen würden, sondern ihre Gesichter sind von verbissener Entschlossenheit gezeichnet, mit der sie den an sie delegierten Teil des gemeinsamen Kampfes, die erzählende Erinnerung, verteidigen werden. Hier die Bewahrung der Kultur, vor allem jener Elemente, die schon immer an die Befreiung des Menschen von der Unterdrückung durch den Menschen erinnerten, dort die jungen Kämpfer, die sich zusammen mit den nichtjüdischen Gleichgesinnten für eine gemeinsame befreite Welt einsetzen - es ist das geläufige Bild des jüdischen Volkes, das in der kommunistischen Welt gepflegt wird, und das der kommunistische Dichter Stephan Hermlin hier liebevoll ausmalt.[22] Entsprechend besteht hier die Parteilichkeit der Nicht-Juden gegenüber der "Fratze der Macht" nicht in kleinen Gesten aus dem Bewußtsein der großen Ohnmacht heraus, sondern in letzter Gemeinsamkeit, dem zeichenhaften Tod. Frankas letzte Worte "Alles, was ich fürchte, ... ist wohl nur das eine: Werden sie an uns denken?"[23] stehen hier in derselben Dringlichkeit wie die Mahnung zum Gedenken am Anfang des "Brandopfers", doch der Tod, in den Polen und Juden hier gemeinsam gehen, ist für die einen kein "Brandopfer" und für die anderen kein "Kiddusch ha-schem"[24] - die andere Zukunft, an die er als Heldentod die Nachgeborenen mahnen soll, ist hier nicht die einer Zuwendung der Religionen zueinander in Achtung und Liebe, sondern die zukünftige Verwirklichung einer Welt, in der alle Völker auf gleicher Stufe nebeneinander gemeinsam gegen die Unterdrückung durch den gemeinsamen Feind kämpfen.
Dieses hier von Hermlin präsentierte offizielle Verhältnis des Kommunismus zum Judentum wird, Mlotek in den Mund gelegt, einmal sehr klar ausgedrückt: "Seit ich Kommunist war, gingen mich die Juden mehr an als je zuvor, und wahrhaftig nicht nur die Juden allein."[25] Die jüdische Tradition als Folklore, jüdische Überlieferung notfalls als Be-

stätigung für die Theorie einer Geschichte als Geschichte von Klassenkämpfen, geduldet, ästhetisiert und den Ur-Alten überantwortet: übergangen wird der Anspruch der jüdischen Tradition, daß dieses Fest vielleicht mehr als andere ein Fest der Gemeinschaft zwischen Alten und Jungen ist, das Fest der Überlieferung von Vätern auf die Söhne; und zugleich einer Gegenwärtigung der Verpflichtung des Volkes Israel auf den Bund mit dem Ewigen. Übergangen wird auch die Wahrheit der gegenwärtigen Hoffnung auf eine tatsächliche Begegnung mit dem tatsächlichen Jeruschalajim.[26] Der Sinn des Pessachfestes, die zeichenhafte Aktualisierung der Verpflichtung auf die Traditionskette in der Gemeinsamkeit zwischen Juden auf der ganzen Welt in der Bindung an die gemeinsame Geschichte und das Land Israel wird durchgestrichen in dieser "Zeit der Gemeinsamkeit" zwischen Kommunisten jüdischer und nicht-jüdischer Herkunft. Und die diesbezügliche offizielle Version des Kommunismus gegenüber der jüdischen Verbundenheit mit dem Land Israel wird von Mlotek dann auch im Anschluß an die Stippvisite beim Seder-Abend weiter ausgeführt: Mlotek, der schon während der Feier betrachtet wird, "als sei er es, der nun zu sprechen hätte", präsentiert sich als der Jude, der als Kommunist einst nach Palästina ging, um zu sehen, was es mit diesem Land auf sich habe, und der dann wegen Tätigkeit in einer illegalen Partei von der britischen Mandatsmacht abgeschoben wurde, der Internierungshaft jedoch eine Rückkehr nach Warschau vorzog, um dort an der Seite seiner Genossen für eine Welt zu kämpfen, in der Juden so gleichgestellt sind, daß sich die Frage eines jüdischen Staates in Palästina, der in einer unrevolutionierten Welt sowieso eine Scheinlösung wäre, erübrigt.[27]

VII. Das so deutlich herausklingende Engagement für eine vorgegebene Idee legt noch einmal den Vergleich dieser Erzählung mit der eingangs behandelten nahe und verweist erneut auf die Parallelisierbarkeit beider: in beiden Prosastücken versuchen die Autoren unter Aufnahme eines Stoffes aus dem historischen Rahmen des Nationalsozialismus, durch eine realistisch gemeinte Ausgestaltung des Stoffes ihre Vorstellung über ein wünschenswertes künftiges Verhalten von Juden und Nicht-Juden vorzuführen, wobei zwei äußerst gegensätzliche Bilder jüdischen Selbstverständnisses entstehen. Dabei ist das, was durch sie ausgedrückt wird, unschwer identifizierbar mit der jeweiligen "offiziellen" Einstellung, die nach dem Krieg auf beiden Seiten der deutsch-deutschen Grenze gegenüber dem Judentum propagiert wurde, sodaß man fast davon sprechen könnte, daß in ihnen ein westliches und ein östliches Lösungs-Grundmuster literarisch zum Ausdruck gebracht wird. Beide Erzählungen rücken, so sehr sich in ihnen zugleich ein individueller dichterischer Auseinandersetzungsprozeß ausdrückt, doch in die Nähe des Programmatischen - es ist eine Literatur der Parteinahme, die in ihrer Eindeutigkeit die Idee schriftstellerischer Parteilichkeit ad absurdum führt: Literatur, die, indem sie eintritt für den Menschen nach dem Bilde ihrer Idee, jenes Eintreten für das Widerständige in den Menschen versäumt, als dessen Sprache Kunst seit jeher erscheinen mochte. Die Forderung nach kompromißloser Parteinahme gegen das Vergangene, die sich nach dem unter nationalsozialistischem Regime Geschehenen den Menschen Nachkriegsdeutschlands gestellt hatte, scheint so nach 1945 in der Literatur, die dieses Geschehen in den Blick nahm, eine Tendenz zum Eindimensionalen bewirkt zu haben, die ihr letztlich gerade die Kraft des Beunruhigenden und Aufrüttelnden nimmt, die sie explizit für sich in Anspruch nehmen möchte.

Um dem damit Gemeinten von anderer Seite her näher zu kommen, sei diesen deutschen Literaturbeispielen hier ein anderer Text gegenübergestellt, ein Text, der dieselbe Motivik wie die Erzählung Stephan Hermlins - Juden in Polen unter der Hitler-Okkupation - aus einem gewissen zeitlichen Abstand heraus aufnimmt und in autobiographischer Perspektive vergegenwärtigt: die 1965 erstveröffentlichte Erzählung "Zydowska wojna" des 1936 geborenen Henryk Grynberg.[28)]

Hier beschreibt ein Autor, der als Kind selbst das Dasein

unter der Verfolgungsdrohung im Versteck und unter gefälschter Identität erlebte, aus der Perspektive des Kindes und in der entblößenden Sprache des Kindes, das ständig sehr wenig kindgemäße Eindrücke registrieren muß, die unterschiedliche Haltung seiner beiden Eltern während dieser Jahre, die von Versteck und Flucht und dem Angewiesensein auf hilfsbereite oder der Bestechung zugängliche Polen bestimmt waren, ohne Stilisierung oder Harmonisierung und läßt sie in aller gegensätzlichen Zweifelhaftigkeit und Vieldeutigkeit stehen und gerade so zu etwas Infragestellendem, Aufrüttelnden für den Leser und seine bereitliegenden Antworten werden. In lakonischem Ernst, der manchmal von Naivität, manchmal von bitterem Sarkasmus gefärbt ist, nie aber vom Willen, den Leser gezielt zu bewegen, wird hier am hintergründigen Bild dieser beiden jüdischen Figuren innerhalb ihrer Umwelt die Ambivalenz menschlicher Verhaltensweisen und Denkmuster vorgeführt und ihre schnelle Zuordnung gleichzeitig in Frage gestellt - so entspricht der Vater, der bis zum Schluß an den überlieferten und erprobten "Regeln" menschlichen Miteinander-Umgehens festhält, und dabei zum in den Wäldern hausenden "Tier" wird, dem alten Prototyp des Ghetto-Juden, dessen Klischeebild ironisch-doppeldeutig verfremdet wird: er, der seinen Ekel gegen Waffen und den Glauben an die Möglichkeit, mit Geld etwas zu erreichen, durch alles hindurch bewahrt, wird zum Schluß erschlagen "wie ein Mensch":

> "Jemand hatte auf ihn gewartet, in der letzten jener Nächte, als er sich über seinen einsamen Weg schleppte, ein Stück Brot unter dem Umhang. Es ging um Geld. Er wunderte sich. Was für Geld? Und dann erinnerte er sich plötzlich. Es ging um das Geld, das er sein Leben lang zusammentrug, für die schwarze Stunde. Um sich loszukaufen, das wußte er. Was hätte er sonst auch tun sollen? Er trug das Geld zusammen, dafür bückte er sich und duckte sich, sogar in den Staub fiel er dafür... Und seine Schultern hatten immer schon so ausgesehen, als ob er einen Schlag auf den Hinterkopf gefürchtet hätte.
> Und so hatte er recht gehabt... Er hatte recht, so beharrlich Geld zusammenzutragen. Dafür bekam er das Brot, das er unter dem Umhang trug. Auf Geld kann man sich also tatsächlich verlassen. Das Geld

> beweist, daß ein Mensch ein Mensch ist, dachte er. Und wenn man deshalb erschlagen wird, dann wird man wenigstens nicht wie ein Tier erschlagen. Wegen des Geldes - wie ein Mensch... Man sagt über ihn, er sei gierig gewesen, er habe ans Geld geglaubt. Und seinen Ekel gegen Waffen hatte er nie überwunden. Wäre er anders gewesen, wäre er nicht durch die häßliche Axt eines Banditen umgekommen.
> Vielleicht wäre er viel früher umgekommen..." 29)

Die in diesem Text sich langsam aufbauende und zugleich selbst zerbrechende Ironie gibt dem Erzählton hier eine makabere Zweideutigkeit, die vollends im letzten Satz aufbricht und eine griffige Einordnung vereitelt. Diese selbe Zweideutigkeit steht auch über dem Gegenbild der Mutter, obwohl diese klar bejaht wird: aber auch sie ist keineswegs eine kämpfende, zeichenhaft sterbende Heldin, sondern, während der Vater "wie ein Mensch" erschlagen wurde, folgt sie instinktiv wie ein bedrohtes Tier nur dem einen Gedanken, der Gefahr auszuweichen und ihr Kind zu retten. Sie, die so mit dem Spürsinn der Verzweiflung immer auf der Suche nach Auswegen ist, keiner Erfahrung und zum Schluß auch keinem Menschen mehr traut, in die polnische Deck-Identität hineinwächst, und, äußerlich zur perfekten Polin und Katholikin geworden, der feindlichen Umwelt die Stirn bietet, überlebt und kann so in sich und dem Kind einen Rest jüdischen Lebens bewahren:

> "Die Menschen, unter denen wir geboren waren und unter denen wir gelebt hatten, waren schon gestorben, getrieben über andere Wege, und auf ihren Wegen waren wir nicht dabei, und sie waren unter ihren eigenen Namen gestorben. Wenn wir jetzt starben, so würde niemand jemals unsere Namen erfahren. Es gab nur noch uns zwei. Aber Mama sah aus, als ob sie überhaupt keine Angst mehr hätte. Sie sah kühl und ruhig den Deutschen an, der mich vor sich hatte, und sie sprach frei, obwohl sie immer aufpassen mußte, daß nichts Jüdisches unter ihr Deutsch hineingeriet... Als sie da neben dem Deutschen herging, der mich vor sich hielt, schien sie es vergessen zu haben. Ob sie sicher war, daß wir gewonnen hatten?
> Sie ging gerade so, als ob sie keine Müdigkeit spürte, und in ihrem Lächeln, mit dem sie auf die Worte des Deutschen antwortete, war nichts Ermutigendes.
> Im Gegenteil, sie schien zu sagen: 'Komm, komm. Du bist auch nicht besser oder schlechter als jeder andere Deutsche. Du weißt einfach nicht, was ein Deut-

> scher nicht wissen soll... So oder so, du gehst deiner Bestimmung entgegen, also warum solltest du nicht meinen kleinen Sohn halten? Er ist soviel kleiner als du, aber wieviel mehr hat sich gegen ihn verschworen als gegen dich? ... Halte ihn nur, warum nicht? Es ist das beste, was du tun kannst...' Sie sah zu, wie ich nach seiner grauen Uniform griff, als das Pferd plötzlich den Kopf senkte, und sagte: Hab keine Angst, mein Sohn! Und sie sagte es so, als wollte sie sagen: 'Hab keine Angst vor dem Deutschen. Er freut sich, daß er dich im Sattel hat, in dieser unsicheren Stunde... Er lächelt, siehst du das? Er hat Angst... Sitz in seinem Sattel. Besser so, für ihn und für uns...'". 30)

Was hier mit scheinbarer Leichtigkeit geschildert wird, die Spannungen zwischen verschiedenen Menschen oder in einzelnen Menschen angesichts einer extremen Situation, all das lebt von einer vibrierenden und manchmal in seiner Nüchternheit unheimlichen Unmittelbarkeit, hinter der die widersprüchliche Erfahrung des Extremen selbst mehr steht als eine zu vermittelnde Botschaft. Und hintergründig-mehrdimensional wie die Zeichnung der beiden unterschiedlichen Eltern-Figuren ist auch die der anderen hier skizzierten Menschen; in ihrem Verhalten ist viel Undurchsichtiges; Hilfsbereitschaft und Verrätertum, Mut und Feigheit wohnen eng beieinander. Dabei treten die Gestalten oft nur ausschnitthaft in den Vordergrund, die Persönlichkeitskonturen sind oft nur erahnbar; Widersprüche werden nicht geklärt, nach Hintergründen nicht psychologisch gefragt, das Abgründige in den Charakteren, in denen überschwengliche Hilfsbereitschaft und niederträchtiges Ausnutzen der Schwachen, Ehrenhaftigkeit und Wankelmut nebeneinander aufbrechen können, nicht irgendwelchen Deutungsmustern zugeordnet: Wachsamkeit ist ständig geboten. Die Perspektive des Kindes, das all das unfaßbar Erlebte registriert und benennt, sich hindurchtastet und nur gelegentlich, so in den beiden hier wiedergegebenen Schlußstücken der beiden Teile, seine kindlich-entblößenden und bruchstückhaft doch zum Kern vorstoßenden Gedanken einschiebt, scheint die einzig erträgliche zu sein, um sich dem Erlebten zu nähern; und indem sie nicht aufgehoben oder nachträglich ideell

überfremdet wird, wirkt ein Stück von jener Sicherheit,die der Erzählende im Erzählen gefunden hat, durch die Darstellung der widersprüchlichen Menschen hindurch und läßt deren Ambivalenz aushaltbar erscheinen, während zugleich die beunruhigende Kraft des Dargestellten zum Zweifel an vorgegebenen Wertungschemata herausfordert.
Genau das Umgekehrte trifft für die Erzählung Stephan Hermlins zu: hinter der Sicherheit, mit der hier eindeutig gezeichnete Menschen vorgeführt werden, wird die unakzeptierte Zwiespältigkeit des Autors, der unausgetragene und dichterisch eher vernebelte als bewußt gemachte Widerspruch zwischen subjektiver, vom Glauben an eine ideelle Botschaft bestimmter Wirklichkeitsdeutung einerseits und der historischen Wirklichkeit andererseits spürbar. Dieses Phänomen, das, unverblümter und bizarrer als in der "Zeit der Gemeinsamkeit", in dem ersten Prosa-Werk Hermlins, der Erzählung "Der Leutnant Yorck von Wartenburg" entgegentritt,[31] deutet sich in der Eingangsnotiz zu dieser Erzählung an, einem Satz, der abgewandelt auch über der "Zeit der Gemeinsamkeit" stehen könnte und der vielleicht sehr bezeichnend auf Hermlins Dichtung jener frühen Phase weist - dort heißt es: "Nur der Tod des Trägers dieser Erzählung im August 1944, sowie auch sein Name, entsprechen den Tatsachen. Alle weiteren Umstände und Personen, von denen hier berichtet wird, sind erfunden."[32] An dieser Erzählung, in der der kühne Versuch gemacht wird, mittels einer fiktiven Traumvision die Widerstandsgruppe des 20. Juli mit einem Geheimplan Moskaus in Verbindung zu bringen, ragt in grotesk-deutlicher Weise das Skelett jenes Hermlinschen Grundproblems hervor, das vielleicht als eine extreme Variante der allgemeinen nachkriegsdeutschen Schwierigkeit einer Wiedergewinnung von ausgewogenem Realitätsbezug gesehen werden könnte - die unbesehene Vermischung von Traum und Wirklichkeit unter gewagtem Übergehen der Kategorien des Möglichen und des Wahrscheinlichen. Es scheint sinnvoll, zum Abschluß auf diese Problematik einzugehen, um einen Hintergrund für das am Text Beobachtete abzustecken.

Der Versuch dieser Erzählung, eine Synthesis aus der Vision veredelt-gepflegten Lebens und hehren ethischen Denkens im Umkreis ostelbischen Landadels und preußischer Offiziere einerseits und dem menschheitsbeglückenden Anspruch des Kommunismus andererseits zu finden, aristokratische Sensibilität und die einfache Natürlichkeit des Volkes unter dem Vorzeichen des gemeinsamen Strebens nach einer besseren Welt zusammenzuschweißen, scheint zunächst nur unrealistisch Über diese Tendenz zur Synthesis des Unvereinbaren schreibt so z.B. Marcel Reich-Ranicki in seinem - ausführlich auch auf die Lyrik Hermlins eingehenden - Aufsatz, der Autor habe "offenbar das dringende Bedürfnis, das Dasein zu stilisieren"[33], und er umreißt das Problem des Hermlinschen Zwiespalts mit folgenden Worten: "Er wollte ein subtiler Lyriker und zugleich ein revolutionärer Agitator, ein westlicher Ästhet und doch ein östlicher Barde sein. Er wollte das Volk beglücken - und sich dabei nicht beschmutzen, die Massen hinreißen - und doch einsam und vornehm bleiben. Er träumte von einer Rednertribüne in einer gigantischen Halle - und vom Turm aus edlem Elfenbein."[34] Doch was offenbar grundsätzlich hinter dieser Tendenz zur Stilisierung, zur überhöhenden Harmonisierung von Unvereinbarem im Schreiben dieses Autors während der frühen Nachkriegszeit steht, dürfte eine problematischere Implikation sein als schlichte Realitätsverdeutung und als solche möglicherweise auf ein allgemeineres Phänomen hinweisen: dies soll zum Abschluß an einem Text aus der "Zeit der Gemeinsamkeit" angedeutet werden, einem Text, der seinerseits einen Traum nachzeichnet - einen im Ghetto geträumten:

> "Was ist da nur mit dieser Stille? Wir standen auf der Dorfstraße, dort, wo die letzten Häuser wie erschöpfte Läufer stehengeblieben waren. Schon zeigte sich der Mond unheimlich über den fedrigen Ähren des Hafers. Die Nacht ist gekommen, dachte ich, die Nacht hier mit ihren Brunnen und ruhelosen Wanderern. Hinter den Wäldern müssen die alten Städte liegen mit ihren schmiedeeisernen Gasthausschildern im Wind. Über dem leeren Marktplatz zählte eine Turmuhr die Stunden. Ich stand über diese Stille gebeugt wie vor einem niedrigen Fenster, durch das man aus dem Dunkel

her die Leute bei ihrer Lampe beobachten kann. Ich sah sie mit ihren süßen schläfrigen Gesichtern, ganz starr, eine Stickerei im Schoß oder ein Buch in der Hand. Nein, dachte ich dann wieder verzweifelt, nein, nein. Ich hatte kommen sehen, was jetzt kam, ich hatte von allem Anfang an darauf gewartet, ich hatte es schon gehört, ehe da irgendeiner mit seinen Fingerübungen begonnen hatte in einem Zimmer irgendeines Hauses. Es waren immer dieselben Takte aus einem Schubertschen Impromptu.

"Das ist die deutsche Nacht, Franka", sagte ich. Das Klavier klang immer noch aus einem Schwall von Musik, den der Wind heranschwemmte, aus dem man die grellen blanken Trompeten Bachs heraushörte, die Bässe Beethovens, den Mittelsatz aus Mozarts Viertem Violinkonzert, eine Woge von Tönen, die nichts verschonte von dem, was ihr in den Weg kam. Nein, dachte ich. Ich war zurückgetreten und blickte an den niedrigen Häusern hoch, als erwarte ich von jemandem Hilfe.

Aber nur ein Fenster klappte. Da oben hatte sich ein Mädchen vor das gelbe Licht gestellt, das hinter ihr in die Nacht fiel. Sie hatte ihr Haar aufgemacht und beugte sich über die Blumenkästen, über denen ich das Hin und Her ihrer Hände erblickte. Und jetzt hörte ich, wie sie leise und abwesend sang:

"Halt du dein Treu
so stet als ich,
und wie du willst,
so findst du mich."

Ich fürchtete mich. Ich hörte, wie der Sand unter meinen Sohlen knirschte, als ich mich hastig umdrehte. Ich fahr dahin, hörte ich das Mädchen hinter mir, ich fahr dahin, ich fahr dahin.

Vor mir flammte die Straße, und ich hatte nichts mehr als die Pistole und den nicht abgeschlossenen Brief, und Franka hielt ihre letzte Brandflasche in der Hand." 35)

Was hier in aller Klarheit als eigentlicher Stachel des Zwiespältigen und der Tendenz zur Anlehnung an eine verheißungsvolle Ideenwelt entgegen tritt, ist die ungetrübte Sehnsucht nach Unschuld der deutschen Liebe zur Idyllik, auch angesichts des Wissens, daß diese in der Vergangenheit ihre Harmlosigkeit verloren hat - selbst für jene, die daran nicht schuldig sind. Es ist dieselbe Sehnsucht nach Unschuld des Blicks auf die blauen Berge Witikos und des Genusses von Mozartmusik, die ähnlich im "Brandopfer" in der Zeichnung des Zusammenseins weltoffener, dem Geist und dem Schönen zugetaner Leute indirekt ausgedrückt wird. Doch diese Sehnsucht des Autors, die dort auf den ihm iden-

tifizierbaren Ich-Sprecher übertragen und vom Bewußtsein der verlorenen Harmlosigkeit verfremdet wird, steht hier, einer Verfolgten-Gestalt in den Mund gelegt, mit ungebrochenem Anspruch da: in den Wälder und Felder gehören, alte Städte mit schmiedeeisernen Gasthausschildern, Dorfhäuser, stille und besonnene Menschen im gelben Licht der abendlich angezündeten Lampe, Mozartmusik und ein blumenordnendes Mädchen am Fenster, das mit geöffnetem Haar von der Treue singt. Die dieses Idyll zerstören, kommen von außen und sind das Andere und Brutale: der es beschreibt, spricht hier, deutlicher als irgend zuvor, von sich selbst als dem Opfer, dem seine Traumwelt zerstört wurde und immer wieder zerstört wird.
Daß er, selbst jüdischer Herkunft und seinerzeit vor den Nazis ins Exil geflohen, im Gegensatz zu dem Autor des "Brandopfers" ein Verletztsein an diesem Punkt recht unmittelbar eingesteht, ohne sich zugleich verpflichtet zu fühlen, das wirkungsgeschichtlich Zwiespältige jener Sehnsucht nach dem Heilen mitzureflektieren, legt verstärkt die Vermutung nahe, daß nach dem Krieg in Deutschland offenbar allgemein ein klares Bedürfnis nach neuem Halt an eindeutigen ideellen Werten vorhanden war, ein Bedürfnis, das so in den literarischen Zeugnissen jener Zeit greifbar wird.
Rückblickend auf beide in den bisherigen Kapiteln behandelten Beispiele einer Annäherung an jüdische Probleme läßt sich also festhalten, daß in beiden so verschiedenen Ansätzen ein ähnlicher Impetus wirksam ist: gemeinsam ist beiden, daß ein weltanschauliches Konzept die Beschäftigung mit jüdischer Geschichte und Beispielen jüdischen Selbstverständnisses entscheidend geleitet und entsprechend das Bild der gezeigten Juden perspektivisch eingeengt hat, wobei auffällt, daß einerseits ein intensiveres Sich-Einlassen auf die Vielfalt und Widersprüchlichkeit jüdischer Selbstdeutungen auf dem Auseinandersetzungshorizont jener Zeit zu kurz kommt, andererseits eine Orientierung an ideellen Werten als fraglos angemessen für den vehementen Protest gegen das nationalsozialistische Unrecht angesehen wird.
Doch bevor hieran weitere Überlegungen angeknüpft werden sollen, seien zunächst weitere Literaturbeispiele jener Zeit herangezogen.

3. Kapitel: Ilse Aichinger und Heinrich Böll

"Maria ließ das Bündel fallen und Josef stieß den Engel leicht in die Seite. Der Engel wandte den Kopf und lächelte hilflos zu den Heiligen Drei Königen hinüber, die als Landstreicher verkleidet nebeneinander auf der großen Kiste saßen. Die Heiligen Drei Könige zogen die Beine ein wenig hoch und starrten brennend, mit blassen, finsteren Gesichtern nach der Tür. Es hatte geläutet.
Der Engel verlor alle Überlegenheit. Derselbe Engel, der ihnen eben mit einem leisen Jauchzen seiner schwankenden Knabenstimme geboten hatte: "Werft eure Mäntel ab!" als Beweis dafür, daß sie Suchende seien, daß sie von weit her kämen, daß sie Geschenke trügen und silberne Christbaumketten unter ihren schmutzigen Fetzen um den Leib geschlungen hätten, daß - daß - Aber es war keine Zeit mehr. Es hatte geläutet.
Und sie mußten in der halben Dämmerung, die Hände um die Knie geschlungen, verbittert und reglos, die alte furchtbare Ungewißheit weiter ertragen, ob wir nichts oder Könige sind. Und sie durften ihre Mäntel nicht abwerfen, weil sie Angst hatten, Angst, noch immer. Jede kleinste Bewegung konnte sie verraten. Ihre Schuld war, geboren zu sein, ihre Angst war, getötet, und ihre Hoffnung, geliebt zu werden: die Hoffnung, Könige zu sein. Um dieser Hoffnung willen wird man vielleicht verfolgt.
Josef fürchtete seine eigene Angst und sah weg. Maria bückte sich und hob mit einer lautlosen Bewegung das Bündel wieder auf. Nichts soll eine Mutter hindern. Sie schmiegte sich an Josef, der wegsah, wie der König in ihrem Arm sich an das Kreuz schmiegen würde, an das er geschmiedet war. Während die Kinder sich fürchteten, ahnten sie seine Lehre, sich zu schmiegen, woran man geschmiedet wird, und sie fürchteten diese Ahnung mehr als das schrille, schnelle Läuten draußen vor der Tür.
Möglich aber, daß diese Ahnung selbst zu läuten begonnen hatte. Schweigend verharrten sie in der Finsternis. Mit einer verrosteten Sicherheitsnadel steckte der Engel das Leintuch fester um seine Schultern. "Es wird nichts sein", stammelte er, "es klingt wirklich nur als ob - ", er brach ab.
"Sei still", sagte der größte Landstreicher höhnisch, "bleib bei deiner Rolle!"
Und es läutete. Es läutete: viermal kurz und dreimal lang. Aber das verabredete Zeichen war anders.
"Irgend jemand irrt sich", flüsterte der Landstreicher mit dem steifen Fuß, der kleinste von allen. "Irgend jemand weiß nicht, ob er zu uns oder zur Geheimen Polizei gehört. Ob er ein Freund oder ein Mörder ist."
Wer weiß das schon von sich?
Der kleine schwarze Hund unter dem Tisch begann zu bellen.
"Haltet ihm die Schnauze zu", sagte Josef böse, "der ist nichts mehr für uns."
"Ich war von Anfang an dagegen, ihn zu behalten", sagte Maria, "wir haben kein Futter für ihn und es könnte sein,

daß er uns verrät. Es steht auch an dieser Stelle nur etwas von einem Esel. Etwas, das trägt", seufzte sie dann, "etwas Stilles, das trägt".
"Juden dürfen keine Haustiere haben" flüsterte der Engel, "und ein versiegelter Waggon trägt auch. Die Frage ist nur, wohin."
"Vor Ägypten wird gekämpft!"
"Dann eben nach Polen."
"Und der König der Juden?"
"Fährt mit."
Das Läuten an der Tür setzte wieder ein, es klang jetzt flehend.
"Wir beginnen zu spielen, wir öffnen nicht!"
"Dann rasch. Beeilt euch! Achtung - fertig - "
"Los!"
Die drei Landstreicher sprangen auf. Spiegelnd hielten sie ihre Laternen gegen das Glas der alten Kommode.
"Habt ihr den Frieden gesehen?" rief der kleinste Landstreicher. "Aber du hältst ja deine Laterne ganz schief!"
Der Engel unterbrach ihn. "Herbert, ich glaube fast, deine Faust zittert. Hast du Angst? Das gehört nicht zu deiner Rolle. Habt ihr den Frieden gesehen? Frag wie ein Mann, Kleiner, greif über ihre Schultern, damit sie zu suchen beginnen, in ihren Patronentaschen und unter ihren Kopfkissen - "
"Habt ihr den Frieden gesehen?"
Das Läuten verstummte und schien ebenfalls auf Antwort zu warten. Die Kinder fröstelten und rückten aneinander. Gähnend und abgründig tat sich die Leere vor ihnen auf und befahl: erfüllt mich! Da ließen sie den zweiten Landstreicher sagen:
"Es ist niemand hier."
"Niemand, hörst du, Georg? Niemand, ein furchtbares Wort. Alle und doch niemand. Millionen Menschen und doch niemand. Niemand, alle, die hassen und alle, die wegschauen, hört ihr: Niemand haßt uns, niemand verfolgt uns - niemand! Warum fürchtet ihr euch? Niemand, sag es noch einmal, Georg! Zu singen soll sie beginnen, deine Traurigkeit, und in ihren Massenversammlungen sollen sie es hören: Niemand, niemand, niemand ist hier!" 1)

I. Das wiedergegebene Textstück, dem 1948 erschienenen Roman von Ilse Aichinger, "Die größere Hoffnung" entnommen, 2) führt, ähnlich wie die anfangs untersuchten Texte, eine Lebenssituation Verfolgter unter dem Nazi-Terror vor Augen: eine Gruppe jüdischer Kinder, gerade im Begriff, in einer Wohnung ein Weihnachtsspiel zu proben, wird durch ein Läuten an der Tür gestört, von dem sie vermuten, daß es das Zeichen zum Abtransport ist. Ihre Reaktionen und Gespräche bis hin zum Beschluß, sich um das Läuten nicht zu kümmern, sondern das Spiel zu beginnen, werden im Einzelnen wiedergegeben; es ist das Hin und Her von Worten zwischen Kindern, die überlegen, was zu tun ist, und dabei sich mit dem gleichen Ernst, der der Bedrohung gilt, auch in Nebensächlichkeiten verlieren. So wird die Frage, wie nützlich der Hund ist, mit scheinbar unbekümmerter Leichtigkeit dem Gedanken an den Abtransport zugeordnet, und dieselbe Leichtigkeit scheint über dem Entschluß zu stehen, nun schnell doch das Spiel zu beginnen, um über die konkrete Drohung des Abgeholtwerdens hinwegzuspielen. So erscheinen für den Leser die Relevanz-Dimensionen in einer Weise verzogen, die dem Ganzen einen leicht grotesk bis makaber wirkenden Unterton gibt - Betroffenheit wird durch den ein Lächeln hervorrufenden Ton über dem Nicht-Belächelnswerten provoziert.

Doch ist die Leichtigkeit der Kinderperspektive, die dieses betroffene Frösteln erzeugt, nur eine Schicht im Gewebe des Textes: sie wird immer wieder aufgebrochen durch Einschübe aus einer darunterliegenden anderen gedanklichen Ebene, deren Bezug zum Geschehen doch stellenweise etwas unvermittelt wirkt - eine gedankliche Ebene, in die entweder der auktoriale Erzähler zwischendurch hineingreift ("die alte, furchtbare Ungewißheit weiter ertragen, ob wir nichts oder Könige sind" ...), oder in deren wenig kindgemäßen Gedankenfluß zwischendurch auch eines der Kinder überspringt: ("Niemand, hörst du, Georg? Niemand, ein furchtbares Wort."...)

Doch über dieses Moment von Verfremdung, die so durch das besagte Über- und Ineinander zweier Erzählschichten bewirkt wird, lagert sich nun hier im Text ein weiteres Verfremdungselement, das durch die Spielsituation bedingt wird: denn wie im Grundtenor des Textes die Grenze zwischen Belächelnswertem und Ernstem immer wieder durchbrochen wird und sich dadurch auflöst, so verfließt auch perspektivisch die Grenze zwischen Spiel und Wirklichkeit. Die Kinder, bereits vom Erzähler identifiziert mit ihrer Rolle, beziehen die Wirklichkeit, das drohende Läuten, ein in ihr

Spiel und mahnen sich gegenseitig, nicht aus der Rolle zu fallen - die gespielte Verfolgungssituation wird der realen assoziiert, mit Wortspielen die Doppeldeutigkeit der Drohung über Kinder, über ein Kind, das ein König sein soll, ein "König der Juden", beschworen und die Flucht nach Ägypten mit der Fahrt nach Polen in Beziehung gesetzt. Daß es ausgerechnet ein christliches Weihnachtsspiel ist, das die jüdischen Kinder hier spielen, könnte in diesem Kontext als weitere Verfremdungsanordnung in der Regie der Erzählung gesehen werden - nicht um aufrüttelnde Wiedergabe wahrscheinlicher Wirklichkeit geht es, sondern um Bewußtmachung und Problematisierung durch Verfremdung: die Erzählung selbst erscheint als Spiel.
Jüdische Kinder, die ein christliches Weihnachtsspiel aufführen, Identitätsverfremdungen, Stimmungssprünge, Wortspiele um Doppelsinn - eine dichterische Gestaltung, deren Anspruch so offenbar auf einer anderen Ebene liegt als der einer realistisch gemeinten Darstellung, bedarf im Kontext unseres Vorhabens, in dem bislang nur solche eher realistisch gemeinten Darstellungen zur Sprache gekommen sind, nun einer abwägenden Analyse. Um ihrer Problematik näher zu kommen, soll Ilse Aichingers Roman eingehender in den Blick genommen werden.

II. Der Roman, das Erstlingswerk der Autorin, die als Heranwachsende die Jahre im besetzten Österreich als sogenannte "Halbjüdin" erlebt hatte, weist autobiographische Bezüge auf: in seinem Mittelpunkt steht das dreizehnjährige "halbjüdische" Mädchen Ellen, das während der Besatzungszeit in einer österreichischen Stadt lebt. Im Anfangskapitel "Die große Hoffnung" wird gezeigt, wie dieses Mädchen seine Hoffnung darein setzt, ein Visum zu bekommen, um zusammen mit ihrer jüdischen Mutter nach Amerika zu emigrieren, dann jedoch bei der jüdischen Großmutter zurückbleiben muß. Während sie im Folgenden Anschluß sucht an eine Clique von offenbar elternlosen jüdischen Kindern bzw. Heranwachsenden - mit denen zusammen sie auch ihrem Vater wiederbegegnet, der nun auf der Seite des Regimes steht - ,[3]) spitzt sich für sie die Identitätsbedrängnis zu: einerseits verfemt, selbst vom Vater verlassen, andererseits auch nicht konkret bedroht und deshalb von den Spielkameraden immer wieder ausgeschlossen (im Textbeispiel ist sie es, die in Wirklichkeit an der Tür läutet, und der die andern das richtige Klingelzeichen nicht gesagt haben), scheint sie als "Halbjüdin" auf keine Seite zu gehören. Diese Unzugehörigkeit, die so für sie, die katholische Christin ist wie ihre "volljüdischen" Gefährten, im Zusammenprall mit den Klassifizierungen der Rassenideologie aufgebrochen ist, manifestiert sich zum Schluß konkret darin, daß sie keine Bleibe mehr hat - nachdem die Großmutter vor dem drohenden Abtransport Selbstmord begangen hat und die Spielkameraden abgeholt wurden, ihr selbst aber trotz ihrer Bitte die Deportation verweigert wurde,[4]) ist sie nach einem Versuch, in einem Munitionswagen versteckt ihnen nach Richtung Osten zu fahren, bei dem sie eingefangen wurde, jedoch wieder entwischen konnte, auf einer langen Flucht durch die Stadt. Irgendwann bei den Soldaten der "Gegenseite" gelandet, begleitet sie dann einen jungen Offizier, der sie im Anschluß an einen Botschaftsgang "nach Hause" bringen will, und flüchtet sich, da er verletzt ist, mit ihm in ein leerstehendes Haus im umkämpften Gebiet. Hier, im verlassen bereitstehenden Haus, während sie ihn umsorgt, scheint für sie durchgespielt greifbar zu werden, was als bewahrte Ahnung eines heilen Lebens über dem Ganzen steht[5]) - doch es bleibt für sie zeichenhafte Vorwegnahme einer ihr nicht mehr erreichbaren Wirklichkeit: als sie sich im Auftrag des Offiziers mit seiner Botschaft an seine Kameraden in Richtung einer umkämpften Brücke aufmacht, wird sie im Moment, da sie die schon zerstörte Brücke wahrnimmt, von einer Granate zerissen, doch nicht ohne im Tod die Vision eines Neuaufbaus der symbolhaft-bedeutungsgeladenen Brücke gehabt zu haben, die zugleich die Vision eines Wiedersehens mit einem der alten Gefährten ist, der der Zukunfts-Brücke den Namen "die größere Hoffnung" zuspricht:

"Hier war die Unordnung nicht mehr zu lösen. Aber dahinter wurde es blau.
Noch einmal hörte Ellen das grelle, erschrockene Schreien der fremden Soldaten, sie sah Georgs Gesicht über sich, heller und durchsichtiger, als es jemals gewesen war.
'Georg, die Brücke steht nicht mehr!'
'Wir bauen sie neu!'
'Wie soll sie heißen?'
'Die größere Hoffnung, unsere Hoffnung!'
'Georg, Georg, ich sehe den Stern!'
Die brennenden Augen auf den zersplitterten Rest der Brücke gerichtet, sprang Ellen über eine aus dem Boden gerissene, emporklaffende Straßenbahnschiene und wurde, noch ehe die Schwerkraft sie wieder zur Erde zog, von einer explodierenden Granate in Stücke gerissen.
Über den umkämpften Brücken stand der Morgenstern."[6)]

III. Ein bitteres Ende, über dem doch die Hoffnung auf einen "Neuaufbau", eine andere Möglichkeit des Lebens spürbar wird - in dieser Grundstruktur läßt auch dieser Roman sich den anfangs besprochenen Erzählungen zuordnen. Denn wie in jenen, so soll auch hier dem Leser der Willen und die Hoffnung für ein heileres Leben aus dem Betroffensein erwachsen - Betroffensein angesichts der erzählten Lebenswirklichkeit von Kindern, die an dieser Lebensmöglichkeit nicht mehr teilhaben konnten, ihrer Hoffnungen und ihres ins Spiel mündenden Lebenswillens in seinem Zusammenstoß mit der Maschinerie des Ungeheuerlichen.
Doch vergleicht man gerade dieses Strukturelement der Darstellung menschlichen Verhaltens im Zusammenstoß mit der nationalsozialistischen Macht in allen drei Prosawerken, so wird ihre unterschiedliche Konzeption deutlich: war die Maschinerie der Machthaber in der Erzählung von Albrecht Goes das momentan Unabänderliche, dem gegenüber sich die glaubende und mutig helfende Kraft Einzelner zeichenhaft und zukünftig mahnend behaupten sollte, und erschien sie wiederum bei Stephan Hermlin als das schlechthin Böse, dem der zeichenhafte Kampf in Gemeinsamkeit entgegengesetzt wurde, so wird dieselbe Maschinerie hier vor allem als das Sinnlose, Absurde gezeichnet, angesichts dessen nur die Flucht in eine spielend neu vergewisserte eigene Wirklichkeit bleibt.

Die Absurdität dieses Repressionsapparates, die besonders im Aufeinanderprallen einer verzerrten Beamtensprache mit der Sprache der Kinder grell beleuchtet wird,[7] erscheint dadurch, daß die jüdischen Kinder hier christlich sind, in ihrer sinnlosen Willkür noch hervorgehoben: nicht als andere Glaubens-, Volks- oder Geschichtsgemeinschaft werden diese verfolgt, sondern um des abstrakten rassischen Vorzeichens ihrer "falschen Großeltern" willen. Das ist nicht unwichtig im Blick auf die Intention der Erzählung: hier wird der Leser nicht im Dienst einer Botschaft von Menschenliebe und Toleranz gegenüber einer Minderheit angerührt, auch soll kein bestimmtes Verständnis des jüdischen Volkes vermittelt werden, sondern das Besondere der konkreten geschichtlichen Wirklichkeit verfolgter Juden unter dem Nazi-Regime, das als System willkürlich-brutaler Gewalt und sinnloser Ideologie erscheint, versinnbildlicht zugleich das Allgemeine menschlicher Zuordnungspraktiken in all seiner Fragwürdigkeit: Kinder, die wie alle anderen sind, werden plötzlich von einem das Absurde repräsentierenden Apparat zu Juden erklärt und verfolgt.

IV. Diesem Abstraktionssinn, der durch die dargestellte Wirklichkeit hindurch auf eine andere, allgemeine hinüberweist, entspricht stilistisch die aufgezeigte Tendenz zur ständigen Brechung des Erzählvorgangs durch das Überspringen in eine allgemeine gedankliche Ebene, von der aus alle Vorgänge durch Transposition in andere Bedeutungsbeziehungen in Frage gestellt und in ihrem Aussagewert als nichtig enthüllt werden können: die Bemerkung des "Landstreichers mit dem steifen Fuß", "irgendjemand weiß nicht, ... ob er ein Freund oder ein Mörder ist", bezogen auf das aktuell falsche Klingelzeichen, zieht so zugleich aus jener abstrahierenden Ebene den mitklingenden Sinn einer Infragestellung menschlicher Identitätssicherheit überhaupt nach sich: "Wer weiß das schon von sich?" Ebenso erscheint auf dieser Ebene die Angst der Kinder vor dem Klingeln an der Tür, die Angst jüdischer Kinder in einem bestimmten Land zu einer bestimmten Zeit, als Urbild einer Grundangst menschlicher Existenz, leicht zu verallgemeinern: "Ihre Schuld war, geboren zu sein, ihre Angst war, getötet, und ihre Hoffnung, geliebt zu werden: die Hoffnung, Könige zu sein. Um dieser Hoffnung willen wird man vielleicht verfolgt."

Dergleichen Sprünge zwischen den Sinn-Ebenen, Verfremdungen einfachen Wortsinns durchziehen den ganzen Text: der "Nachweis",[8)] den Ellen über ihre Identität erbringen muß, die "falschen" und die "richtigen Großeltern", die "Bürgschaft" und das "Visum", das sie zur Auswanderung brauchen würde - all diese leitmotivisch immer wieder auftauchenden Begriffe werden zu Kristallisationspunkten, über denen sich die Infragestellung der gebräuchlichen Ordnungskriterien und Sicherheitsbegriffe aufbaut. Als ein Beispiel dafür sei hier der sich auf den ersten Seiten abspielende Disput um das Visum zwischen Ellen und "dem Konsul" wiedergegeben:

> "'Bitte,' sagte Ellen zum letzten Mal, 'bitte unterschreiben Sie das Visum!' Sie hob den Kopf und stützte sich auf die Ellbogen. 'Dort der Tintenstift, das genügt. Wenn Sie unterschreiben, werde ich nie mehr Äpfel stehlen. Ich will alles tun, was ich für sie tun kann! Ist es wahr, daß man an der Grenze Orangen bekommt und ein Bild vom Präsidenten, ist es wirklich wahr? Und wieviele Rettungsboote sind auf den großen Dampfern?'
> 'Jeder ist sein eigenes Rettungsboot', sagte der Konsul. 'Und jetzt habe ich eine Idee!' Er nahm den Zeichenblock auf die Knie.
> 'Du selbst mußt dir das Visum geben. Du selbst mußt es unterschreiben!'
> 'Ich selbst?' fragte Ellen erschrocken.
> 'Nur du selbst.'
> 'Wie kann ich das?' fragte Ellen mißtrauisch.
> 'Du kannst es. Jeder Mensch ist im Grunde sein eigener Konsul. Und ob die weite Welt wirklich weit ist, das liegt an jedem Menschen.'
> Ellen starrte ihn verwundert an.
> 'Siehst du', sagte er, 'alle die vielen, denen ich das Visum ausgestellt habe, alle diese vielen werden enttäuscht sein. Der Wind geht nirgends schlafen.'
> 'Nirgends?' wiederholte sie ungläubig.
> 'Wer sich nicht selbst das Visum gibt', sagte der Konsul, 'der kann um die ganze Welt fahren und kommt doch nie hinüber. Wer sich nicht selbst das Visum gibt, bleibt immer gefangen. Nur wer sich selbst das Visum gibt, wird frei.'
> 'Ich will mir das Visum geben', Ellen versuchte, sich

> aufzurichten, 'aber wie soll ich das machen?'
> 'Du mußt unterschreiben', sagte er, ' und diese Unterschrift bedeutet ein Versprechen, das du dir gibst: Du wirst nicht weinen, wenn du von deiner Mutter Abschied nimmst, ganz im Gegenteil, du wirst deine Großmutter trösten, die wird das nötig haben. Du wirst auf keinen Fall mehr Äpfel stehlen. Und was auch geschieht, du wirst immer daran glauben, daß irgendwo alles blau wird! Was auch immer geschieht.'
> Fiebernd unterschrieb Ellen ihr eigenes Visum."[9)]

Was hier dialogisch durchgespielt wird, der Übergang vom konkreten, aus der historischen Situation erwachsenden Wunsch nach Visum und Freiheit zu ontologischen Aussagen über das, was "im Grunde" und "wirklich" Freiheit ermöglicht, - nämlich das sich selbst gegebene Visum, die subjektive Enscheidung, -läßt deutlich werden, was als Gedankenwelt hier im Hintergrund steht und als verfremdende Ebene immer wieder in den Erzählvorgang einbricht: ein von Elementen existentialistischer Philosophie bestimmtes Denken. Ein Denken, das angesichts der als übermächtig empfundenen strukturellen Macht politischer Systeme und Ideologien des 20. Jahrhunderts und ihres Angriffs auf die Freiheit der Menschen den radikalen Rückzug in die Subjektivität des Einzelnen propagiert, die eigene Entscheidung zur individuellen Existenz als den Ausgangspunkt eigentlicher, punktuell zu erreichender Freiheit postuliert, scheint deutlich hinter dieser individuellen Ausdruckssuche zu stehen. Die Formulierung des "sich zu schmiegen, woran man geschmiedet wird", im Eingangstext als Interpretation der Lehre Jesu aufgetaucht, und das chiffrenartig den Text durchziehende Verlangen nach Gewißheit, "daß irgendwann alles blau wird" als Trost und Hoffnung über der Brutalität der historischen Szenerie - all das erscheint als eine dichterische Gestaltung jenes gedanklichen Versuchs, angesichts einer heillosen geschichtlichen Wirklichkeit die Heilsbotschaft eines Rückzugs in die letzte ihr scheinbar trotzende Bastion, die Subjektivität des Einzelnen, zu suchen.[10)] Während das geschichtlich Gewordene - dieser Staat und seine Ideologie - mit seinen Ordnungskategorien nur als das Widersinnige erscheint, auf das in näherer Beschreibung sich einzulassen ein nichtiges Unterfangen bedeutete, wird die in der Subjektivität von Einzelnen, von Kindern fiktiv gesetzte und strukturierte Welt des Spiels zum Reich eigentlicher Freiheit erhoben: "wirklich" und "im Grunde" frei wird man nur durch sich selbst, nur im Spiel erreicht man das Eigentliche, nach dem man in Wirklichkeit sucht. Vor dieser radikal propagierten, alle gängigen Ordnungsmuster durchbrechenden, sie immer wieder verfremdenden Subjektivität verzieht sich die Wirklichkeit zu einer Kulissenwelt, die einerseits mit ungeheurem Aufwand subjektiver Belebung des Hintergrunds vorgeführt wird, deren Menschen andererseits aber doch schattenhaft unwirklich bleiben: einer Welt, die den Vergleich mit jener des literarischen Expressionismus nach dem Ersten Weltkrieg nahelegt.

V. Denn in der Tat scheint diese Erzählung beispielhaft zu stehen für das - später unterschiedliche Deutungen provozierende[11)] - Phänomen der in den ersten Nachkriegsjahren in verschiedenen Varianten beobachtbaren literarischen Neuaufnahme expressionistischer Gestaltungselemente, so vor allem jenes visionären Gestus, der den Rahmen des Wahrscheinlichen immer wieder sprengt zugunsten einer subjektiven Zusammenschau von Wirklichem und Möglichem, um durch Belebung des Unbelebten und Verfremdung des Lebendigen überkommene Deutungsdimensionen in Frage zu stellen, alternative Perspektiven aufzureißen.
Auf diese "Neuaufnahme" weisen im Text zunächst stilistische Merkmale hin, wie der vorwärtsdrängende, kurze Hauptsätze oder anakoluthische Wendungen aneinanderreihende Erzählfluß, ebenso wie die Zeichnung der Szenerie: Adjektive und Verben, vor allem Bewegungsverben dominieren, auch substantivierte Verben haben ein relatives Eigengewicht, während die gewöhnlichen Substantive eher blaß bleiben. Farben, z.T. grelle Verfärbungen, Geräusche, Belebung und Beseelung des Unbelebten lassen die aufgebaute Welt zugleich wirklich und überwirklich vor dem Leser erstehen: ein Pfosten stöhnt verzweifelt, eine Dachluke starrt schwarz und rachsüchtig,

Wolken fürchten die quellende Schwärze und treiben tief und angsterfüllt dahin, ein offener Laden tanzt im Zugwind[12) - dergleichen Bilder durchziehen das ganze Buch.
Darüberhinaus jedoch greift dasselbe Gestaltungsprinzip der Verschränkung von Realem und Irrealem, das sich in der visionären Belebung der Szenerie und der bereits aufgewiesenen Verfremdung des Erzählgangs durch den ständigen Wechsel der Sinn-Ebenen zeigt, gelegentlich auch über in den Gang der Handlung und die Personenanordnung: so wird die Fahrt in einem Wagen, ursprünglich ein Versuch der Kinder, sich von einem bezahlten Kutscher illegal über die Grenze bringen zu lassen, durch das Zusteigen von Personen wie "der liebe Augustin", Kolumbus mit der Weltkugel und König David als Knabe[13) übergangslos zu einer Tour durch visionär geschaute Welt-Kulissen aus Angst und Traum, einem Jonglier-Spiel mit den Doppelbedeutungen von Begriffseinheiten wie "über die Grenze", "Suche nach dem großen Nachweis", "Sein und Nichtsein", "fremd und zu Hause" - an seinem Ende, als der zornige Kutscher die träumenden Kinder wachrüttelt und aus dem Wagen weist, stehen sich wieder faktisches Nicht-Erreichen des Grenzübertritts und Traum-Wahrheit des eigentlichen, subjektiv zu entscheidenden Übergangs in ein anderes "Heiliges Land" gegenüber.[14)
Durch diese Welt des Realen und Irrealen, Wirklichen und Möglichen, die belebte und beseelteSzenerie, vor der die Menschen erstarren und zu Sprechern von verfremdenden und entlarvenden Sätzen werden, läuft nun Ellen, selbst Sprecherin, personifizierte Infragestellung des Gesichert-Erscheinenden, fragt nach Schein und Sein, demaskiert und fordert zur Entscheidung: und über all dem so Erzählten klingt selbst ein Ton von Sicherheit und verzweifeltem blinden Mut mit, Mut der Hoffnung auf eine andere Möglichkeit des Lebens, chiffriert in der Formel, daß "irgendwo alles blau" werde.[15)
Doch die Vision, von der diese visionäre Formel lebt, wird nirgends greifbar: die Entwirklichung, für die sie steht, scheint nichts hinter ihr Stehendes verfremdend sichtbar machen zu wollen, sondern ganz sich selbst zu meinen - aller

Hoffnungsmut klammert sich an den Glauben, dem er entspringt, dem Glauben, daß es gut ist, angesichts des gewissen eigenen Untergangs sein Spiel zu beginnen, da nur das Spiel Wert hat, die subjektiv geschaffene Wirklichkeit, die keine Schein-Gewißheit vorspiegelt.[16)]
Dieser Grundton von sich selbst setzendem Mut, in sich selbst begründeter Hoffnung, fast Optimismus, der über alle dargestellte Misere hinausweist, findet sich in ähnlicher Weise auch in zahlreichen anderen Zeugnissen der ersten Nachkriegsjahre und mag andeutungsweise das momentane Grundgefühl unmittelbaren Aufatmens jener, die knapp überlebt haben, spürbar werden lassen. So steht, um ein anderes Beispiel zu nennen, ein ähnlicher Hoffnungselan letztlich über der zertrümmerten Welt in den etwa gleichzeitig erschienenen Schriften Wolfgang Borcherts, doch zieht er hier seine Kraft gerade aus der ertragenen Konfrontation mit dem Leid, über dem nichts "blau" wird, und aus der paradoxen, leidenschaftlichen Bejahung des Lebens und einer wie auch immer abstrakt gedachten Zukunft dieses zerstörten Landes.[17)]
Doch beide Ansätze literarischen Reagierens, sowohl die Proklamation einer aus dem Rückzug in Subjektivität und spielerische Entwirklichung gewonnenen Hoffnung als auch die paradox scheinende leidenschaftliche Bereitschaft, die eine, vorfindliche Wirklichkeit anzusehen und sie zu lieben, scheinen trotz aller Gegensätzlichkeit in gleicher Weise der Perspektive des Augenblicks verhaftet, der Übergangssituation, der sie entsprangen. Ihnen gemeinsam ist der Glaube an die Zukunft individuell-bestimmten Subjektivitätsempfindens, die Vorstellung, daß unterhalb der Gewalt, die ein brutales und Sinnlosigkeit verkörperndes Regime und sein Herrschaftsapparat auf die Menschen ausüben konnte, diese Menschen freie Subjekte seien, in deren Möglichkeit zur Selbstbesinnung auf den ihnen allen gemeinsamen Wunsch nach einer menschlicheren Welt allein schon das Versprechen einer anderen Zukunft mitgegeben sei. Dieser Glaube war einerseits Voraussetzung dafür, daß in jenen ersten Jahren nach dem Zusammenbruch des Naziregimes die Existentialphilosophie

als die Freiheitsbotschaft erscheinen konnte, als die sie von den Intellektuellen der Zeit wohl größtenteils angesehen wurde, und auf seiner Basis wurde die hier analysierte Verbindung von existentialistischem Gedankengut mit den dem Expressionismus entlehnten Techniken möglich; derselbe Glaube war andererseits aber auch jenseits der unmittelbaren Rezeption des existentialistischen Denkens im Schreiben jener wirksam, die sich den Blick auf die Realität des vergangenen sinnlosen Leidens nicht durch vorschnellen Griff zu gedanklichen Lösungen verstellen lassen wollten.
Um das zu verdeutlichen, sei nur ein weiteres Literaturbeispiel herangezogen, das Prosawerk eines anderen Debütanten jener Jahre, der 1951 erschienene Roman "Wo warst du, Adam?" des 1917 geborenen Heinrich Böll.[18)]
Dieser Roman, in dem das Geschick mehrerer Personen während der Zeit des deutschen Truppenrückzugs aus Ungarn bis hin zur Kapitualation 1945 verfolgt wird, und in dessen Mittelpunkt die Liebe des deutschen Soldaten Feinhals zu einer katholischen Lehrerin jüdischer Herkunft in einem ungarischen Dorf steht, bietet sich durch eine Reihe von Parallelelementen zum Vergleich mit Ilse Aichingers Roman an: hier wie dort wird ein Mensch wider seinen Willen durch das Chaos des Krieges getrieben und erlebt in verschiedenen Begegnungen immer von neuem dessen Widersinnigkeit; hier wie dort steht das Motiv einer Brückenzerstörung symbolhaft-bedeutungsträchtig an wichtiger Stelle,[19)] und hier wie dort wird die Zentralfigur kurz vor erreichtem Ziel von einer Granate zerfetzt - jeweils im vorletzten Satz des Buches. Und ebenso ist es dasselbe Abstraktionsmoment, das in beiden Romanen das Widersinnige von Krieg und Judenverfolgung unterstreichen hilft - auch in Bölls Roman ist die im Mittelpunkt stehende "Jüdin" eine Katholikin. Nicht das vielschichtige Problem des Zusammenstoßes unterschiedlicher Glaubens- oder Volkstraditionen also, auch nicht die Problematik geschichtlich vermittelten Judenhasses oder einer untergründig schwelenden Bereitschaft zum Rassenwahn kommt in den Blick, sondern die Schüsse des SS-Obersturmführers Filskeit, unter

denen die Jüdin Ilona in Bölls Roman, katholische Liturgien singend, im KZ zusammenbricht, stehen für die Sinnlosigkeit dieses Krieges und seiner Ideologie selbst[20], eine Sinnlosigkeit, die so total und unvermittelt gezeichnet wird, daß es kaum als lohnend erscheint, über sie hinaus nachzudenken über Entstehungsmomente und bedingende Zusammenhänge dieses Geschichtsabschnitts und seiner Menschen in ihm. Doch während in Ilse Aichingers Roman die Sinnlosigkeit zwar dem national-sozialistischen Apparat anhaftet, ihr aber aus der Erzählperspektive heraus immer wieder das Vertrauen auf die Möglichkeit einer individuellen Entscheidung zum Ausbruch in die wirkliche und eigentliche Freiheit entgegengehalten wird, jene Zuversicht, die als ein durch sich selbst gerechtfertigtes Hoffnungsmoment über den dargestellten Menschen steht und im Schlußsatz ihren symbolischen Ausdruck findet im Bild des über den umkämpften Brücken aufgehenden Morgensterns, wird der Sinnlosigkeit hier kein sie durchbrechendes oder sie transzendierendes Bewußtsein aus der Erzählperspektive entgegengesetzt: Bölls Romanheld ist der, der das Sinnlose überall wahrnimmt, auch über es hinausdenken möchte, jedoch immer nur wieder seiner Machtlosigkeit innewird, sich auch nicht gegen sie auflehnt. Für ihn gibt es nichts, das über die Resignation des Geschlagenen und Betrogenen hinausweist; der Gedanke an die ermordete Ilona ruft in ihm nicht den Willen zum Aufbau einer anderen Welt wach, in der das Geschehene sich nicht wiederholen könnte, und über seinem Ende steht keine Vision einer "größeren Hoffnung" und kein aufgehender Morgenstern:

> "Er dachte mit einer gewissen Bitterkeit an Ilona: irgendwie schien es ihm, sie habe sich gedrückt, sie war tot, und zu sterben war vielleicht das einfachste - sie hätte jetzt bei ihm sein müssen, und es schien, sie hätte auch bei ihm sein können. Aber sie schien gewußt zu haben, daß es besser war, nicht sehr alt zu werden und sein Leben nicht nur auf eine Liebe zu bauen, die nur für Augenblicke wirklich war, während es eine andere, ewige Liebe gab. Sie schien vieles gewußt zu haben, mehr als er, und er fühlte sich betrogen, weil er jetzt bald zu Hause war, dort leben würde, lesen, möglichst nicht viel arbeiten, und beten, um Gott zu trösten, nicht um ihn um etwas zu bitten,

das er nicht geben konnte, weil er einen liebte, Geld oder Erfolg, oder irgend etwas, das einem half, sich durchs Leben zu pfuschen - die meisten Menschen pfuschten sich irgendwie durchs Leben, auch er würde es tun müssen, denn er würde keine Häuser bauen, die unbedingt von ihm gebaut werden mußten - jeder andere mittelmäßige Architekt konnte sie bauen...

Er lächelte, als er an Hoppenraths Garten vorbeikam: sie hatten immer noch nicht ihre Bäume mit diesem weißen Zeug bespritzt, von dem der Vater behauptete, es sei unbedingt nötig. Er hatte immer Krach mit dem alten Hoppenrath deswegen, aber der alte Hoppenrath hatte immer noch nicht dieses weiße Zeug auf seinen Bäumen. Jetzt war es nicht mehr weit bis zu Hause - links lag Heusers Haus, rechts Hoppenraths, und er brauchte nur noch durch diese schmale Gasse zu gehen, dann links ein Stück die Hauptstraße hinunter. Er lächelte. Er hörte drüben den Abschuß genau und warf sich hin - sofort -, und er versuchte weiterzulächeln, erschrak aber doch, als die Granate in Hoppenraths Garten einschlug. Sie krepierte in einer Baumkrone, und ein milder dichter Regen von weißen Blüten fiel auf die Wiese. Die zweite Granate schien weiter vorn zu liegen, mehr auf Bäumers Haus zu, dem Haus seines Vaters fast gegenüber, die dritte und vierte lagen in gleicher Höhe, aber mehr links, es schien mittleres Kaliber zu sein. Er stand langsam auf, als auch die fünfte dorthin schlug - und dann nichts mehr kam. Er horchte eine Zeitlang, hörte keinen Abschuß mehr und ging schnell weiter - im ganzen Dorf bellten die Hunde, und er hörte das wilde Flügelschlagen der Hühner und Enten in Heusers Stall - auch die Kühe brüllten dumpf in manchen Ställen, und er dachte: sinnlos, wie sinnlos. Aber vielleicht schossen sie auf den amerikanischen Wagen, den er nicht hatte zurückfahren hören, doch als er um die Ecke der Hauptstraße bog, sah er, daß der Wagen schon weg war - die Straße war ganz leer -, und das dumpfe Gebrüll der Kühe und das Bellen der Hunde begleiteten ihn die wenigen Schritte, die er noch zu gehen hatte.

Die weiße Fahne am Haus seines Vaters war die einzige in der ganzen Straße, und er sah jetzt, daß sie sehr groß war - es schien eins von Mutters riesigen Tischtüchern zu sein, die sie bei Festlichkeiten aus dem Schrank holte. Er lächelte wieder, warf sich aber plötzlich hin und wußte, daß es zu spät war. Sinnlos, dachte er, wie vollkommen sinnlos. Die sechste Granate schlug in den Giebel seines Elternhauses - Steine fielen herunter, Putz bröckelte auf die Straße, und er hörte unten im Keller seine Mutter schreien. Er kroch schnell ans Haus heran, hörte den Abschuß der siebten Granate und schrie schon, bevor sie einschlug, er schrie sehr

> laut, einige Sekunden lang, und er wußte plötzlich, daß Sterben nicht das einfachste war - er schrie laut, bis die Granate ihn traf, und er rollte im Tod auf die Schwelle des Hauses. Die Fahnenstange war zerbrochen, und das weiße Tuch fiel über ihn." 21)

VII. Über diesem Ende des Soldaten Feinhals, der durch das ganze sinnlose Sterben des Krieges entkommen konnte und dann in den Tagen der Kapitulation vor dem schließlich erreichten Elternhaus tödlich getroffen wird, steht keinerlei explizite Hoffnung, scheinbar kein Trost. Unter der Sinnlosigkeit eines Systems, seiner Ideologie und des von ihm entfachten Krieges sind die im Roman gezeichneten Menschen gestorben: die Lehrerin Ilona, herausgerissen aus ihrer Schule und der Lehrmittelsammlung, zwischen deren Kästen mit Gesteinsproben, Strickmustern und Bildkarten über Säuglingspflege sie vom Autor so liebevoll vor Augen geführt wird;[22] der Soldat Feinhals, begraben unter dem Festtagstischtuch seiner im Keller schreienden Mutter, während ringsum flügelschlagende Hühner und Enten, brüllende Kühe und "weißes Zeug" an Obstbäumen an das erinnert, was diesen Menschen tatsächlich wichtig ist; und ebenso der junge Gastwirt Finck, den Feinhals im Feld über einem Koffer mit Weinflaschen für einen Vorgesetzten hat verenden sehen, und dessen verbitterte und verhärmte Angehörige er nun auf dem Heimweg besucht hat.[23] Und doch wird durch das Erzählte hindurch hier eine tiefer gehende, stärkere Zuversicht über den Augenblick hinaus ausgedrückt und im Leser angesprochen als in Ilse Aichingers Roman: denn wärend dort die gezeichneten Menschen eher gesichtslose Sprecher bleiben, Figuranten vor einer im Dienste abstrakter Botschaft immer neu verfremdeten Welt, die weder durch ihre Sprache noch durch individuelle Prägung als Personen recht greifbar werden, sind die Menschen hier zumeist differenziert wahrnehmbare Individuen mit eigener Geschichte, die die Spuren ihrer kleinen Welt, aus der sie herausgerissen wurden, mit sich herumtragen. Sie sind es, deren realistisch gemeinte Gestaltung ihre eigene Zuversicht in sich trägt: sie, die als Personen gezeigt werden, welche zum Objekt einer Ideologie und eines Apparates gemacht wurden, und denen nur die Kraft zur Auflehnung fehlt, stehen zugleich für die Hoffnung ein, daß es einmal ein anderes menschliches Miteinander geben könnte, in dem ihnen diese Kraft nicht mehr abverlangt würde, eine menschlichere Welt, in der kein System und keine Ideologie sie mehr daran hinderte, sich selbst und ihre Sehnsucht nach Glück zu leben. Der rheinländische Architekt Feinhals mit seinem Wunsch nach der einen Frau, mit der er schlafen und auch sprechen könnte, der dann diese gerade in einem ungarischen Dorf findet,[24)] und die ungarische Lehrerin, die so vielen Männern gegenüber gleichgültig geblieben ist und gerade in der Begegnung mit ihm zum ersten mal jenes Moment von "Überraschung" erlebt, das sie sich immer ersehnt hat,[25)] sie repräsentieren das Urbild des füreinander bestimmten Paares, jenes Urbild, das stellvertretend die Idee eines unbeschädigten Lebens bewahrt: über ihrer Begegnung steht der Gedanke, daß, wenn nicht das Nazi-Regime mit seiner Sinnlosigkeit ihrer beider Leben zerstört hätte, alles gut geworden sein könnte. Es ist die zunichte gemachte Hoffnung dieser Menschen, die aus der Perspektive des Erzählers in sich richtig erscheint und das Vertrauen in den Menschen, sofern dieser von keiner äußeren Macht verbogen wird, rechtfertigt: in ihm liegt zugleich das Versprechen, daß eine bessere Welt möglich wäre, wenn den sinnlosen Ideologien einmal ihre Macht genommen würde.

Und dieses Vertrauen ist es, das als gemeinsamer Hintergrund hinter beiden hier untersuchten, in ihrem Ansatz - dort Entwirklichung und visionäre Verfremdung, hier realistisch gemeinte Schilderung - zunächst recht verschiedenen Romanen steht. Vielleicht dürfen auch diese in der herausgearbeiteten Gemeinsamkeit und Verschiedenheit als charakteristische Beispiele für deutsches Schreiben nach dem 2. Weltkrieg angesehen werden, ein Schreiben, das aus der Empörung über das Geschehene erwuchs wie nach dem ersten Krieg das des literarischen Expressionismus, und in dessen auseinanderstrebenden Bewegungen gedanklichen und stilistischen Ausholens

sich auch die veränderte Situation gegenüber jener Zeit aufdeckt: auseinandergerissen ist in ihnen, was damals noch zusammen wirksam war, visionärer Gestus und Blick auf den konkreten, leidenden Menschen. Die Vermutung legt sich hier nahe, daß dieses Moment von Einschränkung hinsichtlich des Versuchs schreibender Wirklichkeitsbemächtigung hinter sich zurückweist auf eine Absage an die Möglichkeiten einer interpretierenden Zusammenschau des Wirkungszusammenhangs von subjektivem und objektivem Geist, eine Absage, die notwendig geworden sein könnte für das nach dem 2. Krieg schwieriger gewordene Festhalten am Vertrauen in den Menschen.
Doch unter dieser Einschränkung scheint noch etwas anderes wirksam zu sein, das hier abschließend angesprochen werden soll: die uneingestandene Notwendigkeit für die Schreibenden, eine tiefergehende Auseinandersetzung mit dem Faschismus zu umgehen. Dies ist eine Überlegung, die sich von verschiedenen Beobachtungen her aufdrängt, welche bislang nur am Rande angedeutet wurden, nun aber im Blick auf die zuletzt untersuchten Texte abschließend zur Sprache gebracht werden sollen: denn es scheint bedenkenswert und nur auf den ersten Blick selbstverständlich, daß in beiden hier analysierten Erzählansätzen - nicht anders als in den eingangs besprochenen literarischen Werken - der nationalsozialistische Faschismus im Grunde nicht ernst genommen wird. Er erscheint, nicht anders als in den Literaturbeispielen der Anfangskapitel, die sich deutlicher als die hier thematisierten an vorgegebene Gedankensysteme anlehnen, als die Gegenmacht schlechthin, das Absurde, Brutale, Unmenschliche, ein auf den Menschen lastendes Joch, nach dessen Zerbrechen sie als freie Subjekte auf eine menschlichere Welt zuarbeiten könnten. Ein ernsthafteres Sich-Einlassen, eine Auseinandersetzung mit dem Faschismus als dem, was dieselben Menschen, deren Hoffnung hier als Garantie der Idee richtigen Lebens erscheint, einmal fasziniert und in eben dieser Sehnsucht nach Glück und richtigem Leben angesprochen hat, findet nicht statt, wird abgewehrt, indem der Faschismus dämonisiert[26] wird, zur Schablone gerinnt wie in Ilse Aichingers Roman, oder,

wie andeutungsweise in Bölls früherem Roman, lächerlich gemacht wird.
So ist die Zeichnung, in der Böll den Aufstieg des Obersturmführers Filskeit vor dem Leser erstehen läßt,[27] das Ineinander von Verklemmtheit und Brutalität, Musikliebe und Rassenfanatismus, ein Bild, das sich zunächst vielleicht wie eine Nachzeichnung des entsprechenden, aus den psychologischen Untersuchungen bekannten Phänotypus des KZ-Sadisten gibt, doch zugleich unmißverständlich seine Karikatur. In Sätzen wie "... Aber Filskeit lächelte nie. Er fand das Leben sehr ernst, den Dienst noch ernster, aber am ernstesten die Kunst."[28], in denen mit kleinen sprachlichen Mitteln wie dem einer derartigen Steigerung der Darstellung jener leichte Touch des Lächerlichen gegeben wird, der von einem weiteren Sich-Darauf-Einlassen entbindet, wird das deutlich; und es sind dieselben Mittel der leichten Karikaturisierung, die bei der Zeichnung anderer Figuren, die kleinbürgerliche Beschränktheit und das Ersticken unter ihrer Ideologie vertreten, angewandt werden. Während in der Gestaltung der positiven Helden kleinbürgerliches Bewußtsein für Unschuld, für Sehnsucht nach unentstelltem Leben steht, bedeutet es in der Gestaltung der negativen Figuren, bewirkt durch dieses Mittel der leichten Karikaturisierung, beschränkte Verbohrtheit[29]; während in der Vorführung der positiven Figuren die Gedanken in vielem Vor- und Zurückgehen, Differenziertheit und suchender Unfertigkeit wiedergegeben werden, werden bei den negativen - und am krassesten bei diesem SS-Mann Filskeit - gedankliche Vorgänge mit grobskizzierendem Strich über einer Schablone nachgezogen: die Hinwendung Filskeits zur nationalsozialistischen Rassenideologie liest sich dann so: "Angezogen vom Rassegedanken, der seinen geheimen Idealen entsprach, trat er bald in die Hitler-Jugend ein, avancierte dort schnell zum Singleiter seines Gebietes, schuf Chöre, Sprechchöre ..." [30].
Weniger auffällig, aber nicht minder bedenkenswert ist das Erstarren des Faschismus zur Schablone, wie es in Ilse Aichingers Roman zu erkennen ist: aufschlußreich dürfte hier

vor allem die Zeichnung der Begegnung Ellens mit ihrem Nazi-Vater sein, einer Begegnung, der man im Blick auf die Identitätsproblematik der "Halbjüdin" gewisse Relevanz zuordnen würde, und die so blaß bleibt wie alle Begegnungen mit Funktionären der Gegenmacht - auch er ist eine ihrer sprechenden Maskenträger, keine der Situation gemäß zu erwartenden zwiespältigen Empfindungen auf seiner Seite werden angedeutet.[31] Die dort gegebene Zeichnung des Vaters, des auf Korrektheit bedachten, emotional beherrschten SA-Offiziers muß in ähnlicher Weise zu denken geben wie jene etwas lächerliche des verklemmten SS-Manns Filskeit in Bölls Roman. Was sich in der Gestaltung dieser Figuren andeutet, ist dies, daß unter allem laut hörbar die Oberfläche beherrschenden Vertrauen in den unverbogenen Menschen und die Richtigkeit seines Empfindens und seiner Hoffnung ein untergründiges latentes Mißtrauen wach ist: ein Mißtrauen in den gegenwärtigen Leser und seine möglichen Reaktionen emotionalen Angesprochenseins durch das Dargestellte. Mit wem der Leser sich zu identifizieren habe und gegen wen er sich entrüsten, bzw. wen er als dem System der Sinnlosigkeit verfallen einstufen solle, wird ihm recht deutlich nahegelegt. Undenkbar erschiene innerhalb dieser Literaturbeispiele die Gestaltung von Menschen, die in ihren Gefühlen, ihrer Ansprechbarkeit durch die faszinierenden Elemente der nationalsozialistischen Ideologie so mehrdimensional und widersprüchlich gezeichnet wären, daß sie Identifikation und Ablösung, Aktualisieren und Aufarbeiten von unverarbeiteten Emotionen gegenüber dem National-Sozialismus (und gegenüber dem Judentum) erlauben, Katharsis ermöglichen würden.

Es ist dieselbe Beobachtung, die wir oben im Zusammenhang mit der Besprechung von Stephan Hermlins Erzählung[32] herausgestellt haben; und die dort aufgezeigte Problematik hinsichtlich des Verhältnisses von Autor - Text - Leser dürfte auch den hier behandelten Texten zugrunde liegen: dem letztlich eindimensionalen Menschenbild der jeweiligen Gedankenwelt des Autors, entspricht ein Vertrauen in das eindeutige Funktionieren von geradlinigen emotionalen Mechanismen - ein abscheulich dargestellter Nazi soll Abscheu gegen den National-Sozialismus erzeugen, unschuldig leidende Juden und reine, ohnmächtige Helden die Bereitschaft zum Engagement für eine bessere, menschlichere Welt ansprechen.

So scheint es dieselbe Grundvoraussetzung zu sein, die sich aus allem bisher Erarbeiteten herauslöst: ein Bedingungszusammenhang besteht offenbar zwischen der Tendenz der Schriftsteller jenes Zeitabschnitts, schreibend Geschichtsbewältigungsmodellen Ausdruck zu geben,(Modellen, denen bei aller Verschiedenheit doch die Basis des proklamierten Vertrauens in den ungeschichtlich gesehenen Menschen und seine Entscheidungsfreiheit gemeinsam ist), und der damit korrespondierenden Neigung, einerseits den national-sozialistischen Faschismus zu dämonisieren oder lächerlich zu machen, jedenfalls aber als Gegenstand ernsthafter Auseinandersetzung abzuwehren, und andererseits jüdische Gestalten gerade so zu zeichnen, wie das Bewältigungsmodell ihrer bedarf, und also zu verzeichnen - als leidende Fromme, an deren Herausforderung sich die Problematik protestantischer Rechtfertigungslehre auftut, als kommunistische Kämpfer, oder, wie hier, als katholische Mitmenschen, die sich von anderen in nichts unterscheiden. Hinter all dem ist offenbar ein uneingestandenes Mißtrauen wirksam, ein Mißtrauen, das auf latente Angst gegenüber Erfahrungsdimensionen zurückweist, die der nationalsozialistische Faschismus aufgerissen hatte und die das Vertrauen in den Menschen und seine subjektive Freiheit in Frage stellen mußte. Festzuhalten ist, daß in einem Jahrzehnt, über dem noch fühlbar nahe das unverarbeitete Wissen über ein nie zuvor dagewesenes Grauen, Menschen von Menschen angetan, steht, Literatur kaum als Ort exemplarischer Verarbeitung, Anwalt des widersprüchlichen, abgründigen Menschen gegen die Einengungstendenz der Theorien fungiert, sondern vielmehr selbst zur Anlehnung an Gedankensysteme und ihre Modelle des Menschen neigt. Daß das auch dort zutrifft, wo die Reflexion über die Funktion von Literatur mit im Vordergrund steht, soll an einem weitern Beispiel gezeigt werden.

4. Kapitel: Walter Jens

"'Darf ich die Nachttischlampe einschalten und das Oberlicht ausmachen? Es plaudert sich besser dann, und ich würde gern noch etwas bleiben'
Heinrich Mittenhaufen zuckte mit den Achseln.
'Ich wollte Sie nicht verhöhnen. Ganz so unerfahren bin ich auch nicht mehr. Aber ich denke, daß es auch Ihnen recht ist, wenn ich es mir so einrichte, wie es mir für unser Gespräch am besten erscheint.'
'Ja, es ist gut', sagte der Kranke schnell. Er war fest entschlossen, nichts von dem Spiel zu verraten. Es ärgerte ihn, daß der Professor gerade jetzt kam.
...
Neugebauers Stimme schreckte den Blinden hoch.
'Sie haben mir immer noch nicht erzählt, von wem Sie das Spiel bekommen haben. Natürlich brauchen Sie mir nicht zu antworten, aber vielleicht ist es doch ganz gut. Außerdem würde es mich interessieren.'
'Ich kann es Ihnen sagen', erwiderte der Blinde. 'Das Spiel hat mir mein Freund Moses Matthäus geschenkt.'
'Kleine, schwarzpolierte Steine - '
Mittenhaufen hatte nicht gedacht, daß der Professor so leise sprechen könnte.
'Eigentlich sehen sie ganz harmlos aus.' Neugebauer räusperte sich. 'Ist dieser Herr Matthäus ein Freund von Ihnen? Ich habe ihn öfter im Theater gesehen. Früher war er, glaube ich, auch schon in Hamburg. Aber das muß noch vor meiner Zeit gewesen sein. Offenbar war er lange fort.'
'Ja, sehr lange,' sagte Heinrich Mittenhaufen, und dann konnte er der Versuchung nicht widerstehen. Er nahm hastig einen Stein aus dem Haufen und baute mit seiner linken Hand hinter der schützend aufgestellten Rechten ein Quadrat. Nun konnte der Professor unmöglich die Steine sehen. Zur Sicherheit krümmte der Blinde seine Hand noch ein wenig, so, daß sie das Quadrat halb überdachte. Es war ein Wagnis, das er jetzt einging, aber wenn es ihm gelang, und er zur gleichen Zeit spielen und sprechen konnte, war er für immer gerettet. Vielleicht war es sogar gut, sogleich mit der schwersten Probe zu beginnen, denn wer würde ihn je wieder so genau beobachten wie gerade Neugebauer?
Der Blinde tippte ganz leicht auf die Steine.
'Moses Matthäus, ein junger Mann von siebenundzwanzig Jahren trägt einen Frack. Er hebt sein Glas und lächelt einer Frau im Abendkleid zu. 'Du brauchst keine Angst zu haben, Gesa, mir wird nichts geschehen. Ich bin hier viel zu bekannt, als daß sie mir etwas tun würden.'
Aber Gesa Matthäus behält den kleinen, wie mit Bleistift gezogenen Strich unterhalb des Mundes.'
'Wo war denn Herr Matthäus während der ganzen Zeit?" fragte der Professor und wippte mit seinem Stuhl. 'Darf ich übrigens rauchen?"
'Natürlich, natürlich,' wehrte Mittenhaufen ab, es schadet nichts'.
'Ich danke Ihnen', der Arzt steckte sich eine Zigarre an.
'Wo war er denn?'

'Wo sie alle waren', sagte der Blinde. Seine Finger spielten mit dem Viereck.
'Wir wollen tanzen, Gesa'. Moses Matthäus hat lange schwarze Haare und riesengroße, ganz schmale Hände.
Gesa weicht zurück.
'Aber warum denn nicht? Wollen wir wieder zu den anderen zurückgehen?'
'Zu den anderen? Dazu ist es jetzt zu spät, mein Verehrtester! Eine Uniform trennt die beiden Kleider. In der Ferne lachen sie noch. Die Uniform schwenkt ein Blatt Papier. Moses Matthäus sieht sich um, aber Gesa ist plötzlich verschwunden.'
'Wo sie alle waren?' wollte der Professor wissen.
'Meinen Sie, der Vorname Moses sei nur ein Künstlername?'
'Ach so.'
Jetzt kam der schwierigste Augenblick für den Blinden. Er mußte das Quadrat verlassen und mit der Linken über die Rechte hinweg in den Steinhaufen greifen. Er überhastete sich und nahm zwei Steine zuviel. Aber hinter der Hand baute er ruhig das zweite Quadrat und jonglierte mit den beiden übriggebliebenen Steinen, um dem Arzt zu beweisen, wie sehr er bei der Sache sei.
'Vier Jahre ist er im Gefängnis gewesen, Herr Professor. Dann haben sie ihn ein paar Monate freigelassen. Aber danach wurde er doch nach Auschwitz gebracht. Er hatte Glück und kam 1945 zurück. Seitdem spielt er wieder im Schauspielhaus." 1)

Auch in diesem Textstück, der 1951 erschienenen Erzählung "Der Blinde" des 1923 geborenen Walter Jens entnommen[2], wird dem Leser eine Gesprächssituation vor Augen geführt: Ein Chefarzt setzt sich im Krankenhaus an das Bett eines Patienten, eines Erblindeten, um mit ihm zu "plaudern" - Gegenstand dieser Plauderei ist dabei jedoch nicht die Krankheit, sondern zunächst ein Spiel, eine Art Mini-Baukasten, ("kleine, schwarzpolierte Steine"), mit dem es offenbar eine besondere Bewandtnis hat. So richtet sich das Interesse des Professors über dieses Spiel hinaus auf den, der es dem Blinden gegeben hat, einen jüdischen Freund des Blinden, den Schauspieler Moses Matthäus, dessen Los während der erst kurz zurückliegenden Zeit des Dritten Reiches der Blinde schließlich mit kurzen Sätzen umreißt: Gefängnis, kurze Freilassung, Auschwitz, Überleben und Rückkehr nach Deutschland und ans Schauspielhaus.
Das so sich abwickelnde Gesprächsgeschehen - Fragen und Rückfragen des Professors, kurze, zunächst nur andeutende Antworten des Patienten, von denen es den Anschein hat, sie

wollten einer genauen Nennung der Stationen dieses Schicksals ausweichen, - wird dabei immer wieder durchbrochen durch die Darstellung der Gedanken des Blinden, die sich an seine Handbewegungen und Berührungen der Spielsteine anknüpfen, und aus denen die Bewandtnis des Spiels teilweise erkennbar wird: während er auf die Steine tippt oder seine Finger damit spielen läßt, entsteht eine andere, erdachte oder nacherlebte Wirklichkeit vor ihm, hier nun diejenige des lange zurückliegenden Abends, an dem Moses Matthäus während einer Tanzveranstaltung von seiner Frau getrennt und verhaftet wurde. Dabei eignet diesem Vorgang des Steine-Berührens zum Zweck des gedanklichen Ausweichens in die Welt der Vorstellung etwas merkwürdig Magisches, Bedrohtes und Bedrohliches: mit äußerster Sorgfalt wird erzählt, wie der Blinde in gesammelter Konzentration sein Spiel vor den Augen des ihn beobachtenden Professors so zu spielen versucht, daß dieser möglichst nichts davon bemerkt. Diesem Bemühen wird dabei extrem wichtige Bedeutung zugeordnet - der Blinde meint, wenn es ihm gelänge, was er hier probeweise durchzuspielen versucht, nämlich gleichzeitig zu spielen und zu sprechen, also in seine Phantasiewelt auszuweichen und zugleich scheinbar dem Gegenüber zugewandt zu sein, wäre er "für immer gerettet."

So hat es den Anschein, daß hier ein relativ unbedeutendes Geschehen - das Gespräch am Krankenbett mit einem Kranken, der währenddessen lieber in die Welt seiner eigenen Gedanken ausweichen möchte - auf sehr gezielte Weise erweitert und bedeutungsmäßig dramatisiert wird: eine Beobachtung, die auch für diese Erzählung die Vermutung nahelegt, daß es in ihr nicht in erster Linie um eine realistisch gemeinte Darstellung, etwa der Rehabilisierungsschwierigkeiten eines Erblindeten oder der Problematik einer Freundschaft zwischen einem nicht-jüdischen Deutschen und einem nach dem KZ-Erlebnis wieder nach Deutschland zurückgekehrten Juden geht, sondern auch , vielleicht sogar vornehmlich, um eine andere, das unmittelbar zur Sprache Gebrachte überlagernde Bedeutungsdimension. Um der einer solchen Doppelschichtigkeit zugrundeliegenden Intention nahezukommen, sei zunächst einmal die Erzählung im Ganzen in den Blick genommen.

II. Das Geschehen, das im Mittelpunkt dieser kleinen, im Hamburg der frühen Nachkriegszeit spielenden Erzählung steht, ist etwas - im Vergleich zu den zurückliegenden Geschichtsereignissen - Unbedeutendes, das jedoch von den beteiligten Menschen als sehr einschneidend erfahren wird: ein vierzigjähriger Mann, Volksschullehrer von Beruf, erblindet nach einer Scharlacherkrankung und muß sich nun bewußtseinsmäßig darauf einstellen, als Behinderter unter den Menschen zu leben. Die Neubegegnung mit seiner Frau, seinen Kindern, seinem Freund und den Kollegen, das Sich-Zurechtfinden in Zimmern, auf Straßen und in Verkehrsmitteln erlebt er, zunächst in Gedanken und, nach seiner Entlassung, auch in Realität so intensiv als Infragestellung der sein Leben bis dahin bestimmenden Gewißheiten, daß diese Zeit - es sind nur wenige Wochen - für ihn zu einer Zeit existentieller Krise wird. Mitprovoziert und schließlich zur Lösung vorangetrieben wird diese Krise von einem hinzukommenden Handlungselement: dem Rückzug des Blinden aus der ihm zunächst unerträglich erscheinenden Wirklichkeit in das Spiel mit seinem Stein-Baukasten, jenem Klötzchenspiel, das der Schauspieler Moses Matthäus ihm zu Beginn seiner Erkrankung geschenkt hatte, da er, wie man später erfährt, sich von Anfang an über die der Krankheit folgende Erblindung seines Freundes im Klaren gewesen war. Diese Spielsteine - glatte Vierecke mit scharfen Kanten[3)] - haben nun nicht nur einen außerordentlichen emotionalen Wert, sondern ihnen kommt eine fast magische, ein normales Wirklichkeitsempfinden transzendierende Bedeutung zu: werden sie berührt, so kann der Berührende sich dabei in Gedanken eine Vorstellungswirklichkeit vor sich aufbauen, die sich entweder von den in bestimmter Anordnung aufgebauten Steinen her ableitet, wobei diese dann Häuser oder Zimmer darstellen, oder die auch nur durch bloßes Antippen der Bausteine evoziert wird, wie

jene im Ausgangstext wiedergegebende Ballsaalszene.
Diese besondere Bedeutung der Spielsteine, den gedanklichen Rückzug in die Vorstellungswelt zu ermöglichen, war ihnen, wie man später erfährt, schon früher eigen, nämlich bevor sie in die Hände des Blinden gelangten: denn hergestellt, geschnitzt worden war das Spiel im KZ Auschwitz von einem fast achtzigjährigen Juden. Die Spielsteine, ursprünglich für dessen ebenfalls im Lager lebende Enkelin gedacht, dienten, da sie diese Enkelin nicht mehr erreichen konnten, später dann einer Gruppe von Lagerinsassen zu jenem Spiel, dessen Inhalt die Evokation vorgestellter Wirklichkeit war, ein Spiel, in das sich die Häftlinge während einer Krankheit des Schauspielers Moses Matthäus flüchteten: hatten nämlich bis dahin seine Rollenvorführungen an den Abenden den KZ-Häftlingen geholfen, über das Grauen der augenblicklichen Wirklichkeit hinweg sich vorübergehend zu retten in die Welt der Imagination, so ermöglichten nun während seiner Erkrankung an Lungenentzündung die Steine ein Ähnliches - wer sie berührte, konnte erzählend eine andere Welt vor den anderen erstehen lassen und diese damit fortreißen, ihnen so vorübergehende Linderung des täglich erlebten Unerträglichen schaffen und ihre Kraft zum Durchhalten bestärken.
Dieses Spiel, fünf Jahre nach der Befreiung des KZs vom ehemaligen Häftling Moses Matthäus an den nun erblindeten Freund Heinrich Mittenhaufen weitergegeben, zeigt nun auch in dessen Hand seine magische Kraft:[4] ohne daß dieser seine Geschichte kennt, werden auch für ihn die Steine zu etwas, durch dessen Berührung ihm das lindernde Ausweichen in die Welt der Phantasie möglich wird, eine Fluchtbewegung, in die er sich jedoch bald so verklammert, daß ihm darüber der Kontakt zur ihn tatsächlich umgebenden Wirklichkeit gleichgültig zu werden beginnt - für den unerwartet von der Behinderung Getroffenen erscheint die Flucht in die imaginierte Welt als anstrebenswerte Dauerlösung, um das weitere Leben zu ertragen.

Doch aus der Perspektive seiner so gewonnenen Neuorientierung wird die tatsächliche Wirklichkeit zu etwas wie durch eine Kluft von ihm Abgetrennten, etwas, für das er sich nicht mehr zu engagieren braucht und das ihm eher lästig wird, wie der Besuch des Professors im Ausgangstext. Geklammert an die Sicherheit seiner subjektiven Imaginationswelt, die das Spiel mit den Klötzchen ihm vermittelt, empfindet es der Blinde als sein wichtigstes Ziel, als Lösung, die ihn "für immer gerettet" sein ließe, es einmal fertig zu bringen, gleichzeitig den Kontakt mit der Wirklichkeit der Menschen außerhalb über sich ergehen zu lassen und selbst in seine Phantasiewelt zurückgezogen zu sein. An dem Punkt, da er dieses Ziel erreicht zu haben glaubt, heißt es:

> "Jetzt sehen die Sehenden die glatten Straßen, die Sterne, den Streusand auf den Fußsteigen, die Schneehaufen, die Grog-Gläser, die Mützen, den Rauch aus den abfahrenden Lokomotiven und die vielen weißen Dächer der großen Stadt.
> Aber Heinrich Mittenhaufen sah alles zugleich und mehr als das. Fester umspannte er seinen Baukasten. Von jetzt an war es gleichgültig, wo er sich aufhielt. Überall, wo er war, war Murmansk und London, Berlin und Paris, Hamburg und Rio.
> Noch heute abend wollte er Katharina bitten, den Wecker fortzunehmen. Er brauchte die Uhr nicht mehr. Zum ersten Mal in seinem Leben freute er sich nicht auf Moses Matthäus, seinen Freund, der gleich kommen würde. Was sollte er ihm sagen, da er ihn doch gerade gesehen hatte?
> Die Steine genügten."[5)]

Angesichts dieser Entwicklung in der Beziehung des Blinden zu den zuvor ihm nahestehenden Menschen und der durch sie bewirkten Entfremdung diesen gegenüber erinnert Moses Matthäus seinen Freund jedoch an drei Bedingungen, die ursprünglich an das Spiel mit den Steinen geknüpft worden waren - drei Bedingungen, die die abendliche KZ-Gemeinschaft für ihr Spiel aufgestellt hatte, da sie notwendig waren, damit die erspielte Flucht in die Phantasie nicht zu gefährlich würde für die Fähigkeit der Spielenden, die objektive sie umgebende Wirklichkeit weiter zu bestehen:

> "Die erste heißt: man darf nur spielen, wenn man anders nicht mehr leben kann; die zweite heißt: man darf nur spielen, um Hoffnung zu schöpfen, einmal wieder le-

> ben zu können; die dritte heißt: man darf nur spielen, was in der Zukunft liegt, und was man einmal glaubt, verwirklichen zu können. ... Wenn wir diese Bedingungen nicht eingehalten hätten, wäre von uns sieben keiner mehr am Leben, auch wenn der eine oder andere noch atmete." 6)

Doch zu diesen Regeln gehört auch noch eine weitere, von Moses nicht sogleich mitgenannte, damals vielleicht auch nicht so explizit aufgestellte Bedingung: die Bedingung, daß man das Spiel nicht allein spielen dürfe. Diese Bestimmung erfährt der Blinde dann durch einen anderen KZ-Überlebenden, einen alten Mann namens Joseph Freiburger, zu dem Moses Matthäus ihn kurz nach seiner Entlassung aus dem Krankenhaus mitgenommen hat, da er von ihm Rat und Hilfe für den in sein Flucht-Spiel verkrampften Freund erhofft: dieser, der selbst von Geburt an blind ist, hatte damals im KZ ein genau gleichartiges Baukastenspiel erhalten, das er berühren konnte, um zugleich mit der Gemeinschaft am Imaginationsspiel und seiner helfenden Kraft teilzuhaben:

> "Joseph Freiburger sprach lauter. 'Man darf das Spiel nicht allein spielen, denn sonst ist man verloren. Wir wußten es alle. Deshalb hat nie jemand für sich gespielt.' Er beugte sich tief zu dem Blinden hinab. 'Vielleicht hat jeder zuletzt für sich selbst gespielt, aber zuerst immer für den, der am gefährdetsten war."

Diesen zweiten Baukasten gibt Joseph Freiburger nun an Heinrich Mittenhaufen weiter, ihn erinnernd, "daß man sieht, solange man die Gesichter der anderen nicht vergißt"[8) -] nun, da dieser die Möglichkeit hat, mit anderen zusammen sein Spiel zu spielen, wird es zukünftig auch für ihn nicht mehr gefährlich sein.

III. Überblickt man so die tragenden inhaltlichen Elemente der Erzählung, so verstärkt sich die an Hand des Ausgangstextes aufgestellte Vermutung, daß hier das Erzählte nicht in erster Linie für sich selbst steht, sondern zugleich etwas anderes meint: so erscheint das Motiv des Spiels mit den daran geknüpften Bedingungen, ihrer Geschichte und deren Neu-Erinnerungen ein wenig künstlich, wie der Beschreibung des Erblindeten und seiner Bewußtseinsvorgänge aufgesetzt, um so eine Parabel entstehen zu lassen, eine gleichnishafte Geschichte

von Verstrickung und Erlösung, die über sich selbst hinausweist und zu ihrer Deutung aufruft.
Denn ginge es nur um das Phänomen des Wunsches nach Ausweichen in eine Gedankenwelt bei einem Menschen, der durch Unfall in eine Krise seines Selbstverständnisses geraten ist, so wäre dies einfacher auszuführen gewesen, auch ohne das Hinzutun dieses Klötzchenspiel-Elements, bei dem der Leser sich doch immer wieder fragt, warum denn das Ausweichen in die Vorstellungswelt nur durch den äußerlichen Vorgang des manuellen Berührens der Spielsteine möglich ist.[9)]
So ist dies der Punkt, an dem das Symbolhafte der Spielmotivik sich am eindringlichsten dartut und Deutungsversuche provoziert.
Wer ist dieser Blindgewordene, was ist dieses Klötzchenspiel, das ihm ein Ausweichen in vorgestellte Wirklichkeiten und Zeiten ermöglicht, und das ihn der Gemeinschaft der ihn gegenwärtig umgebenden Menschen und ihrer Wirklichkeit zu entfremden beginnt, sodaß ihm Regeln vorgehalten werden müssen, die ihn vor dem endgültigen Verfallen an dieses Bedrohende schützen sollen? Symbolisiert der gezeigte Fluchtweg in die Phantasie das Tun des Schriftstellers? Ist dies eine Geschichte, in der jemand, der zu schreiben begonnen hat, das Erlebnis der damit von ihm selbst empfundenen Entfremdung gegenüber der vorher ungestörten Zugehörigkeit zur Menschengemeinschaft zur Sprache zu bringen sucht? Ist das "man darf das Spiel nicht allein spielen, sonst ist man verloren" der Versuch eines jungen Schriftstellers, eine Lösung zu postulieren, eine Aussage zu machen zum Selbstverständnis des Schreibenden, der im Schreiben herausgeforderten Erfahrung der partiellen Loslösung aus der Gemeinschaft; eine Aussage, die gegenüber dem Bedrohlichen dieser Erfahrung Halt bieten könnte in einer Zeit, in der alles Denken zu sehr unter der Forderung nach Engagement für eine menschlichere Welt stand, als daß Schreiben und das damit geforderte Sich-Ausliefern an das eigene Bewußtsein, jene in der Suche nach eigener Sprache teilweise zu leistende Absage an die Gemeinschaft und ihre Sprache nicht als etwas Bedroh-

liches angesehen werden mußte? Dies legt sich nahe - und auch die Aufnahme des archaischen Motivs, demzufolge der Blinde der eigentlich "Sehende", Wissende ist, deutet in diese Richtung.

IV. Doch nicht um eine gültige Ausdeutung dieser Parabel geht es im Zusammenhang unserer Untersuchung in erster Linie, sondern vorerst soll auf eine andere Beobachtung eingegangen werden: es ist ein Jude, der das Klötzchenspiel mitgebracht hat, seine Regeln wurden im KZ Auschwitz aufgestellt. Gerade diese etwas ungewöhnliche Implikation stellt sich nun von der Komposition der Erzählung her als nicht zwingend notwendig dar: die Aussage, man dürfe dieses symbolisch gemeinte Spiel nicht alleine spielen, ebenso wie alle anderen darüber gemachten Aussagen und Einschränkungen hätten auch ohne Rückgriff auf die KZ-Entstehung des Spiels eingeführt werden können; es ist sogar zu vermuten, daß die kleine Geschichte glatter, weniger außergewöhnlich und konstruiert gewirkt hätte ohne dieses Bauelement. Denn die hier begegnenden jüdischen Figuren fügen sich nicht ganz ohne Anstrengung in das Erzählte, sondern erscheinen, im Gegensatz zu den sonst vorkommenden Gestalten, etwas unglaubhaft, ähnlich jenen in den anfangs untersuchten Texten; und ebenso wie jene Darstellungen dürfte auch diese Zeichnung erkennen lassen, daß sie nicht auf reale Erfahrung einer Begegnung mit derartigem Schicksal zurückgreift, sondern etwas Gewolltes ist: hier wie dort verraten bereits die graecisiert-biblischen Namen für deutsche Juden ihre papierne Herkunft[10)], und kaum minder gewagt als jene eingangs behandelte Schabbatstunde im Schlachterladen, vielleicht eher noch kühner in der Annäherung ans Extreme erscheint die hier gegebene Beschreibung der abendlichen Runde im KZ. Doch es ist weniger dies, was die Darstellung der hier eingeführten Personen besonders problematisch macht, sondern mehr die Tatsache, daß diese nicht nur als Verfolgte der Vergangenheit, sondern zugleich als Überlebende der Gegenwart gezeigt werden - als Überlebende, die sich relativ bruchlos wieder in die Lebenswelt der

Menschen Nachkriegsdeutschland eingefügt haben.
Das gilt zunächst für den Schauspieler Moses Matthäus, der nun, fünfundvierzigjährig, wieder nach Hamburg zurückgekommen ist, am gleichen Schauspielhaus spielt und seinem nur wenig jüngeren Freund ein guter und sensibler Freund ist: ein Mensch, der Auschwitz überstanden hat wie eine schwere, mit starkem Charakter auszuhaltende Prüfung, über die er nun in verhaltener Eindringlichkeit seiner ästhetisch ausgewogenen Sprache berichtet.[11)]
Es gilt jedoch auch für die Zeichnung des anderen KZ-Überlebenden, die des alten blinden Joseph Freiburger, eine Beschreibung, die in mancher Hinsicht wie ein Gegenbild zu Moses Matthäus wirkt, und in der die bewußte Gegenbewegung gegen die Gefahr einer zu gewollten Darstellung des nur "positiven Juden" jedenfalls erkennbar ist: doch auch diese Figur des sich eigensinnig-autoritär gebärdenden Gelehrten, des nicht recht durchschaubaren Weisen mit langem Bart und roten Augen, der den Gast einmal barsch anfährt und dann doch wieder mit "mein Freund" und "mein Sohn" anredet,[12)] und von dem gesagt wird, daß er sein ganzes Vermögen verschenkt habe und sich nun auf unbegreifliche Weise als Sprachlehrer im Nachkriegshamburg durchbringt, dürfte mehr als eine Zusammenstellung von allerlei rätselhaften Bildelementen erscheinen, denn als die glaubhafte Gestalt eines deutschen Juden, der Auschwitz überlebt hat.[13)]

Warum also überhaupt die Einführung solcher Judengestalten, warum die Berührung des heiklen Themenbereichs Auschwitz in dieser eher gleichnishaften Erzählung, in der offensichtlich verschlüsselt etwas Allgemeines, das Konkrete der geschichtlichen Situation Transzendierendes angesprochen werden soll, eine Aussage versucht wird zur Problematik des Intellektuellen, des Schreibenden in der Gesellschaft?

Die Antwort könnte sein, daß in dieser Parabel-Erzählung zugleich durchgeführt werden soll, was als verschlüsselte Aussage an deren Ende steht: die Forderung, die Gesichter der anderen nicht zu vergessen, sich nicht ins wirklichkeitsenthobene Alleinspiel zu verlieren, soll durch die

Erzählung selbst beispielhaft erfüllt werden - die Erzählung, wiewohl ihr Schwerpunkt gewiß im symbolisch Gemeinten liegt, spiegelt doch zugleich einen Ausschnitt nachkriegsdeutscher Wirklichkeit wieder und wendet sich ihr und ihren Problemen zu: deshalb gibt sie eine Antwort auf eine durch die geschichtlich-konkrete Wirklichkeit aufgeworfene Frage, nämlich die Frage nach der Möglichkeit eines trotz allem einander zugewandten, neuen Verhältnisses von Nichtjuden und Juden in diesem Land. So ist die übergeschichtliche Parabel, in der eine zwischen einem Einzelnen und der Gemeinschaft entstehende Krise und ihre Lösung vorgeführt wird, zugleich Schilderung realer Wirklichkeit der Nachkriegszeit, deren Aussage die Menschen gerade dieser Lebenswelt anrühren möchte. Das Bestreben, das Dargestellte als eingebunden in die konkrete Geschichte zu zeigen, gibt sich gleich zu Beginn der Erzählung zu erkennen, in den einleitenden Sätzen, die zunächst einmal die feste Bestimmung des Ortes, der Zeit, der Person und des Kernereignisses anführen:

> "Am 3. November 1950, nach einer Scharlacherkrankung, erblindete der vierzigjährige Volksschullehrer Heinrich Mittenhaufen aus Hamburg. Man legte ihn in die Augenklinik des Eppendorfer Krankenhauses." 14)

Und auch der darauf folgende eigentliche Beginn der erzählten Zeit, in der die Perspektive des auktorialen Erzählers und die des Bewußtseins jenes Erblindeten größtenteils identisch sind, wird mit der Fixierung von Daten und Fakten eingeleitet:

> "Vor einer Stunde, am 17. November 195o, zehn Uhr morgens, hatte ihm der Chefarzt der Klinik, Professor Walter Neugebauer, gesagt, daß er nie wieder sehen würde." 15)

So gilt es zunächst, die Beobachtung festzuhalten, daß sich hier die Schilderung konkreter Nachkriegswirklichkeit einerseits mit einer eher dem Wunschdenken der Zeit entsprechenden Utopie möglicher Freundschaft zwischen Juden und Nicht-Juden andererseits verbindet, somit ein Bild wünschbarer Realität gezeigt wird, in die jene, die die Schrecken des KZs überlebt haben, mit hineingehören und mit ihren Erinnerungen ein Gegenüber für die Menschen dieses Landes sind.

Doch über diese allgemeine Feststellung hinaus muß nun gefragt werden, was als gedanklicher Hintergrund hinter dieser gerade so durchgeführten Gestaltung jüdischer Figuren erkennbar wird. Dem vorausgehen soll jedoch eine eingehendere Frage nach der vorgeführten Wirklichkeit selbst.

V. Wie präsentiert sich in dieser Erzählung tatsächlich die Realität Nachkriegsdeutschlands, der Hintergrund einer Großstadt, die einige Jahre zuvor im Bombenkrieg stadtteilweise zerstört und abgebrannt war? Zunächst einmal sehr anders, als man es, die entsprechenden Zeitdokumente vor Augen, erwarten würde: zwar ist es ein deutlich von Armut gezeichnetes Land - des öfteren werden muffige Mietshäuser oder Hinterhöfe gezeigt, wird erwähnt, daß Parfum "billig" riecht[16)] oder Tabak schlecht ist[17)], - doch von einem nur fünf Jahre zurückliegenden verlorenen Weltkrieg wird nur wenig in Andeutungen, von Trümmern gar nichts erwähnt,[18)] obwohl mehrere Beschreibungen von Gängen oder Fahrten durch Straßen mit sorgfältig aufgeführten Detailbeobachtungen Gelegenheit dazu böten. Dagegen drängt sich eine andere Feststellung in den Vordergrund, die bereits über eben diesen Schilderungen von alltäglichen, unbedeutenden Begegnungen zwischen Menschen auf der Straße, in Geschäften oder in der Straßenbahn auftaucht und sich über den Beschreibungen des Miteinander-Umgehens zwischen dem Kranken und den Menschen seines Umkreises noch verstärkt: dies ist ein anrührend menschliches Land, ähnlich wie es auch in der oben behandelten Erzählung von A. Goes begegnet. So wird in allen vorgeführten Begegnungen und Gesprächen eine von Einfühlungswillen und Takt bestimmte Behutsamkeit spürbar, der Sinn für Nuancen im scheinbar Unbedeutenden - die Menschen haben Zeit für einander und schätzen lange Gespräche, die sie sensibel ausgestalten.
Das trifft zunächst einfach für die langen Unterhaltungen zwischen den Eheleuten zu, oder auch für die zwischen Mittenhaufen und seinem Freund, Gespräche, die unter dem Vorzeichen des betroffenen Aufeinander-Horchens und Ein-

ander-Entgegenkommens stehen, der Neubegegnung im gemeinsamen Erinnern oder Schweigen, der wartenden Offenheit füreinander. Doch dieselbe Sensibilität personaler Zuwendung steht auch über den kurzen Begegnungen zwischen Patient, Schwestern und einem Chefarzt, der nicht nur, wie im Eingangstext wiedergegeben, sein Gespräch mit dem Kranken äußerst vorsichtig und aufmerksam einleitet, sondern dieselbe behutsam-taktvolle Aufmerksamkeit auch in das Gespräch mit dessen Frau einbringt, und später seinem Patienten aus dem Klinikfenster nachwinken wird.[19)] Die Menschen des hier erzählten Lebenszusammenhangs, in dessen Darstellung die Spuren des zurückliegenden Krieges nur mittelbar zur Sprache gebracht oder ganz übergangen werden, treten als Individuen hervor, die ganz den Wert des jeweiligen Augenblicks einzuschätzen wissen und diesen mit ihrer Sprache und ihrer Zuwendung füreinander ausfüllen. In dieser Zeichnung ist unverkennbar etwas spürbar von jenem später in so vielen Erinnerungszeugnissen an diese Zeit beschworenen menschlichen Klima der frühen Nachkriegsjahre - Zeugnis einer Zeit, die von der Atmosphäre der Gesprächsbegeisterung und des Sich-Verlierens in die geistige Begegnung bestimmt war, da einerseits der noch nicht wieder auf Hochtouren laufende Wirtschafts- und Kulturbetrieb den Menschen Zeit und Kraft dafür ließ, andererseits nach der Befreiung vom ideologischen Druck anbefohlenen Kollektivdenkens ein starkes Bedürfnis nach selbstgewählter, individuell ausgestalteter Gemeinschaftlichkeit zwischen Einzelpersonen vorhanden war.[20)] Doch zugleich mit der Skizzierung derartiger Zeitatmosphäre, welche einerseits davon bestimmt war, daß die noch etwas bescheidenen, dennoch auch nicht mehr von klaffender Not gezeichneten Verhältnisse solche Konzentration auf personale Interaktion erlaubten, andererseits unter dem Zeichen der situationsgemäß begeisterten Aufnahme der Existentialphilosophie und ihres Postulats der subjektiven Freiheit und des ergreifenden Augenblicks stand, wird hier das Bemühen erkennbar, der von diesen Voraussetzungen her gegebenen Gefahr einer Entwicklung von Geschichtsmüdigkeit entgegenzuwirken: gerade indem mit der Einführung von KZ-Überlebenden und dem Anspruch ihrer Erinnerung der Rückbezug zur konkreten zurückliegenden Geschichte gesucht wird, deutet sich die bewußte Geste des Entgegenlenkens an - auch das Vergangene gehört zur Gegenwart, das Geschehene soll nicht vergessen werden.

VI. Und doch scheint unter diesem Gestus des Bewußthaltens die zurückliegende Geschichte zu etwas Statischem zu erstarren, zu einem hinter den Figuren liegenden Besitz, den sie mit in die Begegnungen eintragen, und der doch von ihnen und der Gegenwart eigenartig abgelöst ist: das Vergangene ist vorbei, ist überwunden; es muß gelegentlich erinnert werden, doch man kann sich dabei Mühe geben, behutsam zu sein - nichts deutet darauf hin, daß das Erlittene weiterhin quälend Macht über Moses hätte, etwas mit jener Traumatisierung zu tun haben könnte, die tatsächlich über dem weiteren Leben der meisten KZ-Überlebenden gelastet hat.
In anderer Weise problematisch ist die Erstarrung der erlebten Geschichte auch bei den Figuren der nicht-jüdischen Seite, bei Heinrich Mittenhaufen und seiner Frau: es wird an keiner Stelle erwähnt, wie der 1950 vierzigjährige Heinrich Mittenhaufen sich während des Dritten Reiches verhalten hat und wie er mit dem dabei Erlebten fertig geworden ist - dies wird übergangen, als könnte es jenseits aller Frage stehen.
Doch gerade diese Voraussetzung, die die mögliche Ausnahme als mögliche Regel gelten lassen will, ist entsprechend fragwürdig - die Bemerkung, Heinrich Mittenhaufen unterrichte schon seit zehn Jahren mit seinen beiden Kollegen zusammen an einer Schule, muß stutzig machen.[21] Dieselbe sich über das historisch Wahrscheinliche hinwegsetzende Vorstellung dessen, der relativ unberührt von den Wirren eines vorübergehenden Dritten Reiches seine in einem dauerhafter fundierten Kulturganzen wurzelnde Integrität bewahrt, drückt sich dann auch in einem erinnernden Gespräch

aus, in dem Heinrich Mittenhaufen zusammen mit seiner Frau eine vor dreizehn Jahren gemeinsam unternommene Reise nach Rom heraufbeschwört: geht es dabei verständlicherweise zunächst um den Erlebniswert dieser Reise für das damals junge Paar, indem diese durch eine Reihe von Stichworten der Besuchsstationen klassischer Bildungsreise vergegenwärtigt wird - Pilger vor der Peterskirche, Pieta, Propyläen, der Tiber und ein "heller Mond über den Albaner Bergen"[22), ferner "Palmen und ein paar alte Tempel, Cypressen und Cedern und Zitronenbäume"[23), Piazza del popolo und die Gärten der Villa Borghese, auch ein paar "kleine braune Kerle, die Zeitungsmeldungen ausschreien"[24) - so wird dabei doch auch nicht an zweiter Stelle erwähnt, was diese Zeitungsmeldungen brachten, nichts spricht für eine Wahrnehmung der politisch doch nicht ganz unproblematischen Lage in Italien jener Zeit.

Und wie diese Erinnerungen, die so souverän über das Interim einer vorübergehend fehlgelaufenen Geschichte hinweg die Verbindung zu einem stärkeren, tragenden Kulturgrund herstellen, so wahren auch die im Bücherschrank des Mittenhaufenschen Arbeitszimmers stehenden Werke deutscher Dichter und Denker diese Position: erwähnt werden dort Goethe, Ausgabe letzter Hand, Schiller, Kleist, Nietzsche, Hölderlin, Kunstmappen im Großformat.[25) Die klassisch-humanistische Tradition einschließlich der großen Philosophie des 19.Jahrhunderts ist es , die dort durch Nationalsozialismus und Krieg hindurch unangetastet ihren Platz gewahrt hat - vor ihren Buchrücken führen Heinrich Mittenhaufen und Moses Matthäus eines ihrer von verzweifelt-selbstzerstörerischem Ausholen einerseits und sanft-überlegener Eindringlichkeit andererseits bestimmten Gespräche, versucht Moses Matthäus seinem am Punkt äußerster Depressivität angekommenen Freund zu einem Besuch bei dem ehemaligen KZ-Häftling Joseph Freiburger zu überreden.[26)

Während vor diesem in seiner Zusammenstellung wie ein Symbol deutschen vorfaschistischen Geisteslebens, bürgerlicher Aufgeklärtheit dort stehenden Bücherregal Heinrich Mittenhaufen und Moses Matthäus, beide in einem Alter, das auf ihre Verwurzelung in der vorfaschistischen Kultur weist, sich im rückhaltlosen und auf Vertrauen gegründeten Gespräch, das vom Glauben an die Kraft der Überzeugung getragen wird, um die Lösung einer existentiellen Krise bemühen, scheint die Frage nach der Geschichte dieser Freundschaft, ob und wie sie das Dritte Reich überdauert hat, ob und wie sie so kurz danach geschlossen werden konnte, etwas Irrelevantes.

VII. So scheint sich vor dem Hintergrund der geistigen Tradition eines im vorfaschistischer Kultur gegründeten bürgerlich-aufgeklärten Denkens in der Zeichnung dieser Freundschaft, dem in ihr vorgeführten Willen und der Fähigkeit zum Gespräch der Freunde, - von denen der jüdische Partner gewiß nicht zufällig Moses heißt - die Utopie einer über alles Geschehene hinweg wieder möglichen Neuaufnahme jener vorfaschistischen, mit ihren Wurzeln in die Aufklärung zurückreichenden "Symbiose" deutschen und jüdischen Geistes zu präsentieren, die das kulturelle Leben in Deutschland vor 1933 in eigener Weise bestimmt hat: die Utopie eines Anknüpfens an diese Tradition, das wohl unter dem Vorzeichen des Erinnerns an das den Juden Angetane stünde, nicht aber dem eines Zweifels an seiner Möglichkeit aufgrund einer sowohl die eine Seite als auch die andere blockierenden Traumatisierung durch das Vergangene. Der in dieser Zeichnung sich ausdrückende verzweifelte Wunsch, eine solche Freundschaft, eine solche Wiederaufnahme deutsch-jüdischer Symbiose, ein Wiederanknüpfen an die besseren, aber verschütteten Traditionen deutschen Geisteslebens möchte möglich sein, ist dabei zugleich getragen von einem Vertrauen in den Menschen und seine Selbstbestimmung, das diese Erzählung in die Nähe der zuletzt untersuchten Literaturbeispiele rücken läßt, jedoch mehr als in jenen eine Zuversicht in die Kraft dialogischer Interaktion, als deren Teil literarisches Schreiben hier verstanden wird, mit umfaßt - als Zuversicht, die Menschen möchten als freie Subjekte ihrer Geschichte gegenüberstehen können und, sich der Vergangenheitslast erinnernd, im Dialog mit denen, die einst zum Opfer gemacht wurden, und der Anstrengung des Bewußtseins an einer neuen, besseren Geschichtsentwicklung wirken. Das Moment von Hoffnung, das am Ende von Ilse Aichingers Roman stand, wird auch in dieser Erzählung durch die Vorführung menschlichen Miteinanders vermittelt und ist zugleich dabei noch umfassender: durch die Betonung der dialogischen Lösung der gezeigten Krise wird der möglichen Bedrohung, die von einem Verständnis des Schreibens als Flucht, als zu rückhaltlosem Sich-Ausliefern an die eigene Bewußtseinswelt ausgehen könnte, eine Konzeption gegenübergestellt, die dem Schreiben einen klaren Stellenwert im menschlichen Miteinanderleben zuordnet und ihm damit das Bedrohende nimmt - Vertrauen gilt auch dem Tun des Schriftstellers, das seinen Platz im aufgeklärten Dialog freier Subjekte hat.

Zwischenüberlegung I:

Wir haben in den vorangegangenen Kapiteln verschiedene kurze Prosawerke vorgestellt, Erzählungen und Romane, die im ersten Nachkriegsjahrzehnt des sich spaltenden Deutschlands entstanden sind und in denen jüdische Figuren an zentraler Stelle begegnen, und wir haben versucht, ihren gedanklichen Hintergrund in seiner Wirkung auf das jeweilige Judenbild aufzuzeigen.
Zu beobachten war, daß, wo jüdische Figuren dargestellt werden, dies zwar durchweg im positiven, das antisemitische Hetzbild des Nationalsozialismus abwehrenden Sinn geschieht, daß jedoch die neu entstandenen Bilder zumeist nicht eigener Anschauung, konkreter Begegnung oder intensiver Beschäftigung mit jüdischem Selbstverständnis entstammen, sondern eher den Anforderungen verschiedener weltanschaulicher Konzepte entsprechen - der christlich-protestantischen Ideenwelt, der kommunistischen Ideologie oder einem vom Existentialismus geprägten Denken.
Dieser Tendenz zur weltanschaulich gefärbten Verzeichnung von Judengestalten innerhalb einer historischen Szenerie - des Dritten Reiches oder Nachkriegsdeutschlands - entspricht zudem ein weltanschaulich bestimmtes Verhältnis zur real gewesenen Geschichte überhaupt: dabei fiel auf, daß in all diesen so verschiedenen Ansätzen der national-sozialistische Faschismus und die Macht seiner Ideologie im Grunde nicht ernst genommen werden, daß ein Sich-Einlassen auf eine widersprüchlich-zweideutige Erfahrung seiner Wirkung auf die Menschen vermieden wird und Literatur - mindestens dort, wo sie Juden thematisiert - eher dazu tendiert, ein Ort eindeutiger Stellungnahme im Blick auf eine Idee zu sein.
Als gemeinsame Grundvoraussetzung dieser ideellen Konzepte erschien dabei der Glaube an die subjektive Freiheit des objektivierenden Blicks auf die Geschichte, damit auf die Juden in ihr - ein Glaube, der jene optimistische Grundstimmung bewirkt, die all diese Literaturbeispiele des ersten Nachkriegsjahrzehnts beherrscht.

Zwar kann über diese Beobachtungen hinaus an dieser Stelle keine Schlußfolgerung gezogen werden; doch um das Gesagte von anderer Seite her zu ergänzen und zu veranschaulichen sei hier ein Seitenblick auf einen nicht-literarischen, doch die Literatur thematisierenden Text jener Jahre geworfen, an dem deutlich wird, wie stark dieser Optimismus und die Hoffnung auf eine menschlichere Welt, allen vereinzelten Gegenstimmen, - so z.B. der in Wolfgang Koeppens Romanen laut werdenden [1] - zum Trotz, tatsächlich im intellektuellen Bewußtsein jener Jahre wirksam war: den Aufsatz "Auferstehung der Kultur in Deutschland" von Theodor W. Adorno, eine Situationsanalyse, in der der aus der Emigration zurückgekehrte Philosoph sich 1950 kritisch mit dem intellektuellen Klima in der neugegründeten BRD auseinandersetzt.[2]
Seine Überlegungen setzen ein bei dem Widerspruch zwischen der eigenen, während der Emigration aufgebauten Erwartung von geistiger Stumpfheit und Darniederliegen des intellektuellen Lebens in Deutschland, vom Ausgelöschtsein jedes intellektuellen Anspruchs in einem von der faschistischen Kulturzerstörung zerhämmerten Bewußtsein einerseits, und der dann vorgefundenen Wirklichkeit eines angestauten Hungers der Menschen nach geistiger Auseinandersetzung, einer ungewöhnlich hohen Bereitschaft zur engagierten Beschäftigung mit kulturellen Fragen und zum Gespräch andererseits. Der von diesem Widerspruch bestimmte erste Eindruck des Zurückgekehrten sei jedoch bald wiederum irritiert worden von der Beobachtung, daß all dieses intellektuelle Engagement in einem eher unwirklichen, abstrakten Bereich des Geistigen verblieb, ein selbstgenügsames Sichverlieren an die Schönheit geistiger Dinge, die Freude am unreglementierten gedanklichen Austausch, dessen Kraft zwar einerseits noch nicht vom neuerstandenen Kulturbetrieb aufgesogen wurde, andererseits aber auch nicht ausreichte, um in die Richtung einer Bemühung um Einsicht in die Gesetze dessen, was geschah, zu drängen, sodaß Adorno zu der Feststellung kommt: "Es ist, als ständen die Menschen unter einem geistigen Bann."[3]
Denn auch die zeitlich davorliegende Hinwendung zum Existen-

tialismus französischer Prägung bei den aus Krieg und Gefangenschaft zurückkehrenden Intellektuellen, die einen Schlußstrich unter die vergangenen, - oft als "verloren" bezeichneten - Jahre setzen wollten, ohne aber die Zukunft eines in Besatzungszonen aufgeteilten Landes konkret vor sich zu sehen, das Sich-Berauschen an der Idee von abstraktem Individualismus und subjektiver Freiheit des Ich, das Spiel mit den in die Wirklichkeit hineinreichenden Möglichkeiten des Absurden und Irrealen spiegele dieses Ausweichen vor einem Begreifen der geschichtlich gewordenen Wirklichkeit nicht weniger als die Haltung jener Älteren, die sprachlich und gedanklich zurückdrängten in die vorfaschistische Welt humanistisch-ideeller Tradition, bestimmt von zweideutig gewordenen Begriffen wie 'abendländische Kultur', 'Geist', 'Haltung', 'Menschlichkeit'. In beiden Tendenzen zeigt sich für den von außen Zurückgekommenen gleichermaßen etwas vom fragwürdigen Glück provinzieller Selbstbescheidung.
Um diesen so beobachteten Sachverhalt, dessen Bedingungsfaktoren er in der politischen Konstellation vermutet, näher zu fassen, führt Adorno den oft aufgestellten Vergleich mit der Lage nach dem ersten Weltkrieg an: damals schien der im expressionistischen Individualismus zum Ausdruck kommende formsprengende Aufschrei des Ich, dessen Vision eine andere Möglichkeit des Menschen und der Gesellschaft in eins sah, stellvertretend zu stehen für das Aufbegehren einer beleidigten Menschheit, die über dem Offenbarwerden der zerbrechenswürdigen alten Ordnung und ihrer Herrschaftsstrukturen die Idee und Verwirklichung einer anderen Ordnung menschlicher Gemeinschaft aus sich heraussetzen zu können glaubte. "Es war damals, als hätte die Oberfläche des gesellschaftlichen Gefüges für eine Sekunde erzittert."[4] Das sei nach dem zweiten Krieg nicht wieder so gewesen:

> "Die Gesellschaft spaltet sich in starre Blöcke. Was geschieht, empfinden die Menschen als ihnen angetan, nicht als Anliegen ihrer eigenen Spontaneität. Darum ist die Neigung des Geistes, schattenhaft mit sich selber zu spielen, die ihn verkümmern läßt, keineswegs bloß auf sein eigenes Schuldkonto zu setzen. Sie entspringt einer objektiven Notwendigkeit, die so lange übermächtig

bleibt, als nicht das Bewußtsein sie in sich selbst aufnimmt und damit über sie hinausgeht. Die Welt ist aufgeteilt in unmäßige und übermächtige Kraftfelder. Der Geist sieht sich vor dem Zwang, entweder sich anzupassen oder sich zur Isolierung, zur Ohnmacht, zur Donquichotterie verurteilt zu sehen. Die Stärke, deren man bedürfte, um solche Schwäche aus Freiheit zu wählen und damit vielleicht zu überwinden, ist fast größer, als man sie von irgendeinem Menschen erwarten kann. Die Möglichkeit einer anderen, einer im Kern ihres Lebensprozesses befreiten Gesellschaft, liegt so nahe wie verschüttet. Wer naiv auf sie vertraute, verfiele einer Träumerei, die erst recht den blinden Machtkonstellationen zugute käme. Das macht die geistige Stagnation zu einer Sache des objektiven Geistes, nicht zu einer der Unzulänglichkeit oder des bösen Willens." 5)

Dieser Deutungsversuch, der die Bedingungsfaktoren für das Auseinanderklaffen von intellektuellem Engagement einerseits und fehlender Identifikationsmöglichkeit der Intellektuellen mit einer die gesellschaftliche Starre aufbrechenden Bewegung andererseits darin sieht, daß die Welt nach 1945 in unverrückbare Machtsphären aufgeteilt ist, bezeichnet sodann, die Plessnersche These von der"verspäteten Nation" aufgreifend, den nachkriegsdeutschen Rückzug in die abstrakt-kulturelle Sphäre als Kompensation der Zuspätgekommenen in dem einzigen Bereich, der ihnen verblieb, um nationale Identität nachzuholen in einer Zeit, in der die Idee des Nationalen selbst ad absurdum geführt sei:

"Man richtet sich auf die große Mächte-Konstellation ein und meint nur in der Resignation auf die abgegrenzte Kultursphäre etwas wie Sonderart retten zu können. Aus Hölderlins Klage 'tatenarm und gedankenvoll' wird gleichsam ein Programm ..."

Doch die nachfolgend aufgezeigte Möglichkeit eines Sich-Herauslösens aus den objektiven Zwängen, die das Bewußtsein lähmen, erscheint selbst hier, so hypothetisch sie auch geboten wird, als etwas in der Selbstbesinnung freier Subjekte zu Realisierendes:

"Denn die objektive Unwahrheit im gegenwärtigen Stand des Bewußtseins ist wohl nichts anderes, als daß am Traum von Macht und Größe, an der Trauer über sein Mißlingen festgehalten wird in einer Welt, die solcher Macht und Größe nicht mehr bedarf. Unwahr ist die Vorstellung, daß man Subjekt nur sei als Subjekt gesellschaftlicher Macht, nicht als Subjekt von Freiheit, als Subjekt einer versöhnten Menschheit. ...Die Starre,

> die der Geist widerspiegelt, ist keine natur- und schicksalhafte Macht, der man ergeben sich zu beugen hätte. Sie ist von Menschen gemacht, der Endzustand eines geschichtlichen Prozesses, in dem Menschen Menschen zu Anhängseln der undurchsichtigen Maschinerie machten. Die Maschinerie durchschauen, wissen, daß der Schein des Unmenschlichen menschliche Verhältnisse verbirgt, und dieser Verhältnisse selbst mächtig werden, sind Stufen eines Gegenprozesses, der Heilung. Wenn wirklich der gesellschaftliche Grund der Starre als Schein enthüllt ist, dann mag auch die Starre selber vergehen. Der Geist wird lebendig sein in dem Augenblick, in dem er nicht länger sich bei sich selber verhärtet, sondern der Härte der Welt widersteht."

Die Fragwürdigkeit dieser Interpretation aus der Sicht neomarxistischer Kritischer Theorie sowie ihre Nähe zu eben der von ihr kritisierten spielerischen Beschäftigung des Geistes mit sich selbst wird spätestens deutlich, wenn man aus der späteren Perspektive den Blick auf die weitere Entwicklung richtet: doch aufmerksam muß es bereits machen, daß im Blickpunkt der Analyse nur die 1950 bereits erstarrende Situation intellektuellen Lebens, der mit sich selbst beschäftigte Geist steht, jenes andere Phänomen des atmosphärischen Umschwungs innerhalb der vier Jahre, die der Staatenbildung und dem Einfrieren des status quo vorausgingen, aber nicht mit berücksichtigt wird. Gerade jenes Phänomen aber gibt dem heutigen Betrachter zu denken. Der in späteren Rückblicken meist mit der Währungsreform und dem Beginn des Kalten Krieges in Verbindung gebrachte Umschwung von Begeisterung und über die Misere der Zeit hinauslangendem Hoffnungselan in die resignierte Absage an "diese eingedickte geistlose Gesellschaft, ... in der sich niemand mehr etwas anderes vorstellen kann als seine schlechten Gewohnheiten"[6) hat etwas Beunruhigendes, das mit den Kategorien politischer und wirtschaftlicher Theorie zu erklären nicht befriedigt. Denn so gewiß diese These eine Ebene des Sachverhalts treffen dürfte, so drängt sich doch der Eindruck auf, daß es für die Deutung geistesgeschichtlicher Entwicklung hier der Hinzunahme anderer Deutungskriterien bedurft hätte, um der psychischen Belastung, der strukturellen seelischen Labilisierung der konkreten Menschen

in jener Situation nahezukommen, die mitgespielt haben mag, daß sich "der Geist" so willig der Verhärtung ergab.
Doch die psychologische Problematik der besonderen Auswirkungen des erlebten und eilfertig verbal abgedrängten Nationalsozialismus auf die Psyche derer, die nun neu auf der Suche nach der Identität deutschen Geistes waren, wird übergangen, die Frage, warum denn niemand sich um die tiefere Einsicht in die Gesetzlichkeit dessen, was geschah, bemüht, wird eigentlich nicht beantwortet.
Und wie die isolierte Verarbeitung politischer und gesellschaftstheoretischer Aspekte in der Erklärung für den "geistigen Bann", unter dem die Menschen zu stehen schienen, nicht recht befriedigt, so bleibt auch der Vergleich mit der Situation nach dem ersten Weltkrieg im entsprechenden Vorfeld des Erklärens stecken.
Die Frage, warum die Wiederaufnahme der expressionistischen Identifikation mit einer nonkonformistischen Rebellion des Ich mit der Sache der geschändeten Menschheit, die z.B. in den Figuren Wolfgang Borcherts oder Ilse Aichingers doch zunächst versucht wird, nicht über die dem Expressionismus entliehenen Techniken hinaus einen selbständigen Anspruch entwickelte, sondern eine so schnell verhallende kraftlose Geste blieb, scheint eines weiterreichenden Interpretationsblickwinkels bedürftig.[7)] Es drängt sich der Eindruck auf, als habe der Nationalsozialismus durch das Grauen der totalitären Ordnung auch die Hoffnung des Ichs in anderer Weise geschichtlich zertrümmert als es das Erlebnis des ersten Krieges je hätte bewirken können, und damit das Grundmuster nonkonformistischer Rebellion selbst durchgestrichen. Vor dem beklemmenden Schattenriß des totalitären Ordnungsgefüges, das die von der Psychoanalyse angeleuchteten Abgründe des Ich im Massenprozeß - zuvor in der literarischen Verarbeitung nicht ohne den bizarren Reiz des Randphänomens und der Konstruktion wahrgenommen - nun für einen geschichtlich unvergeßbaren Augenblick aufgerissen hatte, erscheint die schriftstellerische Wiederaufnahme des Gedankens der Freiheit subjektiven Geistes unter existentialistischem, neomarxisti-

schem oder humanistischem Vorzeichen - wie in vielleicht bezeichnender Weise in der programmatischen Schrift eines der Wortführer der jungen Schriftstellergeneration, in Alfred Anderschs "Deutsche Literatur in der Entscheidung" gefordert wird[8] - als fragliches Unterfangen, fraglich vor allem dadurch, daß in diesem Habitus das Bewußtsein immer wieder Schutz sucht bei Denksystemen, die mit der Ideologie des Faschismus eine wesentliche Voraussetzung teilen: das ungeschichtliche Menschenbild. In nichts offenbart sich dieses jedoch verräterischer durch alle Verkleidungen hindurch als im Bild der Menschen jenes Volkes, als dessen Zeichen immer schon sein geschichtliches Gewordensein stand und das nach 1945 zugespitzt von der Geschichte her seine Identität bestimmte: der Juden. Im verfehlten Zugriff zu dem Volk, das, eingebunden in die Paradoxien seiner Geschichte, sich der umfassenden Theorie entzieht, scheinen sich immer wieder jene, die sein Gewordensein im Allgemeinen ihrer Begrifflichkeit aufzuheben versuchen, in fataler Weise mit jenen zu treffen, die seine Verteufelung als Kitt ihrer Ideologie verwendeten. Das Mißglücken des Versuchs einer gedanklichen Neutralisierung seiner geschichtlich-vielschichtigen und widersprüchlich-widerständigen Wirklichkeit indiziert somit die mangelnde Tragfähigkeit all jener Gedankenbewegungen, die ein vermeintlich überwundenes idealistisches Erbe derart in sich aufgehoben hatten, daß ihnen die Suche nach der Wahrheit des Ganzen eine Hinwendung zur vielschichtigen und sich partiell entziehenden Wirklichkeit des Geschichtlich-Einmaligen entbehrlich zu machen schien.

Dieser Mechanismus, auch nach der "Stunde Null" des Jahres 1945 von keiner Reflexion angetastet, dürfte in ironischer Weise stellvertretend stehen für die Kontinuität des Denkens über alle Zusammenbrüche hinaus: eine Kontinuität, die um so sicherer gewährleistet war, je fester sie die Idee der Diskontinuität im Bewußtsein der Menschen verankerte. Das Axiom der "Stunde Null" und der "Tabula rasa" wurde zur Lebenslüge derer, die sich vor der Last der Geschichte in die Illusion einer in freier Entscheidung zu ergreifenden Existenz rette-

ten.
Daß der Existentialismus in jenen Jahren so relativ unkritisch rezipiert wurde und weitreichenden Einfluß auf intellektuelles Denken bekam, könnte zunächst als fragwürdige Folge einer Überforderung durch die vergangene geschichtliche Wirklichkeit und ihre "Bewältigung" gesehen werden. Eine Befreiung aus dem "geistigen Bann", unter dem die Menschen der Nachkriegszeit nach Adornos Beobachtung zu stehen schienen, hätte vielleicht, so will es scheinen, eines anderen Sich-Einlassens auf die jüngste Geschichte in aller bedrohenden Ambivalenz, eines anderen Verhaltens zur Geschichte und Geschichtseingebundenheit des Menschen, überhaupt eines geschichtlichen, mehrdimensionalen Menschenbildes bedurft, als es die gedanklichen Konstrukte jener Zeit boten. Doch bleibt das Spekulation. Richtungweisend für unsere weiteren Untersuchungen aber wird es sein, den Hintergrund jener nicht-gelungenen Befreiung im Blick zu bewahren, wenn weiter danach gefragt werden soll, wie in der weiteren Entwicklung Juden dargestellt, jüdische Probleme zur Sprache gebracht wurden.

Zuvor jedoch soll an Hand einer weiteren Textuntersuchung gefragt werden, in welcher Weise das an den oben behandelten Beispielen aufgezeigte Grundphänomen, daß eine jüdische Figur im Dienste einer bestimmten ungeschichtlich-ideellen Botschaft an den Leser vorgestellt wird, auch in jener Literatur wirksam wurde, die den Bereich dichterischen Schreibens verläßt und sich einer breiten, weniger anspruchsvollen Leserschaft zuwendet: dabei könnte gerade an dieser Art Literatur sich die Problematik des Angedeuteten verschärft profilieren.

Exkurs: Luise Rinser

"Eine Stunde später wurden wir zum Abendessen gerufen. Der Tisch war gedeckt wie an Festtagen. Frau Olenski lief eifrig zwischen Herd und Tisch hin und her. Julia saß still neben dem Fremden. Er hatte trockene Kleider an und war rasiert. Aber er hatte noch immer etwas Verwildertes an sich, ohne daß man hätte genau feststellen können, woran es lag. Vielleicht waren es die großen, unruhigen Augen, die nichts ansahen und sich manchmal, beide zugleich, auf die Spitze der langen gebogenen Nase richteten, ohne zu schielen. Julia hatte recht gehabt, als sie ihn mit einem Vogel verglich, einem ungezähmten, träumerischen Vogel. Wenn er den Kopf hob und den langen Hals reckte, konnte man sich gut denken, daß er im nächsten Augenblick die Flügel ausbreiten und davonrauschen würde. Seine schmalen Hände spielten nervös mit einem Jasminzweig. Er lächelte bald Julia, bald Frau Olenski an, flüchtig, leicht und wie um Entschuldigung bittend.
"Das ist Jan Lobel aus Warschau", sagte Frau Olenski zu mir. Er warf auch mir sein freundlich verlegenes Lächeln zu, und ich fürchte, ich wurde rot. Dieses Lächeln, dieses ganze scheue und wilde Wesen verwirrte mich.
"Er wollte uns schon lange besuchen", sagte Frau Olenski, und nun war sie es, die rot wurde.
"Aber ich hatte mich verirrt," sagte Jan mit der tiefen, weichen Stimme der Slawen. Er erzählte, wie er ins Moor geraten und endlich von Fischern gefunden und aufgefüttert worden sei. Er streichelte dabei behutsam seinen Jasminzweig, und Julias Augen folgten selbstvergessen seinen Händen. Plötzlich hob er seinen Kopf und wurde unruhig. Auf der Straße waren laute Schritte zu hören. Sie gingen vorbei. Er wischte sich mit der Hand über die Stirn.
"Mein Gott", sagte Frau Olenski erschüttert, "Jan, es ist doch alles vorbei. Sie sind ein freier Mann, Jan." Er lächelte verlegen und kindlich. Julia schaute entzückt auf dieses Lächeln und es trat wie ein Widerschein auf ihr eigenes Gesicht. Als es ihr bewußt wurde, schlug sie die Augen nieder." 1)

Es ist eine etwas merkwürdige Szene, die im hier ausgewählten Text aus der 1948 erschienenen Erzählung "Jan Lobel aus Warschau" von Luise Rinser dem Leser vor Augen geführt wird[2]: ein Haus, in dem zu Ehren eines gerade angekommenen, doch nicht unbekannten Fremden der Tisch "wie an Festtagen" gedeckt worden ist, man ruft zum Essen - doch unter den Gastgeberinnen (von einem Hausherrn hört man nichts) herrscht eine gewisse Verlegenheit über Benennung und Begründung des "Empfangs", sie werden abwechselnd rot. In dieser etwas aufgerührt-irritierten Umgebung sitzt der Fremde, vorgestellt als "Jan Lobel aus Warschau", eine zugleich bizarr-exotische und geheimnisvolle Gestalt, "verwildert" und gleichzeitig "träumerisch", "ungezähmt" und doch "kindlich", auch er ist verlegen, lächelt öfters und hält einen Jasminzweig in den "schmalen Händen", mit dem er "nervös" und "behutsam" spielt, bis plötzlich draußen vorbeigehende Schritte in ihm die Wachsamkeit des Verfolgten hochrufen: die "erschütterte" Reaktion einer der Frauen "Mein Gott, Jan, es ist doch alles vorbei" läßt nun verstärkt darauf schließen, daß es mit dem Fremden eine besondere Bewandtnis habe. Diese Mischung aus besonderer Bewandtnis und Geheimnisvoll-Exotischem ist es offenbar, die jene etwas unklare Faszination auf die Frauen ausübt, für die er so fremd augenscheinlich nicht ist, und von denen eine, Julia, in unmißverständlicher Weise ihm zugetan ist: sie, die zunächst "still" neben ihm saß, schaut dann "entzückt" auf sein Lächeln, und dieses tritt "wie ein Widerschein auf ihr eigenes Gesicht", doch als es ihr bewußt wird, schlägt sie, ganz entflammte und verlegene Jungfrau, "die Augen nieder".

Spätestens in diesen Klischeewendungen, mit denen die Zuneigung jener Julia zu dem Fremden ausgedrückt wird, schreit entgegen, was bereits lautstark aus dem sprachlichen Duktus des ganzen Textes tönte: hier wird in einer Sprache aus zweiter Hand erzählt, einer Sprache, die auf fest einprogrammierten und jederzeit abrufbaren Wortsequenzen wie "lief eifrig", "streichelte behutsam" oder "flüchtig anlächeln" basiert, und die sich mit entsprechender Gewißheit auf ein Funktionieren des Einrastens assoziativen Verständnisses verläßt, welches garantiert, daß interpretierende Ausschmükkungen wie "große, unruhige Augen", "ungezähmt, träumerisch", "freundlich-verlegenes Lächeln", scheues, wildes Wesen", "selbstvergessen", "tiefe, weiche Stimme der Slawen" in geradliniger Weise die auch in den Lesern programmiert bereitliegenden Verstehensmuster aktualisieren.

Es ist eine Erzählweise, die das Funktionieren der Wort-Bedeutungs-Mechanismen innerhalb einer bestimmten Öffentlichkeitssprache voraussetzt und damit gleichzeitig den Blick freigibt auf jene Strukturen eines so fest etablierten wie unreflektierten Weltbildes, die es nahelegen, das Geschriebene einer gehobenen Trivialliteratur, sogenannter Unterhaltungsliteratur, stellenweise fast dem Kitsch zuzuordnen.[3)] Diese Art der Literatur hat, obwohl und weil sie anderen Gesetzen folgt als die bisher besprochenen Literaturbeispiele, einen weitaus größeren Leserkreis und gewiß tiefergreifenden Einfluß als jene: und es scheint nicht unwichtig, im Rahmen unseres Vorhabens am Beispiel dieser kurz nach Kriegsende erschienenen Erzählung, in deren Mittelpunkt ein polnischer Jude steht, auf die Funktion der Gestaltung jüdischer Figuren und jüdischer Problematik unter der Hand dieser Schriftstellerin einzugehen, einer Autorin, die in den folgenden Jahrzehnten eine Vielzahl von Romanen und Erzählungen schrieb und die - gewiß zu Recht - als eine der meist gelesenen Schriftstellerinnen dieser Zeit bezeichnet wird.

II. Worum geht es in der Erzählung? Das, was die Ich-Erzählerin, eine Malerin unbestimmten, gewiß aber nicht zu weit vorgeschrittenen Alters, die im Herbst des letzten Kriegsjahrs zum Arbeitseinsatz in der Gärtnerei ihres oberbayrischen Dorfes beordert wurde, hier aus der Perspektive des Gastes inmitten einer kleinen Lebens- und Arbeitsgemeinschaft von sehr unterschiedlichen und aneinander-vorbei-lebenden Menschen beschreibt, sind zunächst einmal die dramatisch-verwickelten Begebenheiten, die seit dem ersten Auftauchen des Fremden Spannung in das Nebeneinander dieser Menschen bringen: der Fremde, ein polnischer Jude, der eines Nachts aus einem vorbeiziehenden Häftlingstransport fliehen konnte und dabei verwundet wurde, wird zunächst von der Gärtnersfrau versteckt und im Verborgenen gepflegt, später von der Gärtnerstochter, die ihrer Stiefmutter das Geheimnis mißgönnt und den Versteckschlüssel entwendet, weiterversorgt und schließlich, kurz vor Kriegsende, als ein Trupp Waffen-SS im Dorf erscheint, über den See in ein sicheres Versteck gerudert. Von diesem neuen Versteck aus gelingt ihm selbständig weitere Flucht, auf der er, wie er im Ausgangstextbeispiel gerade berichtet, von Fischern aufgenommen und "aufgefüttert" wird, sodaß er nicht gleich nach Kriegsende zu seinen Helfern in die Gärtnerei zurückkehren konnte, sondern erst etwas später, augenscheinlich zur Zeit der Jasminblüte. Nun ein "freier Mann", bleibt er als Gast im Haus und gewinnt außer den Frauen sowohl den jüngeren Bruder der Julia als auch die halbgelähmte Mutter des Gärtners für sich, nicht allerdings den Gärtnereigehilfen Franz - und über dem gemeinschaftlichen Leben steht die Ungewißheit der Zukunft; man erwartet die Rückkehr des Hausherrn aus dem Krieg, und das Rivalitätsverhältnis zwischen Stiefmutter und Stieftochter, das der Fremde durch eine Entscheidung zu beenden offenbar kein Interesse oder keine Kraft hat, schafft eine unerträgliche Situation, im Dorf beginnt man mit der Verfemung der Gärtnerei. Der Gärtnermeister kommt im Spätherbst aus der Kriegsgefangenschaft zurück, und Jan verläßt die Gärtnerei in der Nacht, Julias Adresse in der Jackentasche - und diese erfährt Monate später durch ein Schreiben, daß er beim Versuch, sich illegal nach Palästina einzuschiffen, ertrunken sei.

Die Reihung dramatischer Handlungs-Effekte, die so die Erzählung in Gang hält, wird nun gleichzeitig vom Fortissimo der Verwicklung seelischer Vorgänge zwischen den einzelnen Personen überdröhnt: da wird das öde Beieinander der Menschen in der Gärtnerei gezeigt, eine Skizze gezeichnet von der robust-eigenwilligen und zugleich sensiblen Gärtnerstochter in ihrem gespannten Verhältnis zu ihrer Stiefmutter, der etwas fragilen, auf ungeklärte Weise nicht ganz in den Betrieb passenden Frau Olenski, ferner von Julias herablassender Haltung dem verschrobenen, schon jung vergreist wirkenden Gärtnereigehilfen gegenüber, der aus schüchterner Distanz ein Auge auf sie geworfen hat, und auf der anderen Seite ihrem sich vorsichtig einspielenden Vertrauensverhältnis zur Ich-Erzählerin, der Frau aus dem Dorf, der gegenüber sie sich als verletzbar-trotziger Backfisch offenbart. Weiter erscheinen umrißhaft die Bilder der halbgelähmten, stets teilnahmslos dasitzenden alten Frau und des zwölfjährigen Thomas, der viel im Freien umherstrolcht und malt - und zwischen ihnen Jan, der gerettete KZ-Häftling, der sensible und entwurzelte Mann, der sich als "Pole und Jude" bezeichnet, ein Schriftsteller, wie man kurz erfährt, dessen Frau im KZ umgebracht wurde, und in dessen Gegenwart hier die Frauen aufleben, während die alte Schwiegermutter aus ihrer Lethargie erwacht und ein zwar distanziertes, aber engagiertes Gesprächsverhältnis mit ihm beginnt, und auch Thomas sich an ihn hängt, da er in ihm eine Art älteren Ersatz-Bruders findet.

III. Doch bereits der eben unternommene Versuch, die Umrisse der dargestellten Gestalten und Beziehungen, die im Text selbst mit leitmotivisch wiederkehrenden Bezeichnungen charakterisiert werden, durch diese Wortbilder hindurch selbständig neu zu erfassen, zeigt, welche Schwierigkeiten sich dabei auftun: jenseits der stereotypen Benennungen ist von diesen Figuren fast nichts greifbar. So erscheint z.B. Julia als ein "großes, üppiges Mädchen"[4), mit "wiegendem, unbekümmertem Gang ... stolz und leutescheu"[5), und sie erinnert an ein "schönes und starkes Pferd, wie sie so dastand mit ihrer braunen, gesunden Haut und dem dichten, rötlichen Haar"[6). Abends pflegte sie in ihrem Zimmer zu singen, und im Winter hackt sie "in einem alten Schafspelz vermummt, Holz ... um ihre überschüssige Kraft loszuwerden."[7) Ihre Stiefmutter dagegen ist durch "vogelleichte Schritte"[8) gekennzeichnet, und wird allgemein als eine etwas "wehende" Gestalt markiert[9), denn "ihre Haare schienen von einem geheimnisvollen leichten Wind in dauerdem Aufruhr gehalten zu werden."[10)
Bizarrer als die Figuren der beiden Frauen wirken die des Gärtnereigehilfen Franz und die der alten Gärtnermutter: Franz ist ein "verdrossener Bursche"[11), klein und vom Wind gegerbt und krumm[12), der "verschrumpelt wie eine alte Baumwurzel"[13) wirkt und stets mit "traurigem Tierblick"[14) umhersieht, währende die alte Mutter des "bärenhaften Karl

Olenski"[15] eine "halbgelähmte, eisgraue Frau mit schweren Tränensäcken unter den verschleierten Eulenaugen"[16] meist etwas abwesend in die Ferne sieht, "vom Leben und Tod vergessen".[17]

Entsprechend dieser Typisierung sind nun die sprachlichen Äußerungen zugeschnitten, die Unterhaltungen, die das Bild der Einzelnen aufrunden und die zwischenmenschlichen Spannungen zum Ausdruck bringen sollen. So liest sich ein Dialog zwischen Julia, dem herb-trotzigen und doch verletzbar-weichen Mädchen und der Ich-Erzählerin, jener Frau aus dem Dorf, die Ratschlag und Objektivität verkörpert, - ein Gespräch, in dem Julia von ihrer ersten Begegnung mit dem verwundeten und versteckten Jan berichtet - folgendermaßen:

> "Julia schwieg. Ich sah, daß sich ihre Hände stärker umeinanderlegten. Dann fuhr sie fort:
> "Aber ich habe ihn gefragt: 'Warum sind Sie damals im Sträflingsanzug gekommen?' Ich wußte es ja. Ich brauchte das nicht zu fragen. Aber ich wollte es von ihm selbst hören. Können Sie verstehen, daß ich ihn damit quälen wollte? Und ich habe ihn gequält. Ich hab es gesehen. Aber dann hat er es gesagt. Wie er es gegesagt hat! Ich habe nie eine solche Stimme gehört. 'Ich bin Jude und Pole.' So hat er gesagt. Ganz einfach."
> Ich hörte, daß ihr Tränen in der Kehle aufstiegen, aber sie redete hastig und plötzlich leidenschaftlich weiter: "Und da bin ich hingegangen und hab ihm zu essen gebracht, und ich habe ihm gesagt, daß ich den Schlüssel genommen hatte. Er hat nicht gefragt warum. Er hat gelächelt."
> Plötzlich drehte sie sich nach mir um und sagte rauh: "Warum hab ich das alles getan? Können Sie das verstehen?" Eifrig und fasziniert von dem Verlangen, völlig zu begreifen, fuhr sie fort: "Ich hätte es nicht tun sollen. Ich war gemein, wenn man es auf diese Weise ansieht. Aber auf die andere, da konnte ich nicht anders. Als ich ihn sah, damals unten im Garten, da hatte ich so ein merkwürdiges Gefühl." Sie brach ab und stand auf, preßte die Stirn ans Fenster und flüsterte: "Gibt es das, daß man etwas tun muß, was man nicht will? Und wenn man sich den Hals bricht dabei- man muß es tun. Gibt es das wirklich oder bilde ich mir das nur ein?"
>
> "Ja," sagte ich, "das wird es wohl geben. Schicksal nennt man das. Vielleicht ist es auch etwas ganz anderes. Ich weiß es nicht." Sie sah mich traurig an, als glaubte sie, ich hätte sie nicht verstanden. Ihre Stirn schimmerte feucht von winzigen Schweißperlen, die ihr das ungewohnt lange Reden über schwierige Dinge ausge-

preßt hatte. Sie schüttelte langsam den Kopf. "Ich weiß auch nicht", sagte sie. "Warum sind wir denn so?" Dann ging sie. Auf der Schwelle wandte sie sich noch einmal um und flüsterte: "Aber wenn sie es entdecken, daß wir hier einen von denen versteckt haben, und wenn sie mich fragen, ob ich es gewußt habe, dann sag ich: ja, ich hab es gewußt, und ich war bei ihm." Ihre Stimme klang triumphierend." 18)

Als ein anderes Beispiel für diese Charakterisierung durch den Sprechmodus sei hier eine Unterhaltung der versammelten kleinen Hausgemeinschaft beim Abendessen aufgeführt, ein von Julia provoziertes Gespräch zu der Zeit, als Jan noch im Versteck ist und man mit dem baldigen Ende des Krieges rechnet: auch hier unterstreicht jeder durch die seinem Typus zugeordneten Äußerungen und ihre Tonlage das bereits vorhandene Bild: Julia herausfordernd, laut, rauh; Frau Olenski ruhig; Thomas bubenhaft-herausfordernd; Franz grotesk-zwergenhaft und die Alte sibyllinisch-lakonisch:

"Beim Abendessen fragte sieplötzlich: Läßt man eigentlich die Gefangenen gleich frei, wenn der Krieg aus ist?" Sie blickte herausfordernd um den Tisch. Es war einige Augenblicke ganz still. Dann sagte Frau Olenski ganz ruhig: "Das glaube ich nicht. Vielleicht schicken sie einen Teil nach Hause, aber nicht alle."
"Ja", rief Thomas, "ich weiß: nach dem ersten Krieg, da sind manche erst nach fünf Jahren heimgekommen, wie der Onkel Peter."
"Richtig", sagte Julia laut und rauh, "und manche Frau hatte inzwischen wieder geheiratet und dann ist der erste Mann zurückgekommen."
"Ach", rief Thomas neugierig, "da hat sie dann zwei Männer gehabt. Komisch."
Plötzlich tat Franz seinen verschrumpelten braunen Mund auf und lachte laut. "Dann hat sie einen davon zum Teufel gejagt." Er verschluckte sich vor Lachen. Alle schauten ihn bestürzt an. Es war das erste Mal, daß er einen ganzen Satz bei Tisch sagte. Ganz plötzlich brach er sein Gelächter wieder ab, schielte erschrocken um sich und kaute hastig weiter. In die Stille hinein sagte die alte Frau deutlich: "Mein Sohn kommt wieder heim."
Niemand hatte gedacht, daß sie jemals ein Gespräch verfolgen würde. Sie ließ ihre verschleierten Eulenaugen flüchtig auf ihrer Schwiegertochter ruhen, dann versank sie wieder in sich selber.
Wir sagten nichts mehr und aßen in großer Hast zu Ende"19)

Die Sprechweise der Alten, knorrig und ungeniert, und die des entwaffnend freundlichen, verträumt sensiblen Jan tritt am ausgeprägtesten hervor in einem der Gespräche, die die beiden später während der Sommermonate, als er Gast im Haus ist, führen:

"So sahen wir eines Tages, wie Jan Lobel den Rollstuhl der alten Frau in den Schatten schob. Sie drehte ihre Eulenaugen nach ihm und fragte streng: "Warum gehst Du nicht zu Deiner Frau und Deinen Kindern?"
Er antwortete freundlich: "Ich habe keine Kinder".
Sie fragte hartnäckig weiter: "Und die Frau?"
Er bohrte mit der Schuhspitze im Rasen. "Sie ist tot."
Die alte Frau ließ ihre runden, verschleierten Augen unbeweglich auf ihn geheftet und setzte ihr Verhör fort: "Wann ist sie gestorben? Was hat ihr gefehlt?"
Er antwortete nicht gleich. Sie wartete ruhig und aufmerksam. Plötzlich sagte er laut: "Sie ist vor vier Jahren gestorben in einem Lager."
Die Alte dachte längere Zeit nach, dann fragte sie scharf: "Hat man sie umgebracht?"
Jan nickte. Julia und ich sahen uns an. Mehr als Jans Antwort bestürzte es uns, daß die uralte Frau, die an nichts mehr Anteil zu nehmen schien, von solchen Dingen wußte. "So", sagte sie und ließ die schweren Lider fallen. Sie schien eingeschlafen und Jan wollte eben fortgehen, als sie deutlich sagte: "Aber hier bist Du wie der Fuchs im Hühnerstall." Als sie dies gesagt hatte, schlief sie wirklich ein. Sie schnarchte laut wie ein altes Uhrwerk im Kirchturm. Von diesem Mittag ab verging kein Tag, an dem die beiden nicht eins ihrer kurzen, eindringlichen Gespräche führten. Ließ er sie zu lange warten, saß sie mit weit vorgestrecktem Kopf, angestrengt lauschend. Hörte sie endlich seinen Schritt, so gab sie einen zufriedenen, schnurrenden Ton von sich. Sie behandelte ihn streng wie einen Schuljungen. Aber er war der einzige Mensch, den sie überhaupt eines Gespräches würdigte. Gott weiß, worüber die beiden immer sprachen. Manchmal hörten wir etwas davon. So fragte sie eines Tages: "Wovon lebst Du?" Er antwortete sanft: "Ich bin hier zu Gast."
Sie fuhr hartnäckig fort: "Und sonst? Was arbeitest Du?"
Er sagte schüchtern: "Ich schreibe Gedichte und Geschichten."
Sie dachte ziemlich lange darüber nach. Dann sagte sie kurz und rätselhaft: "Aha."
Ein andermal fragte sie ihn: "Wann gehst Du?"
Er sagte freundlich wie immer: "Ich weiß es nicht."
"So, Du weißt es nicht". Sie stieß einen Laut aus, der entfernt an das Fauchen einer Katze erinnerte. Nach einer Weile fragte sie: "Welche ist es?"
Er pflückte Blatt um Blatt von dem Buchenast, der dicht über ihm hing und antwortete nicht, er lächelte nur. Sie schlug mit der Faust auf die Lehne ihres Rollstuhls und sagte ingrimmig: "Das habe ich mir gedacht." Dann schlief sie ein. Jan blieb unter dem Baum stehen und kaute junges Laub. Plötzlich fragte die Alte mit ihrer schnarrenden

> Stimme: "Wie machst Du das, daß sie sich nicht totschlagen, die beiden?"
> Er lachte leise. Julia war mit Blut übergossen. Sie beugte sich tief über das Beet und wagte nicht aufzuschauen."
> 20)

An dieser Erzählweise, die eine differenzierende Gestaltung durch Benennungen aus zweiter Hand ersetzt, und die durch Vergleiche wie "schnarchte laut wie ein altes Uhrwerk im Kirchturm" eine gewisse Unbeholfenheit preisgibt, wird nun jedoch hinter der Bemühung, das einmal vorgenommene Klischee jeder Person möglichst ideegetreu auszufüllen, auch etwas anderes deutlich: das Bestreben nämlich, bestimmten anderen Klischees unbedingt auszuweichen, sich gegen sie abzusetzen - den Klischees gängiger Kitschliteratur. Keine nur hochmütig-spröde oder nur lieblich-warmherzige Jungfrau wird gezeichnet, keine nur holde Gärtnersfrau oder nur böse Stiefmutter, kein nur treuer oder nur falscher Knecht, keine nur gütig-weise oder nur hexenhaft-tückische Alte, kein nur innerlich-zerrissener, umgetriebener und kein nur weltfern-sensibler Künstler soll an die klare Aufteilung der Welt in einfacher Trivialliteratur erinnern - und die Verfasserin verteidigt sich gegen die offenbar aus ihr selbst heraus drohenden Klischees mit dem Angriff nach vorne, läßt ihre Figuren den Gegensatz in sich aufnehmen, mit der Absicht, sie doppeldeutig und abgründig erscheinen zu lassen, Gestalten, aus dem Leben gegriffen, Menschen wie du und ich. Dasselbe gilt für den Handlungsablauf: während die gewöhnliche Kitschliteratur von Gegensatz und schließlicher partieller Versöhnung zwischen arm und reich, hoch und niedrig, angesehen und unscheinbar lebt, wäre hier nichts undenkbarer als ein Happy-end; und auch der Gegensatz, als strukturelles Prinzip zwar aufgenommen, wird nicht deutlich greifbar - es bleibt letztlich unklar, ob das, was Jan von den etablierten Menschen in der Gärtnerei trennt und ihm eine klärende Entscheidung unmöglich macht, die Ruhelosigkeit des Künstlers ist, die Fremdartigkeit des "Juden und Polen", oder evtl. eine innere Zerrüttung durch das Erlebte; und die orakelhaften Worte der Alten, die ihn öfters als "so einer" bezeichnet, stehen für ein Kompositionsprinzip, das Unklarheit und

Dunkelheit anstelle der Klarheit des gewöhnlichen Trivialen setzt. Dieses bedient sich einer Technik des Übergehens, die die gezeichnete Welt als Gegenmodell zur altvertrauten Kitschwelt erscheinen läßt: während in echter Kitschliteratur am (glücklichen) Ende alle Verwicklungen und Hintergründe geklärt sind, alle seelischen Beziehungen und Bewegungen offen und eindeutig in ihrer Bewertung vor dem Leser daliegen, wird hier eben nicht nur das Happy-end vermieden, sondern vor allem auch beim Erzählen sehr vieles im Dunkel gelassen, was über das Oberflächliche hinausginge. So wird mit immer denselben Worten Frau Olenskis und Julias Unruhe gegenüber Jan beschworen, nie aber etwas von Jans eigener Einstellung zu den beiden Frauen gesagt: der Leser, der über Jans Lächeln oder leises Lachen hinaus etwas darüber erfahren möchte, wird enttäuscht. Genauso stößt die Frage nach Entwicklungen oder Hintergründen ins Leere: kein Gewordensein steht hinter den Schablonen. Vollends vergeblich wäre es, über Jans Verarbeitung des Erlebten etwas erfahren zu wollen, gar zu fragen, was er damit meint, wenn er sich als "Jude und Pole" bezeichnet[21]. Dem Leser, der so zu fragen beginnt, wird zwischen den Zeilen die schroffe Antwort entgegengehalten, daß es vermessen sei, von der Erzählerin mehr erfahren zu wollen, als das unauslotbare und geheimnisvolle Leben selbst deutlich werden lasse.

So zerstört die Verfasserin mit souveränem Griff die "niedere" Kitschwelt und ersetzt sie durch eine neue, jedoch aus ihren motivlichen und sprachlichen Bestandteilen zusammengesetzte und aufgebaute Welt, die sich den angestrengten Anspruch gibt, wirkliches, problemgeladenes Leben vorzuführen. Stellen, an denen diese Anstrengung mißlingt und zwischendurch die Sprache gewöhnlichen Kitsches ungeniert an der Oberfläche erscheint, lesen sich dann etwa so:

> "Er strich immer häufiger mit Thomas in den Auen herum, beide braun und verwildert, mit Papier und Bleistiften in allen Taschen. Der Junge war von einem wilden Glück erfüllt, und wäre ich eine der beiden Frauen gewesen, ich hätte ihn gehaßt. Aber sie alle waren verzaubert, verhext von einem heißen bunten Hochsommer, von einem Traum. Der Anblick des heftig blühenden Gartens, des

dunklen, gefährlichen Fremden, der atemlos Liebenden, dies alles war betäubend und unvergeßlich stark."

IV. Der so gezeigte Widerspruch zwischen dem Anspruch der Schreibenden, differenziert unauslotbare und problemgeladene Lebenswirklichkeit zu zeigen, einerseits, und andererseits dem unbekümmerten Verwenden einer Sprache, die ein nicht zum Gegenstand von Reflexion gemachtes Eigenleben führt, klafft über der ganzen Erzählung.

Doch sieht man genauer hin, so ist es nicht allein die Sprache, die die Autorin unbekümmert ob ihrer unkontrolliert vorab bestehenden Wirkungsmächtigkeit benutzt, sondern dasselbe scheint für die Motivik zu gelten: denn auch bei der motivlichen Konstruktion wird hier nach Gutdünken auf einen bewährten Fundus verschwommen-altbekannter Grundmuster zurückgegriffen, die jedoch nicht so gezielt aufgenommen werden, daß man die entsprechenden Anklänge an einzelmotivische Grundfiguren der Weltliteratur in dieser Aufmachung ohne Irritiertsein wahrnehmen würde. Da geht es um das Motiv des geheimnisvoll-schicksalsbelasteten, umgetriebenen Mannes, der doch ein schutzsuchendes und kindliches Wesen zeigt, und entsprechend der Frau, die sich von eben diesem Widerspruch entflammen läßt und ihn zu beheimaten und zu binden versucht, aber vergeblich. Weiter geht es um das Motiv der Eifersucht zwischen Mutter und Tochter, hier Stiefmutter und Stieftochter, angereichert um die Variante, daß, wie im Ausgangsbeispiel bereits anklingt, hier auch die Erzählerin selbst emotional nicht unbeteiligt bleibt - und damit ist zugleich auf das alte Heldendichtungsmotiv des Fremden verwiesen, der neu in einen Lebenszusammenhang eindringt, die Zuneigung aller bzw. fast aller Personen gewinnt und bewirkt, daß jeder auf seine Weise mit seinen verdeckten Problemen konfrontiert wird, ein gruppendynamischer Prozeß, der in den Vorbildern, und so auch hier, mit Ausstoßung des "Helden" oder seinem Tod, bewirkt durch eine außenstehende oder neu hinzukommende Person, endet.

Doch etwaige Reflexionen, gedankliches Sich-Einlassen, das diese Vorbilder herausfordern könnten, ersticken sofort an der Dissonanz des Tönungsgemenges, das durch ihre griffige Verwertung und Ineinander-Klitterung auf der Ebene dieser Sprache entsteht: während einerseits mit Selbstverständlichkeit das Einverständnis in jene halbtriviale Sprache vorausgesetzt wird, in der Zähne stets "schimmern" oder "blitzen", Augen "glitzern", "fette Erde" einen "kräftigen Geruch" ausströmt, aschblonde Haare, ein großes, üppiges Mädchen und ein bärenhafter Kerl die richtige Assoziation ergeben, auch die Feststellung, daß eine "große, kräftige Gestalt" aussieht, "als sei frischer Morgentau darauf gefallen", auf dem Verstehenshorizont der Leser die eindeutig-intendierte Stimmung hervorruft, wird andererseits motivisch der Aspruch auf "höhere" Vorbilder erhoben, auch diese den Lesern jedoch als längst bekannt suggeriert. Das über die Person des Jan gesprochene "so einer" bzw. "solche Leute"[23] appelliert an eindeutiges Verstehen auf Seiten des Lesers, ohne weitere Anhaltspunkte zu geben: das Differenziertheit vortäuschende Stilprinzip der Unklarheit, der aussparenden Verdunkelung beschwört nur die diffusen Vorstellungen und läßt den Leser damit allein. Der die Herzen einer ganzen Sippe erobernde Siegfried ist zugleich der unter einem Fluch zur Ruhelosigkeit verurteilte Ahasver - der innerlich zerrissene, sensibel-intellektuelle und bindungsunfähige Faust ist zugleich der alle Frauenherzen magisch bezwingende "dunkle, gefährliche Fremde" aus dem schwülinzestuösen Bildervorrat der antisemitischen Wahnwelt.

Die Folge dieses angestrengten Abarbeitens von halbbewußten Wunsch- und Drohbildern in einer Sprache, die sich von vorneherin jener Lesergruppe anbietet, welche die Klarheit und Verläßlichkeit von Benennungen aus der Öffentlichkeitssprache gerne mit etwas abstraktem "höheren Anspruch" verbunden sehen möchte, ist zum Schluß Verwirrung, Unbefriedigtsein, Ratlosigkeit. Man weiß nicht so recht, was man von dieser Darstellung des problemhaften Lebens halten soll - zwiespältig steht der Leser zwischen eigenem Mitleid mit dem entwurzelten Jan und dem etwas zögernden Gedanken, daß dieses Ende so nicht unbedingt hätte sein müssen; denkbar wäre schließlich ein Handlungsausgang gewesen, in dem Jan sich für Julia entscheidet und Frau Olenski sich wieder ihrem Mann zuwendet - oder aber ein solcher, der die gleichfalls in der Gärtnerei immer etwas fremd gebliebene Frau Olenski mit dem Fremden gehen läßt. Daß es jedoch nicht so endet, ist, so könnte man versucht sein zu denken, ein wenig seine eigene Schuld - und würde dabei zugleich vielleicht auch ein unbestimmtes Schuldgefühl empfinden, so hart über Jan zu urteilen, dessen Psyche sich aufgrund der Schwere des Erlebten dem Zugriff entzieht. Dem fügt sich sogleich die allgemeine Schuldbetroffenheit im Blick auf die Hypothek deutscher Geschichte - wäre der Hitlerfaschismus nicht gewesen, wäre Jans Schicksal anders verlaufen. Und es könnte, darüber hinaus, noch ein weiteres Moment diffuser Selbstbezichtigung hinzukommen, darüber, daß man nach Erklärungen sucht, z.B. über Jans Motive, während vom abgründig-undurchsichtigen Leben, d.h. hier der Erzählerin, selbst keine Anhaltspunkte gegeben werden - und damit zugleich darüber, daß man sich nach dem Happy-end der Trivial-Literatur sehnt, obwohl hier offenbar Gehaltvolleres geboten wird.

Doch ist es das? Wie verträgt sich die Fiktion einer komplexen, hintergründigen Weltsicht mit dieser Klischeesprache?

Was hier geschieht, dürfte als das Gegenteil dessen anzusehen sein, was als kathartisches Wirken des Kunstwerks bezeichnet wurde: Der Leser fühlt sich beunruhigt, Gefühle werden mobilisiert - einen Juden und die deutsche Vergangenheit betreffend -, ohne daß vom Text her, durch exemplarische Verarbeitung im Bewußtsein des Schreibenden Ansatzpunkte zu eigener Klärung und Lösung mitgegeben würden, faßbar gemacht durch eine den Paradoxien eines abgründigeren Menschenbildes exemplarisch standhaltende Sprache. Womit also haben wir es hier zu tun?

V. Vorerst scheint es gewiß, daß das, was in der Gestaltung der Figur des Jan zum Ausdruck kommt, das Bestreben der Verfasserin ist, ein neues, der Zeit - und gewiß auch ihrer eigenen, antifaschistischen Einstellung - gemäß irgendwie philosemitisch gemeintes Bild eines Juden zu zeichnen, für das sie jedoch aus Mangel an Vorbildern - galt es doch, über das Zerrbild des nationalsozialistischen Antisemitismus hinweg zurückzugreifen - dieses Konglomerat aus alten, oder besser: zeitlosen Typisierungen darbietet, auch hier auf der "Flucht nach vorn", auf der Flucht vor dem Kitsch in die Synthese der Gegensätze. Hierbei erweist sich jedoch der, wie gezeigt, auf verschiedenen Ebenen verifizierbare Versuch der Verfasserin, aus einer Schablonenwelt auszubrechen, indem sie sich an "höheren" Vorbildern orientiert, von denen sie aber auch nur die Klischees wahrnimmt, als ein ausweglos erscheinendes Verfangensein in unreflektierten Vorverständnissen, das jede Möglichkeit zu eigenem Ausdruck und eigener Sprache - und damit zur Verarbeitung - von vorne herein erdrückt. Diese Unfähigkeit zur Wahrnehmung diesseits von schon bekannten Klischees zu illustrieren, sind auch andere Beobachtungen geeignet, so z.B. die jener Bilder, in denen die Autorin hier, drei Jahre nach Kriegsende, von den letzten Kriegswochen spricht: während das große Reich in der Agonie liegt, die Flüchtlingsströme aus dem Osten eintreffen und die letzten noch Verschonten zum Volkssturm geholt werden, liest sich das hier etwa so:

> "Es kam die Karwoche mit ihren warmen, stillen Tagen. Wir pflückten Freilandveilchen für den Verkauf, früh, wenn der Tau noch auf ihnen lag, bis zum späten Vormittag. Es waren große, dichtbewachsene Beete, überquellend von Duft, und unsere Hände rochen tagelang nach Veilchen.
> Eines Morgens sagte Julia: "Ich wollte, es wäre endlich vorbei." Ich sagte: "Der Krieg dauert nicht mehr lange. Ein paar Wochen noch, dann ist alles vorbei." 24)

Doch es ist noch nicht gleich alles vorbei, sondern kommt eines Morgens in geradezu beängstigende Nähe:

> "Frau Olenski stand am offenen Küchenfenster.
> "Was ist denn?" fragte sie. Ihre Haare zitterten.
> "Ein Lärm ist heute in der Stadt." Sie schaute mich hilflos an. "Oder bilde ich mir das nur ein?"
> "Nein," sagte ich, "es ist schon so. Irgendeine Kampftruppe soll durchziehen."
> Sie bekam große Augen. "Ist das... bedeutet das Krieg hier?" "Nein, Krieg nicht." Sie tat mir leid.
> "Aber vielleicht nehmen sie Quartier in den Häusern."
> ...

> Wir warteten Tag für Tag, Nacht für Nacht auf Plünderer, Einquartierung oder eine Haussuchung. Wir warteten, ohne darüber zu reden. Aber nichts ereignete sich." 25)

Diese Redeweise, die an jene erinnert, in der gelegentlich im 19. Jahrhundert vom Dreißigjährigen Krieg gesprochen wurde, zeigt so unverstellt, daß für unmittelbar Erlebtes keine Sprache da ist, kein Ausdruck für Erfahrungen, die noch nicht durch irgendwelche Öffentlichkeitssprache in feste Benennungs- und Assoziationsmuster verwiesen wurde - oder auch, daß die Schreibende selbst überhaupt nur in Bildern erlebt, die es schon gibt.
Darüber hinaus hat es den Anschein, als würde nach eigener Sprache hier gar nicht gesucht, sondern zeige sich darin etwas vom bildungsbürgerlichen Sich-Bescheiden bei einer fetischisierten Idee des Anspruchsvollen, welche ihre eigene Legitimation zu sehr behauptet, als daß sie aus der Verunsicherung subjektiven Erlebens heraus hinterfragenswert erschiene: und unter dem Vorzeichen eben dieser Selbstsicherheit präsentiert sich das Erzählte mahnend jenen, an deren Bedürfnis nach Welterklärungshilfe es sprachlich appelliert, dem nach Bildung und Höherem strebenden Kleinbürgertum, eben jener breiten gesellschaftlichen Gruppe, die einst am empfänglichsten war für Verheißungen und Identifikationsappelle des Nationalsozialismus.

Doch es wäre falsch, auf Grund dieser Beobachtungen die Erzählung vorschnell mit jenen ebenfalls bald nach 1945 auftauchenden literarischen Produkten gleichzusetzen, die vage unter dem Begriff des Wiedergutmachungskitsches[26] erfaßt werden könnten - eine ebenfalls die halbtriviale Sprache aufnehmende und sich dem nach dem "Anspruchsvollen" wie nach Verdrängungsmöglichkeit strebenden Kleinbürgertum anbietende Literatur, in der die Hoffnung der Leser auf das versöhnende Happy-end zumeist nicht enttäuscht wurde. Edle Juden, schurkische Nazis, standhafte, durch Gefahren und Nöte zum jüdischen Jugendgeliebten haltende Frauen boten hier durch den Gang der Handlung, die Verwicklungen und Bedrohungen hindurch bis zum glücklichen Ende dem Leser Gelegenheit, die Auseinandersetzung mit dem Geschehenen auf jene Ebene zu delegieren, auf der das sie selbst Bedrohende der zunächst allgemein, wenn auch uneingestanden tabuisierten Problematik eines deutschen Verhaltens gegenüber Juden durch gesellschaftlich sanktionierte partielle Enttabuisierung aufgehoben war. Doch die Verdrängungs- bzw. besser: Verschiebungshilfe, die jene wohlberechnete Mischung aus Sex und Auschwitz durch das Abarbeiten von Ängsten an einer suggerierten Pseudo-Realität bot, war unabdingbar auf irgendeinen Modus des Happy-ends, Klärung und Lösung zum Schluß, angewiesen. So legt sich die Zuordnung von Luise Rinsers früher Erzählung zu derartigem Wiedergutmachungskitsch zwar einerseits von deren Exposition und Aufmachung her nahe, andererseits spricht das oben angeführte Moment der Beunruhigung des Lesers, das unterschwellige Mobilisieren von wenn auch nicht recht artikulierbarem Schuldbewußtsein gegen eine solche Zuordnung. Der zugleich Verschiebung ermöglichende und Schuldgefühl produzierende Mechanismus im Blick auf das Bild des Juden, verbunden mit jenem Gestus des Sich-anspruchsvoll-gebenden, der doch Reflexion und Verarbeitung ersetzt durch das vage-assoziative Aktualisieren von Dumpf-Bekanntem, macht die Einordnung komplizierter als es zunächst scheinen mag, und verweist erneut dringlich auf die Frage, was als Impetus hinter dem Schreiben dieser Autorin steht.

VI. Um dieser Frage näher zu kommen, sei hier der Sprung zu zweien der neueren Werke der Autorin gewagt, von denen aus über die Entfaltung dieses schriftstellerischen Impetus in der Vielzahl von Romanen und anderen Schriften zurückgeblickt werden kann: herangezogen sei dazu zunächst ein Reisetagebuch, das Aufzeichnungen der Autorin über eine Reise in eben das Land wiedergibt, aus dem ihre einstige Erzählungsfigur kam - nach Polen. Das Tagebuch, enthalten im Aufzeichnungsband "Grenzübergänge", beginnt:

> "Juni 1970. Erster Tag in Polen. Orbis-Hotel Europa. Ich will Ansichtskarten kaufen. In einer Ecke der Halle ein kleiner Laden, die Verkäuferin eine alte Frau. Den Typ kenne ich vom Berlin der dreißiger Jahre: das ist eine Oberschlesierin, vielleicht jüdisch,

> krauses schwarzgefärbtes Haar, große traurige Augen mit schweren Tränensäcken und schweren Lidern. Ich kann nicht polnisch, ich spreche sie englisch an, sie antwortet englisch. Dann sage ich auf Deutsch: "Sie sprechen sicher deutsch." Da klappt ein Visier herunter, und sie antwortet in Berliner Deutsch: "Nein, ich spreche kein Wort Deutsch." Ich sage: "Ich verstehe. Aber ich war keine Faschistin, im Gegenteil, mir haben sie meinen Mann erschossen und mich eingesperrt. Seien Sie nicht allen Deutschen böse, es gab bei uns den Widerstand, in dem viele starben." Sie wendet sich ab und macht sich am Regal zu schaffen. Dann dreht sie sich wieder mir zu und sagt leise und furchtbar müde: "Ach, lassen Sie mich doch in Ruhe." Ihr Blick ist jetzt ohne Haß." 26)

Die in diesem Text gegebene Selbstdarstellung der Autorin läßt, über die geschmeidiger gewordene, dem Prätentiösen ausweichende Sprache hinweg, doch nicht nur das beibehaltene Vertrauen der Autorin in formelhafte Benennung aus zweiter Hand ("klappte ein Visier herunter") erkennbar werden, sondern sie scheint vor allem auch den dahinter stehenden, schon in der frühen Erzählung beobachtbaren Habitus personifiziert vorzuführen: hier präsentiert sich ein Habitus der Bemächtigung, für den es nichts Fragwürdiges ist, sich, kaum irgendwo eingedrungen, auf den nächsten Menschen zuzustürzen und in ihm den "Typus" zu suchen, das längst Bekannte. Dem verbindet sich jedoch bereits hier im Bild ein anderes Moment, das in jener Erzählung nur im Hintergrund spürbar war, in diesen Aufzeichnungen jedoch unverstellt in den Vordergrund tritt: hier spricht jemand, der dem schnell benannten Gegenüber nicht nur seine Sprache aufdrängt, sondern vor allem seine Belehrung.

Der Wille zu überzeugen, das Bewußtsein, die mitgebrachte Idee um jeden Preis durchsetzen zu müssen, das jede Fähigkeit zur Neuwahrnehmung zunichte zu machen scheint, steht vorherrschend auch über dem weiteren. Die Botschaft heißt: Ich bin Antifaschistin, daran ist ständig zu erinnern, um das politische Bewußtsein zur Wachsamkeit zu mahnen. Doch so gewinnend diese Überzeugung, für sich genommen, zweifellos ist, so fragwürdig muß sie werden, wenn sie, bar jeder Selbstreflexion und Neuwahrnehmung, zum ausschließlichen Impetus des erzählenden Schreibens wird - fragwürdig nicht zuletzt eben durch ihre Verbindung mit dem unerschütterten Vertrauen in die benutzte Sprache zweiter Hand. Denn wie der Anspruch dieser Botschaft hier im konkreten Verhalten einer Reisenden alle anderen Gesetze, z.B. das der Höflichkeit, außer Kraft setzt, und ihr Recht und den Auftrag zur Belehrung jederzeit und jedem gegenüber behauptet, so scheint diese Botschaft auch im geschriebenen Text ihren Zugriff sowohl der thematisierten Wirklichkeit als auch den Gedanken des Lesers gegenüber fraglos als gerechtfertigt zu beanspruchen. Während autoritär verfügt wird über die Menschen, die zu belehren sind, bedarf die Belehrende keiner Legitimation, die ihren Verzicht auf Wahrnehmung, auf Verfremdung und Verunsicherung ihrer Position begründen würde. So geht es denn hier weiter, für eine Reihe von Reisetagen durch das polnische Land, an denen sie wieder erlebt und schriftlich mit typisierenden Wendungen wiedergibt, was zu diesem Zeitpunkt bereits zum allgemeinen Eindrucksrepertoire von Schriftstellerreisen in den Ostblock gehört - die Schwierigkeit, dort etwas Uneingeplantes im Hotel zu bekommen[27], die Bilder der ernsten und nationalbewußt erzogenen, folgsamen Jugend[28], oder das der "durchstilisierten" Baronin, Fossil einer feudalen Epoche[29], Assoziation an Assoziation. Durchstilisierung und Belehrung, die Gesetzlichkeit dieses schematisierenden Zugriffs zur Wirklichkeit, macht dann auch vor jenem Stück Wirklichkeit nicht Halt, das wie nichts anderes dem Zugriff Halt geböte: vor Auschwitz. Während Luise Rinser hier ihre eigene Ergriffenheit vorführt in den exhibitionistischen Wendungen jenes suggestiv an Erschütterung appellierenden, Worte und Pausen gezielt einsetzenden Sprachstils, der auch längst zum fest etablierten journalistischen Repertoire von Auschwitz-Berichten[30] gehört, nimmt sie darüberhinaus auch hier die Gelegenheit zu Belehrung und Etikettierung ihrer Mitmenschen wahr:

> "Ein Zwischenspiel: neben mir geht ein Mann, der aussieht wie ein Jude und immerfort sagt: "Schrecklich, schrecklich." Ich erkundige mich schließlich teilnehmend danach, woher er komme. "Aus Griechenland", sagt er. Ich stelle Vermutungen an. Dann frage ich: "Aus dem heutigen Griechenland?" Ja, eben hergefahren zu einem

> Kongreß nach Prag, und diese kleine Exkursion hierher. Ich frage unsicher: "Sie kommen direkt hierher? Und Sie sagen, das sei schrecklich. Was wollen Sie damit sagen?" Nun, daß es schrecklich ist. Ich frage: "Und was heute in Ihrem Lande geschieht?" Er fährt auf: "Was geschieht in meinem Land? Worauf spielen Sie an?" Ich sage: "Auf die Folterungen und Todesurteile in Ihrem militärdiktatorischen Land." Er: "Alles Lüge, alles Feindpropaganda. Diese Verräter Melina und Theodorakis LÜGEN!!" Ich sage laut: "Auch Auschwitz war Feindpropaganda. Auschwitz gab es nicht. Lauter Lüge!"
> Nun wollen die anderen wissen, worum es gehe. Es sind meist Amerikaner, Männer und Frauen, dazu ein Deutscher aus Essen und ein Ägypter aus Kairo, ich verwahre seine Adresse, sie kamen alle von einem Kongreß für Rohölforschung, der in Prag war. Ich gebe Auskunft. Ob ich Deutsche sei, ob ich Antifaschistin war. Ich sage es ihnen. Auf einmal ist aus der zufälligen Ansammlung von Touristen eine Gruppe von Menschen geworden, die sich brüderlich verbunden fühlt. Antifaschisten. Der Grieche macht sich davon." 31)

Diese glatte Aufteilung der Welt - hier die brüderliche Verbundenheit derer, die auf der Seite des Antifaschismus und des aufgeklärten Menschentums stehen, dort jene, die sich besser "davonmachen" sollten, ergibt sich konsequent aus dem Impetus der Schreibenden zur eindeutigen, programmatischen Stellungnahme. Sie findet sich genauso in einem einige Jahre später erschienenen Roman der Autorin, in dem es ebenfalls um die Mahnung zur wachen Erinnerung an die national-sozialistische Vergangenheit geht, dem Roman "Der schwarze Esel".[32)] Auch hier manifestiert die Verfasserin ihren Willen zu aufrüttelnder, anklagender Belehrung in ausführlichen Beschreibungen dessen, was sie in Auschwitz gesehen hat. Doch während die Tagebuch-Notizen als dokumentarisch gemeinter Aufzeichnungsband keiner weiteren literarischen Rechtfertigung bedürfen, erhebt sich über diesem Roman doch wieder die nicht-abweisbare Frage, was das Ganze, abgesehen von einer erneuten erinnernden Illustration des Geschehenen und der mahnenden Anklage über die leichtfertig Vergessenden, letztlich soll - und diese am Schluß unbefriedigt stehen bleibende Frage weist in ihrer Ungeklärtheit zurück auf die 25 Jahre zuvor erschienene Erzählung, mit der sie in manchen Punkten Parallelen aufzeigt: auch hier dringt eine von außen kommende, Vernunft und Objektivität verkörpernde Ich-Erzählerin in einen Lebenszusammenhang von nebeneinander herlebenden Menschen ein, die ebenso wie dort verschrobene, teilweise geradezu monstrenhafte Züge tragen, und von denen nur eine, die Bucklige Klara wie die Erzählerin jener frühen Erzählung Aufklärung und Antifaschismus repräsentiert, sozusagen deren Verdoppelung zu sein scheint. Und auch hier steht wie dort keine geschichtliche Tiefe hinter den Figuren dieser Welt: die Menschen treten unter dem Stichwort an, das sie vor vierzig Jahren einmal erhalten haben - keine wirklichen Veränderungen, auch keine verändernden Ereignisse haben sich dazwischen geschoben, sämtliche auftauchenden Kinder sind früh gestorben. So sehr an manchen Stellen Wert auf Unklares, Unausgelotetes gelegt wird - was in jener Titelchiffre des "Schwarzen Esel" beispielhaft Ausdruck findet - ist es doch eine im Ganzen klar durchschaubare Welt, in der alle Typen ihren Platz einnehmen - ein barockes Welttheater, auf dem der Umgang mit der Vergangenheit gespielt wird. Und wie in jenem hinter den Masken der Tod erscheint, um an die Unentrinnbarkeit des Schicksals im absolutistisch-undurchschaubaren Weltenplan zu mahnen, so geht es auch hier um Demaskierung und Memento mori im letztlich sicheren Zusammenhang der Welt.

Während so ein über mehrere Tage sich erstreckender Aufdeckungsprozeß geschildert wird, in dem die Erzählerin durch Gespräche mit verschiedenen Personen des kleinen Städtchens, in das sie zu Gast gekommen ist, - so vor allem mit Klaras leicht exzentrischer, künstlerinnenhafter Schwester Stefanie und ihrer verkalkten und von groteskem Alters-Infantilismus betroffenen Cousine Bertie - Klarheit über die Geschehnisse im Städtchen während der Nazizeit sucht, ohne nach etwas Bestimmtem zu forschen, und ohne daß man zunächst recht weiß, was damit gewonnen werden soll, spricht jene Klara an einer Stelle einmal sehr deutlich aus, worum es ihr (und der Verfasserin) dabei tatsächlich geht: im Anschluß an ein Gespräch, in dem sie ihrer verkalkten Cousine im Beisein der Erzählerin hart die von ihr immer wieder abgedrängte Wahrheit über ihr eigenes schuldiges Verhalten entgegengehalten hat, sodaß auch diese sich davonmacht, heißt es:

> "Wer sticht ihr den Star, wenn nicht ich? ... Ich muß ihr zu einem anständigen Tod verhelfen. Mit Lügen auf der Zunge und im Gehirn kommt man nicht über die Grenze. ... Ich lasse sie nicht schlafen, denn ich muß Berthie immer wieder daran erinnern, sie muß lernen, nachzudenken, und sie lernt es noch, sie ist schon dabei, es zu lernen, in diesem verkalkten Gehirn funktioniert noch vieles, besonders wenn es um weit zurückliegendes geht". 33)

Dies scheint auch das Programm der Verfasserin zu sein, ein Programm für Mitmenschen, die sich in ihrer Perspektive jeweils zu Monstren, Schrullen, gespenstischen Typen oder verkalkten Kind-Greisen formieren: es geht um Beunruhigung, um ein Nicht-in-Ruhe-lassen, ein Erinnern ans Unbequeme. Doch die Kernfrage, die sich dem Betrachter nach allem bisher Erarbeiteten aufdrängt, ist die, wie sich dieses Programm des Aufrüttelns mit jenem Vertrauen in die Rationalität eines öffentlichen Bewußtseins und der es repräsentierenden Sprache zweiter Hand verträgt, - einem Vertrauen, das in der vorab geleisteten Delegation kritischer Vernunft an die gesicherten Sprachschablonen eben dieser Öffentlichkeit erkennbar ist.

VII. Der Widerspruch, der sich hier präsentiert, steht über dem ganzen Werk der Luise Rinser. Diesen Widerspruch, der hier im für breite Massen bestimmten Werk dieser Schriftstellerin eine zuvor bereits von breiten Massen übernommene Selbsttäuschung signalisiert, in seiner Fragwürdigkeit angedeutet zu haben, soll im Rahmen dieser Untersuchung genügen. Doch am Rande seien Überlegungen angedeutet, die über das Aufgezeigte hinausgreifen. So soll gefragt werden, ob der hier beobachtbare Widerspruch zwischen einem Abstrakten, fast zwanghaften Sendungsbewußtsein zum Aufrütteln, Ruhestören, und jenem gleichzeitigen Sich-Bescheiden in die Zuverlässigkeit eines Vorgegebenen, dem Einverständnis in ein bestehendes Sprachschablonensystem, nicht zurückweist auf jenen Hintergrund der christlichen Tradition theologischen Absolutismus', eines Denkens, das den natürlichen Menschen mit seinen Bedürfnissen zunächst einmal durchstrich, um ihn dann

in seiner Sündhaftigkeit an die von der Kirche verwaltete und kanonisierte Wahrheit zu verweisen, der zu vertrauen war. Die christlich-katholische Vorstellung einer Teilhabe an der Absolution, wofern man sich vertrauend den Riten und dem Anspruch dieser obersten Instanz überantwortet, scheint hier ihren säkularisierten Niederschlag in jener Idee einer Vergangenheitsbewältigung gefunden zu haben, die sich den Bann des Geschehenen und die Lösungsformel für das beschädigte Leben von der Teilnahme am Ritus verbaler Beschwörung in vorgegebenen Sprachschablonen, welche Verunsicherung und Verarbeitung, kritisches Denken schlechthin ersetzen, verspricht. Von der Position dieser akzeptierten Wahrheit aus bezieht die Verfasserin der untersuchten Schriften das Recht und die Pflicht, die lebenden Menschen zu etikettieren, zu verurteilen und durch aufrüttelnde, aufstörende Bußpredigt auf den rechten Weg zu bringen.
Diese moderne Variante spätmittelalterlichen Ablaßdenkens und ein sich an ihr bildendes Kollektivbewußtsein legen es nahe, sie mit jener auf breiter Ebene nach 1945 einsetzenden Pseudo-Bewältigung in Zusammenhang zu sehen, die von der Notwendigkeit einer wirklichen Auseinandersetzung entband, ja diese fast unmöglich machte. Das Paradox, das damit gegeben war, läßt sich an dieser Stelle nur andeuten, doch drängt sich dies im erarbeiteten Zusammenhang auf.
Man hat das Werk dieser Schriftstellerin, die sich selbst als "Progressive Katholikin" bezeichnet, oft als "erbaulich" bezeichnet, um einen Begriff zu finden für diese schwer einzuordnende Mischung aus gehobener Trivialsprache und einem moralischen Impetus, der es verbot, ihre Schriften schlicht der Unterhaltungsliteratur zuzuordnen. Doch was zum Erbaulichen gehören würde, und was ihrer Erzählhaltung völlig fehlt, ist ein wenig Wärme für das, was sie erzählt; wie man auch Zögern, Ironie, Humor hier vergeblich suchen würde. Letztlich ist es ein kalter Ernst, der, allen vorgeführten Leidenschaften zum Trotz, über diesem Schreiben steht, einem Erzählen, das Unterhaltung verspricht und dabei doch beunruhigt, zuweilen halbe Lösungen anbietet und

damit zugleich seine Leser von sich abhängig macht, mit seinen Gefühlen, seiner Hoffnung und Sehnsucht souverän umspringt - nichts Tröstliches liegt in diesen Schriften, die Ratlosigkeit und vielleicht ein von Schuldgefühl oder Betroffenheit beunruhigtes Bewußtsein erzeugen und es als einzigen Trost nahelegen, der wundersam-irrational waltenden Autorin zuzustimmen. Der Eindruck, der, noch diffus, aber schon erkennbar, sich am Ende des "Jan Lobel" einstellte, kündigte an, was über dem ganzen späteren Werk steht: die kleinen Leute, die es lesen, sind ein Stück weit angesprochen und aufgerüttelt in ihren unterbewußten Angst- und Wunschbildern, beunruhigt und in ihrem zunächst angerührten Bedürfnis nach Geborgenheit und Lösung enttäuscht, ein Stück mehr bereit, sich den von der Verfasserin angebotenen Lösung anzuvertrauen - zu fragen ist, ob der proklamierte Antifaschismus sich hier nicht zu reflexionslos auf eben jene psychologischen Mechanismen verläßt, an die auch der Faschismus appelliert hatte, und somit gerade die Chance vertan wird, diese bewußt zu machen, um Einsicht in das Geschehene zu ermöglichen. Und vielleicht ist es sogar nicht zu weit gegriffen, zu vermuten, daß sich an diesem Schreiben wie in einem Zerrspiegel zeigt, welche Gefahr in allem weltanschaulich engagiert auf die deutsche Geschichte und das Judentum in ihr zurückblickenden Schreiben lag.

Im Folgenden soll nun der Text eines jüngeren Schriftstellers vorgestellt werden, in dem diese Art des Zugangs zur Problematik bewußt abgelehnt wird; an ihm wird die weitere Entwicklung in den Blick kommen.

5. Kapitel: Günter Grass

"Die Läuse entdeckte er zuerst bei Kurtchen, dann bei mir, bei Maria und bei sich. Wahrscheinlich hatte uns jener Kalmücke die Läuse hinterlassen, der Maria den Matzerath genommen hatte. Wie schrie Herr Fajngold, als er die Läuse entdeckte. Nach seiner Frau und seinen Kindern rief er, verdächtigte die ganze Familie des Ungeziefers, handelte Pakete verschiedenartigster Desinfektionsmittel gegen Kunsthonig und Haferflocken ein und begann, sich selbst, seine ganze Familie, das Kurtchen, Maria und mich, auch mein Krankenbett tagtäglich zu desinfizieren. Er rieb uns ein, bespritzte und bepuderte uns. Und während er spritzte, puderte und einrieb, blühte mein Fieber, floß seine Rede, erfuhr ich von Güterwagen voller Karbol, Chlor und Lysol, die er gespritzt, gestreut und gesprenkelt hatte, als er noch Desinfektor im Lager Treblinka gewesen war und jeden Mittag um zwei die Lagerstraßen, Baracken, die Duschräume, Verbrennungsöfen, die gebündelten Kleider, die Wartenden, die noch nicht geduscht hatten, die Liegenden, die schon geduscht hatten, alles was aus den Öfen herauskam, alles was in die Öfen hineinwollte, als Desinfektor Mariusz Fajngold tagtäglich mit Lysolwasser besprenkelt hatte. Und er zählte mir die Namen auf, denn er kannte alle Namen: vom Bilauer erzählte er, der dem Desinfektor eines Tages im heißesten August geraten hatte, die Lagerstraßen von Treblinka nicht mit Lysolwasser, sonder mit Petroleum zu besprenkeln. Das tat Herr Fajngold. Und der Bilauer hatte das Streichholz. Und der alte Zew Kurland von der ZOB nahm allen den Eid ab. Und der Ingenieur Galewski brach die Waffenkammer auf. Und der Bilauer erschoß den Herrn Hauptsturmführer Kutner. Und der Sztulbach und der Warynski rauf auf den Zisenis. Und die anderen gegen die Trawnikileute. Und ganz andere knipsten den Zaun auf und fielen um. Aber der Unterscharführer Schöpke, der immer Witzchen zu machen pflegte, wenn er die Leute zum Duschen führte, der stand im Lagertor und schoß. Doch das half ihm nichts, weil die anderen über ihn rüber: der Adek Kawe, der Motel Lewit und Henoch Lerer, auch Hersch Rotblat und Letek Zagiel und Tosias Baran mit seiner Debora. Und Lolek Begelmann schrie: 'Auch der Fajngold soll kommen, bevor die Flugzeuge kommen.' Aber Fajngold wartete noch noch auf seine Frau Luba. Doch die kam schon damals nicht, wenn er nach ihr rief. Da packten sie ihn links und rechts. Links der Jakub Gelernter und rechts der Mordechaj Szwarcbard. Und vor ihm lief der kleine Doktor Atlas, der schon im Lager Treblinka, der später noch in den Wäldern bei Wilna zum fleißigsten Lysolsprenkeln geraten hatte, der behauptete: Lysol ist wichtiger als das Leben! Und Herr Fajngold konnte das nur bestätigen; denn er hatte ja Tote, was soll ich eine Zahl sagen, Tote, sag ich, gab es, die er mit Lysol besprenkelt hatte. Und Namen wußte er, daß es langweilig wurde, daß mir, der ich im Lysol schwamm, die Frage nach Leben und Tod von hunderttausend Namen nicht so wichtig war wie die Frage, ob man das Leben, und wenn nicht das Leben, dann den Tod mit Herrn Fajngolds Desinfektionsmitteln auch rechtzeitig und ausreichend desinfiziert hatte." 1)

Auch im hier ausgewählten Textstück, dem 1959 erschienenen Roman "Die Blechtrommel" des 1927 geborenen Autors Günter Grass entnommen[2], wird ein KZ-Überlebender gezeichnet, der über die Zeit im KZ berichtet; was dabei im Mittelpunkt steht, ist historische Begebenheit: der am 2. August 1943 unternommene, teilweise geglückte Versuch eines Aufstands von Häftlingen im KZ Treblinka, bei dem es einem Teil der Häftlinge gelang, ihre Bewachung zu überwältigen, mehrere Baracken in Brand zu stecken und zu entkommen. Zur Sprache kommen diese Ereignisse, deren Hintergrund die Hölle nationalsozialistischer Grausamkeit ist, jedoch in so schnoddrig-munterem Ton, daß es den Leser befremdet, ja schockiert: ein Eindruck, der verstärkt wird durch die Wirkung der doppelt-subjektiv verstellten Erzählperspektive - das Ich, das hier erzählt, im Krankenbett liegend, berichtet über den Bericht eines gewissen Herrn Fajngold, der einst Desinfektor im Lager Treblinka gewesen war, und nun, während er, offenbar nach Kriegsende, desinfizierend den Kampf gegen die Läuse in seiner Umgebung antritt, jene Zeit und den erlebten Aufstand erzählend vergegenwärtigt.

Dabei geht die Perspektive des erzählenden Roman-Ichs streckenweise ganz über in die des vorgeführten Herrn Fajngold selbst - die wörtliche Rede wird unter der indirekten des Erzählers in ihren Strukturen deutlich erkennbar, wenn auch nicht herauslösbar: denn während der Erzähler zu Beginn und Schluß des Textes zwar auch in unbekümmert-saloppem Ton, jedoch wohlstrukturierten Sätzen berichtet, Unterordnungen berücksichtigt, mit differenzierenden, effektbewußten Worten logische Zusammenhänge aufbaut und gegeneinander abwägt, herrscht in Herrn Fajngolds Bericht die Sprunghaftigkeit wörtlicher Rede eines beschränkten Bewußtseins vor: wiedergegeben werden nacheinandergereihte, mit "und" eingeleitete kurze Sätze, umgangssprachlich-saloppe Wendungen ("doch da half ihm nichts, weil die anderen über ihn rüber"), Sprünge im Sinnzusammenhang und zuletzt das stolpernde Durchbrechen aller Satzordnung, das Sich-Verheddern am eigenen Willen zum Nennen von schwer Nennbarem: "denn er hatte ja Tote, was soll ich eine Zahl sagen, Tote, sag ich, gab es, die er mit Lysol besprenkelt hatte".

Die Weise, wie hier die Tatsache des Massenmordes zur Sprache gebracht wird, ist eine Sprechweise, vor der dem Leser leicht grausen muß; und die Gegensätzlichkeit der hier gezeichneten Figur und ihres Ausdrucks zu denen der KZ-Überlebenden der beiden zuletzt besprochenen Erzählungen kann kaum krasser gedacht werden - der hier hinter seinem Redefluß sichtbar werdende Herr Fajngold erscheint nicht als Opfer, das alles überstanden hat und seine bewahrte Integrität durch wohlformulierte Erinnerungen zur Mahnung an die Nachwelt werden läßt, auch nicht als todesmutiger Held des Widerstands, wie es sich von der Thematik her für eine entsprechende Konzeption leicht anböte, sondern schlicht als kaputte Type. Der betuliche Greis, der seinen Zuhörer mit völlig unwichtigen Namen überschwemmt, der Zwangsneurotiker, vom Desinfektionswahn besessen, ist zugleich der regressiv in den Schülerjargon Flüchtende, in dessen Darstellung das Erlebte sich zum Halbstarkenstreich gegen verschrullte Lehrer ("der immer Witzchen zu machen pflegte") formiert: die Figur des psychischen Krüppels ist es, in der ein Jude, der die Hölle überlebt hat, hier zur Sprache gebracht wird. Über ihn hat der Leser des Romans in einem früheren Kapitel bereits erfahren, daß Herr Fajngold in dem Wahn lebt, seine Frau und seine zahlreichen Kinder seien gegenwärtig um ihn herum, obwohl er wiederum berichtet, ihre Leichen in Treblinka vor sich liegen gesehen zu haben:[3] eine Gestalt, die in ihrer zum Belachen herausfordernden Verkrüppelung grausig und damit der gewußten Realität entsprechend glaubhaft erscheint, und die, ebenso wie die des zu Beginn des Romans auftauchenden Spielzeughändlers Sigismund

Markus, der in der Kristallnacht, mit Ärmelschonern hinter seinem Schreibtisch sitzend, Selbstmord mit Gift macht, Anlaß zu der Bemerkung Marcel Reich-Ranickis gab, Grass habe allererst nach 1945 die heikle Frage der Darstellung jüdischer Gestalten zu lösen vermocht:[4)] "Das sind reale Gestalten, wahrhaftig ohne Verherrlichung, ergreifend ohne Weinerlichkeit."[5)]
Der kleine Danziger Einzelhändler, der ein leidenschaftliches Wort für Deutschland gegen Polen einlegt, dabei nach London emigrieren möchte, dessen Assimiliertheit nicht nur sein Vorname, sondern auch die kürzlich erhaltene Taufe bezeugen soll und der doch in Ausdruck und Gestik die Nähe zum Ostjudentum nicht verbirgt; und der Ostjude, dem nur das Sich-Klammern an die zwanghaften Wahnideen das psychische Überleben nach dem Erlebten ermöglicht - mit solchen Figuren scheint ein Novum in der Entwicklung der literarischen Thematisierung des Judentums gegeben. Deshalb soll der Roman, auch obwohl die genannten Figuren nur unwesentliche Nebenrollen in ihm spielen, hier näher untersucht werden.

II. Der Roman, 1959 als das erste größere Werk des damals 32jährigen Schriftstellers erschienen, erregte sofort literarisches Aufsehen und wurde schnell zum Gegenstand heftiger, positiver wie negativer Reaktion: in ihm wird zum Programm gemacht, was am oben wiedergegebenen Ausgangstext bereits als ins Auge springend herausgestellt werden konnte - das unbekümmert-saloppe Sprechen von Dingen, über die man gemeinhin nicht unbekümmert-salopp zu sprechen pflegte. Das gilt für die im Ausgangstext angesprochene Thematik der Judenverfolgung wie für alle jene Themenbereiche, die im gesellschaftlich überkommenen Empfinden tabuisiert, denen ein in irgendeiner Weise selektioniertes Vokabular zugeordnet wird: Tod, Sexualität, Religion. Der Erzählton der "Blechtrommel", der über dieses Empfinden und seine Forderung scheinbar flott hinwegspringt, wird deshalb dadurch gerechtfertigt, daß er durch die Perspektive des erzählenden Ich gefordert scheint: Oskar Matzerath, ein außerhalb menschlicher Kategorien stehendes Wesen im Menschenleib, bereits bei der Geburt ausgestattet mit fertigem Bewußtsein, das keiner Entwicklung mehr bedarf, beschließt an seinem dritten Geburtstag, an dem er eine Kinderblechtrommel geschenkt bekommt, sich den ihm gestellten Erwartungen eines Menschenlebens zu verweigern und damit sein nur von ihm gewußtes Außenseiterdasein zu einem offenkundigen zu machen - er nimmt sich vor, nicht nach Menschenart weiterzuwachsen, bemäntelt diesen Entschluß vor den Erwachsenen mit einem arrangierten Sturz von der Kellertreppe und läuft fortan als durch den Sturz wachstumsgehemmter Krüppel in der Gestalt des ewig Dreijährigen herum. Aus dem Blickwinkel dieses Bewußtseins, des Bewußtseins eines von der Erwachsenenwelt als zurückgebliebener Dreijähriger betrachteten Krüppels, dem als Weltbemächtigungs- und Ausdrucksmittel zugleich das Trommeln auf der Blechtrommel bleibt, wird nun Geschichte geschildert: die Jahre von 1942 bis 1945 in Danzig, der zunächst freien, dann nationalsozialistisch okkupierten Stadt, ihre Zerstörung im zweiten Weltkrieg und ihre Einnahme durch "die Polen". Doch die wechselvolle Geschichte wird nur umrißhaft erkennbar als Hintergrund dessen, was der Ich-Erzähler Oskar in der Gestalt des dreijährig bleibenden Krüppels wahrnimmt und für beschreibenswert erachtet: im Vordergrund stehen die Menschen jenes muffigen Wohnblocks in Danzig-Langfuhr, in dem er lebt. Der Vater Alfred Matzerath, ein aus dem Rheinland stammender Kolonialwarenhändler; die Mutter Agnes in ihrer unentschiedenen Doppelbeziehung mit dem später in die NSDAP eintretenden Ehemann und ihrem Liebhaber, dem kaschubischen Cousin Jan Bronski, der für Polen optiert hat; die kaschubische Großmutter Anna Bronski, die, vier kartoffelfarbige Röcke übereinander tragend, gelegentlich in die Stadt kommt und Landbutter verkauft; Mutter Truczinski, eine stets mit einer Spitzmaus verglichene Witwe mit halbwüchsigen Kindern; ein Haufen Hinterhofgören, die, voran ein Mädchen namens Susi Kater, aus allem erdenklichen

Dreck eine Suppe mischen und dem wehrlosen Oskar einflößen; der jüdische Spielzeughändler Sigismund Markus; ein für Pfadfinderei, nackte Knabenkörper und Eiswasser-Abhärtung schwärmender Gemüsehändler und seine ungewaschen und verschlampt meist im Bett liegende Frau Lina; eine Bäckersfrau, die sich vergeblich ein Kindchen ersehnt und jedes freie Plätzchen in der Wohnung mit süß-niedlichen, gehäkelten und gestickten Deckchen und Käte-Kruse-Puppen ausstaffiert hat; ein versoffener, trompetespielender Junggeselle, der sich vier Kater in seiner Mansarde hält und ein tierliebender Uhrmacher; ein geistig wirrer Alter, der sabbernd und mit weißen Handschuhen auf dem Friedhof bei jedem Begräbnis Beileid wünscht; diese und ähnliche Figuren machen jene kleinbürgerliche Welt aus, die, durch die Perspektive Oskars gesehen, vor dem Leser des Romans ersteht.
Doch die Menschen stehen auch hier weder allein für sich noch sind sie Figuranten eines weltanschaulich erforderten Menschenbildes: eher stehen sie für eine Interpretation des Faschismus, die sich indirekt aus dieser Zeichnung des Menschenpanoramas eines Danziger Vororts anbietet. Denn an ihnen, an kleinen Begebenheiten ihres Daseins, Einzelheiten ihres Verhaltens wird ausschnitthaft das Wesen dessen erkennbar, was man zusammengeballt gemeinhin als den lawinenartigen Lauf der großen Geschichte zu sehen gewöhnt ist: so z.B. in jener kleinen Beschreibung des in die SA eingetretenen Trompeters, der im Affekt seine vier Kater halb erschlägt und in eine Mülltonne wirft, deswegen vom tierliebenden Uhrmacher angezeigt und aus der SA ausgeschlossen wird, woran auch sein besonders "mutiger" Einsatz während der Kristallnacht und am nächsten Tag bei der "Räumung" von jüdischen Geschäften nichts mehr zu ändern vermag.[6)]
In solchen Beschreibungen werden indirekte Aussagen über die von den Appellen des Nationalsozialismus angesprochenen Menschen und ihr Wertempfinden gemacht, wird über Mentalität und psychologisch wirksame Mechanismen im Kleinbürgertum gesprochen, ohne daß Erklärungen ausgesprochen, Kausalitätsdeutungen aufgedrängt würden; es ist eher ein Neben-

einanderreihen von Begebenheiten, in denen sich die Menschen als kurzsichtig und aufs Nächste bedacht darstellen, dabei gerade in ihrer Kurzsichtigkeit und in ihren dumpfen, unartikulierten Sehnsüchten als von den Appellen des Nationalsozialismus faszinierbar.
Dadurch erscheint der National-Sozialismus hier nicht, wie so oft in der Literatur des ersten Nachkriegsjahrzehnts, als die Gegenmacht schlechthin, das Dämonisch-Andere, Absurde, sondern als etwas, was man durchaus beschreiben kann: ein kleinkarierter Wahn von Größe und Macht, Ideologie fürs Kleinbürgertum - gezeigt wird das Appellieren an die verkrüppelten Gefühle verklemmter Kleinbürger, die niedergedrückten Sehnsüchte der irgendwie zu kurz Gekommenen, ihre Vorstellungen von Gutem und Großem, Rechtschaffenheit und Gemeinschaft.[7] DasArrangement des schnell in die Partei eingetretenen Matzerath, der das Führerbild an den Platz des Beethovenbildes über dem Klavier hängt, diesem davor jedoch den Platz an der Wand gegenüber über dem Büffet einräumt, sodaß es zur "finstersten aller Konfrontationen" kommt[8], könnte so als Beispiel stehen für das Aufzeigen von Kleinst-Episoden, in denen die große Tendenz voll sichtbar wird.

Doch dieser Darstellungs-Ansatz, der es bewußt vermeidet, das Geschehene mit eingeschliffenen Worten zu benennen, den Faschismus zum Ungeheuerlichen versteinern zu lassen oder ihn zu dämonisieren, dabei sich so brüsk einer offenbar eingespielten Sprache verweigert und die Dinge zeigen möchte, wie sie in seiner Sicht auch gewesen sind, gibt in seiner Art der Annäherung an die Problematik zu denken: aufschlußreich scheint, daß die Suche nach realistischer Darstellung des Geschehens jener Zeit, wie sie dieser von der Schriftstellergeneration des ersten Nachkriegsjahrzehnts durch etwa zehn Jahre getrennte Autor unternimmt, nur unter der Voraussetzung einer Flucht in die Perspektive des dreijährig bleibenden Krüppels gedacht werden kann, eine Perspektive der Verantwortungslosigkeit, die erlauben

soll, Tabuiertes genau zu beschreiben, emotionslos zu registrieren, oder in selbstsicheren Sprachspielen zu verwitzeln, was zuvor von denen, die den Faschismus als junge Erwachsene erlebt hatten, meist emotionsbeladen verdammt wurde oder, noch früher, unter dem Vorzeichen eines größeren Entwurfs erklärt worden war. Offenbar entspringt dieser Ansatz einer hart empfundenen Diskrepanz zwischen offiziell eingeschliffenen Erklärungsmustern einerseits und dem Erinnerungsfundus dessen, der jene Zeit als Jugendlicher erlebt hat, andererseits, einer Diskrepanz, die offenbar nicht anders zum Ausdruck gebracht werden kann als in dem Ausweichen in die Perspektive des außerhalb menschlicher Verantwortung Stehenden.
Dieses literarische Prinzip ist uralt. Im spanischen Picaro-Roman, in der langen Tradition der Schelmenromane werden seine Vorbilder gesehen - seit frühester Zeit bedienten sich Schriftsteller, um einer Gesellschaft, einem Weltbild den Spiegel vorzuhalten, in dem ihr Bild erheblich von dem selbstproklamierten abwich, der Perspektive des Verantwortungslosen, Unbedachten, auf der untersten Stufe gesellschaftlicher Rangordnung Stehenden, der deshalb nicht recht für voll genommen wird und alles sagen darf, oder der des Reinen, Unbedarften, der die Forderungen gesellschaftlicher Rücksichtnahme nicht kennt und dessen unschuldig-objektive Sicht der Dinge sowohl belächelt als auch entschuldigt werden kann - und es legt sich nahe, daß dieses literarische Vorbild sich dem Autor hier anbot auf Grund ähnlich empfundener Repressivität eines mittlerweile festinstallierten Sprachverhaltens, das das Geschehene verteufelte und verklärt auf die Zukunftsmöglichkeiten blickte: eine Repressivität, der gegenüber er seine eigene skeptische Weltsicht, in der der Faschismus zum Kindheitstrauma gehörte, nur in dieser perspektivischen Verkleidung entgegenstellen zu können glaubt.

III. Doch der Ich-Erzähler Oskar ist nicht der Reine, Unbedarfte, wiewohl seine Perspektive eindrücklich den Anschein einer "Unvoreingenommenheit" suggerieren mag; und er ist auch nicht der auf unterster Stufe menschlicher Wertschätzung Stehende - erweisen doch die Menschen seines Umkreises gerade ihm, dem vermeintlich Zurückgebliebenen, gegenüber eine nachsichtige Freundlichkeit, wie sie sie kaum für ihresgleichen haben - : dagegen scheint es wichtig, das Besondere der in dieser Figur und ihrer Perspektive zusammengeschweißten Konzeptionselemente zu erfassen, um dem näherzukommen, was sich in zunächst glaubhafter Weise als realistische Beschwörung dieses Panoramas kleinbürgerlicher Umwelt unter dem Faschismus gibt. Diese Perspektive ist auch nicht allererst die des Kindes, das die Infantilität der Erwachsenenwelt entlarvt[10], und das die Tabus zwar nicht sucht, aber für das es sie nicht gibt[11] - und es ist auch nicht nur die des Pubertierenden, der mit besonderem Eifer das Eklige beschreibt und den Bürgerschreck spielt[12]: von all dem ist etwas vorhanden; doch was an der Konzeption dieses außerhalb menschlicher Gesetzlichkeit stehenden Wesens wesentlich ist, dürfte vielmehr in den Blick kommen, wenn man die Emotionalität der Erzählhaltung zum Ausgangspunkt weiterer Überlegungen macht. Denn was an ihr auffällt, ist das völlige Fehlen von objektzentrierten Emotionen wie Angst, Trauer, Sehnsucht oder Liebe: Gefühle werden zwar ausgedrückt, zuweilen werden alle Register unterschiedlicher Lautstärke der subjektiven Färbung des Erzählten gezogen; doch ist die Emotionalität stets Ich-zentriert - Eitelkeit, Genußverlangen, Überdruß, Geltungsbedürfnis herrschen vor. Was sich unter der Unvoreingenommenheit verbirgt, die Realistik des Erzählten suggeriert, indem sie alles zu zeigen und keine Tabus zu kennen scheint, ist offenbar eher die auch psychische Verkrüppelung: der hier erzählt, ist ein dem Wissenshorizont nach Erwachsener, der jedoch regressiv ins Stadium vorpubertärer Gefühlskälte flieht und entsprechend seine Umwelt wahrnimmt und schildert. So beschreibt er, weit davon entfernt, den Tabubruch nicht zu suchen, in scheinsachlichem Ton Phänomene aus dem Anal- oder Sexualbereich am laufenden Band und in ausführlicher Weise; Witzigkeit und Spott bestimmen den Tenor der Thematisierung von Tod oder Dingen des religiösen Empfindens: so wird vom Überfall auf Sigismund Markus' Spielzeuggeschäft nach der Kristallnacht nicht nur berichtet, daß SA-Männer sich die Hosen heruntergerissen hatten und braune Würste auf verschiedenes Spielzeug im Laden setzten, sondern auch, daß in ihnen noch halbverdaute Erbsen erkennbar waren[13]; über den Schock-Tod von Mutter Truczinski während eines Bombenangriffs, bei dem sie nicht mit in den Keller genommen worden war, erfährt man, daß die alte Frau hinterher mit "herabhängendem Unterkiefer und so verdrehtem Blick" dasaß, "als wäre ihr eine kleine klebrige Fliege ins Auge geflogen"[14]. Was hier zum Ausdruck kommt, die Weigerung, irgendwelche Regelungen über Tabubereiche und die ihnen vom gemeinen Empfinden zugeordneten Sprachebenen zu respektieren, legt als Auflehnungsphänomen gegen gesellschaftliche Restriktionen in diesem Bereich tatsächlich den Vergleich mit dem Sicherheit und Kaltblütigkeit vorspiegelnden Aufbegehren des der Kindheit Entwachsenden nahe; und auf Regression in die vorpubertäre Psyche scheint auch die Wahrnehmung und Beschreibung von Menschen insgesamt zu weisen: so fällt es auf, daß Männer hauptsächlich durch Handlungen und Worte dargestellt werden und dabei zu lächerlichen Geschöpfen, schrulligen Typen gerinnen, Frauen dagegen vor allem durch ihren Anblick oder ihre Ausdünstungen charakterisiert werden, ekelerregend oder in ihrer auf Männer wirkenden sphinxhaften Faszination fischigfremd und abstoßend, jedenfalls aber undurchschaubar und seelenlos - so erfährt man, daß der Trompeter trank, vier Kater hielt und in die SA eintrat, der Uhrmacher unverheiratet, Mitglied der NS-Volkswohlfahrt und des Tierschutzvereins war[15], von Frau Kater dagegen heißt es, daß sie "mit blaurot mächtigen Armen einen zusammengerollten bräunlichen Teppich auf der rechten Schulter" trug, ihr "in beiden Achselhöhlen ... blonde, vom Schweiß verknotete und versalzene Haare flammten", und: "Als sie ihr Fett in einem schwarzglänzenden Taftrock vorbeitrug, traf mich ihre Ausdünstung: Salmiak, Gurke, Karbid - sie mußte ihre Tage haben."[16)]

Doch gemeinsam ist allen diesen Zeichnungen von Menschen die Stückhaftigkeit des Gezeigten: es sind Ausschnitte, Augenblicke, die dem Leser vorgeführt werden, Anblicke, Handlungsepisoden, Äußerungen. Die dabei entstehenden Bilder zeigen die Menschen ebenso ohne objektzentrierte Emotionen wie den Erzählenden selbst; auch sie sind, ähnlich wie Oskar, zumeist auf den Genuß des kleinen Nächstliegenden aus und wirken darin auf makabre Weise überzeugend, so wie jener desinfizierende Herr Fajngold, oder, an anderer Stelle, der bei der Belagerung der polnischen Post skatspielende Jan Bronski: doch wo immer sie in ihrem Bemühen um etwas gezeigt werden, sei es im Bemühen um eine Idee oder um einen anderen Menschen, ebenso an den wenigen Stellen, wo sie in Angst und im Bemühen um einen Ausweg gezeigt werden, trifft sie der Ton des Lächerlichen. Dabei wird in den Darstellungen durchaus Widersprüchlichkeit, Hintergründigkeit spürbar, jene Widersprüchlichkeit, die den Menschendarstellungen jener an einer umfassenden Idee orientierten literarischen Werke des 1. Nachkriegsjahrzehnts leicht abging, und die hier darum wohl am eindrücklichsten den Anschein des Realistischen entstehen läßt - und doch sind es keine Gestalten mit Tiefenstruktur; die eingeschränkte Emotionalität, vor allem das fast völlige Fehlen von Angst oder Hoffnung, die ständig die Distanz des Lächerlich-machens suchende Erzählperspektive gibt den Figuren etwas Unwirkliches, wenn auch der Wirklichkeit Nachgebildetes: die dargestellte Welt erscheint als Panoptikum.

Daß man diesem trotzdem das Prädikat des "Realistischen" auf den ersten Blick durchaus zubilligen könnte, wie es die Kritiken jener Zeit zumeist taten, verdankt sich gewiß vor allem dem Ungewohnten dieser Perspektive, der "Gegen-Emotionalität", die sich gerade jenen Tönen verweigerte, die die nach Kriegsende bald sich einspielenden sprachlichen Muster gefordert hätten, und dessen partielle Unwahrheit auf die Dauer Unbehagen schürte: so legt es sich nahe, auf dem Hintergrund des Gewohnten der Zeichnung dieses "kaputten" Juden Fajngold auf den ersten Blick Wahrscheinlichkeit zuzubilligen, Wahrscheinlichkeit jedenfalls im Vergleich mit den edlen oder heldenhaften Judenzeichnungen der vorhergehenden Jahre. Doch kann das nicht darüber hinwegtäuschen, daß auch diese Figur so marionettenhaft-seelenlos bleibt wie alle anderen, eine aus Äußerungen und Handlungsfetzen sich zusammensetzende Gestalt, an deren Äußerlichkeit der Blick des Erzählenden abgleitet - die Frage, ob der Rückzug dieses lebenden Menschen in Schnoddrigkeit und Wahn tatsächlich so bruchlos funktioniert, wie es hier den Anschein haben soll, drängt sich auf und erhält keine Antwort.

IV. Eine geschichtliche Welt, die zum Panoptikum gerinnt - der erzählerische Rückzug in eine Perspektive des Verantwortungslosen, Regression in den Habitus des Pubertären: trotz allem ist es nicht Zynismus allein, der dieses Schreiben bestimmt; hinter aller schnoddrig-lauten und sprachvirtuosen Verbannung von Erlebtem ins Geschichtspanorama des Skurrilen bricht momenthaft immer wieder eine bittere, fast grimmige Betroffenheit auf, augenblickslang, doch ausreichend, um eine unter der Oberfläche selbstsicherer Benennung verborgene Bereitschaft zu eigener Angst zu gegenwärtigen. Es ist die Angst vor dem Unerledigten, das hinter dieser sprachgewaltigen Verbannung ins Gruselkabinett weiter nach Ausdruck sucht, und für das keine direkte Sprache da ist, Angst vor der Nicht-Erfaßbarkeit dessen, was weiter hineinreicht von der Geschichte in die Gegenwart.

In diesem augenblickshaften Abkippen aus dem scheinbar beherrscht dahinwogenden, ironisch-selbstsicheren und mit sprachlichen Kunststücken jonglierenden und den Leser fesselnden Erzählfluß in jene Doppeldeutigkeit, die unter dem ironisiert Erzählten eine andere Ebene bittersten Ernstes auftauchen läßt, wird die zwischen Bitterkeit und Sarkasmus pendelnde Grundstimmung dieses Erzählens spürbar: so z.B. im Ausgangstext an jenem zum Schluß so glatten Übergang der Rede des Distanzierenden Erzähl-Ichs aus einer Paraphrasierung der Sprache Herrn Fajngolds in die eigene Sprache - die Frage, "ob man das Leben, und wenn nicht das Leben, dann den Tod mit Herrn Fajngolds Desinfektionsmitteln auch rechtzeitig und ausreichend desinfiziert hatte", bestürzt durch ihre spielerische Doppeldeutigkeit: einerseits erscheint sie als die ironische Fortsetzung der wiedergegebenen grotesk-zwangsneurotischen Betulichkeit eines psychischen Krüppels, andererseits jedoch präsentiert sich unter ihr, scheinbar verkleidet, zugleich die allgemeine Frage des Umgehens mit dem Ungeheuerlichen in all ihrer geballten Bitterkeit - der groteske Desinfektionswahn symbolisiert das Makabre und Absurde des nachkriegsdeutschen, der anfänglichen Tabuisierung komplementären, verbalen Reinwaschungs- und Schuldbewältigungseifers der späteren Zeit selbst. Die hier im Sprachspiel aufflackernde Problematik, die Frage eines sprachlichen und bewußtseinsmäßigen Umgehens mit den Ungeheuerlichkeiten der Vergangenheit, auch die Frage, in welcher Weise Vergangenes in die Gegenwart hineinreicht, Gegenwärtiges durch die Abwehr von Vergangenem deformiert wird, gibt sich hier wie an anderen Stellen als ein Anliegen zu erkennen, dessen Drängen bestimmend hinter dem Erzähl-Impetus dieses Autors, der mit soviel Vehemenz betriebenen Beschwörung einer vergangenen Welt steht. Doch es ist zu beobachten, daß das Erzählen, sobald es sich diesen Fragen direkter, außerhalb solch kurzer Momente des Überkippens zwischen Sarkasmus und Bitterkeit zu nähern versucht, unsicherer wird, blinder, von krampfhaftem Zielwillen getrieben: davon zeugt vor allem jener dritte Teil des Romans, auf den bislang hier noch nicht eingegangen wurde. In ihm verläßt Oskar seine Haltung der Verweigerung zum Zeitpunkt des Kriegsendes, wirft seine Trommel dem toten Vater Matzerath ins Grab nach und beginnt zu wachsen, allerdings zu verwachsen: als zwar immer noch zwergenhaft-buckliger, aber von der Umwelt anerkannter Erwachsener schlägt er sich im westlichen Nachkriegsdeutschland durch, wohnt in Untermiete, arbeitet bei einem Steinmetz, als Modell in einer Kunstakademie, und übt allerlei andere Tätigkeiten aus. In den hier beschriebenen Episoden, in denen deutsches Nachkriegsleben beschrieben und zugleich karikiert werden soll, wird hinter der krampfhaften Effekthascherei bei der Zeichnung bestimmter als charakteristisch erachteter Phänomene jener Jahre -so z.B. einer verbalen Persiflage auf den Gesprächs- und Begegnungsenthusiasmus existentialistischer Tönung oder einer Karikatur der nachkriegsdeutschen Unfähigkeit zu trauern in jenem Bild des "Zwiebelkellers", einem Restaurant, das mit Hilfe geschnittener Zwiebeln die Möglichkeit des Ausweinens für trauerunfähige Zeitgenossen bietet[17) -] doch Unsicherheit spürbar: was hier karikiert wird, ist dem Autor zu nahe, kommt bedrohlich weit heran an das, wofür er eine Sprache sucht, aber nicht findet, und das zum eigenen Tabubereich wird - eine Methode, die Welt zum Panoptikum werden zu lassen, um über die Sprachlosigkeit gegenüber eigener Betroffenheit und der Auseinandersetzung mit den gebliebenen Ängsten hinwegzugehen, funktioniert nicht mehr; der Schutz, den der Autor im Beschwören der Welt seiner Kindheit doch erzählend in gewissem Grade finden konnte, und der aller emotionalen Drosselung zum Trotz über dem Umriß dieser Welt eine Ahnung von möglicher Wärme auftauchen ließ, ist hier nicht mehr vorhanden; die Schilderung Nachkriegsdeutschlands läßt hinter dem zu krampfhaften Haschen nach Gags, der zu lautstark vorgeführten Kälte, Leere und Gewissenlosigkeit der dort den wirtschaftlichen und intellektuellen Aufschwung bestimmenden Typen eine unverhohlene Beunruhigung und Angst spürbar werden - Angst, diese Weise des Bannens von geschichtlich-wirkungsgeschichtlich-vermitteltem Bedrohenden könnte nicht ausreichen zur Bemächtigung dieser so nahen Wirklichkeit, Angst, es könnte ein anderes Sich-Einlassen auf die Wirklichkeit, ein anderes Ertragen von Ambivalenz nötig sein, um ihr nahe zu kommen.

So bricht denn auch die Konstruktion des Erzähl-Ichs Oskar Matzerath an diesem Punkt aus der Tradition der motivlichen Vorbilder aus: im alten Schelmenroman fand der Held, der als Beobachter und Registrierender, von den Wirren der Geschichte hin und her Geschleuderter die Verderbtheit der Welt und die Sinnlosigkeit deutender Ideologien entlarvt hatte, doch zumeist am Ende auf irgendeine Weise zur Ruhe - das Bild stoischer Zufriedenheit des auf eine Insel zurückgezogenen Eremiten begleitet Simplicissimus' Heimreise Candide proklamiert das Bebauen des Gartens als Möglichkeit tätigen Erträglichmachens des fast unerträglich widersinnigen Lebens; doch Oskars provozierte Festnahme und Überweisung in die Heil- und Pflegeanstalt ist keine Dauerlösung, und er weiß es: Ratlosigkeit und Verwirrung stehen über dem Schluß des Buches, ein Katarakt ungelöster auf ihn eindrängender Probleme, demgegenüber die Absurdität der Welt noch als haltbietend erscheinen möchte - das Symbol der in ihm selbst lauernden Bedrohung, die schwarze Köchin des Kinderliedes, hat sich nicht bannen lassen; mit unverminderter Drohung sucht sie sich seiner zu bemächtigen. So endet der Roman:

> "So werde ich also jenes Liedchen, das mir immer lebendiger und fürchterlicher wird, auf mein Blech legen, werde die schwarze Köchin anrufen, befragen, damit ich morgen früh meinem Pfleger Bruno verkünden kann, welche Existenz der dreißigjährige Oskar fortan im Schatten eines immer schwärzer werdenden Kinderschreckens zu führen gedenkt; denn was mich früher auf Treppen erschreckte, was im Keller, beim Kohlenholen buhhh machte, daß ich lachen mußte, was aber dennoch immer schon da war, mit Fingern sprach, durchs Schlüsselloch hustete, im Ofen seufzte, schrie mit der Tür, wolkte auf aus Kaminen, wenn Schiffe im Nebel ins Horn atmeten oder wenn zwischen den Doppelfenstern stundenlang eine Fliege starb, auch als die Aale nach Mama verlangten, und meine arme Mama nach den Aalen, wenn die Sonne hinter dem Turmberg verschwand und für sich lebte, Bernstein! Wen meinte Herbert, als er das Holz berannte? Auch hinterm Hochaltar - was wäre der Katholizismus ohne die Köchin, die alle Beichtstühle schwärzt! Sie warf den Schatten, als des Sigismund Markus Spielzeug zusammenbrach, und die Gören auf dem Hof des Mietshauses, Axel Mischke und Nuschi Eyke, Susi Kater und Hänschen Kollin, sie sprachen es aus, sangen, wenn sie Ziegelsuppe kochten: "Ist die schwarze Köchin da? Jajaja! Du bist schuld und du bist schuld und du am allermeisten. Ist die schwarze Köchin da..." Immer war sie schon da, selbst im Waldmeisterbrausepulver, so unschuldig grün es auch schäumte; in allen Kleiderschränken, in denen ich jemals hockte, hockte auch sie und lieh sich

später das dreieckige Fuchsgesicht der Luzie Rennwand aus, fraß Wurstbrote mitsamt den Pellen und führte die Stäuber auf den Sprungturm - nur Oskar blieb übrig, sah Ameisen zu und wußte: das ist ihr Schatten, der sich vervielfältigt hat und der Süße nachgeht, und alle die Worte: Gebenedeite, Schmerzensreiche, Seliggepriesene, Jungfrau der Jungfrauen... und alle die Gesteine: Basalt, Tuff, Diabas, Nester im Muschelkalk, Alabaster so weich... und all das zersungene Glas, durchsichtige Glas, hauchdünn geatmete Glas... und Kolonialwaren: Mehl und Zucker in blauen Pfund- und Halbpfundtüten. Später vier Kater, deren einer Bismarck hieß, die Mauer, die frisch gekalkt werden mußte, ins Sterben verstiegene Polen, auch Sondermeldungen, wenn wer was versenkte, Kartoffeln, die von der Waage polterten, was sich zum Fußende hin verjüngt, Friedhöfe, auf denen ich stand, Fliesen, auf denen ich kniete, Kokosfasern, auf denen ich lag... alles im Beton Eingestampfte, der Saft der Zwiebeln, der die Tränen zieht, der Ring am Finger und die Kuh, die mich leckte... Fragt Oskar nicht, wer sie ist! Er hat keine Worte mehr.
Denn was mir früher im Rücken saß, dann meinen Buckel küßte, kommt mir nun und fortan entgegen:

Schwarz war die Köchin hinter mir immer schon.
Daß sie mir nun auch entgegenkommt, schwarz.
Wort, Mantel wenden ließ, schwarz.
Mit schwarzer Währung zahlt, schwarz.
Während die Kinder, wenn singen, nicht mehr singen:
Ist die schwarze Köchin da? Ja -Ja - Ja!" 18)

V. Das hier sich andeutende Phänomen - die hinter aller aufwendigen Sprachartistik spürbar werdende Sprachnot gegenüber der Beunruhigung, die aus der am Unverarbeiteten deutscher Geschichte aufbrechenden Erfahrung von Verstrickung erwächst, tritt erneut, dabei in krasser Verschärfung, in Grass' nächstem Roman entgegen: dem 1963 erschienenen Roman "Hundejahre"[19], der zusammen mit der "Blechtrommel" und der 1961 herausgekommenen Erzählung "Katz und Maus" eine "Danziger Trilogie" genannte Einheit bildet. In ihm wird das Grundkonzept der "Blechtrommel" in abgewandeltem Bauplan, doch mit intensivierter Tendenz zum skurrilisierenden Beschwören erinnerter Wirklichkeit erneut durchgespielt: auch hier wird eine Kindheit und Jugend in der Gegend von Danzig geschildert, wird die Welt dieses Landstrichs von der freistaatlichen Zeit an durch die Periode der nationalsozialistischen Besatzung und den Krieg hindurch sinnlich-farbenreich vorgeführt, und auch hier präsentiert sich ein

Panorama aus menschlichen Typen, die fast nur durch bildhafte Beschreibungen ihres Äußeren, ihrer Rede und Handlung Gestalt gewinnen. Zugleich aber lassen wechselnde Perspektiven und mehrdeutig zu entschlüsselnde symbolische Bezüge, die das Erzählte gleichsam überwuchern, diese Zeichnung der vom Nationalsozialismus überfluteten Welt abgründiger, grotesker und hinterhältiger wirken als jene aus der Perspektive Oskars vergleichsweise kühl vorgeführte der "Blechtrommel": lebensvoller und eindringlicher erscheint sie zunächst gewiß, da hier nicht kleinbürgerlich-städtisches Milieu gezeigt wird, sondern ländlich-dörfliches - eine Landschaft, die durch erinnerte Elemente von Geschichtlichem und Sagenhaftem belebt und in pausenlos schwellendem Sprachfluß beschworen wird. Dabei wird, ähnlich wie in der "Blechtrommel", wiederum aber krasser, auch hier die im Laufe des Romans zunehmende Realitätsverflüchtigung spürbar: während zu Anfang die dörfliche Welt des Werders, der Landschaft hinterm Weichseldeich farbig-eindringlich vor dem Leser ersteht, auch Danzig während der Okkupationszeit recht plastisch beschrieben wird, verliert die gezeigte Wirklichkeit der Kriegsschauplätze außerhalb Danzigs bereits an Substanz, während im letzten Teil des Romans, der nach Kriegsende im Westen spielt, konkrete Realität vollends nicht mehr erkennbar ist - unter dem Gestrüpp von Persiflage, Karikatur und Satire scheint in diesem 3. Teil keine Wirklichkeit mehr faßbar. Ob der Autor hier den "Schwamm drüber - wir haben doch alle mal" - Jargon alter Kameraden oder die Diskussionsmanie westdeutscher Kulturvermarktung persifliert[20] oder mit der Erfindung von Spezial-Brillen, durch die nachgeborene Kinder die Vergangenheit ihrer Eltern erkennen können, eine Satire auf die nachkriegsdeutsche Lebenslüge des Vergessens und Verdrängens schreibt[21]: alle Gags zielen auf bewußt Bekanntes, setzen sich mit sprachlich Vermitteltem auseinander; nichts Neu-Erlebtes oder -Erlebbares, ambivalent Wahrgenommenes oder Wahrnehmbares wird gezeigt. Ein ungeheures Aufgebot an satirischer Energie gegen alle Möglichkeit unmittelbarer Wirklichkeitswahrnehmung wird mobilisiert, sobald der Autor den schutzbietenden Bereich der Erinnerungen an das Kindheitsland verläßt - eine Beobachtung, die die Vermutung aufdrängt, daß auch hier hinter aller sprachgewaltigen Abwehr verborgen bleiben soll, daß keine Sprache da ist, die selbst ein Getroffensein, Verletztsein ausdrücken würde, nacherlebbar machen würde, was da eigentlich abgewehrt werden soll.

Was diese Beobachtung jedoch in unserem Fragezusammenhang bedeutsam macht, ist, daß hier durch das ganze Buch hindurch etwas Bestimmtes abgewehrt, gebannt, satirisch in den Griff genommen werden soll, das sich diesem Bann-Griff entzieht und, wie das Bild der schwarzen Köchin in der "Blechtrommel", Symbol der Verstrickung, am Ende doch nur um so drohender und mit unberechenbarer Macht sich gegen den Erzähler wendet: das wirkungsgeschichtlich unerledigte alte Bild des "häßlichen Juden". Denn die Schilderung einer Jugend in und um Danzig lehnt sich in diesem Buch an ein altes und bedeutungsvolles Motiv an: das Motiv der Entwicklung von zwei nebeneinander aufwachsenden, befreundeten Jungen, von denen der eine ein Christ, der andere ein Jude ist. In der Zeichnung der Freundschaft von Eddi Amsel, dem Sohn des Händlers, und Walter Matern, dem Müllerssohn, die damit beginnt, daß Walter die Rolle des Beschützers Eddis vor den Hänseleien und Angriffen der Klassenkameraden übernimmt, greift auch dieser Roman ein Grundmuster auf, das literaturgeschichtlich seinen festen Platz einnimmt: so hatte in Gustav Freytags "Soll und Haben" und Wilhelm Raabes "Der Hungerpastor", 1855 bzw. 1864 erschienen, dasselbe Motiv gedient, um das bürgerliche Entwicklungsideal idealistischer Provenienz, den guten Menschen in seinem dunklen Drange, des rechten Weges wohl bewußt, im Kontrast zu einer von vorne herein vom Abgrund angezogenen Gestalt zu profilieren. In der Figur des Juden wurden die Gefahren der Gegenwelt gestaltet, verkörperte sich das Prinzip all dessen, was die Entwicklung des deutschbürgerlichen, rechtschaffenen Charakters bedrohte - im Gegeneinander von Anton Wohlfahrt und

Veitel Itzig, von Hans Unwirrsch und Moses Freudenstein hatte die bürgerliche Welt des 19. Jahrhunderts Bilder gefunden, die den durch die Emanzipation der Juden einerseits und durch die nach 1848 verstärkt bewußte, doch abgedrängte Erfahrung eigener Machtlosigkeit andererseits entstandenen Ängsten Abfuhr durch Personifikation ermöglichten.
Dem Entwicklungsideal bürgerlichen Sich-Bescheidens, trotzig-zäher Identitätssuche und -findung im Prozeß tätigen Strebens, des sich festigenden Charakters im Widerstand gegen die Verlockung aller Arten gesellschaftlichen und intellektuellen Sich-Vermessens stand dort als Figuration gesammelter Bedrohung die Gestalt des Juden gegenüber: gewissenlos, machthungrig, dämonisch, getrieben von einem inneren Drang nach jeder möglichen Vermessenheit der Welt- und Menschenbeherrschung; für dieses Drängen nach Beherrschung anderer wurde die Rache für zuvor erlittene Erniedrigung als treibendes Motiv hingestellt.
Diese Motivik greift Grass, dem die problematische wirkungsgeschichtliche Gewalt desselben gegenwärtig und als unerledigt bewußt ist, auf und versucht, es zu entschärfen, indem er einerseits das Bild des "häßlichen Juden" durch Karikatur ins Übergroteske der Lächerlichkeit überführt, und andererseits das Bild des sich strebend entwickelnden deutschen Jünglings dem Real-Wahrscheinlichen des Zeitgeschehens entsprechend verfremdet, und damit das Fragwürdige auch seiner wirkungsgeschichtlichen Kraft herausstellt.

So wird die Figur des Eduard Amsel, genannt Eddi, Sohn eines Dorfmädchens und eines jüdischen Händlers, der bereits vor Geburt seines Sohnes im Weltkrieg gefallen war, zu einer karikaturhaften Zusammenstellung sämtlicher traditionell zum Bild des "häßlichen Juden" gehörigen Elemente. Das beginnt bei jenem einer älteren Schicht des abendländischen Judenklischees zuzuordnenden Wesenszug der Krämer- und Lumpensammlernatur: schon das Kind Eddi bringt es durch eifrigen Bau und Verkauf von Vogelscheuchen an die Nachbarn zu schwunghaftem Handel, und ständig hält es Ausschau nach Lum-

pen und Sperrmüll aller Art, um seine Vogelscheuchenproduktion in Gang zu halten.
Im Motiv des Vogelscheuchenbauens klingen dann auch bereits Strukturelemente jüngerer antisemitischer Tradition an: der Jude erscheint als der virtuos Nachbildende, der jedoch nicht zu schöpferischem Tun, beseeltem Kunstschaffen fähig ist[22)] (auf denselben Hintergrund könnte die aufgeführte Vorliebe für abgetragene Kleider und die Abneigung gegen neue zurückdeuten); Gewissenlosigkeit, Tabubruch und damit Nähe zum Dämonischen, Nicht-Menschlichen werden weiter durch das Bild dessen illustriert, der auf einem Entdeckungsgang durch einen verfallenden unterirdischen Stollen ein menschliches Skelett entdeckt und in kühler Bemächtigung den "Dootendeetz" für ein neues Vogelscheuchenmodell verwenden möchte.[23)]
Doch auch die anderen Elemente säkularisierten Judenzerrbildes fehlen nicht: so ist der heranwachsende Eddi auch hier derjenige, der mühelos Frauen erobert, ohne dabei seelisch etwas zu investieren - während von Walter Matern das einschneidende Erlebnis der Verführung einer Obersekundanerin im Wald berichtet wird, ist Eduard Amsel, kühl überlegen, ein regelmäßiger Gast im Puff, umschmeichelt, da er für einen Künstler gehalten wird.[24)]
Schließlich wird das Bild abgerundet von jenem jüdischen Selbsthaß, der durch Karikierung seiner selbst im Munde Amsels intellektuell wieder aufgefangen wird - die intensive Lektüre des von seinem Vater nachgelassenen und mit Zeichen eifriger gedanklicher Durchdringung versehenen Buches "Geschlecht und Charakter" von Otto Weininger steht im Mittelpunkt makaberer Szenen, in denen der erwachsene Amsel durch gespenstische selbstgehaltene Phantom-Diskussionen mit dem Gegenüber von SA-Mann-Scheuchen die irrationalen Mechanismen neuzeitlich-antisemitischen Sprachverhaltens persifliert.
Doch zum Ende hin werden alle diese Züge immer deutlicher in den Hintergrund gedrängt von dem einen des klaren Strebens nach Geld und Macht: reich ist Eduard Amsel schon in jungen Jahren durch Erbschaft; doch nach dem Erlebnis des

Zusammengeschlagenwerdens durch seinen einstigen Blutsbruder und Beschützer Walter Matern und seine SA-Kumpanen drängt sich dieses Moment des Strebens nach Beherrschung durch Geld aus Rache in den Vordergrund. Dabei löst sich Amsel als sichtbare Figur total auf und wird, entsprechend seinem Untertauchen, dann im Nachkriegsdeutschland zu einem ungreifbaren, unter wechselnden Namen lebenden Phantom, das "überall den Daumen drauf" hat, und auf das "der gesamte Markt, von der Trangasse bis zu den Amis in Bremerhaven" hört.[25)]

Wie nun diese Figur des Eduard Amsel als ein Gespenst aus zusammengewürfelten, altbekannten Klischeebruchstücken erscheint, so präsentiert sich auch die Zeichnung der Gegenfigur des Walter Matern zunächst als konform mit dem entsprechenden Typus des vorerst zögernd-einfältigen, dann jedoch sich zu Bestimmung und Eigenidentität entwickelnden deutschen Jünglings: der Müllerjunge, der mit blauroten Knien auf dem Weichseldeich steht, mit den Zähnen knirscht und in unbestimmt-dunklen Drange irgendetwas werfen muß - dabei, da kein Stein in der Nähe ist, das ihm von Eddi geschenkte Taschenmesser nimmt[26)], der Beschützer Eddis, der später ein wenig in den Windschatten des intellektuell aktiveren Freundes gerät, bereitwillig dessen neue Kleider anzieht und ihm seine abgetragenen überläßt[27)] - er ist zugleich derjenige, der im entscheidenden Moment des Tabubruchs die Grenze wahrt und dem Drang Eddis zum Dämonischen das Bannwort "Itzich" entgegenschleudert[28)]. Danach jedoch bricht die Zeichnung aus dem vom motivlichen Vorbild verlangten Muster aus und zielt nun, ähnlich wie die Menschendarstellungen in der "Blechtrommel", auf eine Realitätsvorführung, die durch das Aufzeigen von grimmig-skurril umrissenen Ereignisfetzen sich der komplexen Geschichtswirklichkeit zu nähern sucht: kein zur gefestigten Persönlichkeit sich entwickelndes Individuum präsentiert sich hier, sondern es ist der widersprüchlich-tiefsinnige Mensch, der eigentlich links denkt, dann aber, (vor allem Eddi und seiner Vogelscheuchenbauerei zu Gefallen, da dieser die SA-

Uniformen braucht) in die SA eintritt und im Moment gekränkten Stolzes (Eddi hat auch ihn als Vogelscheuche abgebildet) als Anführer einer SA-Horde seinen früheren Freund zusammenschlägt, ihm die Zähne herausschlägt[29), sich danach in den Widerstand der Trunksucht rettet und später, von Selbsthaß und Haß gegen die alten Kameraden erfüllt, durch Deutschland zieht und seinen selbsternannten "antifaschistischen Tripper" bei den Frauen ehemaliger Parteigenossen verbreitet - immer dabei auf der Suche nach Amsel, ein von verdrängter Schuld Umhergetriebener, bindungsunfähig und emotionsgestört, ein Wrack, eine "kaputte Type" auch er.

IV. Indem Grass in dieser Weise das durch die Bildungsroman-Tradition des späten 19. Jahrhunderts etablierte Vorbild aufgreift und verfremdet, sucht er in diesen Roman und das in ihm gegebene Bild des Faschismus eine Problematik miteinzubeziehen, die zuvor in der vordergründig-bildreichen Beschwörung miefiger Kleinbürgerwelt der "Blechtrommel" ausgespart blieb: die Problematik des Antisemitismus. Zwar wurde auch in jenem Roman über die Vorgänge während und nach der Kristallnacht berichtet, auch das Bild jenes Sigismund Markus vorgeführt, der nach seinem Gift-Selbstmord tot am Schreibtisch sitzend von SA-Leuten aufgespürt wird - doch in Oskars Perspektive trommelnden Sarkasmus' erschien all dies als beliebiger Bestandteil einer aufgepeitschten Zerstörungslust kindischer SA-Männer, makabre Auswüchse der Willkür einer infantilen Umwelt. Die abgründigen psychologischen Mechanismen und Dispositionen, die in der Entwicklung säkularen Antisemitismus' eine Rolle spielten und den Boden bereitet hatten für die Appelle nationalsozialistischen Rassenwahns, die Dialektik von Drohbild und Abwehr, überlieferten Judenklischees und jüdischer Wirklichkeit - von all dem kam dort nichts in den Blick. Das in jenem Roman vermittelte, aus kleinen Einzelszenen sich zusammensetzende Bild des Faschismus suggerierte die Vorstellung, daß judenfeindliche Ausschreitungen eine Marotte verklemmter Spießbürger, ein Auswuchs unterdrückter Aggressionslust unter anderen war - nichts in ihm jedenfalls sprach von der zentralen Funktion, die der Antisemitismus tatsächlich im nationalsozialistischen Wahnsystem innehatte.

An dieser Darstellungsweise des Verhältnisses von Faschismus und judenfeindlichen Ausschreitungen ändert sich auch in den "Hundejahren" nichts - neu ist jedoch, daß der Problembereich des Antisemitismus selbst in den Blick kommt. Und wie es in der "Blechtrommel" die kleinen Beobachtungen, Beschreibungen einzelner, in ihrer Äußerlichkeit wahrgenommener Phänomene sind, die auf das Ganze des Faschismus zurückweisen, so verdeutlichen auch hier kleinste Beobachtungen den Antisemitismus in seiner abgründigen Vielfalt, ohne daß ein größerer Erklärungszusammenhang mitgegeben würde. Die Selbstverständlichkeit, mit der erzählt wird, daß der Schulbub Eddi Ziel von Hänseleien und Quälereien der Dorfkinder wird, zwar zunächst angeblich aufgrund seiner sommersprossigen Lächerlichkeit, dann aber doch nicht ohne daß zwischendurch "absichtslos absichtsvoll das Wörtchen 'Itzig' ausgestoßen wurde"[30] - die Magie der Bedrohenden, die in diesem Worte auch später im Munde anderer zukommt, die unvermittelte Wucht, mit der Walter Matern es seinem Freund im entscheidenden Moment des Tabubruchs entgegenschleudert; auch die zuvor berichteten Bestrebungen von Eddis Vater um lebende Widerlegung des übermittelten Judenklischees in Kirchenchor und Sportverein: in all dem wird eine Phänomenbeschreibung unterschwelliger, mehr oder minder bewußter Antisemitismusbereitschaft einer Zeit und ihrer Menschen gegeben, deren literaturgeschichtlicher Stellenwert gegenüber früherer Thematisierung, die nur eine unbestimmte Zuordnung von Opfern und Verfolgern machte, den Antisemitismus aber selbst nicht vorkommen ließ, gewiß in dem nüchternen Blick auf die Phänomene liegt; jenem nüchternen Blick, der in Hinsicht auf die Gestalten von Ostjuden schon für die "Blechtrommel" hervorgehoben wurde.

Doch das Fragwürdige, das in jenem Roman mit der Fetzenhaftigkeit der Darstellung gegeben war, steht auch hier über der fetzenhaften Schilderung von Szenen, in denen Antisemitismus in Erscheinung tritt: auch hier wird auf Zusammenhänge und Beweggründe, Wiedergabe von Gedanken oder emotionalen Entwicklungen verzichtet, und so erscheint auch hier die gezeigte Welt als ein gespenstisches Panorama dumpf-marionettenhafter Bewegungen, geistiger und emotionaler Beschränkung - um so mehr, als der schon erwähnte Wirklichkeitsverlust gegen Ende zum Tragen kommt, die Karikatur die Gestaltung erdrückt.

VII. Deshalb muß hier die Frage aufgeworfen werden, was ein Erzählen bewirkt, das zwar in dieser Weise den Blick auf die Oberfläche von Einzelphänomenen richtet, um jenseits von umfassenden, eine Tiefendimension mit einbeziehenden Erklärungsentwürfen und strukturierenden Deutungsmustern gewesene Realität zu beschwören und damit die Gegenwartsleser aufzurütteln, das zugleich jedoch Satire und Karikatur als vorherrschendes Stilmittel einsetzt, - Stilmittel, die ohne die Voraussetzung einer perspektivischen Gemeinsamkeit zwischen Autor und Leser nicht funktionieren würden - und an ein Einverständnis appellieren. Die Vermutung legt sich nahe, daß hier in problematischerer Weise eine Perspektive als in ihrer Schonungslosigkeit objektiv einzig mögliche suggeriert, Deutung mitvermittelt wird als irgend in jenen Erzählwerken, deren gedanklicher Hintergrund sich so offen präsentiert. Unter dem Schein der Objektivität, der Unbefangenheit des Kindes wurde in der "Blechtrommel" mit dem Bild einer sozialen Schicht unter dem hereinbrechenden Faschismus eine Theorie des Faschismus selbst gegeben, die, wie wir im Blick auf das Verhältnis von Faschismus und Antisemitismus sahen, nicht ganz unwidersprochen hingenommen werden kann: dasselbe wiederholt sich bei dem sich aus Kleinstbeobachtungen fügenden Bild des Antisemitismus in den "Hundejahren"; nur ist dieses Bild, das hier vom Autor durch das Aufgreifen jenes wirkungsträchtigen motivlichen Vorbilds und seiner Karika-

tur versucht wird, in sich selbst unstimmig, ungelöst, ein beschwörender Zugriff, der viel Reflexion, aber keine befreiende Erkenntnis in sich birgt und vermittelt.
Und so stellt sich hier, ebenso wie zu Ende der "Blechtrommel", am Schluß Ratlosigkeit, bedrückendes Unbehagen am Ungelösten ein, stärker auch wieder hier als dort: die zuletzt aufgeführte, großangelegte Zeichnung jener Besichtigung eines ausgedehnten Bergwerks, in dem Amsel ein die Hölle möglicher Menschlichkeitsentfremdung symbolisierendes Vogelscheuchenarsenal aufgebaut hat, das er nun seinem ehemaligen Freund zeigt - ein Bild, das mit dem anschließenden Reinigungsvorgang endet und mit den Worten "Beide sind wir nackt. Jeder badet für sich."[31] - läßt noch einmal die krampfhafte Bemühung erkennen, durch symbolische Verschlüsselung, konstruierte Gleichnisse und vielschichtige Anspielungen sich der schwer faßbaren, widersprüchlichen Wirklichkeit zu nähern, von der die Beziehung zwischen Juden und nichtjüdischen Deutschen im Blick auf die Vergangenheit und Gegenwart und die hier wie dort wirksamen Klischees und Gegenklischees bestimmt wird. Und es läßt damit zugleich erkennen, daß gerade "Nacktheit", freiwillige Machtlosigkeit, die über Selbsterkenntnis zu Erkenntnis führen könnte, nicht gewagt wird. Denn dieses bewußte Zugreifen, das provokativ-selbstsichere Hantieren mit Klischee-Elementen, das Karikieren von Bildern und Sprachmustern läßt den Gestus der Abwehr, des verzweifelt gesuchten Abarbeitens, wo ein vorsichtigeres Fragen, ein behutsameres, Offenheit ertragendes Vortasten vielleicht allein befreiend wirken könnte, in seiner Vergeblichkeit spürbar werden. Dies scheint ein Erzählen zu sein, bei dem der Schreibende Ängste bannt, das beim Leser jedoch eher Angst wachruft, Angst, die aus der Verwirrung entsteht und sich kaum in konstruktive Reflexionsprozesse umsetzen lassen dürfte - das im letzten Teil dieses Romans vermittelte Bild Amsels, die nur noch prinzipienhafte Verkörperung von Schuld, bedrohend, beherrschend, ungreifbar, die sich dennoch als Gestalt gibt, kann die dabei mobilisierte Beunruhigung auf die Dauer we-

der bannen noch sie einer lösenden Selbstreflexion zudrängen: das von ihm herausgeforderte, den beschönigenden Judendarstellungen des ersten Nachkriegsjahrzehnts trotzhaft entgegengehaltene alte Klischee vermag nicht zu einem befreienden Bewußtwerdungsprozeß führen, solange es nur beschworen, nicht aber im Dialog mit den Betroffenen angegangen wird - zu vermuten ist, daß es sich bald erneut der Abreaktion diffuser Ängste anbieten wird.

Zwischenüberlegung II:

Welche Schlüsse lassen sich aus dem so Erarbeiteten ziehen? Deutlich dürfte geworden sein, daß das Werk dieses Autors gegenüber dem der zuvor besprochenen Autoren einem neuen Abschnitt in der Entwicklung der Literatur nach 1945 zuzuordnen ist: stand im Zentrum der schriftstellerischen Auseinandersetzung der Debütanten des ersten Nachkriegsjahrzehnts die leidenschaftliche Absage an den als Gegenmacht schlechthin erlebten nationalsozialistischen Faschismus und die wie auch immer gestützte Hoffnung auf eine andere bessere Zukunft menschlichen Zusammenlebens, bestimmt von frei und engagiert ihrer Geschichte gegenüberstehenden Subjekten, so ist in den zuletzt untersuchten Romanen ein deutlich anderer perspektivischer Ansatz als in jenen erkennbar. Die Perspektive, die dieses Erzählen bestimmt, steht ganz unter dem Vorzeichen der Skepsis, die die inzwischen beobachtete Entwicklung des geteilten Rest-Deutschlands hervorgerufen hat, dem Vorzeichen des Zweifels an der Berechtigung von Vertrauen in den Menschen, von jenen Hoffnungen auf ein menschlicheres und freieres Leben, das in den meisten Stimmen der ersten Nachkriegsjahre mitgeklungen hatte. Aggressive Zweifel wenden sich nun auch gegen bestimmte Formen sich verfestigender Rede und erstarrende Bilder, gegen eine emotional beladene Sprache der Verteufelung der einen und Heroisierung der anderen, eine Sprache, die Betroffenheit ausdrücken und damit an Betroffenheit appellieren möchte. Denn diese Muster bannender Rede, welche durch ein ausgewogenes Verhältnis von formelhaft Benanntem, nur

Angedeutetem und unausgesprochen Gemeintem einen Modus des Sprechens von Dingen ermöglichten, die der Sprache allemal widerstanden, entsprachen wohl dem Empfinden der frühen Nachkriegsjahre, ebenso wie die gezeichneten Wunschbilder des Juden - sei es als unschuldiges Opfer oder toter oder lebender Dialogpartner der Überlebenden im Blick auf die künftige, menschlichere Welt - dem Vertreter einer nur wenige Jahre jüngeren Generation mochten sie als Hindernis für eine ehrliche, schonungslose Konfrontation mit der Vergangenheit erscheinen. Hatte sich in ihnen die Sehnsucht jener ausgesprochen, die eine bewußte Erinnerung an die vorfaschistische Welt mit einbringen konnten in die Auseinandersetzung mit dem Erlebnis des Faschismus, und die den Ausbruch des Krieges als ganz oder fast Erwachsene erlebt hatten, so herrscht in der Perspektive der zuletzt untersuchten Romane die Skepsis dessen vor, für den der Faschismus Hintergrund der Kindheit und die Kriegsjahre Kulisse der Pubertätszeit waren. Der trommelnde Krüppel Oskar, der den Rückzug in Verantwortungslosigkeit und Emotionsgestörtheit zum Lebensprogramm macht, könnte als Sprecher einer Generation gesehen werden, deren Bereitschaft zum emotionalen Engagement irgendwelcher Art im Widerstreit von Illusion und Desillusionierung durch die faschistischen Appelle an die pubertäre Emotionalität gestört oder zerstört worden war, und die später entsprechend hilflos sich um eine Abarbeitung des während der Entwicklungsjahre Erlebten durch ein vermeintlich objektivierendes schonungsloses Zurückblicken auf die Vergangenheit und ihr Weiterwirken in die Gegenwart bemühten. Doch dieser Erzählansatz, der so mit realistischer Darstellung der schokkierenden Vergangenheit schockieren will, aufwühlen, ohne einen auf irgendeinem ideellen System basierenden Halt zu vermitteln, dabei zugleich einen objektiven Blick auf jüdische Gestalten innerhalb des gezeigten Lebensumkreises zu werfen versucht, unterliegt zum Schluß dem eigenen Anspruch; am Beispiel des Antisemitismus zeigt sich, daß das vermittelte Bild des Faschismus in Frage gestellt werden

muß, die Wirkungsmacht des Abgedrängten, Beschworenen weder durch schonungslose, emotional unterkühlte Beschreibung gebannt noch durch Skurrilisierung gebrochen werden kann. Das selbstsichere Hantieren mit dem Erlebten, auch der Macht der eingehämmerten Bilder, unter dem Vorzeichen der Unbefangenheit erweist sich als zweifelhafter Weg, das Drohende der im Hintergrund gegenwärtigen oder im Vordergrund aufgegriffenen Klischees zu bannen. Bemerkenswert bleibt, daß dabei, genau so wie in der heroisierenden Darstellung durch die Schriftsteller des ersten Nachkriegsjahrzehnts, die konkrete Begegnung und Verfremdung mit der Wirklichkeit der Juden nicht gesucht wird.
In einem späteren Buch, dem 1969 erschienenen "Tagebuch einer Schnecke",[32] wird Günter Grass selbst einmal nach einer anderen Sprache suchen, um an das heranzukommen, was in seinen ersten Büchern unter dem Zugriff zurückgewichen ist - die eigene Verstrickung, die Verfremdung des Erlebens in der Begegnung mit den Überlebenden innerhalb der konkreten Wirklichkeit Israels: und es wird sich zeigen, daß es nicht gelingt, daß diese Annäherung - fetzenhafte Selbstaussagen, eingeschoben in einen die Reisen während der Wahlkampagne umrandenden und von der imaginierten Auseinandersetzung mit den eigenen Kindern durchbrochenen Bericht, in den zugleich die rekapitulierte Geschichte der Vertreibung der Danziger Juden eingeflochten ist - keine eigene Sprache findet - wie protokollarisch werden Besuche bei Überlebenden der Danziger Gemeinde in Israel erwähnt, und wie formelhaft und aus dem Fundus öffentlicher Rede entnommen erscheint die Benennung von Empfindungen des Schriftstellers Grass gegenüber dem jungen Publikum in Israel mit gleichzeitigem Blick auf die eigenen Kinder:

> "Als Anna und ich Eva Gerson in Jerusalem besuchten, wollte ich am folgenden Tag auf der Universität (Canada Hall) aus dem Manuskript dieses Buches lesen. Das war am 9. November 1971, dreiunddreißig Jahre nach der Kristallnacht. Junge Leute der rechtsradikalen Betar-Organisation versuchten, durch Lärm und Gebete die Lesung zu verhindern. Sie riefen: 'Die Deutschen sind Mörder!' - Ihr wißt, Kinder, ich habe dann doch gelesen. Ihr seid keine Mörder." 33)

So verbleibt im Formelhaften dann hier auch, was in den "Hundejahren" in der Figur des Walter Matern skurrilisierend angedeutet wurde, die Zwiespältigkeit des Heranwachsenden gegenüber der Kulisse der Zeit:

> "Danach bewegten sich zehn Fünfzigergruppen über die Wallgasse, Schichaugasse, durch die Schichaukolonie zur neuen Verladerampe im Werftgelände: der alten Leute wegen ein langsamer Auszug.
> Viele Einwohner der Stadt, die auf den Bürgersteigen standen, hinter Blumenkästen aus Fenstern guckten oder ihren Balkon besetzt hatten, verabschiedeten ihre ehemaligen Mitbürger lauthals. Flankierendes Gelächter, Spottverse als Mitgift, Ausspucken. Besonders viel Jugend war eifrig.
> (Zwar bin ich nicht dabei gewesen; aber - Kinder - ich hätte mit meinen dreizehn Jahren dabei sein können.)" 34)

Von hier aus scheint es noch ein weiter Weg zu sein bis zu einer weiterführenden Auseinandersetzung mit jüdischer Wirklichkeit einerseits und mit der Wirklichkeit einer von manifestem oder latentem Antisemitismus durchdrungenen abendländischen Geschichte, die auch die eigene ist, andererseits - doch deutet sich in dieser Suche nach dem eigenen, beteiligten Selbst eine Richtung an, in die es weitergehen könnte.

6. Kapitel: Peter Weiss

"Wir wühlten uns durch die Wälder, bauten Unterstände, nächtigten in Kasernen, wo wir lernten, mit Maschinengewehren umzugehen, und in der Verwirklichung meiner alten Kriegsspiele nahm ich teil am Überfall auf das Feldlager einer feindlichen Gruppe, aus dem Hinterhalt stürzten wir uns über die Zelte, plünderten, brandschatzten sie, verschwanden wieder blitzschnell im Dickicht. Nah vor mir sehe ich noch das aufgescheuchte Gesicht eines Jungen, dem ich trotz seines Flehens einen geschnitzten Stab aus den Händen winde, besessen vom Siegestaumel jage ich mit meiner Beute davon. Wie eine Mahnung stieg dieses weinende, angstverzerrte Gesicht vor mir auf, irgendwo fühlte ich, daß ich Gewalt an mir selbst beging, doch ich erfaßte es nicht, ich war von einem saugenden Wirbel ergriffen. Alles war schwülstig und schwelend. So wie ich umworben wurde, so umwarb ich einen anderen, launisch ließ er sich von mir küssen und betrog mich dann, sah aus seiner Umarmung lächelnd zu mir herüber, warf den Kopf mit dem langen, seidig schwarzen Haar zurück und schloß die Augen. Alles war erfüllt von heimlichen Verlockungen, von Annäherungsversuchen, Eifersüchten und Verleumdungen. Günstlinge wurden gegeneinander ausgespielt, raffinierte Strafen für Prügelknaben ersonnen. Alle Zerstörungslust und Herrschsucht in uns durfte sich entfalten. Ich wurde zu Friederle. Ich war mit dabei, als man einen Schwachen zum Ofen schleppte und ihn zwang, das heiße Eisen zu küssen, ich war dabei, als man einen Gefangenen auf einem Floß in ein überschwemmtes Grundstück hinausstieß und ihn mit Lehmklumpen bewarf, ich war von kurzem Glück erfüllt, daß ich zu den Starken gehören durfte, obgleich ich wußte, daß ich zu den Schwachen gehörte. So wie das Falschspielerische und Unheimliche in uns anwuchs, so machte es sich auch auf den Straßen breit, Brände flammten auf, Schaufenster wurden zertrümmert, Passanten wurden niedergeschlagen und Fahnen wurden unter den schneidenden Rufen, Mützen ab, vorübergetragen, zusammengerissen zum Ehrfurchtskrampf sangen wir die Nationalhymne, weh dem, der nicht seinen Kopf entblößte." 1)

Die Erzählung "Abschied von den Eltern", der der hier wiedergegebene Text entnommen ist, erschien 1961, zwei Jahre später als die "Blechtrommel": und wie in jenem Roman, so wird auch hier aus der Distanz ein erinnernder Blick auf die Zeit des aufkommenden Faschismus im Nazi-Deutschland geworfen; auch hier verarbeitet der Autor, der 1916 geborene Peter Weiss[2], Erlebtes. Und ähnlich wie in Grass' Vorführung eines frustrierten Kleinbürgertums, seiner verkrüppelten, infantil gebliebenen Sehnsucht und seiner Ansprechbarkeit durch die Verlockungen des Faschismus, so wird auch hier die Atmosphäre der Zeit mit ihrem regressiven Charakter gezeigt, ein direkter Bezug hergestellt zwischen der unausgereiften, von Launen und abgründigen Trieben, Herrschsucht und Zerstörungswut bestimmten Psyche des Pubertierenden und der des Geistes, der "sich auf den Straßen breit" machte. Hierbei läßt der Vergleich spontan den Eindruck entstehen, als präge das Erlebnisalter die Erinnerung des Wahrgenommenen: waren die dem Faschismus Zujubelnden in jenem Roman in ihrer Infantilität geschildert, so erscheinen sie dem zehn Jahre Älteren hier in pubertärem Charakter. Doch die Perspektive der erzählenden Wiedergabe, dort von der regressiven Flucht in die Unverantwortlichkeit des Blechtrommlers bestimmt, ist hier die des Autors selbst, des wirklich Erwachsenen, der aus der Distanz zurückschaut in das Dickicht der erinnerten Empfindungen; und der Eindruck stellt sich spontan ein, daß der hier gewagte Rückblick ehrlicher ist, in Wirklichkeit schonungsloser und mutiger als jener der Regressionsperspektive des Blechtrommlers, die doch in krampfhafter Abwehr erinnerte Wirklichkeit zum Panoptikum erstarren ließ, um sich den andrängenden abgründigen Gefühlen zu verweigern. Der Blick, der hier zurückgeworfen wird in jene Zeit, erfaßt das Unheimliche, Triebhafte der Pubertät, das Gesetz der Zusammenrottung von Ich-Geschwächten gegen den vereinzelten Schwachen, gegen den sie stark erscheinen, dasselbe Gesetz, das in seiner Sicht die nationalsozialistische Bewegung beherrschte - in klarer Nüchternheit, ohne zu verdammen oder zu entschuldigen; eher scheint es ein Ton ganz leiser Trauer zu sein, der über dem Erzählten mitklingt, Trauer, daß alles so gewesen ist - doch der Grundton ist das nüchterne, nicht ausweichende "ich war mit dabei". Während der Erzähler der "Blechtrommel" sich in die Perspektive der Verantwortungslosigkeit zurückzieht, um sagen zu können, was ihn bedrängt, steht hier, im aufarbeitenden Rückblick des Erwachsenseins, die Frage nach der Verantwortung unüberhörbar im Hintergrund dieser Zeichnung von pubertärem Treiben in einer Pfadfin-

dergruppe und der Parallelisierung mit dem aufkommenden Faschismus.
Doch die Fragestellung hinter diesem Erzählen umfaßt zugleich mehr als die Frage nach der Verantwortung von Einzelnen: die Einzelnen erscheinen zunächst ausgeliefert an andere, ungreifbare Mächte in und über ihnen selbst - "irgendwo" fühlt das erzählende Ich, daß es anders sein müßte, und ist dabei doch "von einem saugenden Wirbel ergriffen"; das Unbestimmte wird zum eigenmächtigen Subjekt: "alles war schwülstig und schwelend", "alles war erfüllt von heimlichen Verlockungen"..."als man einen Schwachen zum Ofen schleppte", ... "man einen Gefangenen auf einem ... Floß hinausstieß" ... "So wie das Falschspielerische und Unheimliche in uns anwuchs, so machte es sich auch auf den Straßen breit, Brände flammten auf, Schaufenster wurden zertrümmert". Diese schonungslose Annäherung an die Erfahrung unbestimmter Mächte, die hier ein Ich ganz in ihren Bann gezogen hatten, sich seines Willens bemächtigt hatten, ohne daß dieses deshalb entschuldigt, verabscheut oder lächerlich gemacht oder von Verantwortung frei gesprochen würde, hat etwas Bestürzendes in ihrer Ehrlichkeit - vergegenwärtigt man sich zum Kontrast die bis dahin in der aufarbeitenden Literatur vorherrschende Tendenz zur Entwicklung, sei es durch Skurrilisierung wie bei Grass oder durch Transposition ins Abstrakte, wie in der Lämmer-Büffel-Metaphorik Bölls.[3] Es hat den Anschein, daß derartig schonungslose Konfrontation mit der eigenen Psyche im Blick auf den Faschismus erst diesem Autor möglich wurde dank seiner besonderen Biographie - als einem, der den damaligen Wunsch, dabeizusein, nicht verdrängte, andererseits jedoch am endgültigen Dabeisein zunächst aufgrund der Rassegesetze verhindert wurde. Denn die Perspektive seiner Identität umfaßt jenes Paradox, das unter dem Nationalsozialismus nicht selten war: das Ich, das er hier beschreibt, und das auf der Seite der Verfolger steht, weiß zu diesem Zeitpunkt noch nicht, daß es nach den Nazi-Gesetzen selbst als "Halbjude" gelten wird; es wird aber im Moment seiner diskrimi-

nierenden Identifizierung diese Diskriminierung sofort akzeptieren als etwas, zu dem es längst bereit war - die Disposition zum Verfolger und die zum Verfolgten bedingen einander; das Wissen des erzählenden Ichs, daß es "zu den Schwachen gehört", und das Glück der Stärke bedingen einander.

Hier werden durch das Beschriebene, die Unternehmungen einer Pfadfindergruppe und die gleichzeitig in den Straßen ausbrechende Barbarei, hindurch Aussagen faßbar über Nationalsozialismus und Antisemitismus, die, weitab davon, eine Theorie zu bilden, doch mehr unmittelbar anschaulich und greifbar machen als Theorie es vermöchte. Ihnen und ihrer Problematik nachzugehen, soll durch eine Untersuchung der beiden autobiographischen Berichte im Ganzen versucht werden.

II. Es sind zwei Erzählungen, in denen der Autor aus der Distanz des Mittvierzigers während der Jahre 1960/61 seine Biographie niedergeschrieben hat: die Erzählung "Abschied von den Eltern", in der die Kindheit und Jugend bis zum Zeitpunkt eines vorläufigen Ausbruchs aus dem Elternhaus vergegenwärtigt wird, und die Erzählung "Fluchtpunkt", in der die Emigrationsjahre bis zum dreißigsten Geburtstag des Autors beschrieben werden.

So umfaßt der erste Teil dieser Autobiographie Erinnerungen an die Kindheit im bürgerlichen Elternhaus, einem Elternhaus, dessen Atmosphäre einerseits von dem durch den Vater repräsentierten Prinzip tätigen Vorwärtskommens bestimmt wird,[4)] andererseits von einer durch die Mutter, eine ehemalige Schauspielerin, aufrechterhaltenen Bildungs- und Kunstbeflissenheit, die jedoch längst zum bloßen Statussymbol erstarrt ist. Diese bürgerliche Prinzipien- und Vorstellungswelt wird von den Eltern hinübergerettet in die Emigration, das in der Fremde aufgebaute Heim in London, später in Schweden: vom heranwachsenden Ich wird das alles jedoch nur als Versuch gesehen, sinnentleerte Formen zu bewahren, eine Ideologie zu retten, die auf die Unheimlichkeit des Lebens nicht mehr reagieren kann und alle lebendigen Regungen, die sie selbst in Frage stellen könnten, unterdrückt. So wie in ihr Sexualität, Körperlichkeit überhaupt, tabuisiert und mit dem Zeichen des Bösen belegt wird,[5] so ist auch kein Raum in ihr für den Widerspruch des Lebens der ihr eingeordneten Individuen, kein Raum für das Abgründige im Menschen, für Verzweiflung und Ausdruckssuche überhaupt: es sind die Bilder der Idylle, die über dem Leben wachen und vom Erzähl-Ich in ihrer schneidenden Diskrepanz zu den eigenen inneren Regungen empfunden werden:

> "Als meine Mutter mir einmal erzählte, meine ersten Worte seien gewesen, was hab ich für ein schönes Leben, was hab ich für ein schönes Leben, hörte ich daraus den Klang von etwas Eingelerntem, Papageienhaften, mit dem ich meine Umwelt unterhalten oder verhöhnen wollte. Wie ein böser Geist war ich in dieses Heim gekommen, ..." 6)

> "Alle Stadien meiner Entwicklung hatten ihre Bücher. ... Mucki war mein frühestes Abbild, in seinem bösartigen Gesichtsausdruck zeigte sich, was in meiner eigenen Erscheinung so wohlgebändigt war, in ihm tobte sich meine erstickte Angriffswut aus, Mucki der Abenteurer und Gewalttäter, das war ich viel mehr, als der sorgfältig gekämmte Knabe in der Spitzenbluse beim Sonntagsspaziergang. Der Struwwelpeter, mit seinem buschigen Haarwald und den langen Fingernägeln, führte mir, zusammen mit seinen Genossen, alle meine eigenen Gebrechen, Schrekken und Gelüste vor. Die naiven, farbstarken Bilder waren wie Szenerien aus meinen eigenen Träumen... Der Struwwelpeter, und dann die bösen traurigen Märchen, das waren Bestandteile der Welt, in der ich aufwuchs, in ihnen war eine bedrängende erstickende Wahrheit ausgedrückt. Besser als die Ungewißheit waren diese klar vorgezeigten Schrecklichkeiten und Grausamkeiten. ... Das Grauenhafte war mein Bereich. Das Umhegte und Versöhnliche stieß mich ab, mir war beklommen zumute, wenn ich von den Lieben Kindern hörte, von den Gütigen Eltern, den Reichen Belohnungen. Schilderungen von Beschütztheit, von Wärme und Zufriedenheit weckten einen bohrenden Schmerz in mir. Vielleicht gab es irgendwo Geborgenheit, diese Zimmer, in denen es nach frischgebackenen Brezeln roch und in denen eine freundliche Großmutter im Schaukelstuhl saß und eine Katze mit dem Garnknäuel spielte, doch für mich war die Muhme Lenelies da, drinnen in den wogenden, betäubend duftenden Feldern, die Kornmuhme, die plötzlich zum Wegrand vorschnellte und das Kind mit sich riß, für mich gab es das Verirrtsein im Wald, den Morast mit den Irrlichtern, die Hexenhäuschen. Ich wußte, wie es war, im Käfig zu hocken und der Hexe den Knochen anstelle des Fingers durch das Gitter zu strecken, ich kannte die furchtbare Spannung, als sie dicht vor mir den Knochen befühlte, und als ich sie meckern hörte, daß

> sie hübsche, fette Kinderchen haben wollte, hübsche Leckerbissen zum Schlachten." 7)

Aus dieser Empfindung der Diskrepanz zwischen eigenen Erfahrungen des Abgründigen und den vom Elternhaus angebotenen Vorstellungen von Harmonie und Ordnung und Idyllik werden diese als Ideologie wahrgenommen, die keinen Bezug zum tatsächlichen Leben mehr hat und sich von diesem bedroht fühlt; so vernichtet die Mutter die Bilder ihres Sohns kurz vor der Emigration, denn

> "sie hatte gefürchtet, daß meine düsteren, unheimlichen Bilder das Mißtrauen der Grenzbehörde wecken würden. Sie hatte das Heim gerettet, die Bilder, Ausdruck einer Krankheit, mußten geopfert werden. Ich kehrte in dieses Heim zurück, und die einzigen Zeichen meiner Stärke waren mir geraubt worden. Mit ihren eigenen Händen hatte sie die Bilderwelt meiner Jugendjahre, diese Totentänze, Weltuntergänge und Traumlandschaften vernichtet. Mit dieser Vernichtung hatte sie sich von der Drohung befreit, die diese Bilder auf die Geordnetheit und Behütetheit ihres Heims ausgeübt hatten." 8)

Der Mechanismus von Abhängigkeit und Unterwerfung, den diese Ideologie in Gang setzt, um ihre Macht über das Leben zu erhalten, wird durch ungreifbare Schuldgefühle aller gegen alle gespeist; die Erzeugung einer Schuld, die sich ihren Ursprung, die Verweigerung von Freiheit, nie eingestehen darf:

> "Sie hatten uns alles gegeben, was sie uns geben konnten, sie hatten uns Kleider und Nahrung und ein gepflegtes Heim gegeben, sie hatten uns ihre Sicherheit und ihre Ordnung gegeben, und sie verstanden nicht, daß wir ihnen nicht dafür dankten. Sie konnten es nie verstehen, daß wir ihnen entglitten. Aus der dumpfen Ungewißheit, Fehler begangen zu haben, kauften sie sich mit teuren Geschenken los, Geburtstage und allgemeine Festtage waren Abzahltage ihrer unbewußten Schuld. Und immer waren die Geschenke falsch, soviel wir auch bekamen, immer standen wir da mit unzufriedenen, nach Mehr fragenden Blicken. Das, was wir haben wollten, bekamen wir nicht, und wir wußten nicht, was wir haben wollten. So standen wir voreinander, wir Kinder unzufrieden, und die Eltern beleidigt, unfähig waren wir, uns voreinander zu erklären. Und die Versperrtheit habe ich in mir übernommen. In mir übernommen habe ich das Mißverständnis meiner Eltern. Die Befangenheit meiner Eltern wurde zu meiner eigenen Befangenheit. Ihre Stimmen lebten in mir. Ich habe mich kasteit, geschlagen und zu Zwangsarbeiten angetrieben. Immer wieder hat mich das Sumpffieber Unfähigkeit ergriffen. Da war

> ich wieder der mißglückte Schüler, der eingesperrt im Zimmer saß, und das warme, brodelnde Leben draußen war unerreichbar." 9)
>
> "Wie eine Schuld saß ich einen Teil des Abends in Gesellschaft der Eltern ab, schweigend, in einem Buch oder einer Zeitschrift blätternd, während im Radio die eintönigen, anonymen Stimmen von unfaßbaren Geschehnissen berichteten. Aus dieser Zeit würgt sich ein Schrei aus mir heraus, warum haben wir diese Tage und Jahre vertan, lebendige Menschen unterm gleichen Dach, ohne einander ansprechen oder hören zu können. Was war das für eine Krankheit, die uns so trübte, die uns mit solchem Mißtrauen, solcher Scheu angefüllt hatte, daß wir einander nicht mehr in die Augen blicken konnten." 10)

Das Ergebnis dieser Erziehung ist die Unfähigkeit zur Freude, zur freien Selbstbejahung, die einerseits die Entwicklung eines lustvollen, unverdinglichten Sexualempfindens unmöglich macht, andererseits auch keinerlei Anhaltspunkt mehr findet, um die destruktiven, chaotischen Triebe des Heranwachsenden innerhalb eines Ichbildungs-Prozesses in die Persönlichkeit zu integrieren oder gar fruchtbar zu machen. Sie erzeugt jenen Typus der gestörten Persönlichkeit, die einerseits schwach bleibt, verklemmt, durch Schuldgefühle in Unterdrückung gehalten, deren unterdrückte Aggressivität andererseits jedoch in sadistischen Regungen aufbrechen kann, um sich an der Malträtierung von Schwächeren auszuleben: die Pfadfindergruppe mit ihren sadistischen Ritualen als zugelassenes Spielfeld für verbotene Regungen der Pubertät entlarvt durch ihre Vergleichbarkeit mit dem faschistischen Treiben eine Erwachsenenwelt derer, die nie über die pubertäre Psyche hinauswachsen durften, eine Psyche, die von Schuldgefühlen und Unterdrückung des Wunsches nach lustvollem Leben bestimmt wird, und in der jederzeit die pubertäre Disposition zum Sadismus gegenüber Schwachen und Außenseitern aufbrechen kann. Der nahende Faschismus erscheint so als die Konsequenz der bürgerlichen Ideologie und ihrer Unterdrückungsmechanismen selbst.

Gezeigt wird nun hier der Kampf eines Ichs um sein eigenes Leben, die Rebellion gegen die unterdrückende Ideologie, die Suche nach eigener Identität in ihren Vorstößen, die scheinbar vergeblich sind, weil die inneren Verkrüppelungen schon zu tiefgreifend sind, einer Veränderung aus eigener Kraft kaum mehr zugänglich: so scheitert der erste Versuch eines Ausbruchs aus dem Elternhaus, der zufällig dadurch ermöglicht worden war, daß eine vom Vater vorgeschlagene Anstellung in einem befreundeten Prager Handelshaus sich zerschlug, und der Sohn kurz entschlossen um Aufnahme an die Prager Kunstakademie bat -

> "Spielend leicht hatte sich die Umwälzung meines Lebens vollzogen, doch schon nach wenigen Stunden stieg die alte Dunkelheit und Schwere wieder in mir auf und löschte alles Helle aus. Ich hatte kein Recht auf diese Freiheit, ich glaubte nicht an die Selbstverständlichkeit, in der sie sich mir dargeboten hatte, ich hatte sie mir erstohlen, hatte mich in einen Bereich eingeschlichen, der mir nicht zukam. Obgleich der Professor den Versuch unternahm, in einem Brief meine Eltern von der Notwendigkeit meines Malens zu überzeugen, füllte mich das Gefühl von Schuld und Unheil. ... Und meine Eltern resignierten, als sie den Brief der Autorität erhielten, sie gaben mich auf, mit seinem praktischen Sinn jedoch versuchte mein Vater, alles zu ordnen, man schickte mir Geld, man gab mir ein Probejahr, nach dessen Abschluß ich beweisen sollte, ob ich der Berufung des Malers würdig war. Da hatte ich mich selbst, ganz für mich allein, und niemand beobachtete mich, und niemand hemmte meine Schritte, ich konnte mit meinem Tag machen, was ich wollte, und das war das Unmögliche, mit mir selbst fertig zu werden, mir selbst ein Dasein zu erschaffen." 11)

So sehr die hier zur Sprache gebrachte Verstrickung eines Ichs an Kafka erinnert, steht dennoch nicht die Ausweglosigkeit Kafkas über ihr: jene wird, nahegelegt durch die Prager Atmosphäre, immer wieder als eine Schablone der Auseinandersetzung beschworen, vor der sich der hier vorgeführte Befreiungsprozeß profiliert und von der er sich schließlich abhebt.[12)] Denn was hier gezeigt wird, ist ein Selbstfindungsprozeß, der eben von dem Gedanken vorwärtsgetrieben wird, daß es so etwas wie eine Freiheit gibt, in die auszubrechen ist, daß es die Möglichkeit eines Miteinandersprechens und -lebens von befreiten Individuen gibt; ein Prozeß, in dem alles Erdrückende "plötzlich zurücktreten und nichtig werden und einen kurzen Blick in die Freiheit zulassen" kann.[13)]

Entsprechend dieser Vorstellung von einer möglichen, erreichbaren Freiheit steht dann am Ende dieser Erzählung ein erneuter Aufbruch, eine Hoffnung bietende Loslösung von den Eltern: nach einer Zeit der verhaßten Tätigkeit in der Fabrik, die dem Prager "Probejahr" gefolgt war, geht der Sohn mit erspartem Geld und aus eigenem Entschluß nach Stockholm, um dort ein Leben als freischaffender Künstler zu versuchen.

III. Diese zum Schluß möglich gewordene Loslösung bleibt, wie fast alles in dieser ersten autobiographischen Erzählung Beschriebene, zunächst als ein einfaches, scheinbar für sich zu betrachtendes Phänomen im Raum stehen: eine Befreiung, die möglich geworden ist, weil alles Negative doch zugleich auf paradoxe Weise die Möglichkeit zu seiner Aufhebung, zu einem Anderen bereit hält, die Möglichkeit eines Gegenimpulses, die mit der Lebendigkeit des Lebens selbst gegeben zu sein scheint, und die mit dem für dieses Erzählen so charakteristischen "und doch" eingeleitet wird:

> "Und doch enthielt diese Zeit, die mir völlig erloschen schien, Äußerungen eines geheimen Lebens. In den Nächten in meinem Zimmer, an den Sonntagen, entstanden Bilder, Zeichnungen, Gedichte, verborgene Äußerungen eines Unbekannten, Verleugneten. In der Tiefe dieser totalen Isoliertheit gab es eine stille Überlegung, aus der heraus ich mir jeden Monat Geld für die Zukunft zurücklegte." 14)

Hier werden keine Erklärungen gegeben für dieses innere Zuwachsen auf ein Ausbrechen hin, für das Phänomen dieses lebendigen Empfindens überhaupt inmitten einer Umgebung, in der alle Empfindungen erloschen scheinen. Unverbunden wird Erlebtes und Erfahrenes jener Lebensperiode vergegenwärtigt, auch wird kaum eine wertende Einordnung der gezeigten Entwicklung oder eine Ausrichtung des Beschriebenen auf die Wertmaßstäbe irgendeines gedanklichen System spürbar; nur der Ton der leisen Trauer klingt durch alles hindurch. Der Blickwinkel, unter dem hier erinnert wird, ist ganz von dem Leiden an Enge und Unterdrückung, von Sehnsucht nach Freiheit und eigenem Leben bestimmt: es ist der Erfahrungswinkel zugleich des Heranwachsenden und dessen, der sich als Künstler zu begreifen beginnt. Auch das angedeutete Verhältnis einer an sich selbst erfahrenen lebensfeindlichen Ideologie einerseits und der Erfahrung, daß eben diese der Nährboden des parallel beobachteten aufkommenden Faschismus andererseits ist, wird nur als Beobachtung vorgeführt, keine Reflexion schiebt sich dazwischen, will erklären oder einordnen.

Dies ändert sich im nächsten Teil der Autobiographie. Was hier beschrieben wird - die Jahre von 1940 bis 1947, das Leben als freischaffender Künstler in Stockholm, die Begegnungen mit anderen Emigranten, eine erneute Rückkehr in Elternhaus und Fabrik als Gescheiterter, ein erneuter Ausbruch nach Stockholm, verschiedene Beziehungen zu Frauen, eine Ehe mit der Tochter eines Universitätsprofessors und ihr Scheitern, eine zwischenzeitliche Tätigkeit als Holzarbeiter, eine schwere Krankheit, schließlich das Kriegsende und das Anlangen bei einem neuen, sich selbst und das Künstlertum bejahenden Selbstverständnis - all das wird aus der Perspektive dessen gesehen, der weiß, daß er das ihm und seiner Identitätssuche Widerfahrende in eine Beziehung zum konkreten geschichtlichen Hintergrund des Geschehens in Europa während der Kriegsjahre setzen müßte, eine Beziehung, in der Stellungnahme an die Stelle bloßer Beobachtungen treten würde. Der hier erzählt, wird immer wieder mit der Forderung einer einordnenden Stellungnahme konfrontiert, und doch vermag er ihr zunächst nicht zu folgen, sondern begegnet ihr unschlüssig:

> "Die plötzliche Ernennung zum Ausländer und Halbjuden, das Verbot der Teilnahme am gemeinsamen Gruß beeindruckte mich nicht, da mir die Fragen der Nationalität und rassischen Zugehörigkeit gleichgültig waren. In unserer Familie war nie über politische Probleme gesprochen worden. Mein Vater war für die Ordnung und das Bestehende, er kritisierte nicht den Nationalismus, und seine Kriegserfahrungen hatten ihn zu keinem Antimilitaristen gemacht. Den Militärdienst hatte er mir sogar gewünscht, da er ihn für eine Schule hielt, die mich zum Mann machen könnte. Mit radikalen Kreisen war ich nie in Berührung gekommen. Was ich an Aufruhr erlebte, richtete sich nicht gegen das Bürgertum, sondern nur gegen die Beengungen, die mich an der persönlichen Frei-

> heit hinderten. Von sozialen Argumenten wußte ich nichts, in der Kunst fand ich die einzigen Waffen, mit denen ich angreifen und mich verteidigen konnte." 15)

Das Bewußtsein dieses Mankos, das an sich selbst Erlebte in einen größeren Zusammenhang einordnen zu können, es in soziologischen und ideologiekritischen Überlegungen auffangen und einer zukunftsreflektierenden Stellungnahme zuordnen zu können, steht über den Auseinandersetzungen mit den anderen Emigranten, die Parteilichkeit fordern - so vor allem mit Max Bernstorf, dem älteren Freund aus der Prager Zeit, oder auch mit dem Freund Hoderer, der im Spanienkrieg auf kommunistischer Seite mitgekämpft hatte. Über allen Reflexionen, die im hier Erzählten dem Geschehen der Zeit oder den Persönlichkeiten der Freunde gelten, steht die verzweifelte Frage nach der Möglichkeit einer politischen Stellungnahme des Künstlers, nach Parteilichkeit - und zugleich das Empfinden ihrer Unmöglichkeit. Der hier spricht, erlebt alles Geschehen der Zeit, den entfesselten Machtwahn einer Menschengruppe und deren Verfolgung einer anderen als Auseinandersetzung zwischen verschiedenen Ausformungen der Unterdrückung durch die bürgerliche Ideologie; hierbei stehen auf der einen Seite jene, denen die gleichgeschaltete Masse Ich-Stärkung verspricht, und auf der anderen die Sensiblen, die sich immer als Vereinzelte empfinden, jene, die immer die Verfolgten sein müssen - nicht anders als in der ersten Erzählung.[16)] Doch während in jener die Infragestellung dieser Perspektive nur anklingt, setzt sich in diesem Bericht das erzählende Ich ganz der Verunsicherung durch die Forderung nach eindeutiger politischer Stellungnahme aus und läßt dieses dabei in radikaler Ehrlichkeit der dort nur angeklungenen beunruhigenden Erfahrung der Möglichkeit, auch auf der anderen Seite stehen zu können, standhalten:

> "Ich hätte auch auf der anderen Seite stehen können, sagte ich, hätte mich nicht der Großvater im Kaftan davor bewahrt, so wäre ich wohl drüben geblieben. Es gab Augenblicke, in denen ich es bedauert hatte, daß ich nicht mehr dabei sein durfte. Max griff mich wieder an. Ich mußte etwas von den Zeichen der Drohung erfaßt haben, selbst wenn ich tief in bürgerlicher Ordnung ge-

> lebt hatte. Ich antwortete, daß ich mit einem anderen Kampf beschäftigt gewesen war. Mitten in der Geborgenheit hatte ich mich hinter meinen Büchern und Bildern verbarrikadiert. Ich hatte mich mit Totemzeichen umstellt, um den äußeren Druck abzuwehren. In der Verfolgung, die ich von Anfang an gewohnt war, sah ich mich nicht als Angehörigen einer Rasse, sondern nur als Andersgearteten, den jedes Rudel aufspüren und ankläffen mußte. Ich hatte es als etwas Alltägliches erlebt, wenn auf dem Schulweg ein Mann auf mich zukam, die Hand hob und mir einen Schlag aus dem sogenannten heitern Himmel ins Gesicht versetzte." 17)

Im Zusammenhang mit dieser im Gespräch geforderten Selbstreflexion wird dann auch die im Ausgangstext, der der ersten Erzählung entnommen war, thematisierte Erfahrung des bedrohenden Bewußtseins, auch auf der anderen Seite stehen zu können, noch einmal zur Sprache gebracht, zusammen mit einer Neuaufnahme des entsprechenden Schlüsselerlebnisses:

> "Doch auch die Bedeutung eines anderen Ereignisses wurde mir klar. Ich hatte einmal an einem Pogrom teilgenommen. Ich sah den Freund, über den wir hergefallen waren, vor mir. Seinem Aussehen und Namen nach muß er Jude gewesen sein. In den Kellergewölben eines verlassenen Baugeländes hatten wir, inspiriert vom Film Ben Hur, Galeerensklaven gespielt. Wir saßen auf einem Brett und bewegten uns vor und zurück an imaginären Rudern. Das Leiden meines Freundes begann, als er mich zum Aufseher ernannte und ich die Peitsche über ihm schwingen mußte. Als die Verfolger zu uns eindrangen, war ich schon bereit, auf ihre Seite überzugehen, und der Galeerensklave wurde das Opfer. Aus Dankbarkeit, daß man mich verschonte, daß man diesmal einen anderen erwählt hatte, ergriff ich die Partei der Stärkeren und überbot sie an Grausamkeit. Sie sollten ihren Irrtum nicht erkennen. Ich führte sie an und schleppte den Gefangenen an den Rand der Ausschachtungen. Wir warfen ihn auf ein Floß, stießen ihn hinaus ins Wasser und bombardierten ihn mit Lehmbrocken. Ich hatte ihn später immer wieder vor mir gesehen, wie er sich an den glitschigen Brettern festklammerte, vom gelben Wasser umspritzt, ich hörte ihn um Hilfe schreien und ich hörte meine eigenen anfeuernden Rufe, mit denen ich mich bei meinen neuen Verbündeten einschmeichelte und sie vom Gedanken, daß sie auch mich ergreifen und aussetzen könnten, ablenken wollte. Während des Erzählens war ich nicht sicher, wo die Wahrheit lag, bei der Vorstellung, die lange angehalten hatte, daß unser Opfer gekentert und ertrunken war, oder bei dem vermeintlichen Erinnerungsbild, daß ein Arbeiter auf dem Grundstück aufgetaucht war und zur Rettung kam. Deutlich sah ich nur, daß ich auf der Seite der Verfolger und Henker stehen konnte." 18)

Dieses Erlebnis eigener Abgründigkeit nicht zu verschweigen oder es in lautem Engagement zu überspielen, scheint zunächst der einzig mögliche Weg zu einer Auseinandersetzung mit sich selbst zu sein; Skepsis wird der von Max und Hoderer vertretenen Forderung nach eindeutigem Engagement entgegengebracht:

> "Max lehnt sich dagegen auf. Das waren Jugendsünden, rief er. Jeder von uns ist einmal verlockt worden zu foltern. Gerade daran lernen wir, der Gefahr bewußt zu werden. Heute bist du ein anderer. Heute weißt du, auf welcher Seite du stehst. Max mußte an diesen Kampf glauben, obgleich er vor Müdigkeit oft nah am Aufgeben war. Er mußte an eine Wiedergeburt glauben, denn gäbe es diese Wiedergeburt nicht, dann wäre die Emigration sinnlos. Für mich bedeutet die Emigration keine Stellungnahme. Ich war ein Fremder, wo ich hinkam." 19)

Doch über diesem Blickwinkel, der den Kampf um das eigene Selbst, die eigene Individualität so losgelöst von den Kämpfen ringsum erscheinen läßt, steht zugleich das Unbehagen über das Ungenügende daran:

> "Mit einem freigelegten Gehör kann ich Worte vernehmen, die sich damals an mich richteten, Rufe, die mich aufrütteln wollten, flüsternde Stimmen, die von der Gegenwart anderer Menschen sprachen und die mich nicht erreichten in meinem unendlichen, formlosen Selbstgespräch." 20)

So sind es vor allem zwei jüdische Bekannte aus der Vergangenheit, an deren von ihm selbst nicht für wahr eingestandenem Schicksal für den Erzähler die brennende Frage nach der eigenen Blindheit immer wieder aufbricht. Peter Kien und Lucie Weisberger, die irgendwann nach Theresienstadt deportiert worden waren, werden so zum Symbol eigenen, eindringlichen Schuldbewußtseins für ihn, der ihr Schicksal hätte teilen müssen und zufällig entkommen ist. Der halbherzige Versuch, Lucie zu retten, indem er ihr, der im KZ Inhaftierten, schriftlich die Heirat antrug und darüber mit den feindlichen Behörden in Schriftverkehr trat, erscheint im nachhinein wie ein schlechtes Alibi für den, der allem Geschehenden gelähmt vom Kampf um sich selbst gegenübersteht: dennoch vermag er die Anklage und Forderung, die daraus von dem Kommunisten Hoderer ihm entgegengeworfen wird, wohl intellektuell nachzuvollziehen, ihr sich aber nicht zu unterstellen:

"Du weißt noch nicht, mit welchen Gegnern du es zu tun hast, sagte Hoderer. Und doch bestanden die Lager schon, als du noch drüben lebtest, und als du im letzten Winter durch Berlin kamst, mit deinem tschechischem Paß, und Rauchwolken über der Stadt lagen, hatte sich eben die Nacht mit dem schönen Namen Kristallnacht vollzogen. Der Sinn deines Überlebens könnte sein, daß du erkennst, wo das Übel liegt und wie es zu bekämpfen ist. Du trägst noch am Ballast deiner bürgerlichen Herkunft. Du weißt, da ist alles verfault und zum Untergang bestimmt, aber du wagst nicht, dich mit einem Schnitt davon zu trennen. Deine Arbeitsversuche bleiben fruchtlos, solange sie nicht im Kampf um die Veränderung der Gesellschaft dienen. Du bist verloren, wenn du dich nicht einordnen kannst in eine Solidarität. Doch ich mißtraute allen Bindungen, allem Aufgehen in gemeinsamen Ideen, ich konnte noch nicht nach weiteren Perspektiven suchen und nach einer politischen Zugehörigkeit, ich mußte mich an die kleinen fragmentarischen Bilder halten, die meine eigenen Erfahrungen spiegelten. Nur in diesen Bildern konnte ich erkennen, auf welche Weise ich in die Zeit gehörte, alles andere mußte Konstruktion bleiben." 21)

In weiteren Gesprächen mit Hoderer wird dann auch die grundsätzliche Auseinandersetzung mit der Herausforderung sozialistischer Kunsttheorie in Bezug auf die konkrete geschichtliche Situation durchgespielt:

"Das Zwecklose meiner Arbeit, und daß ich kaum das Bedürfnis hatte, sie zu zeigen, stieß Hoderer ab, Für ihn, der sich ganz den praktischen Problemen, die gelöst werden mußten, unterstellt hatte, sollte auch die Kunst einen Gebrauchswert haben. Ich fragte ihn, warum sich die Kunst unter dem Sozialismus nicht entwickeln durfte, erinnerte ihn an Vertov, Eisenstein, Archipenko, Meyerhold, Wassiljeff, Tatlin, Majakowsky, deren revolutionäre Arbeiten als dekadent und formalistisch verschrieen wurden. Es gab andere Aufgaben, die wichtiger waren, sagte Hoderer. Das Land mußte erst gerüstet werden, wir sehen heute, wie richtig diese Politik war. Der Krieg war schon damals unausweichlich, und die privaten Wünsche mußten zurücktreten. Ich will nicht für die Zukunft leben, sagte ich. Ich lebe heute. Ich will mir den Krieg nicht wie eine Schuld überstülpen lassen und ein schlechtes Gewissen haben, daß ich entkommen bin. Ist es nicht so, daß die Machthabenden immer auf der Wacht sind vor der Ausdrucksfreiheit, fragte ich. Die Sozialisten verboten die Kunst nicht, sie machten sie nur harmlos, sie hielten fest an der Tradition von Plüsch und Samt und Goldrahmen. Für wen wurden denn die Experimente der zwanziger Jahre ausgeführt, fragte Hoderer zurück. Für alle, die denken wollten, die ihr Leben verändern wollten, sagte ich. Es war die letzten Endes doch immer nur eine Unterhaltung für die oberen Schichten des Bürgertums, sagte Hoderer. Nur die Reichen konnten davon profitieren. Nur sie konnten es sich leisten, ins Theater zu gehen, sich Musik anzuhören und Filme und Bilder anzusehen. Die aufwachsenden Gefahren waren mit dieser Kunst nicht zu bekämpfen. Und doch bleibt sie bestehen, sagte ich, sie wird den Zusammenbruch überleben, sie ist stärker als das Kleinbürgerlich Sture, das Perfide, das Schablonendenken, der Militarismus und die nationale Überheblichkeit." 22)

In solchen Gesprächen werden wohl Positionen dargelegt und auf ihre Tragfähigkeit hin geprüft, dennoch führt das scheinbare Profilieren der eigenen Position nicht zu einem eindeutigen Standpunkt: Hoderer, der Herausforderer, bleibt ein verunsicherndes Gegenüber, obwohl und gerade weil er sich später einem konsequenten Eingestehen für seine Position durch Selbstmord entzieht: das Paradoxe, nicht Ergründbare seiner inneren Widersprüche und Forderungen einerseits, und schließlich, 1945, das schonungslose Konfrontiertwerden mit der Wirklichkeit des unter dem Hitlerregime Geschehenen andererseits scheinen für das erzählende Ich jede mögliche Verteidigung einer eigenen Position im nachherein zu kompromittieren - es bleibt nur eine totale, bohrende Mahnung, vor der alle möglichen Argumente in gleicher Weise als Ausflüchte erscheinen möchten:

"Diese Bilder gehörten fortan zu unserem Dasein, sie waren nie wieder wegzudenken, und oft machten sie jedes Wort, das gesprochen wurde, jede Aufzeichnung, zu Lüge und Hohn. Lange trug ich die Schuld, daß ich nicht zu denen gehörte, die die Nummer der Entwertung ins Fleisch eingebrannt bekommen hatten, daß ich entwichen und zum Zuschauer verurteilt worden war. Ich war aufgewachsen, um vernichtet zu werden, doch ich war der Vernichtung entgangen. Ich war geflohen und hatte mich verkrochen. Ich hätte umkommen müssen, ich hätte mich opfern müssen, und wenn ich nicht gefangen und ermordet, oder auf einem Schlachtfeld erschossen worden war, so mußte ich zumindest meine Schuld tragen, das war das letzte, was von mir verlangt wurde. Ich hörte die Stimme des toten Hoderer. Jetzt, da die Gefahr vorbei ist, wagst du anzublicken, was lange vorhanden war und von dessen Existenz du gewußt hast. Doch dein Schmerz ist eitel, du bist die Erschütterung, die dich überkommt, nicht wert. ...Du tust, als habest du den Sieg gewonnen, sagte er spöttisch, doch mit deinem Sieg hast du nichts zu tun. Es rinnt alles an dir ab, du bist ein Parasit, ein Mitläufer, andere haben für dich gekämpft, werden weiter für dich kämpfen, während du bequem an deinem Schreibtisch hockst und über das Unglück der Welt nachdenkst. Ich wollte mich verteidigen, indem ich ihm vorhielt, daß ich nie etwas anderes gewählt hatte als meine Flucht und meine Feigheit und meine Vermessenheit des Abstandnehmens, und er lächelte nur. Was willst du denn, rief ich. Soll ich verzweifeln, daß ich nicht ermordet worden bin. Soll ich mich töten, wie du. Du brauchst dich nicht zu töten, sagte er, denn du gehörst zu denen, die aussterben und vergehen in ihrer Unbeteiligtheit. Was soll ich denn tun, fragte ich. Aber er antwortete nicht mehr. Für wen soll ich denn Partei ergreifen. Keine Antwort." 23)

IV. In solchen Passagen klingt eine Bereitschaft an, sich vorbehaltlos der Verunsicherung auszusetzen, ohne durch vorschnelle Stellungnahme dem Unerträglichen der ambivalenten Emotionen auszuweichen, deren selbstreflektierte Ehrlichkeit und Sensibilität von kaum einem anderen literarischen Zeugnis über den Zwiespalt einer Biographie jener Zeit erreicht wird. Sie läßt die Herausforderung Hoderers, die Verurteilung des mit sich selbst beschäftigten Lebens in aller infragestellenden Kraft gelten, ohne dabei die eigene Position, die aus der Lähmung durch den Selbstbefreiungskampf resultierende Unfähigkeit zur Parteilichkeit abzuwerten.[24] Und doch wird im Folgenden eine Weiterentwicklung gezeigt, in der sich schon punktuell andeutet, daß dem Autor die Chance entgleiten könnte, die in dieser Ehrlichkeit und Bereitschaft, dem Ambivalent-Widersprüchlichen der Geschichte standzuhalten, gegeben war: es scheint, daß das gezeigte Einstehen zur eigenen Verkrüppelung durch die Geschichte, auch zur eigenen Disposition zum Verfolger, das in dieser Weise keinem der Nicht-rassisch-Verfolgten unter den Schriftstellern möglich geworden ist, auch hier nur etwas punktuell Ertragbares war, das in seiner kompromittierenden Kraft zur Fluchtbewegung in klare Positionen drängte. Denn dieses bewußte Standhalten gegenüber der Macht der eigenen Geschichte, des eigenen geschichtlich-kulturellen Geprägtseins, wird gerade nicht selbst als Basis für Freiheit erlebt, sondern nur als Zwischenstadium auf dem Weg zu einem darauf folgenden grandiosen Sich-Lossagen von aller Geschichte, welches dann als die wirkliche Freiheit vorgestellt wird: nicht das in Kafkas Parabel vom Türhüter angedeutete Zugehen auf das Gesetz erscheint als Rettung, sondern das Zerschlagen desselben[25] - nicht die bewußte Bejahung einer fortdauernden Auseinandersetzung mit der Geschichte und ihren weiterwirkenden Implikationen auf die eigene Psyche und den Geist der Zeit steht am Ende dieses Entwicklungsprozesses, sondern die Idee einer Befreiung von der Geschichte. In Paris, dem Zentrum der Sartreschen Existentialphilosophie, wohin der Erzähler, einer spontanen Eingebung folgend, eine Reise unternimmt, wird die Erfüllung des Wunsches nach Herauslösung aus der eigenen Geschichtlichkeit, aus der Zugehörigkeit zu irgendwelchen soziologisch oder kulturgeschichtlich bestimmten Gruppierungen, jenes Wunsches, der über dem beschriebenen Selbstbefreiungsprozeß gestanden und die eigene Unfähigkeit zur Parteilichkeit mit bedingt hat, als eine existentielle, nicht mehr in Frage zu stellende Wahrheit erfahren und als solche proklamiert; der Erzähler entdeckt jene Botschaft des Verurteiltseins zur Freiheit, deren Ausblicke auf eine neue Zukunft der offenen Möglichkeiten nun zugleich als nachträgliche Rechtfertigung für das Zögern, den langwierigen Prozeß der Beschäftigung mit sich selbst herangezogen wird:

> "Ich trat hinaus in den Strom der Menschen, ging den Boulevard entlang, zwischen jungen, offenen Gesichtern, zwischen lachenden Blicken, zwischen den hohen, stolzen Gestalten der Afrikaner, ging durch die Parkanlagen, in die Museen und Bibliotheken, saß auf den Terrassen der Cafés, und anstatt etwas von diesem neuen Leben für mich zu gewinnen, verlor ich von Stunde zu Stunde mehr von mir selbst, bis mir mein eigener Name ungewiß wurde, bis ich, in einem Korbstuhl am Straßenrand sitzend, im Gewirr der Stimmen nicht mehr wußte, welche Sprache zu mir gehörte. Die Sprache, die mich während der letzten Jahre umgeben hatte, verlor sich, ihre Worte entglitten mir, sie wurde hier, in diesem Schmelztiegel weggewaschen, es zeigte sich, wie locker sie an mir hing, wie wenig sie mir bedeutete, alles, was nicht fest war, was nicht Teil von mir war, wurde weggeschwemmt, alles Außenwerk blätterte ab, sickerte, rann von mir ab, ich saß in meinem Korbstuhl im Kessel der Bewegungen, und was ich versucht hatte, während der vergangenen Jahre zu artikulieren, schäumte und wirbelte weg, es war nur ein Lispeln gewe-

sen, ich wußte nicht mehr, an wen ich mich damit gewandt hatte, daß jemand sich damit erreichen ließe, die Worte stimmten nicht mehr, sie genügten nicht einmal zur einfachsten Verständigung, ich mußte wieder von vorn beginnen, radebrechend, lallend, in meinem Korb liegend, am dröhnenden Straßenrand. .... Dies war der Augenblick der Sprengung, der Augenblick, in dem ich hinausgeschleudert worden war in die absolute Freiheit, der Augenblick, in dem ich losgerissen worden war von jeder Verankerung, jeder Zugehörigkeit, losgelöst von allen Nationen, Rassen und menschlichen Bindungen, der Augenblick, den ich mir gewünscht hatte, der Augenblick, in dem die Welt offen vor mir lag. Jetzt konnte ich zeigen, wer ich war, was das für ein Ich war, das ich durch die Jahre der Flucht getragen hatte, das ich vor der Vernichtung auf dem Schlachtfeld und in der Gaskammer gerettet hatte, das ich gehütet und gepflegt hatte, jetzt war der Augenblick gekommen, in dem ich erklären konnte, wozu all diese Mühe aufgewandt worden war und was ich erwartete. Doch die Freiheit war so groß, daß ich alle Maßstäbe verlor. Ich hatte die Freiheit nicht gewonnen, ich war verurteilt zu dieser Freiheit, es war nur noch eine einzige Wahrnehmung da, die Wahrnehmung des Urübels, des Ausgesetztseins, der Verlassenheit. Niemand fragte nach mir, niemand erwartete etwas von mir, niemand schalt mich, drohte mir, niemand wollte von meiner Herkunft und meinen Plänen wissen, man ließ mich unbehelligt in meinem Korb und sprach über mich hinweg, mit Worten, die ich nicht begriff, ich lag mitten im Mahlstrom, des Sprechens, des Gehens nicht fähig, mein Leben war nutzlos, ich hatte nicht einmal etwas verloren, weil ich nie etwas besessen hatte, ich konnte keine Wunden, keine Narben aufweisen, weil ich an keinem Kampf teilgenommen hatte, ich hatte nichts zu berichten, weil mir nichts widerfahren war, ich war nur ein Säugling, zu früh von der Mutterbrust genommen und abgesetzt an einem Straßenrand." 26)

Die Auflösung dieser existentiellen Krise bringt dann keine Rückwendung auf eine eigene Geschichtseingebundenheit, sondern die Bestätigung der Freiheit im Losgelöstsein:

"Bis ich mich, an einem Spätnachmittag, wiederfand, unter den Bäumen der Allee auf dem Damm in der Mitte der Seine, und meine Dimensionen zurückgewann. ... Was sich an diesem Abend auf dem Seinedamm zeigte, war nicht ein Weg, oder ein Wissen, ich hatte keinen Begriff von diesem Dasein gewonnen, hatte keine Absichten, ich spürte nur die Klarheit der Luft, spürte, wie ich dastand und atmete, und daß ich aus der Umnachtung, in die mich der Schock der Freiheit geworfen hatte, herausgeraten war. Die Freiheit war noch vorhanden, doch ich hatte Boden in ihr gewonnen, sie war keine Leere mehr, in der ich im Alptraum der Anonymität lag und in der alle Bezeichnungen ihren Sinn verloren, es war eine

> Freiheit, in der ich jedem Ding einen Namen geben konnte. Ich hatte nur den Blickpunkt geändert. Ich hatte noch einmal bis zum Grunde die Furcht vor der Selbständigkeit ausgekostet, ich hatte mich fallen lassen und alle Ansichten, alle Bestrebungen, die meine Identität ausgemacht hatten, aufgegeben, und jetzt stand ich hier, unter den Bäumen der Allee des Sygnes, und dies war eine einfache Tatsache. ... Die Freiheit war absolut, ich konnte mich darin verlieren und ich konnte mich darin wiederfinden, ich konnte alles aufgeben, alle Bestrebungen, alle Zusammengehörigkeit, und ich konnte wieder beginnen zu sprechen. Und die Sprache, die sich jetzt einstellte, war die Sprache, die ich am Anfang meines Lebens gelernt hatte, die natürliche Sprache, die mein Werkzeug war, die nur noch mir selbst gehörte, und mit dem Land, in dem ich aufgewachsen war, nichts mehr zu tun hatte. Diese Sprache war gegenwärtig, wann immer ich wollte und wo immer ich mich befand. Ich konnte in Paris leben oder in Stockholm, in London oder New York, und ich trug die Sprache bei mir, im leichtesten Gepäck. In diesem Augenblick war der Krieg überwunden, und die Jahre der Flucht waren überlebt. Ich konnte sprechen, konnte sagen, was ich sagen wollte, und vielleicht hörte mir jemand zu, vielleicht würden andere zu mir sprechen und ich würde sie verstehen. ... An diesem Abend, im Frühjahr 1947, auf dem Seinedamm in Paris, im Alter von dreißig Jahren, sah ich, daß ich teilhaben konnte an einem Austausch von Gedanken, der ringsum stattfand, an kein Land gebunden." 27)

Damit endet das Buch. Und der Eindruck stellt sich ein, daß in diesem Schlußakkord des Vertrauens in die eigene Freiheit und die Möglichkeit des grenzüberschreitenden Dialogs nach allen Seiten noch einmal, in ruhigerer und distanzierterer Weise als von den Schriftstellern, die unmittelbar in jener Zeit schrieben, das Grundgefühl von Zuversicht beschworen wird, das dem Wunsch jener Jahre nach dem Krieg, dem Wunsch nach Loslösung von der Last der erfahrenen Geschichte ganz allgemein entsprochen hat und die Menschen jenes Augenblicks so bereit zur überschwenglichen Annahme existentialistischer Philosophie gemacht hat. Was jedoch an dem hier gegebenen autobiographischen Rückblick stutzig machen muß, ist, daß dieser im Jahre 1962, fünfzehn Jahre danach also, niedergeschrieben wurde, ohne daß die Erfahrungen der dazwischen liegenden Zeit wirksam mit in ihn eingebracht worden wäre, kritisierend, relativierend - die Erfahrung eines Zeitraums, dessen Entwicklung des geschichtsverleugnenden Bewußtseins und seiner erneut verkrüppelnden Implikationen längst die existentialistischen optimistischen Denkbilder von Freiheit und offenem Dialog in Frage zu stellen begannen. Es scheint, daß Grass' drei Jahre zuvor vorgestellte Figur des psychischen Krüppels mit seiner Verweigerung von Emotionen weit mehr den unterschwelligen Ängsten jener Zeit der frühen 60er Jahre entsprochen haben dürfte, als dieser Ich-Sprecher, der das emotionale Empfinden einer früheren Zeitperiode so deutlich zeigt, ohne aber den dazwischen liegenden Zeitraum in eine lebendige Auseinandersetzung mit einzubeziehen.[28)] Hier deutet sich ein Moment von Erstarrung an, das zu denken gibt, und es scheint nicht unwichtig, an dieser Stelle das immer im Hintergrund mitthematisierte Verhältnis des Autors zu seinem als aufdiktiert empfundenen Judentum mit in den Blick zu ziehen. Gewiß wäre es vorschnell, in diesem Wunsch, sich dem ihm zudiktierten, ihm völlig fremden Judentum zu entziehen, ein verstärkendes Moment für den vehementen Kampf um die Freiheit von allen Bindungen der Herkunft zu sehen; und doch läßt sich gerade im Blick auf dieses ungewollte Halb-Judentum der Gedanke nicht abweisen, daß hier eine Chance zu einem tieferen, geschichtliche Paradoxien einbeziehenden Impetus zur Selbstreflexion gewesen wäre, deren Nicht-Wahrnehmung durch diese Wendung zur existentialistischen Geschichtsabwehr diese Interpretation verstärkt nahelegt. Während der lange Prozeß des Abschüttelns irgendeiner Zugehörigkeit zu einem Volk, einer Sprache oder Geschichtsgemeinschaft beschrieben wird, werden die Erfahrungen dieses Hintergrunds - das zwiespältige Verhältnis zum aufdiktierten Halbjudentum, die Atmosphäre eines Bürgertums, in dessen Hintergrund das abgetane Judentum des Vaters steht, damit dessen gegen die drohende Identifizierung als Jude verinnerlichte preußische Zielstrebigkeit und Ordnungsliebe, auch das verknöchernde Besitzverhalten zu allgemein anerkannten Werten der Kunst - an keiner Stelle als eine Chance gesehen, Geschichte auch aus dem Zusammenströmen unterschiedlicher, unterdrückter oder ambivalent empfundener Selbstzuordnungen zu verstehen, die Chance eines Erlebnishintergrundes, dessen Erfahrungen eine authentische Annäherung an ein geschichtlich-relativierendes Verstehen des hier nur angegriffenen und als Unterdrückungsmacht dingfest gemachten Bürgertums und seiner Ideologie in besonderer Weise ermöglicht hätte. So erscheinen beim näheren Hinsehen die Gestalten der Eltern auch hier schon mehr als Bilder, bewegt zwar, doch kaum als durch Widersprüche geprägte, selbst in Entwicklung und Auseinandersetzung begriffene Menschen; sie, die die abgewehrte Geschichte repräsentieren, sind unter den Worten des Erzählenden erstarrt, fortgeschoben, haben keinerlei Kraft der Infragestellung und des Dialogs mehr, wie sie Figuren hätten, die in ihrer Widerständigkeit des geschichtlichen Geprägtseins gezeichnet wären (z.B. der Freund Hoderer). Die Fiktion der Freiheit als Loslösung von der Geschichte bleibt deshalb am Schluß über allem bestehen, ohne von irgendeiner Seite in Frage gestellt zu werden - der letzte Schritt Selbstreflexion, das Akzeptieren der eigenen, nicht abzustreifenden geschichtlichen Eingebundenheit, das Sich-Ausliefern an den dauernden Dialog mit der wenn auch verhaßten Herkunft, wird nicht geleistet; und nur aus stellenweise anklingenden Erfahrungen ist zu schließen, welche ideologiekritische Brisanz in einem auch dieses Moment der inneren Abwehr des Judentums selbstreflektiv aufnehmenden Bewußtsein gelegen hätte, Erfahrungen wie z.B. die folgende:

> "Doch dann war ich Zeuge einer Stunde, die ich zu vergessen wünschte, deren Worte ich wünschte, nie gehört zu haben, und die doch dastand und nicht mehr zu verleugnen war. Ich hatte ein Poltern im Zimmer meines Bruders vernommen, war hinaus in den Flur getreten und hörte ihn hinter der Tür mit dem Vater zetern. Sie liefen beide im Zimmer umher, der Vater keuchte und wollte ihn fassen, Gregor riß sich los, Stühle fielen um, und dann rief mein Vater die Worte, zweimal. Verfluchter Judenlümmel, verfluchter Judenlümmel. Draußen lag der Hof mit den grunzenden Schweinen, und drinnen im Haus verdammte Abraham sein Geschlecht." 29)

V. Welche Problematik sich mit dem so gegebenen Impetus zur Abwehr der eigenen Geschichtseingebundenheit, der vehementen Proklamation einer Freiheit von der Geschichte, der tabula rasa des eigenen Ichs auftut, scheint sich beispielhaft in der weiteren Entwicklung des Schreibens dieses Schriftstellers zu zeigen: diese geht über die zunächst von vielen Intellektuellen nach 1968 im Zusammenhang mit den weltweiten Studentenprotesten vollzogene Wendung zum links-politischen Engagement der Literatur weit hinaus, wie sich an einem in den Siebziger Jahren erschienenen Werk Peter Weiss' aufzeigen läßt, der "Ästhetik des Widerstands". Dies soll für unseren Zusammenhang als aufschlußreich herangezogen werden, da in ihm die Grundzüge der oben besprochenen Erzählung noch einmal aufgenommen werden, ihr Gerüst bilden, jedoch in frappierender Weise abgewandelt sind. 30) Dieser Roman, der ebenfalls Ausschnitte des Lebens von Heranwachsenden unter dem Faschismus vorstellt, ist gewissermaßen als präzises Gegenmodell zur eigenen Autobiographie zu lesen, deren Grundriß er bis in Einzelheiten übernimmt und abändert: das erzählende Ich ist hier der Sohn einer Arbeiterfamilie, im Geist der kommunistischen Partei erzogen und frühzeitig zusammen mit Eltern und Genossen in die Arbeit des Kommunistischen Widerstands gegen das Naziregime einbezogen. Hatte der Autor in der eigenen Autobiographie die authentische Verstrickung und den Kampf eines ins Bürgertum Hineingeborenen um sein Selbst gezeigt, das aufbrechende Unbehagen an der eigenen bürgerlichen Welt, die aufbegehrende Sehnsucht nach etwas Anderem und die Erfahrung der Deformationen, die eine Loslösung erschweren, so wird hier aus der Ich-Perspektive eine Traum-Biographie des Aufwachsens in Solidarität der Auflehnung gegen bürgerliche Ideologie und Faschismus beschworen; eine Biographie, die alle Forderungen nach Parteilichkeit, wie sie ein imaginäres Gegenüber wie der tote Hoderer stellen könnten, noch übertrifft. Waren in der Autobiographie Ambivalenz der Gefühle des Heranwachsenden, Verstrickung in psychische Abhängigkeiten von den Eltern und Ansprechbarkeit durch die schwülen Verlockungen des Faschismus zur Sprache gekommen, die Erfahrung des eigenen abgründigen verkrüppelten Ichs ohne Entschuldigung oder Verurteilung anschaulich gemacht, so gerinnt hier die Zeichnung des Aufwachsens in derselben Zeit zu einem monumentalen Werk der Entwirklichung, in dem fertig geprägte Figuren die unhinterfragbaren Wahrheiten marxistischer Philosophie und Kunsttheorie in langen Gesprächen aufrollen und gegen die dämonische Gegenmacht des Faschismus behaupten. Es ist ein lehrhaftes, angestrengt bemühtes Werk, das mit gigantischer Geste den Leser zum rechten Glauben bekehren möchte: ein Gemälde aus Pastellfarben und teuflischem Schwarz, auf dem sich ein monströser Kampf der Söhne des Lichts gegen die Söhne der Finsternis abspielt. Monströs ist allein die Sprache: hatten Anfangserzählungen ihre Eindringlichkeit aus dem vorsichtigen Tasten nach Worten, dem Ringen um Benennung von lange verborgen gebliebenen Bildern gewonnen, aus der sensiblen, intuitiv ausbalancierten Zuordnung von kürzeren und längeren Sätzen, Beschreibung und wiedergegebener wörtlicher Rede, schwerwiegenden und eher retardierenden Aussageelementen, so wird hier der Leser vor eine pausenlose, fortschwemmende, prätentiöse Sprachflut gestellt, die zuweilen starrsinnig affektiert edle Wendungen anbietet, in epigonalem Gestus Vokabeln und Syntax Brechtscher Gedichte in die Prosa einflicht und souverän über den Leser und sein Sprachgefühl hinwegschwemmt:[31)] so beginnt der erste Band mit einer über mehrere Seiten sich erstreckenden Beschreibung des Pergamon-Altars und der Gedanken, die sich die jungen Kommunisten bei seiner Betrachtung machen. An der Stelle, als, nach fast zwei Seiten Skulpturenbeschreibung zum ersten mal die Rede auf die handelnden Personen kommt, heißt es:

> "... und Coppis Gesicht, mit kurzsichtigen Augen hinter Brille mit dünnem Stahlrand, näherte sich den Schriftzeichen, die Heilmann, mit Hilfe eines mitgebrachten Buches, entzifferte. Coppi wandte sich ihm zu, aufmerksam, mit breitem, scharf gezeichnetem Mund, großer, vorstoßender Nase, und wir gaben den Gegnern in diesem Ge-

menge ihre Namen und besprachen, im Schwall der Geräusche, die Anlässe des Kampfes. Heilmann, der Fünfzehnjährige, der jede Ungewißheit von sich wies, der keine unbelegte Deutung duldete, bisweilen aber auch der poetischen Forderung auf bewußte Entregelung der Sinne anhing, der Wissenschaftler sein wollte und Seher, er, den wir unseren Rimbaud nannten, erklärte uns, die wir bereits um die Zwanzig waren und die Schule seit vier Jahren hinter uns hatten und die Arbeitslosigkeit auch, und Coppi das Gefängnis ein Jahr lang, wegen Verbreitung staatsfeindlicher Schriften, den Sinn dieses Reigens, in dem die gesamte, von Zeus geführte Götterschar zum Sieg schritt über ein Geschlecht von Riesen und Fabelwesen. Die Giganten, die Söhne der klagenden Ge, vor deren Oberkörper wir standen, hatten sich frevelnd gegen die Götter erhoben, andere Kämpfe aber, die über Pergamons Reich hingegangen waren, lagen unter dieser Darstellung verborgen. Die Regenten aus der Dynastie der Attaliden ließen sich von ihren Bildhauermeistern das schnell Vergehende, von tausenden mit ihrem Leben Bezahlte, auf eine Ebene des zeitlos Bestehenden übertragen und damit ein Denkmal der eigenen Größe und Unsterblichkeit errichten." 32)

Die im Zentrum dieser Beschreibung wie des ganzen Romans stehenden jungen Kommunisten werden zunächst als durch die Widerstandsarbeit gegen das Naziregime verbunden dargestellt; doch weder über das Naziregime noch über die Widerstandsarbeit erfährt man viel, dagegen gilt das Hauptinteresse des Schreibenden jenen langen Gesprächen, die ausführlich wiedergegeben werden: in ihnen wird eine marxistische Ästhetik entwickelt, die sich um eine Interpretation der Geschichte als Geschichte von Klassenkämpfen bemüht sowie um Erklärungen der Funktion von Kunst in der interpretierten Geschichte und eine eigene Kunsttheorie. Es werden Arbeiter gezeigt, die sich abends, erschöpft von der Arbeit, zusammensetzen und über dichterische oder philosophische Werke sprechen, und für die die Beschäftigung mit der Kunst kein Statussymbol, kein Bestandteil einer Ideologie ist wie für das Bürgertum, sondern inneres Bedürfnis und zugleich Mittel der befreienden Bewußtseinserweiterung auf dem Weg der dialektischen Annäherung an die revolutionäre Praxis: in wohlkonstruierten, Neben- und Unterordnungen genau berücksichtigenden, oft auch unendlich verschachtelten Satzgefügen und in erlesener Wortwahl sprechen sie über Griechische Mythologie, über jederlei Kunstwerke der abendländischen Geschichte, um aus derselben die verborgenen Spuren des für sie objektiven Geistes, der Geschichte als Geschichte von Ausbeutern und Ausgebeuteten und des in ihr wirksamen Drängens auf Befreiung, herauszulesen. So heißt es in einem Abschlußgespräch über den Pergamon-Altar, das geführt wird eines Abends in einer Arbeiter-Küche, während Coppis Mutter, die Arbeiterfrau, ihr Fußbad nahm:

> "Sie starrte, nachdem sie die Schüssel geleert hatte, gebeugt auf dem Stuhl sitzend, mit dem Handtuch an den Beinen, der schemenhaften Bildwand entgegen, in unseren Beschreibungen überall nur das Triumphieren der Peiniger erkennend über das Gewühl der Entmachteten. Und nach längerem Schweigen sagte Heilmann, daß Werke wie jene, die aus Pergamon stammten, immer wieder neu ausgelegt werden müßten, bis eine Umkehr gewonnen wäre und die Erdgeborenen aus Finsternis und Sklaverei erwachten und sich in ihrem wahren Aussehen zeigten." 33)

Die Persönlichkeiten der durch solche Gespräche verbundenen Menschen sind rein und zielstrebig auf den Kampf gegen die dämonische Gegenmacht ausgerichtet: keinerlei psychologische Probleme tauchen auf, die die Gemeinsamkeit dieses Kampfes belasten könnten. Das die Autobiographie beherrschende Grundmotiv, das zunächst zwiespältige, dann vom Kampf um Loslösung bestimmte Verhältnis zu den Eltern ist hier von vornherein problemfrei: die gezeigten Eltern, Arbeitereltern zumeist, stehen den jungen Kommunisten als gute und erfahrene Genossen in Widerstand und Verfolgung zur Seite; an Stelle des Beieinandersitzens in der Sprachlosigkeit, wie es in der Autobiographie beschrieben wurde, wobei das Ich seine Abende "wie eine Schuld" absaß, tritt nun hier das um revolutionäre Erkenntnis ringende Gespräch, das Arbeiter-Eltern und Kinder abends in der Küchenrunde vereint, an Stelle der kurzen, apodiktischen Äußerungen der bürgerlichen Mutter tritt hier die lange Erörterung der Arbeiterfrau, aus der der Wunsch nach befreiender Ernenntnis spricht:

> "Die nassen Fußspuren auf dem dunkelgrünen Linoleum zeigten den Weg an, den Coppis Mutter zurückgelegt hatte,

um die Schüssel überm Waschbecken auszuleeren und am Herd warmes Wasser aus der Kanne nachzufüllen. Der Altar, der jetzt bei uns im Museum steht, sagte sie, die Schüssel zurücktragend, war ein Besitzstück der Könige, wir können uns, wenn wir Zeit haben, vor diese Dinge hinstellen, doch wollen wir begreifen, was sie bedeuten, und vor allem, wollen wir sie für uns selbst beanspruchen, so müssen wir alles das nachholen, was uns in der Schule nie beigebracht wurde. Wir haben doch kaum, sagte sie, indem sie sich setzte und die Füße wieder ins Bad stellte, Lesen und Schreiben gelernt, und das Bilderansehen war etwas, an das überhaupt nicht gedacht wurde." 34)

Entsprechend wird dem in der Autobiographie beschriebenen Syndrom bürgerlichen Verdinglichungszugriffs zu Produkten des Geistes nun hier ein Verhältnis zu Besitz und Kultur gegenübergestellt, das dessen diametrales Gegenteil ist: kein fetischisiertes Heim bürgerlichen Besitzes wird bewahrt, in dem der Besitz anerkannter Kulturgüter Statussymbol ist, sondern das proletarische Interesse an Kunst und Literatur ist von der Suche nach auf Befreiung von der Ausbeutung weisenden Impulsen bestimmt:

"Die belastende Ungewißheit hinderte uns indessen ebensowenig wie früher daran, nach kulturellen Anregungen zu suchen. Zwar hatten wir nicht eine Fülle von Literatur in den Regalen, wir liehen uns wöchentlich Bücher aus der Stadtbibliothek, zur Zeit der Anwesenheit Hodanns hatte ich sie auch stoßweise von ihm, der sie willig auslieh, in unsere Wohnung getragen, doch die Bände, die uns gehörten, waren sorgfältig ausgewählt, sie waren zum Bestandteil unseres Lebens geworden, vom Vater, von der Mutter erworben. Durch zahlreiche Umzüge befördert, manche noch aus Bremen stammend, machten sie, neben einigem Geschirr und Bettzeug und dem Gepäck von Kleidungsstücken, unser einziges festes Eigentum aus, denn in den Möbeln sahn wir nur zufälliges Gut, billig und gebraucht erstanden, im Leiterwagen zu neuem Wohnort geschoben, vorm Umzug in eine andere Stadt schnell wieder verkauft. Wir besaßen eine Auswahl von Majakowskis Gedichten, ein paar Schriften von Mehring, Kautsky, Luxemburg, Zetkin, Lafargue, einige Romane von Gorki, Arnold Zweig und Heinrich Mann, von Rolland, Barbusse, Bredel und Döblin. Statt einer Spitzendecke, einer Porzellanvase hatten meine Eltern immer diese kleinen Blöcke aus dicht geschichtetem, eng mit Kenntnissen, Vorschlägen, Anleitungen bedrucktem Papier gekauft, und auch als das Geld knapp war, konnte es geschehen, daß mein Vater oder meine Mutter mit einem neuen Buch von Toller oder Tucholsky, von Kisch, Ehrenburg oder Nexö nach Hause kam, und wir saßen abends unter der Küchenlampe, lasen abwechselnd draus vor und besprachen untereinander den Inhalt." 35)

Und wie das eine Grundproblem der Autobiographie, die Konfliktsituation zwischen Eltern und Kindern, in diesem von marxistischen Idealvorstellungen geschaffenen Bild als gelöst vorausgesetzt wird, so ist es auch mit dem anderen dort vorherrschenden Grundthema, der Probleme der Sexualität des Heranwachsenden: sexuelle Probleme kommen hier einfach nicht vor, die psychische Disposition zu Aggressivität und Machthunger, in der Autobiographie so eindringlich umrissen, wäre hier undenkbar - alles dies scheinen Phänomene, die der bürgerlichen Gesellschaft vorbehalten sind, konfliktfrei und rein erscheint das Verhältnis der im Widerstand Geeinten zueinander; eine idealtypische Hilfsbereitschaft und Solidarität und Sauberkeit zeichnet ihre Gemeinsamkeit aus:

> "Weniger denn je sprachen die Kahlheit und Ärmlichkeit in den Arbeiterwohnungen dieser Jahre von gedanklicher Leere, die politisch Aktiven waren alle bekannt, ... nahe Freunde waren im Zuchthaus, im Straflager oder im Exil, und die Zurückgebliebenen versahen sich nur mit dem Notwendigsten. Dies war wie immer sauber und geordnet, nie waren die Stuben, in denen viele eng zusammenwohnten, dem Verfall preisgegeben, die Kargheit drückte verschwiegene zähe Auflehnung aus gegen den Ansturm von Demoralisierung und Verdummung." 36)

Entsprechend dieser Idealtypik fällt dann die Skizzierung der Gegenseite aus: da zieht "ein Trupp der schwarzen Totengräber, den Totenkopf an der Mütze, gröhlend vorbei",[37) die "neuen Herrscher" hatten "feiste Gesichter, die aus den Uniformkragen ragten"[38)]; an Stelle der eher andeutenden und damit um so eindringlicheren Beschreibung des Sogs, der die Menschen erfaßte, der nicht ausweichenden Selbstdarstellung als eines, der selbst von diesem Sog ergriffen ist, wie sie in der Autobiographie gegeben wurde, jene Beschreibung, die gerade durch ihre Indirektheit die faschistische Wirklichkeit so verdichtet spürbar werden ließ, tritt hier nun Benennung und Verteufelung: da wird von Widerstandskarikaturen über Nazis gesprochen, "in denen sie sich unflätig zu dem bekannten, was sie waren, Urkundenfälschern, Diebe von

Volksgut, Rassenhetzer, Massenmörder"[39], die "schwüle Verlogenheit des großdeutschen Rausches"[40] wird angeprangert, oder ganz nebenbei Benennungen wie "Noske, der selbsternannte Bluthund der neuen Ordnung" eingeflochten.[41]. Diese Beispiele ließen sich beliebig vermehren.
Die aus solchen Bildern entgegenstarrende Wendung zur Verflachung, zur Vereindimensionalisierung, die die zur Sprache gebrachte Geschichte in ihre Raster zwingt und ihr durch Reduktion in solch billige Klischeezeichnungen genau jenen Ernst der Annäherung verweigert, der in der Autobiographie so beeindruckend spürbar geworden war, begegnet dann in beängstigender Weise besonders charakteristisch an einer späteren Stelle, in der hier ebenfalls neu gebotenen Kafka-Interpretation: die Geschichte vom Landvermesser und dem Schloß wird hier als eine zwar verbesserungswürdige, in Ansätzen aber schon ganz gute Demonstration der Brüchigkeit des Kapitalismus angedeutet:

> "Der Landvermesser sprach von seinem Arbeitersein, von seinem Untergeordnetsein, er ging davon aus, daß er sich in einem Anstellungsverhältnis zum Schloß befand, es lag ihm nicht daran, aufzusteigen, etwas zu gewinnen, was außerhalb seiner Klasse lag, er wollte nur in seiner Tätigkeit anerkannt werden. ...Von dieser Geschlagenheit und dem gleichzeitig verbreiteten Wahn, daß wir durch Gnade unser Auskommen fanden, ging Kafkas Buch aus, und es beunruhigte, bedrängte den Lesenden, weil er die Gesamtheit der Probleme aktualisiert sah. Wir konnten uns wohl auf unsere politischen Maßnahmen berufen, konnten von Perspektiven sprechen, die uns aus der Gefangenschaft herausführen würden, und doch empfanden wir die gleiche Beengung, in der sich der Landvermesser befand. Wir konnten dem Verfasser des Buchs vorhalten, daß er nicht bestimmter ausgesprochen hatte, wer in diesem Schloß lebte, wer es war, der dort seine Vollkommenheit pflegte, wir konnten ihn kritisieren, daß er unsere Beherrscher in ein mystisches, fast religiöses Dunkel hüllte, daß er das Innere des Schlosses nicht bloßlegte und nicht die Vorbereitungen zu dessen Sturz zeigte, doch waren diese Einwände, die ich früher, wie mir jetzt einfiel, gehört hatte, bedeutungslos, denn das Prinzip, das er beschrieb, war einsichtig genug und rief gerade durch die Konsequenz der Darstellungsweise eine noch stärkere innere Beteiligung hervor. Das Schloß war ja schäbig, brüchig, altertümlich, es besaß nichts Imposantes, hatte keine Befestigungen, wäre eigentlich leicht einzunehmen, umd die Beamten, wenn sie sich mal zeigten,

> waren schwächliche, vergrämte, hinfällige Leute. Ebenso hatte sich uns das Gebäude des Kapitalismus gezeigt, dem Untergang nahe, verschroben und verachtenswert, und stand doch weiter da, seine kleinen bösen Schläge, seine Betrügereien, seine Gemeinheiten austeilend, uns in Schach haltend mit seinen windigen Boten, Zöllnern und Torwächtern. In der Realismusdebatte war Kafka als dekadent abgefertigt worden. Doch damit hatte man sich verschlossen vor seinem gesteigerten Wirklichkeitsbild, in dem der Mangel an Aufruhr, das emsige Kreisen um Nichtigkeiten, das schauerliche Fehlen von Einsichten uns vor die Frage stellte, warum wir denn selber immer noch nicht eingegriffen hatten, um die Mißstände ein für alle Mal zu beseitigen." 42)

VI. Doch was tragen diese Beobachtungen an dieser Stelle aus? Gewiß kann dieser kurze Blick auf das spätere Werk weder diesem Roman selbst gerecht werden, noch seinen Stellenwert innerhalb der Entwicklung des Schreibens dieses Autors befriedigend bestimmen: dennoch scheint es aufschlußreich, sich den Spannungsbogen solcher Entwicklung vom sensiblen sprachlichen Ausgestalten des Selbst-Erfahrenen in offener, Widersprüche ertragender Auseinandersetzung der frühen 60er Jahre bis hin zu jenem menschenfernen, monologisch eine Theorie bebildernden Schreiben der mittleren 70er Jahre zu vergegenwärtigen, will man sich der Problematik der Literaturentwicklung in diesem Zeitraum nähern. Denn sowenig diese Entwicklung, zumal aufgrund der besonderen biographischen Umstände, vor allem des Lebens im außerdeutschen Sprachraum, als charakteristisch angesehen werden kann, wirft sie doch exemplarisch die Frage nach dem Horizont der Auseinandersetzung auf, vor dem sie sich abspielte - die Frage nach den bedingenden Faktoren politischer und geistiger Entwicklung, die Denken und Schreiben jenes Zeitraums herausforderten. Deshalb sollen diese hier stichwortartig umrissen werden.

Wir hatten am Beispiel der Romane von Grass gesehen, daß gegen Ende der 50er Jahre sich eine perspektivische Wende in der Thematisierung von Judentum, Antisemitismus und Faschismus abzeichnete, die zugleich für eine Wende in der Literaturentwicklung allgemein zu stehen schien: hatte die erzählende Literatur des ersten Nachkriegsjahrzehnts sich zumeist in eindeutigem Engagement mit Krieg und faschistischer deutscher Vergangenheit beschäftigt, so wurde hier dieses Engagement perspektivisch verweigert, während zugleich über die Zeichnung von Faschismus und Krieg hinweg die Wirklichkeit Nachkriegsdeutschlands als fragwürdig bespiegelt wurde. Hier, wie in zahlreichen anderen literarischen Werken jener Jahre, wurde eine gesellschaftliche Realität angeprangert, die von Verleugnung ihres Ursprungs aus dem nicht selbst überwundenen Faschismus und Flucht in Wiederaufbau und Wohlstandsgier lebt, eine Gesellschaft, in der Ziellosigkeit und Vergangenheitsverdrängung einander bedingen. In diesen literarischen Werken kommen jüdische Figuren, meist erinnerte Gestalten, eher am Rande vor, als mahnende Stichworte, die dazu beitragen, die Selbstsicherheit dieser Nachkriegsgesellschaft und ihres Selbstverständnisses in Frage zu stellen. Und im Ganzen ist es ein eher statisches Bild, das in ihnen präsentiert wird: zwar wird die Wohlstandsgesellschaft kritisiert, auch der zurückliegende Nationalsozialismus immer wieder als am Horizont von Vergangenheit und Zukunft drohend thematisiert, doch zeigt sich nirgends, daß ein tieferes Verständnis für die Ursachen des Faschismus gewonnen worden wäre. Wir gingen bei der Besprechung des Faschismusbildes in den Romanen von Grass darauf ein.[43)]

Im Verhältnis zu solcher literarischen Thematisierung muß die erinnernde Annäherung, wie sie von Peter Weiss in den autobiographischen Erzählungen geleistet wird, als etwas erscheinen, was aufgrund eines abgründigeren, offeneren Menschenbildes, der uneingestandenen eigenen Möglichkeit, auf der Seite der Verfolger zu stehen, in fast bedrohlicher Weise verunsichernd gewirkt haben könnte, vielleicht zu bedrohend, um nicht jene Fluchtbewegung in erneutes, nun eindeutig links-politisches Engagement zu bewirken, wie es als Forderung von dritter Seite bereits über diesen Erzählungen gestanden hatte. Und trotz aller Vorsicht, die bei derartigen Interpolationen geboten ist, wäre zu vermuten, daß die Entwicklung, die an Peter Weiss' Schreiben zu beobachten war, zugleich für jene von vielen Intellektuellen vollzogene Bewegung steht, die vor dem Bedrohenden einer Annäherung an die eigene Verstrickung in die Geschichte zunächst Zuflucht beim existentialistischen Denken gesucht hatte, sich dann jedoch aus Unbehagen über dessen Inkompetenz gegenüber den Problemen der Zeit - der Fragwürdigkeit jenes von Wohlstandsstreben und Vergangenheitsverdrängung, Antikommunismus und Wiederaufrüstung bestimmten Selbstverständnisses der BRD während der Adenauer/Erhard-Ära - in ein oppositionelles, also links-politisches Engagement rettete, in dieses jedoch unbesehen die zweifelhaften Implikationen existentialistischer Geschichtsblindheit mit einbrachte. Es scheint, daß die Vorstellung einer möglichen Verbindung von Existentialismus und Marxismus, wie sie Alfred Andersch 1948 in seiner oben erwähnten programmatischen Schrift angesprochen hatte,[44] tatsächlich ihre Verwirklichung gefunden hat in dieser Bewegung, an deren Ende ein so ungeschichtlich-flächenhaftes Marxismusverständnis wirksam werden konnte, wie es z.B. hinter der erstarrten Wahnwelt, der Entwirklichung und Schwarzweißmalerei von Peter Weiss' spätem Roman erkennbar wird. Wir werden auf die Problematik dieser Entwicklung in den nächsten Kapiteln näher eingehen. Doch zuvor soll das Gesagte um einen weiteren Aspekt ergänzt werden.

Es scheint, daß die angedeutete Bewegung, die sich in der Mitte der sechziger Jahre abzuzeichnen beginnt, gerade in dieser Zeit einen nicht unwichtigen Impuls erfuhr durch den 1964 stattfindenden Auschwitz-Prozeß, an dem auch Peter Weiss teilnahm und den er in seinem Theaterstück "Die Ermittlung" literarisch verarbeitete.[45] Denn die dort ablaufende Konfrontation mit dem Ungeist der Vergangenheit mußte um so kompromittierender längst erledigt geglaubte Fragen aufreißen, als er in der Öffentlichkeit die Konsequenzen jener Entwirklichung von Ich und realer Geschichte vorführte, an deren Muster ein seit zwei Jahrzehnten vom Existentialismus bestimmtes Denken neu zu verfallen begonnen hatte. Wie wenig das intellektuelle Bewußtsein jener Zeit jedoch offenbar bereit war, auf die Fluchtbewegung zu verzichten und stattdessen das eigene, durch den Existentialismus vermittelte, letztlich idealistische Menschenbild subjektiver Selbstbestimmtheit in Frage zu stellen, zeigt sich in vielleicht aufschlußreicher Weise an der Ablehnung, die ein gleichzeitig, ebenfalls 1964, erstmals in der BRD erscheinendes Buch erfuhr, da es gerade durch seine Zeichnung von Juden unter dem Faschismus dieses Menschenbild verunsicherte und, indem es die gewohnten Schablonen der Judendarstellung zerbrach, den Rückzug in die eiligen Antworten des Engagements erschwerte: der Roman "Nacht" des 1926 in Leipzig geborenen jüdischen Schriftstellers Edgar Hilsenrath.[46)]

VII. In diesem Buch, 1952 in den USA, doch in deutscher Sprache geschrieben, verarbeitet der 1938 noch mit Mutter und Bruder nach Rumänien entkommene Autor Biographisches: die eigene Erfahrung des Lebens in einer jener künstlich gebildeten Ghetto-Städte der rumänisch besetzten Ukraine, in denen deportierte Juden der Bukowina und Bessarabiens unter erbärmlichsten Umständen abgeladen und sich selbst bzw. der Willkür der rumänischen Milizen überlassen wurden.

Das Leben der Menschen in dieser Ghetto-Stadt, in der man an Sonntagen das Läuten der Kirchenglocken aus einem rumänischen Dorf auf der anderen Seite des Flusses hört, ist bestimmt von dem einzigen verzweifelten Versuch, irgendwie zu überleben: alles Bestreben richtet sich darauf, einen "Schlafplatz" in einem der überfüllten Häuser zu behaupten, den Razzien sowie der Fleckfieberseuche zu entgehen und auf irgendeine Weise auf dem Tauschweg an etwas von dem wenigen Eßbaren zu gelangen, das durch rumänische Soldaten ins Ghetto geschleust wird. Fast die einzige Möglichkeit, an diese Tauschwerte zu gelangen, ist dabei die Plünderung der Toten, die, am Fleckfieber oder Hunger gestorben, auf der Straße liegen: Kleider und Schuhe sind dabei weniger begehrt als die Goldzähne, die dann mit Hämmern und Zangen aus dem Munde der Leichen gebrochen werden, kaum, daß der Tod

eingetreten ist.
Durch über 500 Seiten hindurch gibt der Roman, größtenteils erzählt aus der Bewußtseinsperspektive der Zentralfigur Ranek, so ein erbarmungsloses Bild von Menschen, die, konfrontiert mit dem dauernden Sterben um sie herum sowie der eigenen Entwürdigung zum gehetzten Rattendasein in diesem Ghetto, zu überleben versuchen. So beginnt der Roman:

> "Der Mann war leise eingetreten ... so leise, als hätte er Angst, die Toten zu wecken. Im Zimmer herrschte Halbdunkel. Allmählich gewöhnten sich seine Augen daran, und die Umrisse der langen Schlafpritsche wurden deutlicher. Da lagen sie. Die meisten waren im Lauf der Woche an Fleckfieber gestorben; einige Leute atmeten noch, aber waren zu kraftlos, um sich zu bewegen. Hinten, in der äußersten Ecke, dicht unter dem scheibenlosen Fenster, war ein einziger leerer Platz; der gehörte ihm.
> Eine Weile fingerte er nervös an seiner Jacke herum, an der Stelle, wo der schmutziggelbe Judenstern hing; der Stern hatte sich etwas losgelöst, und er hakte ihn jetzt wieder fest.
> Warum war er wieder nach Hause gekommen? Das war ja vollkommen verrückt! Nein, heute nacht konnte er nicht mehr hierbleiben; hier war schon alles verseucht; er mußte sich irgendwo anders nach einer Schlafstelle umsehen.
> Seine Blicke wanderten zu dem eisernen Herd, auf dem noch ein Kessel Wasser stand und ein leerer, verkrusteter Eßnapf ... und weiter ... zu der halboffenen Tür hinter der ein Stück nasse Straße wie ein Ausschnitt der verregneten Stadt sichtbar war. Er ging wieder auf die Tür zu, aber als er die Klinke in seiner Hand hielt, fiel ihm plötzlich etwas ein, und so drehte er sich nochmals um und schlurfte zurück.
> "Nathan", sagte er heiser, "ich muß dich um einen letzten Gefallen bitten."
> Nathan gab keine Antwort. Der Mann starrte nachdenklich auf die Füße des Toten, die mit Fußlappen und Bindfaden umwickelt waren, wie seine eigenen. Die Bindfaden sind noch gut, dachte er, nicht so zerfranst wie deine; die Lappen sind zwar nicht viel wert, aber sie sind wenigstens trocken, und man kann sie zum Wechseln benützen. Er überlegte nicht lange. Er knotete die Bindfaden auf und steckte sie ein. Dann wickelte er die Lappen von den starren, krähenartig gespreizten Füßen und ließ auch sie in seinen Taschen verschwinden. Er tat das ohne Widerwillen. Nathan war sein bester Freund gewesen, und es war nur zu natürlich, daß er ihn beerbte. Bevor er ging, nahm er den Hut des Toten und stülpte ihn sich auf den Kopf, während er seinen alten

achtlos auf den Boden fallen ließ.
"Sei nicht bös, Nathan," sagte er, "sei nicht bös, daß ich auch den Hut ..., aber meiner ist nicht mehr wasserdicht." Er grinste leicht, blickte nicht mehr hin und ging.
Die Straße war verödet. Der Regen und die Abenddämmerung mußten die Menschen vertrieben haben... oder war es nur die Angst? Es wird die Angst sein, dachte der Mann. Seine Lippen, die eben erst gegrinst hatten, schlossen sich wieder, und sein Gesicht wurde auf einmal hart.
Er hatte ein völlig verwahrlostes Gesicht, in dem Hunger und Not erbarmungslos gewühlt hatten. Er drückte den zu großen fremden Hut jetzt tiefer in die Stirn seine Hosen, die mit einem Eisendraht verschnürt waren, band er fester zu; er hatte kein Hemd an, und seine eingefallene Brust schaute grau und haarig unter der zerfetzten Jacke hervor. Wie kalt es noch immer ist, dachte er schaudernd. Diesmal ließ der Frühling lange auf sich warten. Dabei war es schon März ... März 1942." 47)

Wie an dem hier wiedergegebenen Textausschnitt bereits spürbar wird, liegt das Faszinierende dieses Erzählens weniger in der Schilderung der anschaulich gemachten Lebenswelt selbst, wenngleich diese so plastisch vorgeführt, der Kampf ums Überleben zwischen ständiger Bedrohung und ständigem Sich-Klammern an neu auftauchende Hoffnungsmomente so spannend dargestellt wird, daß die Lektüre äußerst fesselnd wird: das eigentlich Faszinierende liegt jedoch eher in dem hier vorgeführten, ungeglättet zwischen Brutalität, Resignation und einem Rest von menschlichen Gefühlen schwankenden Bewußtsein der Zentralfigur. Dessen Zwiespältigkeit wird zum eigentlich Aufrührenden dieses Buches: unterhalb des Überlebenskampfes vor den Kulissen des Elends und der Erniedrigung wird hier der Kampf eines Bewußtseins zwischen Selbstaufgabe und Bewahrung eines Restes individueller Integrität zur Sprache gebracht. Der Zustand des Verfallens an Brutalisierung und Resignation, den die Extremsituation von äußerster Erniedrigung und Bedrohung bewirkt hat, und der scheinbar alles Miteinander-Umgehen beherrscht, wird gerade darum so glaubhaft spürbar, weil er immer wieder verfremdet wird von Momenten, in denen eine in diesen Gestalten irgendwie bewahrte Menschlichkeit zum Durchbruch kommt: der Kampf, der sich hier um die Kraft der Individuen abspielt, ist alles andere als ein Scheinkampf; er kann den Leser zwischen Identifikation und Ablösung von der Bewußtseinsidentität dieser Menschen in einen beklemmenden Bann ziehen.

Denn die Juden, die hier gezeigt werden, sind als Opfer weder nur leidende, ihre subjektive Kraft der objektiven Bedrohung entgegensetzende Individuen noch Kämpfer, die an den übergeordneten Sinn ihres Kampfes glauben; auch stehen sie in ihrer Machtlosigkeit nicht für eine unschuldige Idee richtigen Lebens, die verwirklicht werden könnte, wenn das Brutalitätsregime einmal zerschlagen wäre: sondern es sind Menschen, die von eben diesem Regime nicht nur in ihrer physischen Existenz, sondern gerade in ihrer subjektiven Integrität angegriffen und von deren völliger Zerstörung real bedroht sind. Dabei verbleibt ihre Darstellung auch nicht im skurril-ausschnitthaften wie diejenige der "kaputten Type" Fajngold bei Grass, sondern gewinnt durch das Moment der zeitlich verfolgbaren Entwicklung eine eigene Plastizität. Die beobachtbare Zerstörung der Subjektivität durch die geschichtliche Wirklichkeit, die irreversible Entmenschlichung der zum Objekt Gemachten als tatsächliche Möglichkeit: indem das hier Erzählte diesem Wissen standhält, ohne an irgendeinem philosophischen Konzept Halt zu suchen, wird es zu einem allen Trost gedanklicher Konstrukte in Frage stellenden Zeugnis eines Überlebenden, der jüdische Wirklichkeit aus der Perspektive eigener Erfahrung schildert - einem Zeugnis, dessen beunruhigende, zum Nachdenken aufrüttelnde Wirkung in dieser unausgetragenen Spannung zwischen Mißtrauen dem Menschen gegenüber und gleichzeitiger Gestaltung einer aller ernstgenommenen Bedrohung des Subjekts trotzenden Möglichkeit von Menschlichkeit "quia absurdum" besteht. Repräsentiert wird diese Möglichkeit einerseits durch die widersprüchliche Psyche des so bedrohten Ranek, andererseits eindeutiger in der Gestalt von dessen Schwägerin Deborah: die am Ende des Romans allen Belastungen zum Trotz zwischen den beiden aus-

gemergelten und in ihrer psychischen Integrität entstellten Menschen aufbrechende Liebe, die sie noch und wieder zu Gesten von Behutsamkeit und Berührbarkeit fähig macht, steht für diese Möglichkeit ein,[48)] ebenso wie die am Schluß des Romans, dieses Panoramas von Erniedrigung, Verzweiflung und Brutalität stehenden Worte Deborahs, gesprochen zu jenem fremden Säugling, der unter widersinnigsten Umständen im Ghetto geboren worden war und seither von ihr mitgeschleppt wurde, nun auch nach Raneks Tod: "Du brauchst keine Angst haben ... Mutter wird auf dich aufpassen."
Diese Grundaussage, daß Menschen bis zum Schluß, auch unter den Bedingungen extremer Entmenschlichung, zu Gesten der Zuwendung, zur Liebe fähig bleiben, wirkt um so eindringlicher, als die Zuversicht, die in ihr anklingt, zugleich durch das ganze Buch hindurch in Frage gestellt wird, angreifbar erscheint, sich an nichts klammert. Es scheint, daß das dem Roman vorangestellte Bibelwort Jes. 54,7 "Ich habe dich einen kleinen Augenblick verlassen, aber mit großer Barmherzigkeit will ich dich sammeln" in eigener Weise für das hier zum Ausdruck kommende Menschenbild steht: auch die hier vorgeführten Menschen erscheinen von Gott verlassen, in ihrer Menschlichkeit zu Grunde gerichtet, und doch steht über ihnen eine Verheißung von "Barmherzigkeit": die Verheißung, daß ein Überleben des Menschlichen in ihnen im Widerspruch zu aller tatsächlich drohenden Entmenschlichung möglich ist.
Doch das so gezeichnete, abgründig-zweideutige Menschenbild birgt neben der Verheißung die Bedrohung, und zwar nicht nur vermittelt durch die Zeichnung der Menschen im Roman, sondern direkter und dabei ungreifbarer im Prozeß der Bewußtseinsveränderung, die sich im Lesen dieses Buches einstellt: der Leser erlebt hier selbst, wie er in den Bann dieses abgründigen Bewußtseins gezogen wird, er erlebt, daß er selbst die Jagd nach den Goldzähnen, die das weitere Überleben für eine kurze Zeit ermöglichen, wie auch alle anderen Überlegungen, die der rücksichtslosen

Selbstbehauptung dienen, allmählich als etwas ganz Natürliches und Naheliegendes zu betrachten beginnt. So ist es kein Wunder, daß dieses Schreiben durch solches Sich-Heranwagen an die Belastbarkeitsgrenze individueller Selbstsicherung zu einer Herausforderung an jene werden mußte, die bislang Halt gefunden hatten an den unterschiedlichen Modi einer Entwirklichung des Faschismus und seiner Bedrohung menschlicher Integrität - einer noch weit stärkeren Herausforderung als sie z.B. in Peter Weiss' erinnerndem Rückblick auf die eigene psychische Labilität gegenüber dem Faschismus begegnet war. So ist es verständlich, daß der Roman, trotz einiger befürwortender Stimmen, kaum Anklang fand[49)] - erst sehr viel später sollte sein Autor, allerdings auf Grund eines erheblich gewandelten Schreibens, in der literarischen Szene der BRD bekannt werden. Wir gehen darauf an späterer Stelle ein. Zuvor wenden wir uns der nachfolgenden allgemeinen Entwicklung zu: am Beispiel eines 1967 erschienenen Romans, in dessen Zentrum ein in die BRD zurückgekehrter Jude steht.

7. Kapitel: Alfred Andersch

"Lieber Keir, schreibe ich, ich bin dir noch einen Bericht über meine Suche nach Esther schuldig. Deswegen hast du mich ja nach Berlin geschickt. Lüg nicht, erzähl mir nicht, es wäre wegen der Lage auf der Insel gewesen; du weißt ebenso gut wie ich, daß es genügt hätte, Peel vom Bonner Büro hinzuschicken, weil es ja nur auf ein Stimmungs-Feature ankam, mehr war ja in Berlin hinsichtlich der Insel nicht drin, und Peel hätte es dir viel besser machen können als ich, weil er die Verhältnisse in Berlin seit Jahren genau kennt, mit einem Blick erfassen kann, ob die Moral 'high' oder 'low' ist. (Ich schreibe natürlich englisch an Keir, habe mich aber entschlossen, in der deutschen Übersetzung einige englische Worte stehen zu lassen. Zu den Aufgaben eines jeden englischen oder amerikanischen Journalisten, der nach Berlin geschickt wird, gehört es, zu untersuchen, ob die Moral der Berliner 'high' oder 'low' ist. Unmöglich, diese Begriffsverbindung wörtlich zu übersetzen, von 'hoher' oder 'niedriger' Moral zu sprechen hieße, die Sache mit einer Bedeutung aufzuladen, die sie nicht hat; andererseits soll doch mehr erkundet werden als die gute oder schlechte Stimmung der Berliner. Es ist wirklich Moral gemeint, aber die Moral einer Truppe. Bedauernswerte Belagerte!) Also lassen wir das weg, fahre ich fort, du hast es jedenfalls fertiggebracht, daß ich ein Land betrat, welches ich auf meiner Weltkarte zum weißen Fleck erklärt hatte. Na schön! Es ist das eingetreten, was ich befürchtet habe: es hat mich nicht einmal aufgeregt. Ehe ich in Berlin landete, hatte ich noch das vage Gefühl, so etwas wie Vergangenheit zu haben, Eltern, Großeltern, Urgroßeltern, eine Tradition, wie du eine hast, du mit deiner schottischen Prediger-sippe, deinen gepflegten Kirchenbüchern, deinen Gräbern in der Grafschaft Argyll, daß auch ich schließlich ein Erbe besäße, wenn auch ein am Ende verfluchtes. Aber ich habe nichts gefunden, nichts mehr war da, keinen Moment lang habe ich so etwas wie Aufregung gespürt, die Erregung, die man fühlt, wenn man auf eine Spur stößt. Es gibt keine Spuren mehr, ich besitze nicht die Spur einer Vergangenheit. Ich übertreibe: man gibt mir das Haus meines Vaters zurück. Aber das Grab meines Vaters kann man mir nicht zeigen. Und es hat mich nicht erregt, es hat mich nicht zornig gemacht, ich habe nichts gefühlt, nichts, nichts, nichts. Du hättest mir diese Erfahrung ersparen können, Keir!" 1)

Das hier ausgewählte Prosastück aus dem 1967 erschienenen Roman "Efraim" des 1914 geborenen Alfred Andersch[2] gibt einen gerade entstehenden Brief wieder, der bisweilen unterbrochen wird von den Zwischenbemerkungen des Schreibenden zu seinem Text: ein englischer Journalist, der nach Berlin geschickt wurde, schreibt seinem Vorgesetzten, zu dem er offenbar ein salopp-kollegiales Verhältnis hat, über diese Unternehmung. Was dabei zur Sprache kommt, sind jedoch keineswegs die Dinge, um derentwillen er, zumindest nominell, dorthin gesandt wurde, - die Stimmung in Berlin in Anbetracht der "Lage auf der Insel" - sondern gebracht wird eine Infragestellung dieses von Keir, dem englischen Vorgesetzten, vorgeschobenen Motivs für diese Mission selbst: Keir habe ihn, so schreibt der Ich-Erzähler, in Wirklichkeit auf Suche nach einer Esther geschickt, und damit zugleich etwas "fertiggebracht", wogegen er sich lange gesträubt zu haben scheint, nämlich Deutschland wiederzusehen, aus dem er vertrieben wurde und aus dem - die Bemerkung über das nicht vorhandene Grab des Vaters läßt es erraten - sein Vater deportiert und umgebracht wurde. Der hier spricht, ist offenbar ein Jude, der berichtet über seine erste Konfrontation mit dem Land und dem Volk in dem er einmal einen Platz gehabt hatte, und das dann für ihn wie für alle Juden die Alternative Flucht oder Ermordung bereithielt. Der Haupteindruck, den diese Konfrontation in ihm auslöst, ist dabei nun erstaunlicherweise die totale Gleichgültigkeit: "Und es hat mich nicht erregt, es hat mich nicht zornig gemacht, ich habe nichts gefühlt, nichts, nichts, nichts."

Das muß stutzig machen. Man würde anderes erwarten, und gerade gegen diese andere Erwartung scheint das erzählende Ich sich hier auch profilieren zu wollen - auch hier scheint, ähnlich wie am Ende des im vorigen Kapitel behandelten autobiographischen Berichts von Peter Weiss, die totale Loslösung von jeglichem Eingebundensein in irgendeine Zugehörigkeit, die Unabhängigkeit von einer Geschichte proklamiert zu werden. Doch während der Verfasser jenes autobiographischen Rückblicks tatsächlich zu den rassisch Diffamierten gehörte und man seinen vehementen verbalen Impetus zur Loslösung aus individualgeschichtlichen und gesamthistorisch vermittelten Bindungen zu dieser existentiellen Erfahrung in Beziehung setzen muß, trifft dies für den Autor Alfred Andersch nicht zu: der jüdische Ich-Erzähler dieses Romans spricht also über eine existentielle Erfahrung, die vom Autor selbst nicht nachvollzogen werden konnte. Zwar war Alfred Andersch zu Beginn des Dritten Reiches inhaftiert als Angehöriger der kommunistischen Jugendorganisation, war also auch Verfolgter des Naziregimes, jedoch kein rassisch Verfolgter. Daß er hier gerade einen solchen, einen jüdischen Romanhelden aus der Ich-Perspektive zu diesem heiklen Themenkomplex Aussagen machen läßt, scheint ein kühnes Unterfangen; und man würde schnell vermuten, daß Andersch hier von ähnlichen Voraussetzungen ausgeht wie Stephan Hermlin in der "Zeit der Gemeinsamkeit", nämlich einer wie auch immer kommunistisch orientierten Weltanschauung, für die unter dem Banner des Antifaschismus der Unterschied existentieller Erfahrung von rassischem und politischen Verfolgtsein nicht ins Gewicht fällt. Doch wäre das vorschnell; außerdem liegen zwischen dem Erscheinen der "Zeit der Gemeinsamkeit" und des "Efraim" 18 Jahre: so wird die Frage hier in eigener Weise zu stellen sein, welche Bedeutung ihm zukommt. Damit eine Antwort auf diese Frage erarbeitet werden kann, soll zunächst der Roman im Ganzen vorgestellt werden.

II. Der Roman, in dessen inhaltlichem Zentrum die 1962 unternommene Berlin-Reise des englischen Journalisten deutsch-jüdischer Herkunft steht, ist von seiner Komposition her etwas schwierig zugänglich: er gibt die Aufzeichnungen des Ich-Erzählers wieder, die dieser während des Berlin-Aufenthaltes begonnen hat und später durch die beiden darauf folgenden Jahre hindurch fortsetzt, wobei er immer wieder den Schreibprozeß reflektiv durchbricht, unschlüssig, ob diese Aufzeichnungen denn nun eigentlich nur für die Schublade bestimmt sind oder von vorne herein, wenn auch zunächst uneingestanden, als Buch konzipiert seien. Das so scheinbar zweckfrei entstehende Aufzeichnungskonvolut enthält dann sowohl den Bericht über das 1962 in Berlin Erlebte, einschließlich der Erinnerungen an die Kindheit, als auch Zwischenreflexionen über den später, im Hauptdomizil des

Journalisten in Rom, weiterlaufenden Schreibprozeß sowie über Ereignisse, die in den nächsten beiden Jahren neu hinzugekommen sind - dabei gleitet der Blick des Erzählers etwas sprunghaft über die verschiedenen Ebenen erzählter Zeit, wodurch die Lektüre verkompliziert wird. Doch erscheint diese Aufzeichnungsmasse andererseits wiederum keineswegs als so spontan hingeschrieben, wie sie sich geben möchte: denn einerseits beschreibt der Erzähler ausführlich sich selbst, seine Gestalt, seine Gewohnheiten, ist offenbar bestrebt, ein vollständiges Bild von sich selbst zu geben, andererseits scheint er mit öfters wiederholten Andeutungen über wichtige Informationen, die erst sehr viel später vollständig gegeben werden, - so z.B. das Ergebnis seiner Nachforschungen über Esther bei der Leiterin der Schule, die sie zuletzt besuchte - offenbar gezielt Spannung bei einem Leser erzeugen zu wollen.
Was sich dabei durch das so Niedergeschriebene präsentiert, ist das Selbstportrait eines Mannes in der Auseinandersetzung mit den Menschen seiner Umgebung einerseits und mit seiner individuellen Geschichte als bedingt durch die deutsche Geschichte andererseits: es ist die Geschichte jenes Georg Efraim, Sohn von einst im bürgerlich-deutschnationalen Berliner Judentum der zwanziger Jahre etablierten Eltern, der dann mit dem Ausbruch des Dritten Reiches als Halbwüchsiger zu einem Onkel Basil nach England geschickt wurde, während die Eltern in Deutschland blieben und so später deportiert und ermordet wurden. Dieser besondere Umstand der Herkunft aus dem Berliner Judentum war es dann, dem Efraim später seinen etwas eigenartigen Zugang zum Journalistenberuf verdankte: der englische Redakteur Keir Horne hatte ihm, dem jungen englischen Soldaten, dem er 1944 begegnete, als er von Kriegsschauplatz zu Kriegsschauplatz reiste, um sich geeignete Leute für neuartige Propagandasendungen nach Deutschland zusammenzustellen, die Möglichkeit der Mitarbeit angeboten,[3] da der Kreis von Menschen, dem Efraim entstammte, auch für ihn, Keir Horne, eine Rolle gespielt hatte, und er, wie Efraim es nennt, je-

manden um sich haben wollte, mit dem er darüber sprechen konnte.[4)] Keir Horne nämlich, der in den zwanziger Jahren in Berlin studiert hatte, hatte mit einer vornehmen jüdischen Dame aus Efraims ehemaliger Nachbarschaft ein uneheliches Kind, eine Tochter, die, etwas jünger als Efraim, diesem als Kind der Nachbarschaft noch gut in Erinnerung ist. Über ihr Verbeiben gibt es keine Gewißheit, da ihr Name nicht, wie der der Mutter, auf den Deportationslisten verzeichnet war; und so verbindet Keir Horne im Jahre 1962 den Auftrag an seinen Journalisten Efraim, die Stimmung in Berlin während der Kuba-Krise und der Spiegel-Affaire zu sondieren, mit dem privaten Auftrag, auf irgendwelche Weise dem Verbleib dieser Tochter nachzuforschen. Die Nachforschungen, die Efraim im Auftrag Keir Hornes über die Spuren Esthers beginnt, stellen, zusammen mit der im Westberlin des Jahres 1962 erlebten Konfrontation mit der eigenen Vergangenheit, die zugespitzt erfahren wird während eines Besuches im einstigen Elternhaus, in dem nun eine andere Familie wohnt, den einen thematischen Brennpunkt des in den Aufzeichnungen vorgeführten gedanklichen Prozesses dar: in immer neuen Reflexionsansätzen wird das Verhältnis dieses Nachkriegsdeutschlands zu seiner "Bewältigung" der Vergangenheit in Augenschein genommen, immer gerade kurz genug, um die Problematik nicht zu komplex erscheinen zu lassen. So entsteht aus Gedanken, die beispielsweise den Nachkriegsjargon betreffen, oder den Nachkriegsdeutschen gelten, die das Wort "Jude" nur mit belegter Stimme aussprechen können, aber auch aus Momentaufnahmen wie jener einer disziplinierten Studentendemonstration, einer Party der Berliner Medien-Schickeria, bei der ein Journalist sich bis zur "Vergasung" amüsieren möchte, auch Kurzportraits des kommunistischen Kohlenhändlers und ehemaligen KZ-Häftlings Krystek oder der philosemitisch-taktvollen, leicht hysterischen Frau Heiß, die das Elternhaus derzeit bewohnt und klare Antworten in Bezug auf das Geschehene hat, das Bild eines Nachkriegsdeutschlands, das der Ich-Erzähler leicht angewidert betrachtet, das in ihm jedoch keineswegs große Betroffenheit erzeugt: er, der Jude, dessen Eltern hier ermordet wurden, kann nichts zu all dem empfinden, und mit gelangweilt-überlegenem Unterton wehrt er vor allem alle diesbezüglichen Suggestionen anderer ab. Während diese zumeist nach Erklärungen für das Geschehene suchen, gibt es für ihn keine Erklärungen, alles Geschehen sei ohnehin nur Zufall: das Unfaßbare am hier Geschehenen mache jeden Versuch eines historisch-einordnenden Verstehens a priori absurd - aus der Weigerung, angesichts des Grauens einen Sinn in der Geschichte oder in seinem Leben zu sehen, folgt für ihn die Verweigerung einer geschichtlich-einordnenden Perspektive überhaupt:

> "Diese Dummköpfe, - zu denen Keir übrigens nicht gehört, weil er zwar an das Schicksal, jedoch nicht an die Erlösung glaubt -, haben noch keinen Gedanken daran verschwendet, daß, wenn mein Leben einen Sinn haben soll, auch der Umstand, daß meine Mutter in einer Gaskammer in Auschwitz getötet wurde, sinnvoll sein müßte. Ich weigere mich jedoch, an den Sinn von Zyklon B zu glauben! Nein, wir sind ein Zufall, weiter nichts. Nicht einmal gewürfelt sind wir worden, es sei denn, die Hand, der wir aleatorisch entrollten, wäre die Hand eines Ganoven gewesen. Es gibt keine solche Hand. Es gibt keine Ursache für uns und kein Ziel. Wir existieren. Schluß. Aus. Mehr ist nicht drin." 5)

Und beim Besuch des Elternhauses, der Begegnung mit jener Frau Heiß, die sich scharf gegen seine saloppe Art der Behandlung des Problems wehrt, heißt es:

> "Wäre ich in diesem Haus geblieben, so würde ich jetzt nicht mit ihr an der Gartentüre stehen, weil ich dann zusammen mit meinen Eltern durch Giftgas getötet worden wäre. Natürlich wäre ich das Opfer eines reinen Zufalls geworden. Es ist ein purer Zufall, daß vor zwanzig Jahren jüdische Familien ausgerottet wurden, und nicht ganz andere Familien zwanzig Jahre früher oder später, jetzt zum Beispiel. Eine wirklich schlüssige Erklärung des Endes meiner Eltern habe ich bis jetzt nicht gefunden, und Leute, die Erklärungen dafür bereit haben, sind mir höchst verdächtig. Ebenso wie Frau Heiß und ihre Töchter sich in einer halben Stunde zum Mittagessen setzen, könnten sie auch zu ihrer Ermordung abgeholt werden, wenn es der Zufall so wollte." 6)

III. Das Fragwürdige an dieser Position, die jeden Gedanken an eine Verantwortlichkeit in der Geschichte rundweg ablehnt, ist offenbar. Am fragwürdigsten ist dabei jedoch, daß diese Worte, die fern an existentialistische Verweigerung geschichtlich-einordnenden Denkens mit Berufung auf die Absurdität des Geschehenen erinnern, hier einem Juden in den Mund gelegt werden.[7] Daß solche perspektivische Usurpation so problemlos möglich erscheint, soll offenbar zugleich Demonstration eines Kerngedankens der hier vorgeführten Philosophie der Beliebigkeit sein: daß jemand Jude ist, ist Zufall; er hätte auch ebenso gut etwas anderes sein können. Auf dieser Hypothese wird auch die ganze Theorie der beliebigen Vertauschbarkeit der Identität konstruiert: daß das erzählende Ich als Jude verfolgt wurde, bedeutet für es nun Parteinahme für Verfolgte überhaupt, weiter nichts - wie die Theorie der absoluten Sinnlosigkeit, so wird auch die Theorie der absoluten Beliebigkeit der Wirklichkeit, auch der Wirklichkeit jüdischer Existenz - die sich ihr wie nichts anderes entziehen würde - aufoktroyiert.

Welche fragwürdige Implikation sich in diesem Zugriff andeutet, wird klarer, wenn man den zweiten thematischen Brennpunkt dieses Romans mit ins Auge faßt: den des gestörten Verhältnisses des 42jährigen alleinlebenden Journalisten zu Frauen, zur Sexualität überhaupt.

Der hier spricht, zeigt sich einerseits als wählerischer Verführer, der mit abschätzend objektivierendem Blick das jeweilige Bemächtigungsstadium innerhalb einer Beziehung zu einer Frau austaxiert, ohne dabei je diese Position zu verlieren, andererseits jedoch gibt er sich als der Bemitleidenswerte, dem alles nicht so recht gelingt. So erfährt man, daß er überhaupt eine Abneigung gegen den Geschlechtsverkehr habe; mit der einzigen Frau, für die dieses nicht zutrifft, seiner Ehefrau Meg, einer Photographin, lebt er jedoch nicht mehr zusammen, da er sich nicht damit abfinden kann, daß diese außer der Beziehung zu ihm auch ein Verhältnis mit Keir Horne hat, das sie auch nach der Eheschließung mit Efraim nicht beenden will. Doch auch die Bekanntschaft mit Anna Krystek, einer Kommunistin, die vor dem

Mauerbau in Ostberlin als Schauspielerin ausgebildet wurde, jedoch im Westen bei ihrem Vater, dem Alt-Kommunisten und Kohlenhändler lebt, bleibt nur Episode; zwar möchte Efraim sie verführen, kommt allerdings nicht recht dazu; einer Einladung nach Rom möchte sie zunächst folgen, kehrt aber auf halbem Wege, nach der Konfrontation mit einer Studentendemonstration in Frankfurt, um.
Zwar bestätigt der mit solchen Problemen Belastete immer wieder seine Selbstsicherheit im Verhältnis zu Frauen, läßt immer wieder durchblicken, daß er mit allen Rollenerwartungen, die an ihn als "Verführer" gestellt werden, vertraut ist, (so sehr, daß er jedesmal bereits im voraus den Mechanismus in den Angeln quietschen zu hören glaubt), doch fühlt er sich gleichzeitig durch diese Rollenerwartungen leicht überfordert, sieht in ihnen einen Anspruch, dem er eigentlich nicht nachkommen möchte, und der doch wie eine fixe Idee tyrannisch sein Bewußtsein beherrscht. So heißt es über den ersten Anlauf zur Verführung Anna Krysteks, während einer Heimfahrt im Taxi nach gemeinsamer Abendveranstaltung:

> "Wir sprachen nicht mehr, nachdem wir in Moabit eingestiegen waren. Ich kann mich dem, was ein Autofond, ein geschlossener Lift, eine Telefonkabine aus der Beziehung zwischen einer Frau und einem Mann machen, nicht entziehen. Wer kann es schon? Vielleicht hätte Anna sich nicht so in ihre Ecke zurückziehen dürfen, eingeknöpft in ihren grauen Mantel, vielleicht hätte sie unbefangen weiterplaudern sollen, über Hornbostel, über ihr Verhältnis zu Berlin oder ich weiß nicht was. Aber sie saß stumm da, auch sie ergriffen von der Macht alter Höhlen-Erinnerungen, die uns darauf reduzierten, nichts weiter zu sein als ein Mann und eine Frau. Ich konnte nur ihre Haarsträhnen sehen, von den vorbeigleitenden Lichtern durchflimmert; sie ließ es sich noch gefallen, daß ich ihren Hals berührte. Dann benahm ich mich wie die Axt im Walde, - ich zitiere die Wendung, mit der Anna sofort scharf und Kühl protestierte. Sie stieß meine Hand zurück.
> "Können Sie nicht fragen, ob ich das will?" flüsterte sie wütend.
> Gegen eine solche Formulierung ihrer Abwehr war nicht anzukommen. Ich mußte lachen; die Szene verlor auf einmal alle Schwüle und Gewalt: ....
> Ich hatte eine viel zu frühe Aggression in einen Flirt verwandelt, den Flirt in die Präludien einer Verfüh-

rung, die Sache lief günstig. Ich hatte Anna allerdings noch nicht gefragt, ob sie d a s wollte; ihre Aufforderung, sie gefälligst zu fragen, hatte mir ins Bewußtsein gerufen, daß ich nicht einmal genau wußte, ob ich selber es wollte; vielleicht habe ich es am wenigsten gewollt, als ich meine Hand in die weiche, seidige Beugung ihres Knies schob. In einem Auto-Fond, einer Lift- oder Telefonkabine tut ein Mann dergleichen, um sein Ansehen zu wahren: er vermutet, daß seine Partnerin den Angriff erwartet, und tatsächlich erwartet sie ihn, insgeheim wäre sie enttäuscht, wenn er nicht wenigstens angedeutet würde; noch die täppischste Zudringlichkeit weckt da mehr Sympathie als kalte Neutralität. Aber ehe Anna meine Hand zurückstieß, hatte die Aussicht, sie würde es nicht tun und ich infolgedessen gezwungen sein, kurze Zeit danach in ihrem Bett in Neukölln zu liegen, weil ich mich dann nicht mehr hätte zurückziehen können, ohne sie aufs empfindlichste zu verletzen, nichts Verlockendes für mich. In der Bar, während unserer Tänze und nachher, war mir die Vorstellung, sie zu besitzen, wie der Ausdruck lautet, wieder als möglich erschienen; ich war verliebt in ihren schlanken, beweglichen Mund, in die Haut ihrer Arme, die eigentlich bleichsüchtig wirkte, jedoch in dem gedämpften und warmen Licht sich in etwas blaß Goldenes verwandelte, das sich stengelhaft an dem grünsilbernen Kleid entlang bewegte; ich mußte an fließende grüne und goldene Pflanzen denken, während ich durch meine scharfen randlosen Gläser in die Iris ihrer Augen sah, die ich als sehr hell und morgendlich klar beschrieben habe. Während mir aber so ein komplettes und kostbares Bild erschien, das ich zu besitzen wünschte, wußte ich doch schon, daß ich nichts dergleichen erhalten würde, sondern stattdessen einen erhitzten, mir physisch vielleicht nicht einmal unbedingt sympathischen Körper, in dessen Umarmung ich kaum mehr erfassen würde als das, was mir meine kurzsichtigen und dann der Brille entkleideten Augen noch zu sehen erlauben würden: die Großaufnahme einiger Poren. Mit solchen Skrupeln bringt man es nicht zum 'lady-killer'." 8)

Kein Zweifel, es ist ein emotional und in seiner Persönlichkeitsentwicklung gestörtes Ich, das sich hier präsentiert: der 42jährige ist der regressiv in die Pubertät Zurückweichende. Was dabei hinter diesem immer wieder vorgeführten plump-besitzergreifenden und zugleich angstvoll-gehemmten Habitus des Möchtegern-Unwiderstehlichen steht, der Frauen nur als fremde Körper wahrnimmt, so wie er seinen eigenen Körper oft wie etwas Fremdes beschreibt, scheint zunächst vor allem jener die ganze Erzählweise entscheidend bestimmende Wesenszug einer überschwemmenden und bis zum

Schluß ungebrochenen Eitelkeit zu sein: daß es jedoch tatsächlich mehr ist, wird deutlich, wenn man die sprachliche Gestalt dieses Erzählens näher untersucht. Denn der Journalist, der ständig Reflexionen über den ihm in Berlin entgegenschlagenden Nachkriegsjargon anstellt, über Ausdrücke wie "in den Griff kriegen", "verpassen" usw. spöttelt, benutzt hier mit selbstgewissem Eifer einen etwas billigen Aufguß des Bemächtigungsjargons von Herrenmagazinen ("die Sache lief günstig") und stellte diesen als etwas Allgemeingültiges dar: "der Ausdruck lautet", "sie zu besitzen". Frappierender noch als die dazugehörigen, eindeutig der Trivialliteratur zuzuordnenden Beschreibungsformeln ("tiefe, seidige Beugung ihres Knies"), ist denn auch die durchgängige Geste selbstgewisser Verallgemeinerung: der Übergang von der Beschreibung des gerade Geschehenden zu seiner Abstraktion auf eine deutende Ebene ("ich hatte eine viel zu frühe Aggression in einen Flirt verwandelt, den Flirt in die Präludien einer Verführung") wie auch zu der weiteren Abstraktion auf eine allgemeingültige, zeitlose und generell zutreffende Ebene ("in einem Auto-Fond, einer Lift- oder Telefonkabine tut ein Mann dergleichen, um sein Ansehen zu wahren") erfolgt übergangslos: das Besondere weist immer auf das Allgemeine, Allgemeingültige zurück, das Besondere gibt es sozusagen gar nicht.

Dieses scheint allerdings eine wesentliche Beobachtung im Blick auf den Habitus dieser ganzen Ich-Erzählung zu sein: alles wird sofort eingeordnet und in ein System gebracht. Denn der ganze Aufzeichnungsroman gibt sich als ausgeweitete Selbstbespiegelung einer gehemmten Persönlichkeit, die ihre Ich-Schwäche in verbaler Bemächtigung über Menschen und Dinge zu kompensieren versucht: die Wirklichkeit muß verfügbar sein, sonst wäre sie bedrohend. Wie dieser Journalist der geschichtlichen Lebenswirklichkeit nur standhält, indem er sie zu Papier macht, dem beherrschenden Zugriff seiner Verfügbarmachung unterwirft, so geht es ihm auch mit Frauen: zu sehr bedroht ihn die Herausforderung lebendigen Sich-Einlassens auf einen anderen Menschen - weniger ungeheuerlich als lebende Menschen sind ihm pornographische Photos; Selbstbefriedigung erscheint ihm als die ihn weniger bedrohende Art sexueller Betätigung. So heißt es in einer wesentlichen Passage zu Ende des Berichts:

"... ich frage mich nur, warum keine Frau aus Fleisch und Blut mich so zu erregen vermag wie solche Frauen aus Papier. Ich, der ich eigentlich eine Abneigung gegen den Geschlechtsverkehr hege, die Hitze und den Schweiß der Umarmung nicht mag und mich insbesondere vor der Traurigkeit nachher fürchte, vor der Ausgeleertheit, der 'acedia', - nur bei Meg gelang es mir, sie zu vergessen, da lag ich befriedigt bei ihr und sprach mit ihr über dies und jenes -, ich kapituliere jedesmal vor den papiernen Abbildungen. Nicht die Frauen auf den Straßen Roms hatten mich, ein paar Tage zuvor, zu meiner trostlosen Beschäftigung im Circolo della Stampa Estera getrieben, sondern ein Kinoplakat und die Titelseiten von 'Le Ore' und 'L'Europeo'. Absurd! Ich weiß genau, daß solche Abbildungen mir Wesen zeigen, die es gar nicht gibt, daß jenes Mädchen aus Druckerschwärze und Rotationspapier im Schaufenster einer Londoner Buchhandlung, kniete es in Wirklichkeit vor mir, und sei es in einem Bordell, nicht jener perfekte, zweidimensionale Gebrauchsgegenstand wäre, als der es sich mir hier anbietet, sondern etwas anderes: ein Körper, der lebt, der sich bewegt, der so und so riecht, der eine bestimmte Farbe besitzt, der Worte spricht, der atmet, und der schließlich verschwände, weil ich ihm so nahe käme, daß ich ihn nicht mehr sehen könnte. Noch in seinem Verschwinden hätte ich es mit einem lebendigen Leib zu tun, mit etwas, das mir Widerstand böte, das mich zwingen würde, mich mit ihm zu beschäftigen. Ich wäre gezwungen aus mir herauszutreten, nicht mehr ausschließlich bei mir zu sein, sondern bei jemand, der nicht ich wäre. Doch nützen mir solche Überlegungen wenig - die Bilder sind stärker. Die Unzucht der unzüchtigen Bilder besteht darin, daß sie einem die Illusion verschaffen, man könne über einen menschlichen Körper verfügen wie über einen toten Gegenstand, und daß sie es einem erlauben, bei sich zu bleiben.
Wir sind allein, während wir uns über diese verführerischen Leichen beugen. Sie sind Leichen, aber sie sind verführerisch. Die Fotografie dieses Mädchens war in dem gleichen Maße aufreizend, in dem sie starr war. Ich hätte sie mir kaufen können, aber ich kann mich niemals überwinden, in einen Laden zu treten und pornographische Bilder oder Bücher zu kaufen, mein Mut reicht höchstens dazu aus, gelegentlich eine Illustrierte zu erwerben, feige starre ich in die Auslagen, kann meine Hemmungen nicht überwinden. Ich bin ein Puritaner, puritanisch sind sicherlich meine Überlegungen zu diesem

Thema, puritanisch ist meine Angst vor den Frauen, sogar denen aus Papier, dabei vergehe ich vor Sinnlichkeit, sie treibt mich vor Kioske und in gewisse Filme, ich komme mir schmutzig vor, nein ich bin schmutzig, ich betrachte gelähmt Obszönes und fliehe den Geschlechtsverkehr. So kann ich, nachdem ich Meg verloren habe, auf nichts weiter warten als auf das Heil, auf die Erlösung, obwohl Keir mich vor diesen Begriffen gewarnt hat." 9)

IV. Diesem Bestreben des Ich-Erzählers, Menschen und wahrgenommene Wirklichkeit unbedingt in die Position der totalen Verfügbarkeit zu zwingen, um ihnen das Bedrohende zu nehmen, entspricht der totalitäre Gestus, in dem er allem seine Philosophie aufzwingt: die Theorie vom Zufall, die keine Theorie ist, da ihr jede Logik mangelt, sondern ein Wortspiel - ein Wortspiel, mit dem er jenen, die das Phänomen des Völkermords durch technisierte Massenvernichtung historisch, soziologisch oder psychologisch aus einer Entwicklung heraus erklären wollen, das Recht dazu aus der Hand schlägt, wohl berechnend, daß Aussagen wie "Ich weigere mich jedoch, an den Sinn von Zyklon B zu glauben" ihre emotionale Wirkung, eine schnelle Zustimmung, nicht verfehlen dürften.[10] Doch das Wortspiel, das von der Doppelbedeutung des Wortes "Sinn" lebt und so mit der Verweigerung eines "Sinns" in der Bedeutung von "Idee, Plan, Ziel, auf das die Geschichte sich zubewegt" zugleich der Suche nach "Sinn" in der Bedeutung von rückblickendem Verstehen der Bedingungen, historisch-einordnendem Blick auf die Geschichte das Recht verweigert, erweist sich als äußerst fragile Basis, dieser Problematik zu begegnen. Denn diese Philosophie des Ich-Erzählers führt zu jener beklemmenden Konfrontation, in der sich die Proklamation der totalen Willkür alles Geschehenden einerseits und der totale Zugriff des Subjekts unter dem Vorwand des objektiven Zwangs andererseits gegenüberstehen. Während in diesem Weltbild die Mechanismen, die in Auto-Fonds oder Telefonzellen einzusetzen haben, bis ins Detail objektiv vorgeschrieben sind, wird der Entschluß zweier Schulmädchen zum Selbstmord, über den er in der Zeitung liest, als barer Zufall bezeichnet:

> "Als ob irgendetwas jemals geklärt werden könnte! Diese Kinder starben aus purem Zufall. Eine kleine Verschiebung in ihrer Laune, gestern nachmittag, ausgelöst durch eine winzige Änderung des Lichts in der Küche oder durch die Erinnerung an irgend etwas, an eine schrullige Lehrerin zum Beispiel oder an ein Bad im Sommer, ein Kichern, das sie überkommen hätte, und Evelyn und Sylvia wären noch am Leben, würden erwachsene Frauen werden, selber Kinder bekommen, die vielleicht Selbstmord begehen würden oder auch nicht. Alles ist Zufall. Es ist ein Zufall, daß der Kriminalrat von Cantz heute morgen in Hemdsärmeln in der Küche einer Wohnung in Friedenau sitzt und seinen grauen Kopf über die Hinterlassenschaft zweier Kinder beugt." 11)

Auch Auschwitz ist nichts als eine Laune des Zufalls:

> "... außerdem war es gleichgültig, ob Esther ihrem sogenannten Schicksal entgangen war oder nicht, weil ja Hunderttausende von Kindern ihrem sogenannten Schicksal nicht entgangen waren. Ich mag das Wort Schicksal nicht, ich weigere mich, in der Einrichtung von Gaskammern eine Fügung zu sehen - nein, sie waren das Ergebnis verschiedener Zufälle. Wie ich schon anläßlich der Schilderung meines Besuches bei Frau Heiß geschrieben habe, war es purer Zufall, daß vor zwanzig Jahren Juden ausgerottet wurden, und nicht ganz andere Leute zwanzig Jahre früher oder später, jetzt zum Beispiel." 12)

> "Beim Anblick des ungemein schönen Sterbens von Captain Evans habe ich noch angenommen, Worte wie 'Fügung' oder 'Los' besäßen irgendeinen Sinn; später, als ich erfuhr, wie meine Eltern umgekommen sind, gab ich diese lächerliche Annahme auf, gleichzeitig mit den letzten Resten meines Glaubens an ein höheres Wesen. Angesichts von Auschwitz will ich zur Ehre Gottes annehmen, daß es ihn nicht gibt, und zur Ehrenrettung jener Götter, die es sicherlich einmal gegeben hat und die vielleicht noch in irgendeinem vergessenen Winkel von Zeit und Raum dahinvegetieren, daß nichts mehr in ihrem Schoß verborgen liegt. Das Leben des Menschen ist ein wüstes Durcheinander aus biologischen Funktionen und dem Spiel des Zufalls, und nur die Wirkung des roten römischen Lichts auf mich, die Art, wie es imstande ist, meine Stimmung zu verändern, kann mich in dieser Überzeugung gelegentlich beirren." 13)

Diese Philosophie, die sich zunächst, am Beispiel der beiden Schulmädchen, wie ein saloppes, nihilistisch-existentialistisches Aufrollen der idealistischen Dialektik von Notwendigkeit und Freiheit gibt, scheint dann ganz zum Schluß tatsächlich die idealistische Lösung des Erreichens von Freiheit im Ergreifen des Notwendigen mit existentialistischem Vorzeichen zu bieten: dieses bewirkt jedoch, daß an die Stelle des Notwendigen hier das Kontingente tritt. So heißt es in einer Schlußreflexion des Ich-Erzählers zu der Frage, ob das Aufzeichnungskonvolut, hinter dem bereits ein Verleger herreist, eigentlich als Buch intendiert sei oder nicht, und ob es nicht besser anders geschrieben worden wäre :

> "Alle möglichen Masken für mich fielen mir ein, während ich weiterging. Als ich auf dem Platz der Kirche Trinità dei Monti kam, habe ich lange, auf die steinerne Balustrade gestützt, die Treppe hinabgeblickt und mir überlegt, ob ich mein Buch noch einmal gänzlich umschreiben sollte. Meine philosophische Marotte fiel mir ein: wenn alles auf Zufall beruhte, wenn ich, wie ich das ganze Buch hindurch so ermüdend insistiert habe, ebenso gut wie ich Jude, Engländer oder Deutscher war, auch Italiener oder Neger oder ein Wolf oder ein Auto hätte sein können, dann wäre es nicht nötig gewesen, mich so zu demaskieren, wie ich mich in der Tat demaskiert habe.
> Aber der gleiche Gedanke verhalf mir dann auch dazu, einer Arbeit zu entrinnen, zu der ich keine Lust mehr hatte. Wenn es gleichgültig ist, wer ich bin, dachte ich, kann ich auch ich bleiben. Vielleicht ist unter allen Masken, aus denen man wählen kann, das Ich die beste. Vielleicht, fiel mir zuletzt ein, - aber ich wies diesen Gedanken erst einmal als unlogisch ab, und später betrachtete ich ihn als Taschenspielertrick - vielleicht ist es sogar gleichgültig, ob ich überhaupt geschrieben habe, oder ob ich nicht vielmehr geschrieben worden bin?" 14)

An dieser Passage, die mehr sein dürfte als ein Abgleiten ins Inkonsequente[15], wird frappierend deutlich: dieses Plädoyer für das Akzeptieren des Kontingenten, das zugleich vehement die Möglichkeit von Notwendigem überhaupt negiert, übergeht, daß die denkerisch eliminierte Kategorie der Notwendigkeit hier gleichsam in die der Kontingenz aufgesogen ist. Der Gedanke einer existentialistisch interpretierten Idee von Freiheit, welche im Akzeptieren des Kontingenten, Zufälligen aktualisiert würde, weist so einerseits auf ihr Verhaftetsein in idealistischen Denkvoraussetzungen zurück, andererseits aber auch vorwärts auf die mit dem Ausbrechen aus der idealistischen Selbstbeschränkung sich andeutende Tendenz zu Vereindimensionalisierung und totalem Zugriff: das Nietzsche'sche Erbe im existentialistischen Denken verdichtet sich hier in der Gestaltung einer Figur und ihrer Weltanschauung der Beliebigkeit, deren versöhnliche Tönung am Ende nicht über die in ihr liegende Problematik hinwegtäuschen kann. Da alles gleichgültig ist und das zufällig so-seiende Ich die beste Maske, die man wählen kann, wird dem Ich totales Recht eingeräumt: auch zu neuem Faschismus.

V. Was soll das Ganze? Zunächst möchte es wohl scheinen, als sei es ein anderer "homo faber", der hier präsentiert wird[16]: eine Figur, die hinter ständig vorgeführter Selbstreflektiertheit und Selbstkritik verbirgt, wie ungebrochen die damit gewonnene Selbstsicherheit, den Zugriff der Beherrschung über alle und alles, bis zum Schluß durchzuziehen vermag. Jedoch steht hier kein bewußtseinsmäßiger "Durchbruch" am Ende wie in jenem Roman Max Frischs; kein Moment von Distanz deutet darauf hin, daß hier dichterische Gestaltungskraft wie dort den Bewußtwerdungsprozeß eines Menschen hat nacherlebbar machen wollen - kein Einbrechen einer Bewußtseinsoberfläche wird gezeigt, an keiner Stelle deutet sich in der Sprachgestaltung des Textes künstlerische Distanz zu dieser bis zum Schluß unhinterfragt selbstgefälligen Ich-Erzählergestalt an. Daß diese Figur zudem zum Juden gemacht wurde, dabei zu einem durch seine ständig betonte Unbetroffenheit gegenüber Deutschland und die demonstrative dauernde Bespiegelung seines Judeseins äußerst unglaubwürdigen Juden, könnte einerseits als forciertes Demonstrationsmoment für jene sinnverweigernde, jede Geschichtseingebundenheit negierende Zufallstheorie gedeutet werden, andererseits vielleicht zusätzlich als thematischer Zugriff zu einem "heißen Eisen" in irgenwie vage aufrüttelnder Absicht zu sehen sein. Diese Verschwommenheit in der Konzeption legt so eher nahe, daß dieser Roman tatsächlich das ist, was er sich prätentiös-kokettierend, Abwehr provozierend, gibt: ein Manuskript von Aufzeichnungen, dem ein Lektor nach Rom nachzureisen bereit ist und in dem der Autor verschiedene brisante Themen anschneidet und irgendwie verbindet, aber nicht recht konsequent durchdenkt, ein inkohärenter Roman, dessen Abgleiten in die triviale Sprache sowie das von keinem Zögern beeinträchtigte sprachliche Ausschlachten der Auschwitz-Thematik[17)] fast eher eine Zuordnung zu jener Art Literatur nahelegt, deren reißerische, leicht gruselige und mit einer beträchtlichen Dosis Sex angereicherte Darbietung der Thematik dem Leser Abreaktion von seiner Angst vor Unverarbeitetem ermöglicht, ohne ihm dabei allzu viel an tiefergehendem Denken, kompromittierender Selbstreflexion zuzumuten.[18)]

VI. Doch ist das alles? Daß ein unter den Autoren der deutschen Literatur bekannter und einflußreicher Schriftsteller im Jahr 1967 einen Roman herausbringt, dessen Kernthema unter anderem die totale Negation eines geschichtlich bedingten besonderen jüdischen Verhältnisses zu Deutschland ist, verbunden mit einer positivistisch anmutenden Philosophie der Beliebigkeit, die ihre Verweigerung historisch-einordnenden Denkens auf die zur Formel erstarrte Unfaßbarkeit der Vorgänge von Auschwitz gründet und apodiktisch dafür Zustimmung heischt, sollte über die aus sprachlichen Gründen sich nahelegende Zuordnung zum Halb-Trivialen, oft Geschmacklosen hinaus zu denken geben im Blick auf die geistige Situation der Entstehungszeit dieses Buches, der Jahre zwischen 1963 und 1967.

Wir gingen im vorigen Kapitel darauf ein und versuchten, diese Jahre als einen Zeitabschnitt des Umbruchs zu charakterisieren: einen Zeitabschnitt, in dem das Unbehagen über das geistige Klima in der BRD der Adenauer/Erhard-Ära sich zu einem Impetus der Abwehr zu verdichten begann, dessen Willen zum Engagement dabei jedoch weder die Implikationen seiner eigenen Entstehungsbedingungen reflektierte noch zunächst eine eindeutige Richtung erkennen ließ, außer jener eines Gegenlenkens gegen alle Ausformungen offiziell propagierten Antikommunismus. Was bedeutet es also, wenn auf diesem Hintergrund ein Schriftsteller, der neunzehn Jahre zuvor sein literarisches Debüt mit einem leidenschaftlichen Plädoyer für den Existentialismus in der Literatur gegeben hatte,[19] und in dessen 10 Jahre zuvor erschienenen Roman "Sansibar oder der letzte Grund" bereits eine den Faschismus stereotyp entwirklichende Sprache die Welt glatt eingeteilt hatte in die der Verfolgten und die der "Anderen"[20], nun die Ich-Perspektive einer Judengestalt usurpiert als die eines Menschen, der in unvergleichbarer Weise von historischem Geschehen existentiell betroffen worden ist, um die Nutzlosigkeit eines geschichtlich-einordnenden Denkens darzutun,[21] ohne daß eigentlich ganz klar wird, was damit gewonnen werden soll - abgesehen von kleinen Spitzen gegen das Syndrom der Befangenheit der Deutschen gegenüber Juden[22] und einer erneuten Transposition des unter dem Faschismus Geschehenen ins Transhistorische, auf eine Ebene, die sich jeder historischen Erklärung entzieht? Um dieser Frage nachzugehen, könnte es aufschlußreich sein, von der Rezeption dieses Romans in der BRD auszugehen, der Rezeption durch eine Kritik, die ihn teils überging, teils zurückhaltend lobte, jedoch kaum ein klares Wort dagegen wagte:[23] in ihr manifestiert sich eben jene Befangenheit gegenüber der Thematik im öffentlichen Gespräch jener Jahre, eine Befangenheit, die daraus resultierte, daß man sich wohl des Ungenügenden und die Realität Verfehlenden jenes ersten philosemitischen Wiedergutmachungs-Enthusiasmus der 50er Jahre bewußt war, jedoch auch keine Alternative sah, die in irgendeiner Weise dem mit dem Auschwitz-Prozeß neu andrängenden Betroffensein gerecht werden konnte. Dabei weist das Fehlen solcher Alternative auf jenen circulus vitiosus zurück, in dem sich die nachkriegsdeutsche "Bewältigung der Vergangenheit" von Anfang an bewegt hatte und den sie nur ansatzweise durchbrechen konnte, dessen Fatalität sich aber im Lauf der beiden Nachkriegsjahrzehnte verschärft haben dürfte: zunächst abgeschnitten vom Dialog mit den einstigen Opfern manövrierte sich das nachkriegsdeutsche Bewußtsein in einen Habitus der Geschichtsentwirklichung hinein, wobei sich der allgemeinen

Tendenz zu Verdrängung und Verleugnung jene Einzelnen entgegenstellten, die durch um so vehementere verbale Beschwörung und Verteufelung des Gewesenen dem Vergessen entgegenwirken wollten, über deren diesbezüglichem eindeutigen Engagement jedoch die Notwendigkeit einer besonneneren gedanklichen Durchdringung, einer vorsichtigeren Annäherung an die abgründige Wirklichkeit von Vergangenheit und Gegenwart in den Hintergrund geriet. Die Folge der so entstandenen Konfrontation von Verleugnung und Engagement war, grob skizziert, daß einmal wieder im allgemeinen Bewußtsein die Idee Vorrang vor der Begegnung mit der Wirklichkeit hatte, so daß die Möglichkeit des Dialogs nach außen, der Auseinandersetzung mit der Lebenswirklichkeit der einst Verfolgten für die Jüngeren bald eher erschwert wurde. Versuche, aus diesem Zirkel auszubrechen, sich der vergangenen Wirklichkeit jenseits eines ideengelenkten Zugriffs zu nähern, gelangen innerhalb der Literatur nur punktuell, da sie einer so blinden wie vorschnellen Zuordnung auf die "andere" Seite gewärtig sein mußten: so also um den Preis einer Perspektive der Unverantwortlichkeit und der Erstarrung geschichtlicher Wirklichkeit zum Panoptikum bei Grass oder um den Preis einer so kompromittierenden Verunsicherung, daß sich ein um so schnellerer Rückzug in ein Schutz bietendes eindeutiges Engagement nahelegte, wie bei Peter Weiss - oder auch um den Preis von offener oder verschwiegener Ablehnung, wie im Fall von Edgar Hilsenrath. Als ein Zeugnis dieser Atmosphäre des Verfangenseins dürfte auch "Efraim" zu sehen sein, ein Zeugnis des Versuchs, einmal mehr das Unfaßbare des Geschehenen, das in den 60er Jahren erneut, abstrahierter und extremer vielleicht als je zuvor, ins Bewußtsein drängte, in den Griff zu bekommen und dabei Halt an existentialistisch bestimmten Formeln der Daseinsbewältigung zu finden, und zugleich ein Zeugnis dafür, wie dieser Versuch sich selbst am Beispiel der Problematik jüdischer Identität, die für sein Gelingen einstehen soll, ad absurdum führt. Das existentialistisch gefärbte Wortspiel zu Ende dieses Romans "vielleicht ist es sogar gleichgültig, ob ich überhaupt geschrieben habe, oder ob ich nicht vielmehr geschrieben worden bin" hätte vielleicht, als Motto über dem unmittelbare Betroffenheit verarbeitenden Schreiben der ersten Nachkriegsjahre stehend, sein eigenes, unmittelbar einleuchtendes Recht gehabt; in der Mitte der 60er Jahre einem Journalisten in den Mund gelegt, der über SPIEGEL-Affaire und Cuba-Krise zu schreiben hat und sich betont sicher ist zu wissen, "wie der weltgeschichtliche Hase laufen wird",[24) scheint es eher Zeichen für eine Stagnation des Bewußtseins zu sein, die in den 16 Jahren seit Adornos Niederschrift seines Eindrucks "es ist, als stünden die Menschen unter einem geistigen Bann" nicht wesentlich aufgebrochen werden konnte. Vergleicht man jene Beobachtungen Adornos[25) mit der Beschreibung des Syndroms von "psycho-sozialem Immobilismus", politischer Apathie, "Abstumpfung eines neuen Typs"[26), wie sie in der fast gleichzeitig mit dem hier besprochenen Roman erschienenen sozialpsychologischen Studie zur Phänomenologie nachkriegsdeutschen Bewußtseins von Alexander und Margarete Mitscherlich, "Die Unfähigkeit zu trauern", beschrieben wird, so stellt sich frappierend der Eindruck ein, daß sich in diesen Jahren am Beschriebenen nicht viel geändert hat - ein Eindruck, der sich der am "Efraim" gewonnenen Beobachtung von Orientierungslosigkeit und Verhaftetsein im Oberflächlichen bei gleichzeitigem Wunsch, die unbequeme Vergangenheit zu thematisieren, durchaus fügt. Doch während Adorno in seiner Skizze vor allem jenen ihm bizarr entgegenstarrenden "Traditionalismus ohne Tradition", der sich über das jüngst Geschehene hinweg der unvergänglichen Kultur zuwandte, zeichnete, so scheint es 16 Jahre später eher ein zwar ebenso geschichtsverleugnendes, jedoch zugleich von einer über dem forcierten Wiederaufbau entstandenen geistigen Leere bestimmtes öffentliches Bewußtsein zu sein, das zu provozieren oder aufzurütteln ein Hauptanliegen schriftstellerischen Engagements bleibt, eines Engagements, das so sehr in seiner Selbstbehauptung aufgeht, daß die Mechanismen und Klischees, denen es verfällt, erst

recht aber die Voraussetzungen dieser Klischees, unhinterfragt bleiben.
Diese Situation, bestimmt von geistiger Stagnation, verschwommen-regressivem Traditionalismus und Flucht in den wirtschaftlichen Aufbau auf der Seite der Einen, diffusem Unbehagen und Willen zum irgendwie gearteten politischen Engagement auf der Seite der Anderen, zugleich aber von einem auf beiden Seiten noch kaum hinterfragten Begriffs- und Denksystem existentialistischen Ursprungs, das die Möglichkeit einer Rückgewinnung geschichtlich-relativierenden Denkens blockierte - diese Situation war es, in der 1967 im Zusammenhang mit dem Beginn der weltweiten Studentenunruhen der Ruf nach eindeutigem links-politischem Engagement der Intellektuellen, damit auch der Literatur aufbrach.
Die Konsequenzen, die sich aus dieser Konstellation für die weitere Entwicklung des geistigen Klimas in der BRD ergaben, sollen im Folgenden aufgezeigt werden - als Konsequenzen, die wiederum greifbar werden an einer neuen literarischen Gestaltung einer jüdischen Figur.

8. Kapitel: Gerhard Zwerenz

"Zu Abrahams ältesten Tricks gehörte das Aufsuchen potentieller Hausverkäufer. Eine harte Arbeit, doch sie lohnte sich. Er hatte seine Spürhunde laufen, seine Riechnasen, die Kundschafter mit den Alltagsmienen und Quatschkopfgesichtern, die in den Stadtbezirken umherstrichen, in Kneipen und Äppelwoigaststätten mit Hinz und Kunz redeten und Hinweise sammelten, gegen Beteiligung bei Realisation, versteht sich. Den Fingerzeig auf die Hausbesitzerin Cornelia Zwecke verdankte Abraham dem Invaliden Karl Schuwelbeck, genannt Stumpenkarli, nach seiner Rauchervorliebe, ja, der Mann war ein zuverlässiger Botschafter, ein großer Raucher mit lautem Husten und schwarzen Lungen, ein fleißiger Säufer, der jederzeit Handgeld brauchte, sich einen anzudröseln. Er hatte Abraham schon eine Menge verwertbarer Tips gebracht. Es hieß nun, sich aufzumachen zu Cornelia Zwecke. Wer nicht zuerst anlangte, langte zu spät an. Abraham nahm seinen Wagen und fuhr los, und obwohl er genau auf den Straßenverkehr achtete, sah er dabei nur sich selbst.

Wer in einer so unförmigen Stadt wohnt, hat keinen Grund, jemanden anderes als sich selbst zu sehen und zu kennen, und nur zu hören bekommt der eine den andern, der Nachbar genannt wird, Bewohner, Bürger, Genosse. In diesen abgeteilten Wohnwaben atmet jeder seinen für ihn reservierten Anteil Luft ein und aus, wirft einen Blick auf die Mauer des nächsten Hauses oder vom oberen Geschoß über die Dächer der Nebengebäude, und von allen Seiten dringen Geräusche herbei, daß ein jeder versteht, er ist nicht allein in seiner Einsamkeit, der andere ist ebenfalls vorhanden und so einsam wie derjenige, der es fühlt." 1)

Mit diesem Text beginnt ein Roman, in dem sechs Jahre nach Erscheinen des "Efraim" ebenfalls ein vertriebener und nach Kriegsende in die heutige BRD zurückgekehrter Jude zur Zentralfigur gemacht wird: der 1973 erschienene Roman "Die Erde ist unbewohnbar wie der Mond" des 1925 geborenen Gerhard Zwerenz[2]. Und wie schon in diesen ersten beiden Absätzen deutlich wird, beherrscht der Tenor einer unartikulierten, aber verbissenen Anklage das hier Erzählte: um die Isolation in der Großstadt geht es, der "unförmigen Stadt", die sich durch Hinweis auf Äppelwoigaststätten gleich als Frankfurt am Main identifizieren läßt, weiter wird der Gegensatz von Ausbeutern und Ausgebeuteten zur Sprache gebracht: jemand, der selbst im Wagen fährt, läßt zugleich "seine Spürhunde laufen" - ein Dienst, für den sich gesell-

schaftliche Randgestalten hergeben, menschliche Wracks wie dieser Karl Schuwelbeck, invalid und hustend, dessen Hauptlebensinhalt es ist, sich "einen anzudröseln".
Doch möchte man über dieses vage Heraufbeschwören von Assoziationen, von einer Ahnung dessen, um was es geht, hinaus weiterfragen, so stößt man bereits hier ins Leere: außer den festgelegten interpretierenden Benennungen des Erzählers wird nichts vom Vorgeführten erfaßbar. So wird die Stadt als "unförmig" etikettiert, zugleich aber auf eine Beschreibung dessen, was damit gemeint ist, verzichtet; die Isolation in der Stadt wird durch "abgeteilte Wohnwaben" bewirkt, von denen aus man "einen Blick auf die Mauer des nächsten Hauses oder vom oberen Geschoß über die Dächer der Nebengebäude werfen kann", und in denen man hört, daß "von allen Seiten Geräusche" herbeidringen: was dies jedoch für Geräusche sind, überhaupt was für Häuserblocks hier gemeint sind, ob ältere oder neuere, auch was für Dächer oder Mauern sichtbar werden, ob vielleicht Bäume oder Wäscheleinen, Mülleimer oder Rüschengardinen sich dem Blick darbieten, wird vom Erzähler ausgespart, dagegen weiß dieser Bescheid über das kollektive Bewußtsein: "ein jeder versteht, er ist nicht allein in seiner Einsamkeit, der andere ist ebenfalls vorhanden und so einsam wie derjenige, der es fühlt."
So gewinnt bereits nach diesen ersten beiden Absätzen die Frage Bedeutung, was hier eigentlich für ein Erzähler auftritt, der so souverän die vorfindliche Wirklichkeit einerseits und das Bewußtsein der Menschen andererseits vorführt, und der dem Leser bereits im ersten Satz eine eigeninterpretationsschwere Benennung der Tätigkeit Abrahams geboten hatte, der sich dann weiter zum Sprecher der Gedanken Abrahams gemacht hatte, um am Absatzende wieder in den Habitus benennender und allgemeingültiger Interpretation überzugleiten ("sah er dabei nur sich selbst") - offenbar ist es ein allwissender Erzähler, der zugleich über Techniken der Bewußtseinsspiegelung verfügt. Seiner Erzählhaltung, die so selbstgewiß verfügt über die Wirklich-

keit einerseits und das Bewußtsein der Menschen andererseits, nichts beschreibt und alles bewertend etikettiert, entspricht das souverän gehandhabte, willkürliche Umschlagen des Erzähltons, der sich suggestiv dem Leser zur Zustimmung anbietet: der Ton, der zunächst ironisch scheinen möchte, solange er die subjektiven Gedanken Abrahams wiedergibt, läßt doch zugleich den festen Erzählstandpunkt vermissen, von dem aus Distanz und damit Ironie möglich würde: der nächste Abschnitt bereits schillert zwischen suggestiver Ironie und dem Ton direkter Anklage - was heißt hier, jemand "hat keinen Grund"? Ist es Rechtfertigung, Spott, Anklage der Verhältnisse? Auch das plötzliche, augenblickshafte Übergehen in Ernst, das Sarkasmus ausmachen kann, fehlt hier; am treffendsten dürfte somit für dieses willkürliche Spiel zwischen Anklage und Witzigkeit die Bezeichnung des Zynismus sein.

Dem fügt sich das zuvor Beobachtete: denn geht man davon aus, daß Zynismus nicht darstellen will, um durch das Dargestellte den Leser zum Nachdenken anzuregen, sondern etwas längst feststehend als negativ Beurteiltes in brillanten, den Andersdenkenden zuweilen schockierenden Formulierungen darbringen möchte, so erklärt sich damit der besagte Verzicht auf Darstellung: Die zynische Erzählhaltung hat keine Fragen mehr an die Wirklichkeit; über die Wirklichkeit besteht bereits Einverständnis, Beschreibungen erübrigen sich, doch durch Wortspiel und unerwartete Formulierungen will das Erzählen gefallen ("unförmige Stadt", "Wohnwaben"). Ein dumpf vorhandenes Unbehagen wird angerührt, erfährt sich als bestätigt und berechtigt, und erfährt so momenthaft Abfuhr in der Zustimmung zu gelungenen Formulierungen: "er ist nicht allein in seiner Einsamkeit, der andere ist ebenfalls vorhanden und so einsam wie derjenige, der es fühlt."

Überblickt man das Beobachtete, so stutzt man erneut bei jenem einleitenden Satz. Was heißt denn hier "zu Abrahams ältesten Tricks gehörte..."? "Trick" bedeutet unlautere Übervorteilung durch Schlauheit, durch die Kenntnisse besonderer Mechanismen - wieso ist das "Aufsuchen potentieller Hausverkäufer" ein Trick? Und wieso "ältesten"? Die Zeit, seit dies in Frankfurt eine "harte Arbeit", die sich lohnte, ist, dürfte doch so lange noch nicht andauern. Außerdem: "älteste" ist eine Steigerungsform - welche Tricks jüngeren Alters sind also noch gemeint? Auf all das erfährt man weder hier noch später eine Antwort, und die Frage wird auch nicht erwartet, ebenso wenig wie die Frage, wer dieser Abraham ist: "Abraham" ist offenbar der zeitlose Typus des Juden, der seit ältester Zeit, archaischer Urzeit, seine Umwelt mit Tricks übers Ohr haut, unhinterfragbar wie das autoritäre Walten des Erzählers über die Wirklichkeit selbst.

Was sich hier andeutet, muß uns beschäftigen: aus einer Erzählperspektive, die selbstsicher, und ohne an die Darstellung der interpretierten Wirklichkeit Worte zu verschwenden, die Interpretation dieser Wirklichkeit wortgewandt einem Publikum darbietet, welches diese Interpretation sowieso schon teilt, und sich also an der zynischen Wortgewandtheit erfreuen kann, wird im Jahre 1973 das nach 1945 zunächst vehement durch Gegenzeichnungen abgewehrte antisemitische Hetzbild des Nationalsozialismus, das archaische Schreckbild des Juden, scheinbar direkt dem "Stürmer" entnommen, nun in zeitgemäßer Version präsentiert: der Jude, der Tricks anwendet, und das schon seit Urzeiten, erscheint hier als selbstverständliche Figur im Einleitungssatz für die Beschwörung einer Welt, in der niemand "etwas anderes als sich selbst" zu sehen und zu kennen einen "Grund" hat. Was bedeutet das alles?

II. Es ist ein Roman über die Stadt Frankfurt, das "kannibalische Monster am Main"[3)] - im Zentrum steht die Figur des als Kind zusammen mit Mutter und Schwester aus Deutschland vertriebenen und nach Kriegsende zurückgekehrten Juden Abraham, der sich, auf eine Aufforderung seiner Mutter hin, am deutschen Volk rächen und darum diese Stadt durch Bodenspekulation kaputt machen soll, und der den dabei erworbenen Reichtum seinerseits auffaßt als das einzige Mittel, das ihn für alle Zeit sicher machen kann vor Verfolgung und Verachtung. Abrahams Methode, dies zu bewerkstelligen, ist dabei das Aufkaufen alter Häuser und Grundstücke, das Abreißen der alten Häuser und Aufbauen von neuen, teurer vermietbaren Betonblocks. Und wie er seine "Spürhunde" auf Tips anzukaufender Häuser angesetzt hat, so arbeiten etliche andere an den Rand der Gesellschaft gedrückte Gestalten für ihn, indem sie in einmal von ihm erworbenen Altbauten so lange randalierend hausen, bis alle anderen Mieter ausgezogen sind und die bis dahin noch nicht bewilligte Abbruchsgenehmigung erteilt wird. Vermittler für solche Rockerbanden und andere Helfer ist ein Zwergwüchsiger, namenlos bleibend, genannt der "Gnom von Frankfurt", der regelmäßig in der sogenannten B-Ebene des Unterführungsnetzes unter der Frankfurter Hauptwache herumlungert und deshalb die entsprechenden Kontakte zu irgendwelchen dort herumlungernden ausgeflippten Typen herstellen kann. Doch obwohl Abraham mit diesen Geschäften sowie mit der Erkundung des ihm über 25 Jahre hinweg fremd gebliebenen bundesrepublikanischen Lebens genügend ausgefüllt ist, wird er eines Tages gegen seinen Willen vom israelischen Geheimdienst, der mit dem iranischen des Schah-Regimes zusammenarbeitet, eingespannt, und bringt den "Gnom" und einen weiteren Handlanger, die ihn als Mitwissenden unter Druck setzen, um, und er darf sich dabei sicher sein, daß er, da er auf der Seite der Herrschenden steht, deswegen nicht behelligt wird.

Doch der hier umrissene Handlungsstrang, wiewohl er das Gerüst des Erzählgefüges darstellt, macht nicht eigentlich den Inhalt des schnoddrig-salopp erzählten, genüßlich sich an der eigenen Kaltschnäuzigkeit weidenden Romans aus: der inhaltliche Schwerpunkt liegt vielmehr auf der Schilderung einer kaputten Welt, dargeboten aus der schon analysierten Erzählperspektive, die souverän und übergangslos zwischen der Wiedergabe der Gedanken einzelner Personen und den eigenen alles wissenden und alles zynisierenden Kommentaren hin- und hergleitet. Die Personen, aus deren Bewußtseinsperspektive dabei zeitweilig gesprochen wird, sind nun außer Abraham zumeist jene Figuren, die durch die Grausamkeit der Verhältnisse, aus denen sie stammen, an den Rand der Gesellschaft, oft in die Illegalität getrieben worden sind: so die Rockerbande aus den Vorstadtvierteln, "aus dem berüchtigten Kamerun, dem Gallusviertel, wo die Familien Kinder werfen wie Karnickel"[4], oder der Halbwüchsige Robbe, der, Sohn eines straffällig gewordenen Vaters[5], von den Klassenkameraden zum schwarzen Schaf gestempelt, aus Ausweglosigkeit selber Eigentumsdelikte begeht und später aus Wut und Wehrlosigkeit gegenüber dem Schwager, der ihn ständig zusammenschlägt, diesen umbringt; - oder jener Benni[6], der, von einem achtzigjährigen Vater in die Welt gesetzt, früh verwaist, sich dem Vormund und der Fürsorge entzieht, da er des Vormunds unrechtmäßige Machenschaften deckt und von diesem nicht behelligt wird; schließlich der "linke Rechtsanwalt" Joachim, der durch Bespitzelung und Psychoterror in den terroristischen Untergrund getrieben wird.[7] Weiter gehören zum Panorama der hier gezeigten Welt: das Kleinbürgermilieu im Reihenhaus der Vorstadt, das Frustration und Aggressivität erzeugt, die Hausfrau, die dort ausbricht und Abenteuer sucht, die Tochter, die in der Schule sitzenbleibt und vom Vater "rausgeschmissen" wird, dann mit irgendeinem "Typen" nach München zum Monopteros trampt[8]; Kindesmißhandlung[9]; einige "Emanzen", deren Emanzipiertheit in der ständigen Suche nach sexueller Betätigung jederzeit und mit jedermann, gelegentlich auch in der Agitation der Umwelt, besteht;[10] ein Schriftsteller, der seine Wohnung vor allem mit den eigenen Büchern gefüllt hat und mit Pantöffelchen auf dem Plüschsofa liegt[11], ein Verhältnis zu einer einsamen Kapitänsgattin in Bremen hat, während seine Frau Groschenromane liest, lesbisch geworden ist und sich eine "kleine Pariserin" mit "in der Wohnung leistet"; ein Intellektuellenmilieu, wo man "linke und liberale Journalisten, Professoren, Rechtsanwälte, Psychologen und Psychotherapeuten, dazu Studenten und schwer definierbare junge Mädchen" antrifft[12], und in dem dann später die Bemerkung auftaucht, "diese Intellektuellen und Schriftsteller hatten sich längst zu den Affen der Gesellschaft machen lassen"[13]. Doch auch ein "Gegenmilieu" wird erwähnt, das als dem Kulturideal des Oberstaatsanwaltes Parilla entsprechend bezeichnet wird: dort gibt es ein Klavierkonzert in einer Villa in Sachsenhausen, bei dem "an die zweihundert modern und leger gekleidete Besucher... malerisch gruppiert in der großen Halle ... auf der schmukken Treppe" lagern - ein Milieu, in dem "Kunst von der in Mode gekommenen gefährlichen Politisierung" getrennt wird, und das dem Staatsanwalt die Gedanken entlockt, "wir dürfen unsere schöne Kultur, unsere abendländische Kulturtradition, unsere gute Zucht und Ordnung nicht zerstören lassen."[14]

III. Derartig abgedroschene Reizworte, die ohne zuviel Anstrengung Assoziationen hervorrufen und Zuordnungen fordern, sollen so die fehlende Beschreibung ersetzen und die Figuren der dargestellten Welt kennzeichnen: dadurch wird das Gesagte zur Sprechblase im billigen Comic-strip, einer grellfarbigen Skizzierung, in der die Physiognomien von vorne herein festgelegt sind und die Notwendigkeit differenzierterer Menschendarstellung gar nicht am Horizont auftaucht -so wie die Leser des Comics von vorne herein wissen, wer wer ist und welche Requisiten zu welchem Hintergrund gehören, genügen auch hier die benennenden Stichworte des allwissenden, bewußtseinsspiegelnden Erzählers, damit der Leser "im Bilde" ist. So wird keine einzige Straße, kein Haus von Frankfurt beschrieben; auch, wie die ständig erwähnte B-Ebene aussieht, wird nie erwähnt - die gemeinte Welt wird als bekannt vorausgesetzt, es kommt nur noch auf die kunstfertigen Wortspiele bei der Benennung an:

> "Ringsum die Gebäude sehen aus, als wären sie aus Reif gebaut. Beton und Kälte." [15]

> "Über der Zeil von Warenhaus zu Warenhaus spannt sich ein bleischwerer Himmel. Irgendwelche Kaufanreize haben

sie dazwischengehängt. Lampenflitter, Sternenglanz, Ausverkaufsschreie." 16)

Auch die Häuser als Lebenswelt, um die es in diesem thematischen Kontext von Stadtzerstörung durch Bodenspekulation schließlich geht, werden dem Leser nicht vorgeführt, Stichworte reichen:

Abraham "trat...ans Fenster und blickte hinaus. Eine Straße mit typisch bürgerlichen Altbauten. Dahinter die Silhouetten neuer Hochhäuser. Die alten Bürgerbauten, dunkel gegen die hellen Blöcke der Hochhausfronten abstechend, erinnerten an Mausoleen auf Friedhöfen. Das Bürgertum, das sich inmitten der Gräber in wuchtigen Monumenten verewigen ließ, Geseires in klotziger Architektur. Die gutbürgerlichen herrschaftlichen Häuser in diesem Viertel waren alle nichts anderes als Mausoleen. Er haßte diese Bauten. Es kam darauf an, sie zu vernichten und andere Gebäude an ihre Stelle zu setzen. Der Geruch von Moder und Asche in den Straßen. Die falsche, gekünstelte Individualität von Bauherren, die sich in ihren Mietshäusern verewigten." 17)

Stichworte, damit der Leser "im Bilde"ist, genügen z.B. auch bei der Einführung in die mit "zeitgemäßem Touch" ausgestattete Wohnung einer jener auf Emanzipation bedachten Damen:

"Triumphierend führte sie ihn in ihr Reich. Dachwohnung, zwei Zimmer mit Küche und Bad. Spartanische Einrichtung, aber mit zeitgemäßem Touch: Breites Matratzenlager auf dem Boden, am Kopfende ein kunstvolles Gestell von Glasplatten, darauf eine teure, komplette Hi-Fi-Einrichtung, diverse moderne Leuchten, Figuren in Holz oder Metall, hübscher Jugendstil im neuen Mädchen-Look, Einladung zur emanzipatorischen Übung." 18)

Was heißt hier "kunstvolles Gestell"? Wie sieht die"teure", komplette Hi-Fi-Einrichtung", wie sehen die "diverse moderne Leuchten" aus? Was sind die"Figuren in Holz oder Metall", was der "neue Mädchen-Look"? Ein Leser, dem die westeuropäische Umwelt der 70er Jahre nicht vertraut ist, z.B. der Leser eines sozialistischen Landes könnte mit solchen Beschreibungen überhaupt nichts anfangen - doch mit Außenstehenden irgendwelcher Art rechnet dieses Schreiben offenbar auch nicht: die, denen es gefallen möchte, werden schon wissen, was gemeint ist.

Eine Erzählweise, die derart in Stichworten umherspringt und damit rechnet, verstanden zu werden, setzt ganz augenscheinlich einen in hohem Maße lebensweltlich und gedanklich konformen, "gleichgeschalteten" Leserkreis voraus, der sich mit dem Antippen des Längst-Bekannten begnügt und sich darum, durch keine widerständige Wirklichkeitsbeschreibung abgelenkt, um so mehr auf das Auskosten sprachlicher Gags einerseits sowie einiger mit tiefem Ernst präsentierten theoretischen Erörterungen andererseits konzentrieren kann. An derartigen Passagen, in denen gedankliche Erörterungen des Erzählers, irgendeiner der Figuren in den Mund gelegt, aufgerollt werden, zeigt sich sodann, daß der gleichgeschaltete Leserkreis außer durch einen anerkannten und jederzeit abrufbaren Bildervorrat auch durch einen entsprechenden Jargon geeint ist. Um das zu demonstrieren, sei hier ein Text wiedergegeben, in dem der Erzähler zunächst Abrahams Gedanken spiegelt, während dieser mit einer Geliebten im Bett liegt und diese über ihn hinweg eine telefonische Sex-Abmachung mit einem anderen Mann trifft, Abrahams Perspektive dann verläßt, aus höherer Warte beurteilt und sodann sein eigenes Wissen über diese Geliebte und den Sachverhalt allgemein in allgemeingültigen Wendungen ausbreitet:

> "Abraham behalf sich mit allerlei gedanklichen Konstruktionen, so sagte er sich, die moderne Gesellschaft bringe eine Veränderung des Rollenverhaltens von Mann und Frau hervor, die Rollen würden vertauscht, abgeschwächt, verschwänden, Anne gefalle sich ihrerseits besonders in der Rollenvertauschung und geriere sich als Mann, der die von der Gesellschaft in bestimmten Grenzen zugestandene sexuelle Freiheit nicht nur ausnutze, sondern über die gesetzten Grenzen hinaus auszuweiten versuche. Womit er zwar nicht ganz unrecht hatte, jedoch übersah, daß Anne sich keineswegs bewußt auf einen Rollenwechsel eingerichtet hatte, sondern einfach ihren Gefühlen, Vorlieben und auch Zwängen folgte. Ihr Anspruch, sich als emanzipierte Frau zu zeigen, umfaßte eine ganze Skala von Verhaltensweisen. Es war ihr das Natürlichste, daß sie einerseits erotisch aktiv wurde und sich die Lüste verschaffte, nach denen es sie verlangte. Jedes Entsagen wäre ihr als innere Versklavung erschienen, und nichts verabscheute sie mehr als diese Ketten, die die Frauen seit urdenklichen Zeiten um so mehr bedrückten, je unsichtbarer sie blieben. Es war den Männern gelungen, die Frauen in einen unsichtbaren Harem zu sperren, wo die Weiber den Männern jederzeit zur Verfügung stehen, und

Frauen, die sich nicht abfinden damit, verfallen der allgemeinen Verachtung. Sie mußte jeden Gedanken, jeden Ansatz zu solchen Gedanken völlig aus ihrem Lebenskreis verbannen. Es gewährte ihr kein besonderes Glücksgefühl, traf sie über die nackte Brust eines Mannes, der neben ihr lag, mit einem anderen Manne die telefonische Verabredung zur nächsten Liebe, doch nahm sie sich das Recht zu solchen Handlungen, indem sie ihre Verabredungen bar jeder Heimlichkeit traf. Selbst der leiseste Anschein einer sexuellen Unterprivilegierung wäre ihr unerträglich geworden. Der revolutionäre Anfang einer Freiheit setzt mit ihrer übertriebenen Demonstration ein, und selbst kleine Anflüge von Selbstgenügsamkeit oder Rücksichtnahme auf einen anderen erscheinen schon als konterrevolutionäre Akte." 19)

Unschwer ist zu lokalisieren, schwer allerdings abzugrenzen, wer dieser "gleichgeschaltete" Leserkreis sein könnte, der sich von dieser Mischung aus vulgärmarxistischem Vokabular und der Begrifflichkeit einer zwanghaft enttabuisierenden Sexualtheorie, immer wieder durchgeistert von der magischen Leerformel der "Emanzipation", ansprechen lassen soll: er wird irgendwo unter jenen zu suchen sein, die, in der Folge der politischen Entwicklung der späten 60er Jahre, sich den weltweiten Studentenprotesten, dem Aufbegehren gegen den Vietnamkrieg, gegen imperialistische und faschistoide Tendenzen in einigen kapitalistischen Staaten anschlossen, dabei im Gefolge der philosophischen Ansätze Herbert Marcuses und Wilhelm Reichs eine Verbindung Freudscher Psychoanalyse und Marxscher ökonomischer Theorie herzustellen suchten, um darauf die Kritik des Spätkapitalismus und der "bürgerlichen Ideologie", ihres Wissenschaftbegriffs und ihrer Sexualmoral aufzubauen - jenen in ihrem Selbstverständnis aufgerüttelten Intellektuellen, die sich selbst dann meist in irgendeiner Weise als "links" bezeichneten. Doch von der Problematik all des hier stichwortartig Angedeuteten kommt in diesem Roman nichts in den Blick: vorgeführt werden "linke Typen", deren Psyche sich so einfach auf einen Nenner bringen läßt, wie es dem Jargon der Emanzipation entspricht:

"Sie kamen in eine miese Kneipe, die sich Club nannte. Hier verkehren meist linke Typen, sagte Anne und zeigte auf die einzelnen Figuren, wozu sie komische Erklärungen abgab. Ihren Worten nach versammelten sich hier nur kaputte Leute, aber moralisch stünden sie hoch über den anderen Bürgern. Er erkundigte sich nach den Gründen. Sie begann auf ihn einzureden, er begriff so viel, daß die kaputten Typen hier im Club so kaputt sein mochten wie nur jemand, sie beuteten aber keine anderen Menschen aus, ja, die Erkenntnis, daß die menschliche Gesellschaft eben in der Ausbeutung des Menschen durch den Menschen bestehe, habe diese Jungen und Mädchen, angejahrte Gestalten inbegriffen, eben kaputtgemacht, sie seien zum Resultat ihrer moralischen Gutartigkeit geworden, kapierst du das, mein Freund?" 20)

Auch diese Figuren, deren Individualität so griffig unter einige Stichworte zu subsumieren ist, stehen wieder ein für das Comic-Weltbild, das hier aufgerollt wird: in ihm stehen die Getretenen auf der einen Seite, auf der anderen jedoch die anonyme Macht der Ausbeutung, des Psychoterrors, der brutalen Polizeischlägerei, die dem Interesse einiger weniger Magnaten dient: das bundesrepublikanische System.

Was von diesem dabei in den Blick kommt, sind, abgesehen von solchen benennenden Worten über die Ausbeutung, vor allem die Schlägerbanden der Polizei dieses Landes, die bewaffnete Übermacht, die sich mordlustig und sadistisch auf Wehrlose stürzt:

"Ein schmächtiger Junge kam weinend aus der Haustür geschossen und suchte sich in Sicherheit zu bringen, beide Hände vor die Stirn gedrückt. Ein Polizist stieß dem Kind den Schlagstock zwischen die Beine. Der Junge stürzte aufs Pflaster, zuckte ein paarmal, bis er reglos liegenblieb. Aus einem Hauseingang löste sich ein Trupp höherer Beamter und Offiziere. Sie hatten volle rosige Gesichter und trugen Handschuhe. Die Abzeichen, Orden und Lederriemen der Polizeioffiziere glänzten. Der Trupp schritt ruhig über den Bürgersteig. Die Herren stiegen über einige am Boden liegende Verletzte hinweg, wobei sie sich mit leisen Worten verständigten. Der Ranghöchste gab dem Kommandoführer ein Zeichen. Der sagte ein paar Worte. Die Beamten stürzten sich auf die Verletzten, fesselten ihnen die Hände auf dem Rücken und schleppten sie zu einem der heranfahrenden Wagen, in den man die Inhaftierten hineinzerrte. Pfeifensignale erklangen. Die Beamten reckten sich, strichen über die in Unordnung geratenen Uniformen, traten in Formationen zusammen. Der Kommandoführer hob die Pistole und steckte sie, allen sichtbar, zurück in die Ledertasche am Koppel. Er nahm die Füße in Grundstellung und gab ein Kommando. Die Polizei rückte ab zu ihren Fahrzeugen. Aus der Tür des geräumten Hauses sprang eine fast nackte Frau.

Schrill schreiend lief sie auf die Straßenmitte, wo sie in die Knie sank. Aus den umliegenden Gebäuden traten vorsichtig einzelne Menschen. Von der abmarschierenden Truppe löste sich ein einzelner Polizist, der in großen Sprüngen auf die Frau zuflog und ihr einen Tritt ins Genick versetzte. Daraufhin begann er die Liegende, die jetzt nicht mehr schrie, mit dem Knüppel zu bearbeiten, daß sie wieder schrie und sich vor Schmerzen aufzurichten suchte. Der Beamte hieb der Frau über den Kopf, daß sein Schlagstock in zwei Teile zerbrach." 21)

Diesem vom Erzähler genüßlich, wenn auch wieder nur mit Schlagworten ("volle, rosige Gesichter") ausgemalten Bild von den sadistischen Polizeischlägern und der brutalen Willkür eines, wie man vermuten würde, faschistischen Machtapparates, einem Bild, das bewußt mit den Elementen bekannter Schilderungen von KZ-Grausamkeiten wie z.B. der Brutalität gegen Kinder und nackte Frauen, arbeitet, wird dann unverbunden ein anderes Bild gegenübergestellt, das Bild des Staates als eines durch die Gebundenheit an demokratische Prozesse gelähmten, sumpfigen Apparates, in dem jeder Objekt der Geschichte, nicht ihr Subjekt ist, und in dem die Oberen, die führenden SPD-Männer die Nutznießer dieser Unbeweglichkeit sind:

Abraham konnte "sich eine andere Beschaffenheit des Bodenrechts gewiß vorstellen, und wäre es auf ihn und seine Meinung und Stellungnahme angekommen, so hätte er vielleicht reformerische, möglicherweise gar revolutionäre Änderungen riskiert, die ihn in der Ausübung seines Berufes empfindlich treffen und stören konnten. Allein, Abraham war nicht gefragt, er zählte wie die Masse zu denen, die keinen Einfluß auf das Rechtswesen und die Besitzstrukturen hatten, und eben hierin ähnelten Abraham und die führenden SPD-Männer einander, waren gleichermaßen Objekte der Geschichte, nicht Subjekte, die Geschichte machten. Hatten die Gesellschaft nicht zu bestimmen, konnten sie nicht reformieren, höchstens auf Parteitagen Beschlüsse formulieren, Forderungen aufstellen, abstimmen. Abraham und die Parteispitzen in Land und Stadt wußten, eine andere Bodenordnung war längst notwendig geworden. Da sie aber keine Variante oder Umwälzung zustande brachten, hingen sie auf ihre besondere Weise von den Zuständen, wie sie sich darstellten, ab, waren Nutznießer des Systems, wenn auch nicht guten Gewissens. Die Sozialdemokraten, die, wenn auch schlechten Gewissens, auf ihren Stühlen hockten und weiterarbeiteten, glichen ziemlich genau dem Baulöwen Abraham, der die Marktlage nicht zu verantworten hatte, aber für sich ausnutzte und dabei wie ein sozialdemokratischer Beamter argumentieren konnte: Was ich hier tue, ist immer noch besser als das, was ein anderer daraus machte." 22)

Außer dieser ungereimt-tendenziösen Vorführung von Fetzen bundesrepublikanischer Wirklichkeit kommt von dieser nichts in den Blick: die schwungvoll ausholende Geste des Aufzeigens von Anklagenswertem, wie z.B. der Praktiken der Polizei während gewisser studentischer Protestaktionen, verpufft in den durch Holzhammermethode mitgelieferten Interpretationen, den Klischees des Comic-Weltbilds. Eine solchermaßen stückhaft-tendenziöse Zusammenklitterung von Deutungsfetzen, aus denen ein so verwirrendes wie verzerrtes Bild entsteht, begibt sich a priori der Chance, ernstgenommen zu werden, wie es den Problemen selbst allerdings zukäme: unverbunden stehen sich der Anspruch des anklagend-aufrüttelnden Schreibens und die Praktik des eher das Denken einlullenden Antippens von Klischees gegenüber - in krasser Verschärfung starrt hier der Widerspruch zwischen Praktik und Anspruch, wie wir ihn als ernstzunehmendes Phänomen am Schreiben der Luise Rinser analysiert hatten, entgegen.

Dieses Schreiben will aufrütteln und zugleich verwirren, mit dem stückweisen Aufzeigen von Halb-Wahrem an dumpfes Unbehagen rühren, ohne die vorhandenen Deutungsklischees als hinterfragbar erscheinen zu lassen: es wendet sich an Enttäuschte, die in der Beschränkung ihres einmal gleichgeschalteten Bewußtseins verharren und für die ein Hinausdenken über die einmal erlernten Sprachstereotype nicht mehr möglich ist, die aber dennoch eine erstarrte Vorstellung von Anspruchsvollerem und Höherem, hier wohl von gesellschaftlich anklagender Literatur, mit sich herumtragen: jene, die sich selbst in den mit Jargonworten ausgerüsteten, in Randposition gedrückten "linken Typen" des Romans identifizieren könnten, ein "linkes Kleinbürgertum".[23)]

IV. Dem in diesem "linken Kleinbürgertum" entstehenden dumpfen Haß auf die anonym bleibende Ausbeutungs- und Unterdrükkungsmacht BRD und ihre Unterdrückungsmechanismen, von denen die bürgerliche Sexmoral mit ihren Tabus eine ist, fügt sich nun das Aufbegehren gegen ein weiteres von oben auferlegtes Tabu: das Tabu über den Umgang mit Juden und der deutschen Vergangenheit.

Die Logik, die in diesem Roman dafür aufgestellt wird, ist folgende: die Herrschenden in der BRD spekulieren auf das schlechte Gewissen der Deutschen gegenüber den Juden und schieben diese vor ihre eigenen Interessen: sie bedienen sich also für ihre eigenen Machenschaften der Juden, die ihrerseits durch das Trauma der Vergangenheit nur das eine Interesse haben, nämlich stärker und mächtiger zu werden, um geschützt gegen neue Angriffe zu sein. Das Muster dafür bildet in diesem Gedankengang der absolutistische Staat, der sich seiner Hofjuden bediente, um eine Pufferzone zwischen sich und dem Volk zu haben. So schreibt der "große einäugige Revoluzzer, der Adelssproß"[24], ein theoretischer Führer der linken Studenten, aus der Untersuchungshaft an Abraham:

> "Darf ich Ihnen versichern, Sie schlagen zugleich in die Art wie aus der Art, was keine Frage der Rasse, keine Rassenfrage also ist, aber eine Klassenfrage. Sie steigen unaufhaltsam auf wie Ihre werten Vorgänger, mein Herr, die bewährten Hofjuden, die sich für die rechtliche Minderung, die man ihnen zufügte, mit ökonomischen Transaktionen rächten, so erstarkend, wo man auf ihre Schwächung gezielt hatte... Kein neues Muster also, sehr geehrter Herr, ein uraltes, durchlöchertes, und ich kann Sie nicht nennen einen Herrn Nathan, Heine, Tucholski oder gar Marx, nein, Sie tragen keinen Namen, bei dem, wird er genannt, die Welt in Erwartung zittert, Ihr Name läßt lediglich erzittern, weil Kündigungsschreiben zu erwarten sind... Die Stärke, die Sie sich erobern, wenden Sie gegen die Unteren an, nicht gegen die Oberen... Es ist zuviel Verachtung in Ihnen..." [25]

So ist Abraham, der Häusermakler, selbst nur eine Marionette an den Fäden des Staates, dessen Ziel die totale Unterdrückung ist, wobei sich dieser Staat des gestörten Verhältnisses zu den Juden bedient:

> "Wer sich auskennt, weiß gleich, der lebt von einem Geschäft, in dem die Faustschläge nicht mit Fäusten ausgeteilt werden. Auch verschwieg er, wer seine wirklichen Geldgeber waren und wer sich seiner bediente. Ein

> Jude als Aushängeschild. Die Deutschen werden ja gleich knieweich, tritt ihnen ein richtiger Jude, Israeli, Semit entgegen. Haben ja alle Dreck am Stecken, ihr Päckchen zu tragen oder immerhin Anteil am schlechten Gewissen. Bei der Verwandlung der Antisemiten in Philosemiten fiel für manche andere etwas ab. Abraham kühlte sein Mütchen."26)

Daß Abraham sich so gut als Marionette dieses Staates benutzen läßt, liegt daran, daß er traumatisiert ist: sein einziges Ziel ist das Streben nach Macht, damit nie wieder die Juden die an die Wand Getretenen sein können. Alles wird unter diese Denkkategorien subsumiert:

> "Wer auch geschlagen, verletzt, ermordet würde, Abraham sah immer Juden als Opfer und drehte durch, und am Rande der Panik erst sagte er sich: Nein doch, diese Opfer sind nicht deine Brüder, womit er sich frei sprach von Verantwortung und menschlichem Mitgefühl. Waren jene, denen es an die Haut ging, nicht welche, die oder deren Väter seinem Vater an die Haut gegangen waren? Warum sollte er das Schicksal seiner Todfeinde beklagen? Der Gnom begriff, Abraham würde sich sogar mit wirklichen Nazis und Naziverbrechern verbünden, erforderten dies seine Interessen. Wenn ein Nazimörder heute einen Araber umbrachte, so war die Situation immer noch gescheiter als das Angstbild, das in Abraham fest eingebrannt saß. Ein Nazimann, der einen Judenfeind umbrachte, war tausendmal besser als ein Nazimann, der Juden ermordete. Abraham tauchte die moralischen Kategorien in das vergossene Blut der Ahnen, aus dem sie als Kategorien der Nützlichkeit, der Strategie und Taktik wieder hervorkamen. So unterschied er sich von den großen europäischen Vorgängern seines Volkes. Die Untaten der Vergangenheit waren in die Geschichte unlöschbar eingegraben, die Verwandlung des alten Juden in einen Krieger blieb ebenso unauslöschbar, denn Abbi, der Sohn, war ein kluger Jude, der seinen Zorn säkularisiert hatte. Irgendwer sagte irgendwo zu irgendwem, und so entstehen Legenden, Abraham habe geäußert: Diese Landschaft voller jüdischer Friedhöfe solle ein einziger Riesenfriedhof lebendig begrabener Arier werden. Doch solche Archaismen der Rache waren Abbi fremd, mindestens hielt er sie nicht für zweckmäßig. Sein Fleiß, seine unermüdliche Energie, seine scharfe Intelligenz waren nur auf das Mehren seines persönlichen Reichtums gerichtet, er sah in seiner Besitzanhäufung die einzige mögliche Garantie für sich, die einzig mögliche Versicherung gegen das Elend, das seine Rasse in der Geschichte bis in die jüngste Zeit hinein getroffen und geschlagen hatte. Nein, Abraham ging nicht in die Synagoge, sein Denken war angefüllt mit praktischen Fragen, die die Vergrößerung seines Vermögens und Besitzes betrafen. Bist du

ein armer Hund, kommen die Hundefänger, pflegte er zu sagen, und mitunter setzte er hinzu: Bist du ein starker und reicher Hund, kannst du dir sogar deinen Herrn untertan machen. Abraham war besessen von der Aufgabe, sich andere Menschen zu unterwerfen, nur um nicht von ihnen unterworfen zu werden. Er erhöhte als erster Hausbesitzer die Mieten und sann auch neue Gebühren und Abgaben aus. Sein Verstand funktionierte vorzüglich, seine Vernunft war allein auf seine Sicherung in Gegenwart und Zukunft gerichtet. Sein Gefühl war zur feinsten Witterung für Bedrohung umfunktioniert worden."27)

Diese Einstellung wird geschürt vom Antisemitismus der Umwelt, der ihm überall entgegenschlägt:

"Abraham kauft eine Rundschau und liest WIEDER 50 GRABSTÄTTEN AUF JÜDISCHEM FRIEDHOF GESCHÄNDET. Die Lebenden zu schützen, genügt nicht, auch die Toten müssen geschützt werden. Einen Wehrfriedhof mußte man entwerfen, mit dicken Mauern und Türmen, in denen Wachstuben und Schießscharten angebracht sind. Abraham atmet heftiger. Wir werden kämpfen müssen. Auge um Auge, Zahn um Zahn. Kampf bis aufs Messer. Abraham gibt Anweisung. Ein weiteres Haus, das er gekauft hat, für das aber keine städtische Abbruchgenehmigung vorliegt, muß zugrunde gerichtet werden." 28)

Dieser Mechanismus, der Abraham roh und irgendwann auch zum Mörder werden läßt, wird gleich auch auf Israel übertragen:

"Es tut mir leid, flüsterte Abraham. Wieso denn, sagte der Gnom grob, es kommt doch, in so einer Stadt, auf ein Menschenleben mehr oder weniger nicht mehr an. Es war doch bloß son alter, abgewrackter Knacker. Friede seiner Asche. Er wandte sich Abraham voll zu und war kalkweiß. Die Fäuste schüttelnd, versuchte er vergeblich, in die Nähe von Abrahams Gesicht, der aufgestanden war, zu gelangen. Du Schwein! schrie der Gnom, du elendes Mörderschwein! Du SS-Schwein! Er schimpfte und schrie immer weiter, seine Stimme überschlug sich, dann hockte er auf dem Boden, ein Häufchen Elend. Ich möchte dich noch ganz anders beschimpfen - du - du - . Sags ruhig, ermunterte Abraham. Der Gnom kaute auf dem, was er sagen wollte, herum und traute sich nicht recht. Der Zorn hatte ihn verlassen und mit ihm der Mut.
Ich weiß schon, was du sagen willst - Abraham packte ihn leicht an beiden Schultern.
Du willst sagen: Du Judensau du - ja? Willst du das sagen? Der Gnom nickte mutlos. Schon gut, sagte Abraham und zog den Kleinen hoch, daß er auf seinen Füßen zu stehen kam. Weißt du was? Wir nehmen an, du hast es gesagt, und ich hab es gehört.
Und nun hau ab, mein Lieber.
Er trat dem Kleinen derb in den Hintern und fühlte sich

> beinahe wohl. Ans Fenster tretend erblickte er den Garten unten, ohne ihn wirklich zu sehen. Er dachte an Israel, sah die Karte von Israel mit seinen Grenzen und war das erste mal in seinem Leben stolz auf Israel.
> Wir brauchen unheimlich viele Kanonen, Panzer, Flugzeuge, Bomben, dachte er. Wir Israelis brauchen eine Bewaffnung, die es ihnen unmöglich macht, zu einem einzigen Juden noch einmal Judensau zu sagen. Nicht einmal denken dürfen sie's.
> Na, dachte er, denken sollen sie's ruhig, aber Angst haben müssen sie davor, es laut auszusprechen.
> Angst!
> Angst haben sollen sie!
> Angst, ja Angst müssen sie bekommen!" 29)

In dieser Position wird jeder Anflug von Mitleid erdrückt. So ist Abrahams einzige Reaktion beim Anblick der zusammengeschlagenen linken Studenten die Frage, wie diese zu Israel stehen:

> "Prasselnd fielen die Schläge auf erhobene Hände, Arme, ausgestreckte Beine, die Niedergeprügelten suchten sich am Boden zu schützen, die Polizisten schlugen ihnen auf die abwehrenden Arme, die flehentlich ausgestreckten Arme, bis sie vor Schmerz die Arme sinken ließen, nun prasselte es auf die Köpfe, den Rest erledigten die Polizisten mit Tritten.
> Gefällt es dir? fragte der Gnom weiter.
> Abraham wandte sich vom Fenster fort. Aber sie halten es mit den Arabern, murmelte er." 30)

Israel wird sodann in dieser Interpretation zum Handlanger und Compagnon in der Verschwörung der kapitalistischen Mächte; sein Geheimdienst arbeitet zusammen mit dem der iranischen Kapitalisten.[31] Abrahams Kommentar dazu in Reaktion auf den Brief des großen einäugigen Revoluzzers und seine Verweigerung des Vergleichs mit Heine oder Marx ist:

> "Vor allen Dingen wollte er ihm sagen, daß die Welt nun in ihre zweite Phase eingetreten sei, da sollten die Herren Arbeiter und die Herren kritischen Intellektuellen auf die Hilfe der Juden nicht mehr rechnen. Aus den lange genug für Revolutionen ausgebeuteten Juden sind Israelis geworden, die machen ihren eigenen Staat auf, eine gutfunktionierende Firma mit Religion, Fahne und Armee. Und warum auch nicht?" 32)

Aufschlußreich wird nun allerdings, was von Israel außer dieser Zuordnung in den Blick kommt: Israel, in das Abrahams Mutter mit seiner Schwester und ihm 1937 emigrierte, und in dem er die prägendsten Jahre seines Lebens verbracht hat, wird von Abraham während einer besinnlichen Minute im violetten Prachtbad folgendermaßen erinnert:

"Er trat in seinem violetten Prachtbad vor den Spiegel, sah sich verschreckt in die Augen und sagte: Ich weiß nicht, was ich tun soll. Mir ist, als hätte ich einen Fehler begangen. Soll ich zurückgehen nach Israel? Er wartete auf Antwort und fand keine, da bückte er sich, zog seinen Schuh aus, erhob sich wieder und spuckte seinem Spiegelbild ins Gesicht. So müssen es die kinderlosen israelischen Frauen halten, wenn der Mann gestorben ist und sie sich weigern, den Schwager zu heiraten. Abraham starrte sich durch den Schleier seines eigenen Speichels lächelnd an. Vorschriften hatten die dort unten. Die kinderlose Witwe hatte den unverheirateten Schwager zu ehelichen und war erst frei, wagte sie es, ihm den Schuh auszuziehen und ins Gesicht zu spucken. Wollte eine Frau geschieden werden, mußte sie nachweisen, daß ihr Mann ein jahrelanges Verhältnis mit einer anderen Frau hatte. Begehrte ein Mann die Scheidung, genügte der einmalige Seitensprung der Frau als Grund. Überhaupt das Zeremoniell, wie es in Blüte stand! Die Eheschließung war nur religiös möglich. Nach jüdischem, christlichen oder mohammedanischen Ritus. Wer das nicht will, muß ins Ausland reisen und dort heiraten. Vor der Ehe hat die Jüdin ein rituelles Tauchbad zu nehmen. Ja, sagte er, mein lieber Abraham im angespuckten Spiegel, so halten sie's bei uns daheim. Nein, nicht bei uns daheim. Wie kam er nur darauf, so was zu sagen. Seine Nerven lagen unziemlich bloß. Überhaupt waren seine Reaktionen nicht in Ordnung, er benahm sich geradezu hysterisch. Plötzlich erinnerte er sich einer schmerzlichen Szene. Seine Mutter trug lange Hosen, dort in Israel, die Leute auf der Straße blickten sie empört an oder sahen angestrengt fort, eine Meute kleiner Jungen lief heran und spuckte aus. Sie riefen Worte, die ihn erröten ließen. Nein, er wußte nicht mehr, was sie gerufen hatten, aber er sah sie wieder ganz deutlich vor sich. Eine Frau in langen Hosen war eine Provokation der guten Sitten und des rechten Glaubens. Ach, Herr, steh mir bei! Eine Fülle solcher Einzelheiten überfiel ihn. Frauen, so sie nach der orthodoxen Regel leben, durften mit Männern nicht zusammenarbeiten, keine ärmellosen oder ausgeschnittenen Kleider tragen. Eine verheiratete Frau darf ihr Haar von keinem fremden Mann sehen lassen, darum lassen sich in Jerusalem viele Frauen am Tag vor der Hochzeit den Kopf kahlrasieren und ein schwarzes Tuch darüberbinden... War es ein Wunder, wenn seine Schwester Sarah, die sich Trini nannte, nicht in Israel leben wollte? Trini mit ihrer Vorliebe für Superminis - auf offener Straße hätte man sie angelacht, angepöbelt, unmöglich gemacht. Zum Teufel, Abraham wandte sich vom Spiegel ab." 33)

Diese Zusammenstellung von bezugslosen Reizbildern wirkt geradezu gespenstisch durch die Unverfrorenheit, mit der sich die Ignoranz dieses Autors hier ausbreitet in einem Roman, der von einem namhaften deutschen Verlag jüdischen Namens gedruckt wurde: man fragt sich unwillkürlich, was für verstümmelte Illustriertenberichte über Mea Schearim, das Ultra-Orthodoxen-Viertel Jerusalems, dem Verfasser wohl vorgelegen haben, aus denen er solchen Unsinn zusammenklauben konnte? Oder ob er - denn auch Illustriertenberichte pflegen bei der reißerischen Ausschlachtung von israelischen Exotismen wie Mea Schearim immer den Kontrast, die miniberockte Soldatin, die apfelsinenpflückende Kibbutz-Chawera in Shorts mit darzubieten - einen flüchtigen Blick auf einige Seiten der Beschreibung Mea Schearims der Jahrhundertwende in S.J.Agnons "Gestern, vorgestern" geworfen hat?[34)]

Und ähnlich zusammengeklaubt aus aufgeschnappten und lüstern verkleisterten Ungereimtheiten wie dieses "Israel" erscheint die ganze Figur Abrahams: so erfährt man, daß Abraham sowie seine Schwester dem unehelichen Zusammenleben eines Mannes aus orthodoxer Familie mit einer "verweltlichten" Berliner Jüdin polnischer Herkunft, deren Mutter sogar der KPD angehörte, entstammt. Daß Abraham nun gelegentlich jiddisch redet (ein Jiddisch, das recht eindeutig nach dem Muster von Gustav Freytags "Soll und Haben" zurechtgeschnitten ist - ohne daß allerdings Feinheiten, wie z.B. Pluralbildungen von diesem Vorbild mitübernommen worden wären[35)]), soll wohl mit Hinweis auf die ostjüdische Herkunft der Mutter (deren Großeltern aus Polen kamen!) abgedeckt sein; wie unwahrscheinlich dieses Relikt bei der entsprechenden negativen Einschätzung des Jiddischen durch die deutschen Juden jener Zeit ist, bedarf wohl keiner Erwähnung. Grotesker für das Gesamtbild erscheint dann die folgende später angeführte Erinnerung an diese verweltlichte Mutter und die kommunistische Großmutter:

> "Dabei weiß ich genau, Mama hat uns früher Geschichten erzählt, in denen meist ein Rabbi vorkam oder gerade Sabbath war. Bruchstücke aus dem Talmud wurden aufge-

> sagt, Männer mit langen Bärten betraten die Synagoge
> oder kamen von dort, ...
> Geschichten, die sie daheim von ihren Eltern vernommen
> hatte wie diese von ihren Eltern." 36)

Auch über die Unwahrscheinlichkeit des aus orthodoxer Familie stammenden Vaters, der zwei Jahre lang mit einer Frau zusammenlebt, mit Rücksicht auf den orthodoxen Vater diese verweltlichte Frau aber nicht heiraten will, sodaß der orthodoxe Vater an jedem Monatsersten kommt, um seinem Sohn des sündhaften Lebenswandels wegen ins Gewissen zu reden, wovor dieser sich schließlich immer in den Keller flüchtet, braucht wohl nichts gesagt zu werden. Doch festzuhalten bleibt, daß unter diesen ins Auge springenden Ungereimtheiten in dieser Konstruktion die Figuren hohl bleiben: so wie keine wirkliche Beschreibung die Stadt sichtbar macht, läßt auch keine differenzierte Beschreibung die Figuren als Menschen faßbar werden, als Persönlichkeiten, in deren plastischer Gesamtgestaltung eventuelle Widersprüche ihren Ort und ihre Geschichte hätten. Denn auch Geschichte, Herkunft wird jeweils nur benannt, doch an keiner Stelle wird Gewordensein spürbar: wie die Wirkung des Erlebnisses jenes Aufenthalts in Israel in den bedrängten letzten Jahren der englischen Mandatsherrschaft auf die erwähnten Menschen nicht faßbar wird, weil der ganze Komplex dieser Periode stereotyp mit jener dem Israel-Bild des Verfassers entsprechenden Floskel "Daß man dort nicht heimisch wurde" abgetan wird, so deutet z.B. auch nichts darauf hin, daß zwischen Abraham und seiner Mutter, die als "die Alte" eigensinnig und geisteswirr in irgendeinem Keller verdämmert, jemals eine tiefere Verbindung bestanden hat. Momente aus der Geschichte dieser Menschen werden benannt, doch keine Veränderung, kein Gewordensein, auch keine Möglichkeit lebenden Sich-Veränderns an iregendeiner Stelle spürbar.
So verwundert es nicht, daß diese Figur Abrahams, der in Deutschland geboren ist und seit 20 Jahren wieder in der BRD lebt, sich ständig als "kein richtiger Deutscher" bezeichnet, der sich entsprechend Gedanken machen muß, wie man mit den "arischen Mädchen" umgeht:

"... wenn er nicht ein ins Land hereingeschneiter, vorbelasteter Mann gewesen wäre..." 37)

"Woher sollte er zum Beispiel wissen, wie man mit diesen deutschen Mädchen umgehen mußte?" 38)

Mißverständnisse beim Arrangement mit einer der "verdammten Weiber"[39] erklärt er sich folgendermaßen:

"Vielleicht, sagte sich Abraham, liegt der Grund darin, daß ich kein richtiger Deutscher bin? Den Gedanken, kaum hatte er ihn gedacht, verwarf er schnell wieder. Was heißt hier richtiger Deutscher, er verfiel jetzt in den Rassefimmel der kaputten Germanen." 40)

Über sexuelle Konstitution und Aussehen wird man nun auch nichts anderes erwarten als die Erinnerung an die

"brutale Gesundheit der Ahnen... Die breite Unbedenklichkeit der kraftstrotzenden Väter" 41)

und folgende Beschreibung:

"Der Bauherr ist ein mittelgroßer drahtiger Mann mit schwarzem Haar und dunklen melancholischen Augen" 42)

Ein ermüdend bemühter Abklatsch der Bilder aus Gustav Freytags Roman und antisemitschen Hetzblättern wird hier aufgeboten: eines Klischees, als dessen Hauptbestandteile sexuelle Potenz, Geilheit auf "arische" Mädchen, weiter das Zusammenhalten von Juden[43], auch jüdischer Selbsthaß[44] fungieren - alles überragend jedoch der Wunsch, das "Gastvolk" auszusaugen, zu schmarotzen,[45] zu zerstören. Angesichts einer so um Vollständigkeit bemühten Fertigung des alten Klischees drängt sich die Vermutung auf, daß diese tabustürmerische Präsentation des alten Stürmer-Schreckbildes vom Verfasser als Bestandteil seiner Anklage gegen bundesrepublikanische Verhältnisse gemeint worden sei, ein revolutionärer Akt gegen die "servile Haltung"[46] gegenüber Juden, gegen die eingefahrenen Worte gängigen Wiedergutmachungsgeredes: ein revolutionärer Akt, gegen dessen unerschrockenen Wagemut es als konterrevolutionär erschienen wäre, hätte er bei der Ausmalung des Klischees auch nur "kleine Anflüge von Selbstgenügsamkeit oder Rücksichtnahme auf einen anderen"[47] gezeigt, etwa auf das durch die Wirkungsgeschichte des Klischees möglicherweise noch berührte Empfinden irgendwelcher Leser der 70er Jahre -

die Gestalt der sich emanzipierenden Dame, der irgendein Anflug von Rücksicht auf ihren Nächstliegenden bereits als "konterrevolutionär" erschienen wäre, scheint aufschlußreich stellvertretend zu stehen für den revolutionären Habitus, dem sich dieses Schreiben verdankt.

V. Die tieferliegende Problematik dieser revolutionären Egozentrik läßt sich jedoch letztlich weniger an der Restauration des alten antisemitischen Judenbildes ablesen, als an dem von der ersten Seite an als fragwürdig ins Auge springenden Erzählhabitus, dieser fatalen Mischung aus allwissendem und bewußtseinsspiegelndem Erzählen.
Denn verfolgt man literaturgeschichtlich die Entwicklung der Erzählperspektivik in der Geschichte des Romans, indem man versucht, die Erzählperspektive als Funktion eines Selbstverständnisses innerhalb von sich verändernden Weltbildern zu sehen, so stellt man gewöhnlich dem allwissenden Erzählen früherer Jahrhunderte, das für ein relativ unerschüttertes Vertrauen in die Möglichkeit gedanklicher Durchdringung der Welt und ihrer erzählerischen Abbildbarkeit sprach, jene spätere Entwicklung gegenüber, in deren Verlauf der allwissende Erzähler mehr und mehr zurücktrat: verschiedene Endpunkte dieser Entwicklung waren die von vielen Romanschriftstellern des späten 19. und frühen 20. Jahrhunderts verwendete Technik der "Bewußtseinsspiegelung" bzw. des "inneren Monologs", in der nur das subjektive Wahrnehmen eines einzelnen Bewußtseins wiedergegeben wurde, einerseits, und die Aufspaltung der Erzählperspektive in verschiedene, auch im Sprachmuster unterschiedene perspektivische Ansätze andererseits. Beides entsprach dem Weltverständnis einer Zeit, in der das explosionsartig angewachsene Wissen über eine gleichzeitig enger zusammenrückende Welt ein Mißtrauen wachzurufen begann, ein Zweifeln an der Möglichkeit vollständiger Darstellbarkeit der komplexen Wirklichkeit. Während das Vertrauen in die Zuständigkeit des Schriftstellers für eine wiederspiegelnde Wirklichkeitsbeschreibung erschüttert war, schien es dagegen

noch möglich, schreibend festzuhalten, wie ein einzelnes Bewußtsein subjektiv diese komplexe Wirklichkeit erlebte; und eher wirklichkeitsgerecht erschien es auch, aus verschiedenen, unverbunden nebeneineander gestellten perspektivischen Blickwinkeln ein mosaikartiges, auf Eindeutigkeit und Vollständigkeit verzichtendes Bild zu erstellen.
In diesen Erzählansätzen, die in variierten Formen auch für die Nachkriegsliteratur bestimmend wurden, war somit ein Stück Selbstbeschränkung wirksam; ein Moment von Selbstbeschränkung anderer Art kann allerdings auch dem alten allwissenden Erzählansatz nicht abgesprochen werden: während jene Erzähler, die die Wirklichkeit aus der Bewußtseinsperspektive einer oder mehrerer Figuren boten, und damit zugleich als hinterfragbar darstellten, indem sie auf den deutenden korrigierenden Eingriff eines übergeordneten Bewußtseins verzichteten, hatte der allwissende Erzähler des 19. Jahrhunderts das Geschehen und seine Deutung fest in der Hand, verzichtet dabei aber zumeist auf den Anspruch einer vollständigen Bewußtseinswiedergabe aller Personen. So kennt und kommentiert der Erzähler in Gustav Freytags "Soll und Haben" zwar die Gedanken Anton Wohlfahrts und der Leute seines Standes relativ genau, überblickt auch weitsichtig, bisweilen humorvoll das Ganze, informiert den Leser auch, daß es eine Stelle gibt, "wo bei den Menschen das Herz sitzt", beim Nicht-Menschen Ehrenthal offenbar aber nicht - dennoch verzichtet er darauf, ein vollständiges Bild der Gedanken solcher jüdischer Nicht-Menschen präsentieren zu wollen: der Anspruch, daß die gezeigten Juden in der Funktion aufgehen, die ihnen vom Weltbild dieses Erzählers zudiktiert wurde, wird, wenn sicher auch implizit vorhanden, jedoch explizit gar nicht dem Leser vermittelt; die gezeigten Juden bleiben so äußerlich und fremd, wie sie dem Verfasser selbst waren.
Genau an diesem Punkt geht nun der allwissende Erzähler in Zwerenz' Roman über das Vorbild hinaus, indem er zugleich die Techniken der Bewußtseinsspiegelung und der perspektivischen Auffächerung mitübernimmt: der hier erzählt, gibt

vor, vollständig Bescheid zu wissen über die Vorgänge im Innern der verschiedenen Personen einschließlich Abrahams, und er nimmt sich gleichzeitig das Recht, deren Gedanken ständig von höherer Warte aus zu korrigieren, zu kommentieren oder spritzig zu zynisieren - es ist der totale Zugriff zur Wirklichkeit, entsprechend einem Weltbild, das den totalen Überblick zu haben und vermitteln zu können glaubt; ein Zugriff, der im 20. Jahrhundert sonst wohl nur noch vom Comic oder der Trivialliteratur beansprucht wird oder von der Propagandasprache totalitären Denkens.

Das so Erzählte bemäntelt sich jedoch mit dem Anspruch eines die gesellschaftlichen Verhältnisse anklagenden Engagements: so wird es zur gehobenen Unterhaltungsliteratur, zur anspruchsvoll sich gebenden Lektüre fürs linke Kleinbürgertum.

Um die Problematik, die mit diesem perspektivischen Zugriff gegeben ist, deutlich werden zu lassen, sei hier ein Text wiedergegeben, in dem sie exemplarisch zum Ausdruck kommt. Es ist ein Stück aus Abrahams Rückblick auf den Tod des Vaters und die Emigration nach Israel:

> "Eines Morgens, es hatte die Nacht ein größeres Feuer in der Stadt gegeben, man nannte das später den Reichstagsbrand, kamen fremde uniformierte Männer in die Wohnung, den Inhaber zu verhaften. Sie durchsuchten alle Räume und fanden den Juden friedlich im Keller, aus dem sie ihn herausschleppten. Er war schwer und steif und hatte in kluger Vorahnung schon genügend Gift geschluckt, so weit entwickelt war seine Kunst, sich dem Zugriff der Menschen zu entziehen.
> Abrahams Mutter, die mit einem dritten Kind schwanger ging, kam mit einer Fehlgeburt nieder und hatte von ihrem Selbstmörder-Liebhaber immerhin so viel gelernt, daß ihr im Jahre 1937 das Reich zu verlassen gerade noch gelang. Am Ende der Schiffahrt lag Israel, das Gelobte Land des Wäschewaschens, der Büroreinigung und was sich einer alleinstehenden Mutter von zwei unehelichen Kindern an Lebenskampf anbot; manchmal gab sie auch Nachhilfestunden in Deutsch oder Englisch Weil die Mutter nun in Israel nicht heimisch wurde und die Weltmächte in den folgenden Jahren dem Reichs-Adolf beibrachten, wie man sich zurückzog aus fremden Ländern, eigenen Ländern, schließlich der eigenen Haut, weil die Frau all die Jahre über mit Sehnsucht zurückdachte an die Stadt Berlin und diese alte jüdisch-

> deutsche Melodie in sich trug, die vermaledeite Kitschliebe zur germanischen Blutheimat, ging sie mit ihren beiden Kindern nach Kriegsende, sobald es sich finanziell machen ließ, aufs Schiff."

Daß bei der Israel-Kenntnis des Verfassers über die Israel-Periode im Leben Abrahams nicht mehr anzubieten war, ist einleuchtend; jedoch: wer spricht hier mit so saloppen und spritzigen Wendungen über den Tod des Vaters, Abraham oder der Erzähler? Wer weiß mit so artistisch-deftigen Worten das Verhältnis deutscher Juden zu Deutschland zu benennen, Abraham oder der Erzähler?

Die Frage müßte von dieser Erzählperspektive her als unangemessen abgetan werden: denn wie der Erzähler souverän die Wirklichkeit nach seinen Vorstellungen geformt hat, so hat er das Bewußtsein sämtlicher Figuren im Griff, totalitär usurpiert, und ist dadurch immun gegen jeden möglichen Vorwurf - Abraham ist es, der so verroht spricht, nicht er; doch nicht Abraham formuliert so kunstfertig, sondern er. Genau genommen besteht gar keine Notwendigkeit zur Unterscheidung: in diesem Weltbild totalitären Zugriffs erscheint die Differenz zwischen objektivem und subjektivem Geist als ausgelöscht.

VI. Die beschränkte Anmaßung, die hier zum Ausdruck kommt, die erschreckende Esoterik, die diese Literatur zum Unterhaltungs-Strip für Eingeweihte, den Jargon der Emanzipation nicht Hinterfragende, Gleichgeschaltete werden läßt, führt dann auch zu jener apodiktischen, eindimensionalen Redeweise, mit der der Autor einige Jahre später, in der Öffentlichkeit kritisiert, sein Buch und diesen Umgang mit der Thematik verteidigt, indem er behauptet, nur objektive Tatsachen dargestellt zu haben, die den Herrschenden aber unbequem seien, sodaß er deswegen nun kritisiert werde: im Zusammenhang mit dem Angriff, dem ein nach dem Konzept dieses Romans geschriebenes und kurz nach seiner Auslieferung im Frühjahr 1976 vom Verlag zurückgezogenes Theaterstück des 1945 geborenen Rainer Werner Faßbinder[49] unter dem Titel "Der Müll, die Stadt und der Tod" ausgesetzt war, sowie dem damit verbundenen Vorwurf eines "linken Antisemitismus" geriet auch Zwerenz in die Verteidigungsposition. Seine Selbstrechtfertigung in der Wochenzeitung "DIE ZEIT", in der er seine Interpretation von Geschichte und Gegenwart darlegt und sich selbst wie auch Faßbinder als "kritischen Realisten" bezeichnet, die "kraft der geschilderten unleugbaren Fakten... zu westlichen Dissidenten" werden, "weil unsere Obrigkeiten literarische Kritik als politische Feindschaft empfinden", sei hier in den Hauptpartien wiedergegeben:

> "Ein Stück, das nicht aufgeführt wurde und dessen Text nicht mehr erhältlich ist, ein Film, der nicht produziert werden soll, endlich ein Roman, der 1973 erschienen ist, rufen den Vorwurf des Antisemitismus hervor. Ort der Handlung ist jeweils Frankfurt. Man polemisiert aber nur gegen die literarischen Texte, nicht gegen die zugrunde liegenden Realien. Warum wohl? In Frankfurt trieb die Bauspekulation ihre giftigsten Blüten. Wer das kritisiert und den jüdischen oder israelischen Anteil daran unerwähnt ließe, machte sich unglaubwürdig. Wer nicht unglaubwürdig werden will, wird vom CDU-Medienexperten Purzer, vom FAZ-Mitherausgeber Fest und vom Frankfurter Oberbürgermeister Rudi Arndt des "linken" Antisemitismus bezichtigt.
> Der Antisemitismus war und ist rechts, national, biologistisch, rassistisch. Die Juden werden als mindere Rasse diskriminiert, kriminalisiert, verfolgt, bestraft, vernichtet. Man verbot den Juden die meisten Berufe und trieb sie ins Geldgeschäft. Die Nazis dann lenkten den Unmut des Volkes vom Kapital ab und auf die Juden hin. Das nationale deutsche Kapital stempelte die Juden zu Sündenböcken, so ließ sich leicht arisieren.
> Ein "linker" Antisemitismus ist unmöglich. Linke Kritik kann nicht rassistisch, biologistisch, nationalistisch argumentieren. Wo sie, wie in Frankfurt, auf Juden und Israelis trifft, geht das nicht gegen "die" Juden, sondern gegen verfehlte und unmenschliche Baupolitik. Getroffen wird die falsche deutsche Politik. Heinz Galinski, der Vorsitzende der Jüdischen Gemeinde, sollte nicht Faßbinder rügen, wie er vor drei Jahren mich rügte, sondern diejenigen, die den literarischen Figuren die Vorlage geradezu aufdrängten. Wenn von zehn wichtigen Maklern in Frankfurt acht jüdischer Herkunft sind, kann ich nicht über einen Perser schreiben, den es auch gibt. Der kritische Realismus ist unschuldig an seinen Gegenständen, ebenso wie die jüngeren Generationen der Deutschen unschuldig am Dritten Reich sind. Faßbinder und den jüngeren Deutschen irgendwelche Schuld am Antisemitismus aufzuhalsen, ist irrsinnig.
> ... Auch ist, was die Figur eines Buches sagt, nicht der

> Meinung des Verfassers gleichzusetzen. Will ein Nazi Juden vergasen, will das noch nicht der Autor, der den Nazi schildert. Sowas lernt man schon in der literarischen Klippschule. Warum wird desgleichen jetzt so bemüht verdrängt?
> Eine andere Frage ist, was Juden und Israelis über sich selbst reflektieren und sagen; die komplexe Problematik ist in meinem Roman doch wohl enthalten und in Faßbinders Stück, dramaturgisch verkürzt, so poetisch wie provozierend bildhaft gemacht. Hier besteht die Chance der offenen und ehrlichen Durchleuchtung zum Nutzen beider Seiten. Die kritschen Realisten werden kraft der geschilderten unleugbaren Fakten, die sie beschreiben, zu westlichen Dissidenten, weil unsere Obrigkeiten literarische Kritik als politische Feindschaft empfinden.
> Für Rationalisten gibt es keine Judenfrage als Rassenproblem. Es gibt arme und reiche, linke und rechte Juden. Für mich ist nicht wichtig, ob einer Jude ist, wohl aber, ob er rechts oder links steht, also die Gewalt stärkt oder mindert, die Emanzipation der Unterdrückten hindert oder fördert. Befremdlich allein ist dabei, wie schnell auch jüdische Mitbürger bereit sind, "den Linken" Schuld aufzubürden. Sie sollten sich erinnern: bevor die deutsche Rechte Juden ermordete, ermordete sie Sozialisten und Kommunisten. Warum wohl?" 50)

Was aus diesen Zeilen durch alle Naivität, durch alle Selbstüberschätzung, durch das esoterische Pochen auf die Wahrheit des Jargons, der genaue Zuordnung nach links und rechts machen kann und meint, das Wie einer Darstellung völlig übergehen zu können, so erschreckend entgegenstarrt, ist auch hier wieder, krasser und bedrohender geworden als in irgendeinem der bislang behandelten literarischen Zeugnisse, die Geschichtsblindheit. Ein einfaches Schema legt die Geschichte und die Rolle der Juden in ihr ein für alle mal fest: "Man verbot den Juden die meisten Berufe und trieb sie ins Geldgeschäft. Die Nazis dann lenkten den Unmut des Volkes vom Kapital ab und auf die Juden hin" usw.

Damit ist die "Judenfrage" gelöst; auch hier erblickt man Gustav Freytags Zeichnung des Gegensatzes vom Schacherjuden und strebsamen Bürgertum im Hintergrund, auch wenn dieser Verfasser nun auf einem dort nur am Rande auftauchenden Standpunkt, dem des aufbegehrenden Volkes steht: mit der Abschaffung des Kapitalismus, so liest sich die

Patentlösung zwischen den Zeilen, wäre der Mechanismus, der die Juden zur Pufferzone zwischen Kapital und Volk werden läßt, und durch den sie unweigerlich zum "Sündenbock" werden, unterbrochen, die Judenfrage verschwunden, das wäre dann wohl die Zeit der Emanzipation der Unterdrückten- wahrlich eine Vision von "Rationalisten". (Wieviel menschlicher dagegen wirkt noch die im Bereich des Sowjetkommunismus vertretene Version, die dem jüdischen Volk immerhin seine eigene Befreiungsgeschichte und Folklore zugesteht! Vgl. oben Kap. 1)
Welcher Art die hier wirksame "ratio" ist, deutet sich hier allerdings nur an; sie nun eilfertig aufgrund eines Antisemitismusverdachts "rechts" oder aufgrund bestimmter Jargonelemente "links" einzuordnen, hieße, ihrer eigenen fatalen Hermeneutik zu verfallen. Zu fragen ist dagegen, was als treibendes Moment auszumachen ist hinter Überheblichkeit und Borniertheit dieses Weltbildes, hinter der Artistik des Jargons: diese Frage erweist sich jedoch eben wegen der hermeneutischen Abgeschlossenheit des Jargons als besonders schwierig.
Gewiß legt sich aufgrund eines großen Teils des Vokabulars und einiger Grundelemente marxistischer Philosophie die Zuordnung zu einer "links" orientierten Konzeption nahe, und doch lassen andere Beobachtungen dieses Schreiben als weit entfernt erscheinen von einer marxistischen Orientierung: würde doch der marxistisch engagierte Schriftsteller, der Forderung nach realistischer Darstellung entsprechend, eher ausführlich beschreiben, anstatt nur zu benennen; auch würde marxistisch inspirierte Literatur sich nicht in dieser Weise an Eingeweihte wenden, sondern versuchen, auch Außenstehende zu überzeugen, anzuspornen zum gemeinsamen Kampf um eine bessere Welt. So könnte ein die entsprechende Thematik aufrollender Roman beschreiben, wie jemand tragisch wider Willen durch das Erlebnis der Entwurzelung in der Nazi-Zeit zum Ausbeuter wird, dabei im Unrecht ist, und wie dagegen die gesellschaftlichen Randfiguren im Untergrund von Frankfurt im Elend leben: dabei müßte, trotz

faktischen Siegs Abrahams, des momentan Stärkeren, der dereinstige Sieg der jetzt Unterdrückten sich ahnbar am Horizont andeuten, während die Strukturen der kapitalistischen Welt in ihrer Brüchigkeit deutlich würden. Nichts dergleichen steht am Ende von Zwerenz' Buch: Abraham, der zum Schluß den "Gnom" und den ausgeflippten Schüler Robbe auf dem Gewissen hat, bleibt als Komplice der Herrschenden unangetastet - die Gemeinheit der Komplicenschaft derer, die ausbeuten und absolutistisch herrschen, wird unerschütterlich und ewig fortbestehen. Da so gegen die Strukturen der Welt der Herrschenden nur polemisiert wird, diese Welt als dämonischer Machtapparat dargestellt, nirgends aber konkret sichtbar gemacht wird, geschweige denn als geschichtlich gewordene, von unterschiedlichen Kräften bestimmte und vielleicht veränderbare gezeigt wird, stellt sich beim Konsumenten dieser Literatur vor allem ein Gefühl der Ohnmacht, der Angst, der Beunruhigung und auch Haßbereitschaft ein. Dies ist zugleich der Punkt, an dem das Geschriebene vom Comic abweicht: zwar bedient sich der Roman bis zum Ende der Mittel des Comics - stereotype Figuren, die durch die Verwicklung des Geschehens und die Artistik ihrer Wortwahl unterhalten sollen, nicht aber irgendetwas einsichtig machen oder zum Denken anregen oder Entwicklungsmöglichkeiten zeigen. Doch der versöhnliche Ausgang, der Sieg des Starken fehlt: und damit kommt das Hauptmoment in den Blick, das dagegen spricht, dieses Schreiben als marxistisches gelten zu lassen: sein Zynismus. Denn ein Schreiben, das irgendwie zum Denken, zur konstruktiven Anteilnahme anregen soll, wird sich wohl des Sarkasmus bedienen, der Ironie - sprachlicher Mittel, die von der Verfremdung zwischen zynischer Adaption fremder Sprachweisen oder Bilder und der augenblicksweisen Preisgabe der eigenen emotionalen Position des Autors leben (wir gingen oben in Kap. 5 am Beispiel von Grass' Schreiben darauf ein) - bei diesem glatten Strom des Zynismus jedoch gibt es keine wirklichen Durchbrüche.[51)] Zynismus dieser Art will nicht zum Denken anregen, überzeugen: er will zugleich vorhandene Überzeugungen verfestigen und alte Angst neu aufpeitschen, und erscheint dabei vor allem als Abreaktion eigenen Ressentiments. Welche Rolle innerhalb dieses Ressentiments gerade die Judenthematik spielt, wird deutlicher als bei Zwerenz selbst in der ebenfalls im Zusammenhang der Diskussion über Faßbinders Theaterstück veröffentlichten Selbstverteidigung R.W. Faßbinders:

> "Ich meine, daß die ständige Tabuisierung von Juden, die es seit 1945 in Deutschland gibt, gerade bei jungen Leuten, die keine direkten Erfahrungen mit Juden gemacht haben, zu einer Gegnerschaft gegen Juden führen kann. Mir ist als Kind, wenn ich Juden begegnet bin, hinter vorgehaltener Hand gesagt worden: Das ist ein Jude, benimm dich artig, sei freundlich. Und das hat sich in gewissen Varianten fortgesetzt, bis ich 28 wurde und das Stück geschrieben habe. Ich konnte mir nie denken, daß das eine richtige Haltung war." 52)

In dieser Selbstaussage erscheint die Tabuisierung der Juden als mit dem Odium bürgerlicher Unterdrückung, der Erziehung zum Artigsein, behaftet, unhinterfragbar wie die Tabuisierung des Sexuellen im bürgerlichen Sprachgebaren, und es ist verständlich, daß sich die in dieser Atmosphäre Erzogenen dagegen auflehnen, das empfundene Unbehagen zur Sprache zu bringen.[53)]

Doch frappierend ist hier nun, in welcher Weise dies geschieht: sowohl bei dem, der in seiner Kindheit den Parolen des Hitlerregimes ausgesetzt war, als auch bei dem, über dessen Kindheit die verlegene Befangenheit philosemitischen Gebarens stand - beide scheinen davon auszugehen, daß mit dem provozierenden Antippen des Abgedrängten, dem Heraufbeschwören des auch tabuisierten und darum so verbotenen Stürmer-Klischees und seiner Identifikation mit einem heutigen Frankfurter Bodenspekulanten jüdischer Herkunft bereits befreiende Abarbeitung geleistet sei. Dieses naive Verharren beim trotzigen Auftrumpfen möchte als Konsequenz eines Denkens erscheinen, das die Blochsche Forderung nach Kunstwerken, die "Trotz und Hoffnung" bewirken, griffig für sich vereinnahmt.[54)] In ihm fehlt jeder Blick auf die Wirkungsgeschichte des Klischees, der sich das betrachtende Subjekt, das eigene subjektive Empfinden selbst nicht entziehen kann, sondern die es vielleicht reflektiv, sich zurückbeugend, in den Griff bekommen könnte: jede über die einfachen Erinnerungsbilder hinausgehende Selbstreflektiertheit, die allein auch eine differenziertere, Vorverständnisse miteinbeziehende Annäherung an die zu interpretierende Geschichte ermöglichen würde, fehlt. Und auch hier deutet diese Art der ungeschichtlichen Annäherung an geschichtlich Gewordenes, das auftrumpfende Vertrauen in die Möglichkeit eigener Unabhängigkeit auf existentialistisches Erbe hin.

Damit kommt, gewissermaßen auf einer vorangeschrittenen Entwicklungsstufe, wieder jenes Grundphänomen in den Blick, auf das wir bereits bei den Untersuchungen des letzten Kapitels gestoßen waren: jene fragwürdige Denkbewegung, die sich dem Zusammentreffen von existentialistischen Denkvoraussetzungen und der Rezeption marxistischer Philosophie verdankte; eine Denkbewegung, die trotz des in bestimmtem Stadium aufgebrochenen Unbehagens am Existentialismus die Grundvoraussetzung des "Jargon der Eigentlichkeit", ein letztlich ungeschichtliches Denken, seine selbständig gewordenen Floskeln, die keinen Bezug zu konkreter politisch-sozialer Wirklichkeit mehr zu haben schienen, eher unreflektiert mit eintrug in ihren Zugang zu den Ansätzen neomarxistischer Philosophie. Deren undialektisch rezipierte Grundgedanken und Begriffe erstarrten so bald zum System positivistisch fixierter Bedeutungen, das über die Eingeweihten herrschte - die Einteilung in Eigentliche und solche, die das richtige Bewußtsein noch nicht hatten, bereitete jene Gleichschaltung vor, auf die unsere Analyse des von Zwerenz vorgeführten Jargons der Emanzipation einging.

Für diese neue "Eigentlichkeit" kam politische Realität ebenso wie die Geschichte eher als etwas Erstarrtes ins Bewußtsein, eine Systemstelle im System eines sich abkapselnden Denkens, das keinen Dialog mit der sich verändernden Wirklichkeit mehr zu führen schien, dabei gerne Sprache und philosophischen Ansatz Blochs oder Marcuses aufgriff, um sie für sich zu verwenden. Was dabei entstand, war jener Habitus des Trotzes, des sich selbst setzenden und behauptenden Bewußtseins, für den das hier analysierte Erzählen stellvertretend stehen könnte: ein Habitus, der zugleich soviel Menschenverachtung birgt wie er Macht über Menschen zu gewinnen sucht, indem er Bedrohung ausmalt, Angst aufpeitscht, an Mitleid appelliert, verwirrt und über der Verwirrung dem Leser seine Interpretation aufzwingt. Daß seine "ratio" hier das genaue Abbild des alten antisemitischen Judenklischees, überdeutlich gefärbt von eigenem Ressentiment, präsentiert und dabei als objektive Wirklichkeitsabbildung ausgibt, gibt zu denken: Israel und das Problem jüdischer Existenz zwingen wie nichts anderes durch ihre geschichtlich gewordene Eigenart zur Infragestellung von verfestigten Ideologien, zum Denken des Paradoxen, zum geschichtlich-relativierenden Denken - die abwehrende Mobilisierung der alten Angst vor dem Juden dürfte allererst ein Denken bloßstellen, dessen totalitärer Weltentwurf eine Infragestellung durch eine mehrdimensionale, Paradoxien umfassende Wirklichkeit fürchtet. Der sich hier darstellende Habitus, der seine Entwicklung einem Zusammentreffen von existentialistischer Geschichtsblindheit und marxistischer Begrifflichkeit verdankt, läßt sich deshalb nicht ohne weiteres nach "links" zuordnen, wiewohl sich das zunächst nahelegt und wohl auch von den entsprechenden Autoren beansprucht werden dürfte.[55)] Wichtiger scheint es hier, hervorzuheben, daß durch vorschnelle Zuordnung zur einen oder anderen Seite der Zugang zum Verständnis des Phänomens, auch des mit ihm auftauchenden "neuen Antisemitismus" eher verbaut würde, und daß es eines komplexeren Denkansatzes bedürfte, um seine noch unabsehbare Wirksamkeit auf dem Hintergrund dieser Entwicklung zu beurteilen.

VII. Die Problematik dieser Entwicklung wird vielleicht am deutlichsten spürbar, wenn man dieses Schreiben einmal vergleicht mit einem gleichzeitig erschienenen außerdeutschen Versuch der Annäherung an die Thematik: denn während in der BRD im Zusammenhang mit dem Streit um den Auslieferungsstop für Faßbinders Theaterstück sich eine Diskussion über die Zuordnung des Beobachteten nach rechts oder links entfachte, in der der Vorwurf eines Antisemitismus zur jeweils dem Gegner zugeschobenen Leerformel wurde, erschien fast gleichzeitig in der Schweiz ein Buch, das in eigener Weise die bundesdeutsche Diskussion zu diesem Thema kompromittiert, indem es der Kurzsichtigkeit ihrer Zuordnungen sein eigenes zähes Zuarbeiten auf eine Annäherung an die Paradoxien des Judentums und Israel in seinen Widersprüchen entgegenstellt, und das mit dem Satz beginnt:

> "Israel regt wohl beinahe jeden, der dieses Land besucht, auf eine wahrhaft ungestüme Weise zum Denken an, indessen hat dieser geistige Schwung, der einen dort herumwirbelt, auch seine nachteiligen Seiten." 56)

Es ist ein Buch, in dem ein Schriftsteller das Erlebte seiner eigenen ersten Konfrontation mit dem Land Israel zu verarbeiten suchte, und das sich wie kaum etwas zuvor im deutschen Sprachraum Geschriebenes der psychologischen und politischen Wirklichkeit dieses Landes und des Judentums überhaupt, seinen Widersprüchen und seiner Widerständigkeit gegen die nicht geschichtlich gewachsenen, ihm angelegten Denkkategorien annähert: eine Annäherung, die gerade darum so viel kontingente Wahrheit aus sich heraussetzt, weil sie das Bewußtsein der eigenen Verunsicherung durch diese Land, durch den nach dem Aufenthalt weitergehenden Dialog mit seiner vielschichtig-widersprüchlichen Realität in sich bewahrt - der Essay "Zusammenhänge" des 1921 geborenen Friedrich Dürrenmatt.[57)]

Dieser Essay, eine über 240 Seiten sich erstreckende Reflexion, die gleichzeitig eine zurückliegende Vortrags - und Besuchsreise verarbeitet, entstand aus der konkreten Erfahrung des Widerspruchs zwischen dem verfestigten Gedanken und der Realität, der er sich aussetzt: der Erfahrung, daß eine noch in Europa konzipierte Rede "diesem Lande und diesen Menschen nicht gewachsen war"[58], andererseits des Erlebnisses, daß "mir durch das Land und die Völker, die es bewohnen, nachträglich demonstriert wurde, was ich eigentlich sagen wollte und hätte sagen sollen, als ich die Rede, die ich in Israel zu halten hatte, vorher in der Schweiz schrieb."[59] Diese existentielle Erfahrung der Notwendigkeit einer dialektischen Auseinandersetzung zwischen einer bestimmten Wirklichkeit und dem gedanklichen Zugriff zu ihr wird zum Ausganspunkt des Essays, in dem der Verfasser in immer neuen Ansätzen versucht, sich den Paradoxien dieses Landes zu nähern: dem Paradox der einst Unterdrückten, die sich nun teilweise in der Position der selbst Diskriminierenden finden; dem Widerspruch im Judentum selbst, das mit dem Verlust der Eigenstaatlichkeit durch die Geschichte hindurch einen eigenen, einmaligen und autoritären Volksbegriff behauptete: einen Volksbegriff, der die inkongruenten Größen einer ethnisch-kulturellen Gemeinschaft und eines Religionsverbands zu der Geschichtsgemeinschaft verbinden konnte. Die Haupterfahrung des Europäers, die der Autor hier zu formulieren sucht, ist dabei diese, daß man dem, was die Eigenart Israels und des jüdischen Volkes durch die unaufhebbare Geschichte geworden ist, nicht mit irgendwelchen von außen aufgezwungenen Kategorien gerecht werden kann, eine Erfahrung, die entsprechend verunsichernd wirkt: was es dabei konkret ist, das sich so dem schnellen Zugriff entzieht, wird logischerweise nicht direkt beschrieben, stattdessen werden eine Reihe von Erlebnissen und Reflexionen aufgeführt, die einen unmittelbaren Eindruck seiner Wirkung auf das Bewußtsein dieses Außenstehenden vermitteln - und zwar um so drastischer, als sich diese Konfrontation in einer Zeit abspielt, die von extremer Angespanntheit bestimmt ist. Denn der Besuch in Israel findet statt in jenen Novembertagen des Jahres 1974, als Jassir Arafat vor der UNO sprach, einer Zeit, als das Land, erschöpft durch die psychologische Nachwirkung des ein Jahr zurückliegenden existenzbedrohenden Jom-Kippur-Kriegs, strapaziert auch durch die dem Krieg folgende wirtschaftliche Belastung und den sich verstärkenden Eindruck außenpolitischer Isolation, seine inneren Spannungen und Widersprüche, seine Häßlichkeit und verzweifelte Egozentrik dem Außenseiter nicht verbirgt, eine bittere Müdigkeit und Verbissenheit, das Enttäuschtsein von Illusionen, die aufbrechenden Spannungen zwischen Alteingesessenen und Neueinwanderern, europäischen und orientalischen Juden, zwischen arm und reich unverhüllt preisgibt, während zugleich die Erinnerung an die Zeit vor dem Jom-Kippur-Krieg, an eine gelöstere Offenheit und selbstbewußtere Gastfreundlichkeit noch spürbar ist und manchmal das Land gleichsam über sich selbst erschrocken erscheinen läßt.

Um zu verdeutlichen, in welcher Weise der Autor hier diese widerständige Wirklichkeit sprachlich abtastet und lebend vor dem Leser erstehen läßt, sei hier die Beschreibung eines Ganges durch Jerusalem, auch durch das bei Zwerenz angesprochene Mea Schearim, wiedergegeben, eine Beschreibung, in der die Zwiespältigkeit des Angesprochenseins durch das Unauslotbare, Widersprüchliche in der Begegnung mit den Menschen dieses Landes beispielhaft zum Ausdruck kommt:

> "Jetzt aber, etwas mehr als eine Woche später, da wir nach unserer Reise mit der dreimal mißglückten Rede wieder in Jerusalem wohnen, nun privat, wenn auch als Gäste der Stadt, dringe ich allein in die Altstadt ein, vom Jaffator aus, mit der Leichtigkeit eines Gestrandeten, dem sein Gepäck, das ihn quälte und beschäftigte, unfreiwillig abhanden gekommen war: ein ständiger Abstieg durch schmale Gassen, überall kleine Geschäfte, zu Hunderten, ein Bazar, ... Dann, irgendwann an einem Sonntag, breche ich auf, nehme mir ein Taxi. An einer Straßenkreuzung werden wir von einem Lastwagen von hinten gerammt, der Taxifahrer flucht, der Lastwagenfahrer flucht, Polizei kommt, ich nehme ein anderes Taxi, mein Nacken schmerzt. Ich lasse mich nach der Äthiopian-Straße fahren, mit dem Ziel, das Bucharian-Viertel zu erreichen. Das Genick schmerzt noch immer, doch das Gehen tut mir gut. Ich verirre mich, versuche vergeblich, mich auf der Karte zu orientieren. Auch sonst scheine ich verirrt zu sein, in eine andere Zeit: Männer in Kaftan, mit Kniehosen, Strümpfen, Schnallenschuhen kommen mir entgegen oder werden von mir überholt; ein uralter Jude, schwarze Haare mit weißen Schlä-

fenlocken, wankt eine steile Straße hinunter, ein junger Jude stützt ihn, gleich gekleidet, krummbeinig, eine Parodie von einem Juden. Die Frauen häßlich, in schwarzen Kleidern, rasierte Augenbrauen, die Haare versteckt. Doch das Unheimliche: Ich bin nicht, alle starren durch mich hindurch, ich komme mir vor wie ein Gespenst, verlaufe mich in Sackgassen: kleine Häuser, Hinterhöfe, in die ich scheu eindringe, reinlich, gepflegt. Wo Jerusalem liegt, das bekannte, touristendurchflutete, die Befestigungstürme der Altstadt, die bezinnte Stadtmauer, die Omarmoschee usw.: keine Ahnung. Plötzlich eine breite Straße, ein Autobus, trotzig durchquere ich sie, gehe weiter, verliere mich wieder in Gassen und Gäßchen, plötzlich ein modernes Gebäude, irgendein Institut einer Stiftung, wieder ein Straßengenist, ein Platz, eine Pinte, Betrunkene, alle im Kaftan, unmäßig still in ihrer Trunkenheit, die Sonne grell untergehend. Ich gehe eine Allee entlang, der Nacken schmerzt nicht mehr, wie lange nicht mehr, ich weiß nicht. Eine Synagoge, ein kleiner dürftiger Garten, auf einer Bank ein junger Jude, schwarze Schläfenlocken, hager, große dunkle Augen, volle rote Lippen, ich frage, wo ich um Gotteswillen sei, zuerst in Englisch, das ich miserabel spreche, dann in Französisch, er glotzt, starrt mich an, dann spreche ich deutsch, er antwortet in jiddisch. Ich zeige auf die Karte, er weiß sie auch nicht zu deuten oder will sie nicht deuten, zuckt die Achseln, wendet sich ab, läßt mich stehen, vielleicht irgendeinem Problem nachgrübelnd oder einfach, weil ich ihm gleichgültig bin, in eine Welt verirrt, von der ich nichts weiß. Ich gehe weiter in die Richtung, wo ich Jerusalem vermute, die Altstadt muß schließlich irgendwo sein, ich gerate vor eine weitere breite Straße, vielleicht die gleiche wie vorhin, eine Autobushaltestelle, einige Menschen, die warten, jenseits ein Feld, eine Einöde besser, fast ein Stück Wüste oder verdorrte Steppe, in der Ferne einige Häuserblocks, vereinzelt, noch weiter niedriges Gebirge, ein trostloser unbestimmter Himmel, die Sonne ist untergegangen. Ich frage, verständnisloses Anstarren, kein Versuch, sich mit mir zu verständigen. Plötzlich redet mich ein alter Mann an, auf Deutsch mit holländischem Akzent, was ich denn in dieser Gegend zum Teufel mache. Das 'zum Teufel' irritiert mich ein wenig. 'Ich will nach Jerusalem', antwortete ich unbeholfen. 'Sie sind ja hier', meint er trocken, 'Ich möchte in die Altstadt' entgegnete ich ungeduldig, ein plötzlicher Drang zu urinieren hat micht erfaßt, ich trete von einem Bein aufs andere, 'das heißt, nicht eigentlich in die Altstadt, aber wenn ich sie erreiche, kann ich mich orientieren.' 'So gehen Sie eben in die Altstadt' meint er trocken, mich spöttisch musternd. 'Wenn ich in diese Richtung gehe' frage ich und weise auf das Feld jenseits der Straße, 'komme ich dann zur Altstadt?' 'Sie kommen zum Roten Meer' sagt er und spannt mit beiden Händen seine Hosenträger, läßt sie zurückprallen: 'Was sind Sie denn?' 'Schweizer', antworte ich. 'Und warum sind Sie in dieser Gegend?' fragt er hartnäckig weiter. 'Ich habe mich verlaufen' antworte ich und frage etwas boshaft zurück, warum er denn hier sei. 'Weil ich hier sein muß', sagt er und beobachtet mich dabei ohne Spott, aufmerksam, und dannweist er die Straße entlang: 'Gehen Sie in diese Richtung,' und kehrt mir den Rücken. Ich warte, bis der Bus kommt, einige steigen aus, die anderen steigen ein. Ein altes Weib, unförmig, bleibt, starrt mich an, bösartig, ich bleibe, hoffe, daß sie sich verzieht. Sie bleibt und starrt mich an, ich gehe ins Feld hinein, zwischen Steinen durch, kehre ihr den Rücken zu; als ich zurückkehre, starrt sie mich immer noch an. Ich schlage die Richtung ein, die mir der Mann mit den Hosenträgern geraten hat, die Frau schaut mir immer noch nach, ich spüre ihren Haß, vielleicht Einbildung, vielleicht ist sie längst gegangen, ich wende mich um, sie steht noch immer an der Haltestelle. Auf einmal sehe ich die goldene Kuppel der Omarmoschee, beeile mich, erreiche das Damaskustor, von dort gehe ich die Stadtmauer entlang zum Jaffator, dann ist es ein leichtes, das Mishkenot Sha'ananim zu finden. Doch während ich die Stadtmauer entlangtrotte, der Himmel schieferblau, bald Nacht, der Nacken schmerzt wieder, doch bin ich zu stolz, um ein Taxi zu nehmen, unsinnig, warum eigentlich nicht, die Stadtmauer scheint sich endlos hinzuziehen, das Jaffator will und will nicht auftauchen, bei diesem Dahintrotten, an Taxichauffeuren vorbei, die mir zurufen, kommt mir meine Rede wieder in den Sinn, sie überfällt mich wie ein Feind, sie kommt mir jämmerlich vor, noch nichtswürdiger als in Beerschewa. Die alte dicke, feindselige Frau, die beobachtet hatte, wie ich mich ins öde Feld begebe, zwischen die Steine, der Jude mit den breiten Hosenträgern will mir nicht aus dem Sinn, sein Unwille, sein Zorn, auf diesem Flecken Erde bleiben zu müssen, inmitten von Menschen, die sich nach einer Mode kleiden, die es nicht mehr gibt, verhaftet mit Gesetzen, die er, ich spüre es, demonstrativ ablehnt: zwei Gestalten, die sich ineinanderschieben, eins werden. Und daneben meine Freiheit, hier nicht sein zu müssen, verbunden mit der Anmaßung, über ein Volk zu reden, das doch vielleicht nur in meiner Einbildung so ist, wie ich behaupte, daß es sei, das seinen Gott, insofern es an seinen Gott glaubt, erlebt und nicht fingiert, nicht konstruiert, wie man eben einen Punkt, eine Gerade oder die Null konstruiert oder gar das Nichts (die größte aller Konstruktionen), und wie mir das alles aufgeht, und wie mir ein Taxichauffeur, meine Müdigkeit bemerkend, immer lauter zuruft, ich solle doch einsteigen, neben mir herfahrend mit eingeschalteten Stadtlichtern, endlich zurückbleibend, ohne daß ich mir die Mühe genommen hätte, mich nach dem Zurufenden umzuwenden, wird mir erst recht bewußt, daß ich auch von ihnen, diesen Palästinensern, nichts weiß, von ihnen, die hier bleiben müssen wie der Jude mit den Hosenträgern, wie das unförmige, unbewegliche Weib, daß

> eine Begegnung mit einem Fremdenführer und mit einem Betenden nichts bedeutet, daß ich an der Wirklichkeit entlanggegangen bin wie an einer Mauer, in der sich kein Tor befindet, die nicht zu übersteigen und endlos ist." 60)

Vergleicht man diese Beschreibung dessen, der "mit der Leichtigkeit des Gestrandeten" durch die Straßen eines ihm fremden, sich ihm entziehenden Landes irrt, einmal mit der ganz ähnlichen Beschreibung der Situation des "Ausgesetztseins" an eine fremde Stadt bei gleichzeitigem Ausgesetztsein an die Konfrontation mit der jüdischen Geschichte, wie sie am Ende von Peter Weiss' autobiographischer Erzählung gegeben wurde, so wird deutlich, welche grundsätzliche Gegenmöglichkeit sich in diesem Schreiben Dürrenmatts andeutet: hatte jene gezeigt, wie die Erfahrung des Zurückgeworfenseins in eine Bewegung zur Loslösung von der eigenen Geschichte drängte, eine Bewegung, die sich nur so später in den Aufbau jener papierenen Wahnwelt marxistischer Literaturtheorie flüchten konnte, so führt dieser Text die gleiche Erfahrung des Strandens an einer fremden, hier der israelisch-jüdischen und -palästinensischen Wirklichkeit als Ausgangspunkt einer Bewegung in die Gegenrichtung vor, eines neuen Zurückgehens auf sich selbst, auf die eigene Position, die europäischen Denkvorstellungen, die längst geprägte Bewußtseinswelt, z.B. die von der Mutter mitgegebenen Vorstellungen über dieses Land - eine Bewegung, die sich vielleicht am klarsten ausdrückt in den später in der Schweiz geschriebenen Worten: "Es ist, wie wenn der Geist des nun fernen Landes mich triebe, nicht ins Fremde, mir selber entgegen."[61)]

Vor dem Kontrasthintergrund solchen in der Tat aufrüttelnden und zum Denken anregenden, also politischen Schreibens dürfte die Problematik der in der BRD geführten Diskussion um Zwerenz' und Faßbinders forciert tabubrechendes, gesellschaftskritisch sich gebendes Spielen mit dem alten antisemitischen Judenklischee verschärft deutlich werden.

Rückblick und Ausblick

Mit dieser Gegenüberstellung zweier so extrem unterschiedlicher Beispiele einer Beschäftigung mit jüdischer Wirklichkeit - des vorsichtigen, sich selbst der Verunsicherung aussetzenden Herantastens im Text des Schweizer Schriftstellers einerseits und des totalen Bemächtigungsgestus im Roman des deutschen Autors andererseits - soll die Untersuchung hier abgeschlossen werden. Zu fragen ist nun, rückblickend wie vorausschauend, welche Schlüsse sich aus den hier versuchten Interpretationen deutschsprachiger Ansätze zur literarischen Gestaltung jüdischer Thematik nach 1945 ziehen lassen.

Wir hatten zu zeigen versucht, daß sich in der Literatur der Jahre unmittelbar nach dem Ende des 2. Weltkrieges deutlich die Tendenz bemerkbar machte, das nationalsozialistische, verteufelnde Hetzbild des Juden-Typus durch sein Gegenteil zu ersetzen: nämlich durch Bilder von sympathischen Juden, deren Konkretion je nach weltanschaulicher Orientierung des Autors variierte, sodaß die beschriebenen Juden entweder als fromme Gläubige (Albrecht Goes), heldenhafte Kämpfer (Stephan Hermlin), humanistisch gebildete Vertreter der Menschlichkeit (Walter Jens) erschienen oder auch stellvertretend standen für die Situation des Menschen an sich (Ilse Aichinger). Diese Darstellungen ließen, auch wenn sie, wie bei Albrecht Goes und Walter Jens, bewußt einer einseitigen, zu positiven Judendarstellung entgegenarbeiteten und verschiedene Charaktere zeichneten, durchgängig erkennen, daß sie sich weniger einer lebendigen Begegnung und Auseinandersetzung mit den unterschiedlichen Problemen jüdischer geschichtlicher Wirklichkeit verdankten als dem Bemühen, einer klaren ideellen Selbstorientierung dichterisch Ausdruck zu geben; die Art ihrer Gestaltung entsprach somit jeweils einer Wirklichkeitszuwendung, welche sowohl die von Nationalsozialismus und Krieg gezeichnete Vergangenheit als auch die nachkriegsdeutsche Gegenwart, ebenso wie eine von Hoffnung und Vertrauen in die besseren Möglichkeiten des Menschen bestimmte Zukunftsperspektive, in einen jeweils eigenen Deutungszusammenhang ordnete und erzählend ausgestaltete. Die Autoren dieses Zeitabschnitts, die den Nationalsozialismus bereits als junge Erwachsene erlebt hatten, schufen eine Literatur, die sowohl vom Schrecken der Vergangenheit als auch von der Vision einer möglichen menschlicheren Zukunft bestimmt war; unter dem dabei jeweils differierenden Interpretationsblickwinkel erschienen in ihr dann Juden zwar als Individuen, dennoch gerade in ihrer gewollt vorwiegend positiven Charakterisierung, in die sich oft unwahrscheinliche Züge mischten, eher konstruiert und nicht selten unglaubhaft.

Erst im Laufe des zweiten Nachkriegsjahrzehnts wurde, so scheint es, eine wahrscheinlichere, weil unbeschönigende Darstellung jüdischer Gestalten in ihrer konkreten geschichtlichen Wirklichkeit möglich, und zwar in Werken, in denen Schriftsteller, die die Zeit des Nationalsozialismus als Kinder oder Jugendliche erlebt hatten, sie sich zu vergegenwärtigen suchten: als Beispiel dafür hatten wir den Roman "Die Blechtrommel" von Günter Grass und die autobiographischen Erzählungen von Peter Weiss "Abschied von den Eltern" und "Fluchtpunkt" angeführt. Diese Romane konnten insofern auch als repräsentativ für die Literatur des zweiten Nachkriegsjahrzehnts gelten, als in ihnen nicht mehr der Versuch einer überhöhten Wirklichkeitsdarstellung gemacht wird; statt eines hoffnungsvollen Blicks auf die Möglichkeit einer anderen, humaneren Zukunft spricht aus ihnen eher die Absage an die Möglichkeit interpretierender Gesamtschau überhaupt - die Perspektive der Verantwortungslosigkeit erscheint hier als die einzig sichere und vertretbare, um Vergangenheit zu bewältigen, sich der Geschichte zu nähern. Doch das Problematische dieser Ansätze ließ sich auch hier wiederum an der Charakterisierung von jüdischen Gestalten beobachten: während einerseits der durch keine überhöhende Deutung getrübte Blick auf die Juden da, wo Erinnertes verarbeitet wurde, punktuell recht wahrscheinliche Gestaltungen erstehen ließ, wurden andererseits um so krassere Entstel-

lungen möglich, sobald das Erzählte nicht mehr vom Erinnerten bestimmt war. Durch die Beschwörung einer dämonisierten und in abstrakte Ferne gerückten nationalsozialistischen Vergangenheit schien der Verzicht auf deutende Annäherung an die Geschichte gerechtfertigt. Die Folge war Willkür der Darstellung unter dem Vorzeichen von Skurrilisierung oder selbstgefälliger Beliebigkeit, wie z.B. am Ende von Günter Grass' zweitem Roman "Hundejahre" und Alfred Andersch's Roman "Efraim". Die Proklamation der Absurdität der Geschichte und ihrer Deutungsmuster ermöglicht zwar einerseits wahrscheinlichere Judengestalten, führt andererseits aber tatsächlich häufiger zu unwahrscheinlichen Gestaltungen, als dies in der Literatur der frühen Nachkriegsjahre der Fall gewesen war. An der Usurpation der Perspektive eines jüdischen Ich-Erzählers in Alfred Andersch's Roman "Efraim" deutet sich bereits an, welche Gefahr des Realitätsverlusts droht, wenn die geschichtliche Wirklichkeit nur noch unter dem Vorzeichen des Absurden und Beliebigen gesehen wird, an das keine Frage mehr zu richten ist.
Dieser zunächst vielleicht plausibel erscheinende, doch schnell in die Isolation drängende Habitus der Abwehr einer verantwortlichen und differenzierten Perspektive im Blick auf die Geschichte scheint dann in gerader Linie auf jenen Gestus des Aufbegehrens gegen einen zuvor offiziell propagierten Philosemitismus hinzuführen, wie er dann im dritten Nachkriegsjahrzehnt im Roman von Gerhard Zwerenz "Die Erde ist unbewohnbar wie der Mond", ebenso in Texten von Rainer Werner Faßbinder und Herbert Achternbusch entgegentritt, sodaß am Ende von dreißig Jahren Literaturentwicklung wieder ein jeder Selbstreflexion und mehrdimensionalen Geschichtsperspektive entbehrendes Spielen mit dem alten Klischee des "häßlichen Juden" steht.

Blickt man nun auf diese zuletzt vorgestellten Beispiele westdeutscher Literatur, in denen Juden beschrieben werden, jene bewußt das alte Klischee nachzeichnende häßliche Typisierung bei Gerhard Zwerenz und Rainer Werner Faßbinder,

und berücksichtigt man die dafür bei den Autoren selbst auftauchenden Erklärungen - einerseits der Anspruch eines "objektiven" Blicks auf die geschichtliche Situation, andererseits das Aufbegehren gegen einen als aufgezwungen empfundenen Philosemitismus - so mag es erscheinen, als zeichne sich in dieser Entwicklung der literarischen Thematisierung des Judentums von den wohlmeinenden Gestaltungen der frühen Nachkriegszeit bis hin zu der Klischeeerneuerung der siebziger Jahre eine bewußtseinsmäßige Pendelbewegung ab, die darauf hindeutet, daß trotz aller ausführlich betriebenen Beschäftigung mit der Vergangenheit ein wirkungsgeschichtlich reflektives Denken und Sprechen von Juden und jüdischer Thematik nicht entwickelt worden ist.
Nahe liegt es, als eine wichtige Voraussetzung dafür jene Verbindung von existentialistischen und marxistischen Denkelementen anzusehen, die die geistige Entwicklung in der Bundesrepublik innerhalb dieses Zeitraums nicht unwesentlich bestimmt hat, und deren Spuren uns immer wieder in den untersuchten Literaturbeispielen begegnet sind. Und die Vermutung könnte angeschlossen werden, daß diese Tendenz zu egozentrischer Selbstbespiegelung und Abgeschlossenheit, als deren Auswuchs die zuletzt genannten Beschwörungen des alten Juden-Klischees innerhalb einer mit totalem Anspruch auftretenden Weltdeutung vor gleichgeschaltetem Publikum erscheint, ein wünschenswertes Korrektiv erhalten hätte, wenn in stärkerem Maß und auf breiterer Ebene ein Dialog mit der historischen "Gegenseite", zum Beispiel also dem Judentum und seiner Identitätsfrage, stattgefunden hätte, als es in den drei Jahrzehnten noch zu sehr belasteten Verhältnisses zueinander der Fall sein konnte.

Doch ist dies nur die eine Seite einer möglichen Interpretation, und es soll abschließend eine andere, die im Einzelnen auszuführen hier nicht mehr geleistet werden kann, wenigstens angedeutet werden. Denn der Gedankengang, den wir erarbeitet haben, orientierte sich an einer Auswahl von literarischen Werken, in denen die sprachliche Gestaltung von Juden und jüdischer Thematik aufschlußreich zu sein schien für die Annäherung an die Geschichte und die wirkungsgeschichtliche Macht geschichtlich vermittelter Bilder überhaupt, und wir haben uns bei dieser Auswahl vor allem dem literarischen Werk der bekanntesten, in der Öffentlichkeit viel beachteten Autoren zugewandt. An diesen Werken nun läßt sich die aufgezeigte Pendelbewegung verfolgen; doch könnte über sie hinaus die Frage gestellt werden, ob nicht diese Werke, die in der Öffentlichkeit relativ bekannt wurden und vom Bewußtsein eines Moments von Stellvertretung innerhalb der aufarbeitenden Diskussion bestimmt waren, zugleich doch auch Katalysatorenfunktion hatten, als Werke, die, Zustimmung oder Ablehnung herausfordernd, Identifikation und Ablösung ermöglichen[1] und somit den langsamen Prozeß einer bewußtseinsmäßigen Aufhebung der Befangenheit in Gang setzen konnte, und damit die Voraussetzung für eine behutsamere, Ambivalenz ertragende Annäherung an geschichtliche Wirklichkeit und geschichtlich vermittelte Bilder auf der einen und der anderen Seite schaffen. Denn unterhalb der hier ausführlich verfolgten Entwicklung, die wir zuletzt nur für den westdeutschen Bereich ins Auge faßten, zeigen sich auch hier Ansätze zu einer unprogrammatischen, vorsichtigeren Annäherungsweise an die Thematik, dergestalt wie wir sie im Schlußkapitel am Beispiel des Essays "Zusammenhänge" des Schweizers Friedrich Dürrenmatt vorgestellt haben, Ansätze, unter denen die wichtigsten naturgemäß diejenigen jüdischer Dichter selbst sind.

Hier wären zunächst die Vertreter jener Generation der damals jungen Erwachsenen zu nennen, deren Dichtung von unmittelbarem Betroffensein der knapp der Verfolgung Entgangenen lebt, wie Paul Celan, Nelly Sachs, Hilde Domin oder auch Friedrich Torberg, sodann aber auch jene Jüngeren, die dem Erlebnis der nationalsozialistischen Verfolgung noch nicht mit dem distanzierenden Überblick des Erwachsenen begegnen konnten - so der bis 1976 in der DDR, später in der Bundesrepublik lebende Jurek Becker, der als Kind das KZ überlebt hatte,[2] oder die seit 1961 in West-Berlin wohnende Jeannette Lander, die als Kind emigrierter Eltern in den

USA geboren wurde und später den Rückbezug zur deutschen Literatur suchte;[3] auch der Filmemacher Peter Lilienthal wäre hier zu nennen.[4]

In ihren Selbstzeugnissen, die eher fragend und mutmaßend Probleme jüdischer Identität deutlich machen, klingt ein neuer Ton an, korrelierend vielleicht zu jenem behutsam-fragenden des Nicht-Juden Dürrenmatt, und daß dies möglich wurde, gerade vor der oben gezeigten Kulisse einer lauten und oft zu krampfhaft um "Wiedergutmachung" oder um Unbefangenheit bemühten Literarisierung jüdischer Gestalten, könnte vielleicht als Zeichen einer weiterführenden Entwicklung gelten. Die Stimmen dieser Autoren jüdischer Herkunft, die die deutsche Sprache und jene, die sie sprechen, für sich nicht aufgegeben haben, dürften, so leise sie sich gegen jene anderen ausnehmen, auf die Dauer die tragfähigeren sein.

Anmerkungen

Einleitung

1) Es kann an dieser Stelle nicht um eine ausführliche Darstellung der Tendenzen deutscher Literatur nach 1945 gehen; verwiesen sei auf: Walter Jens, Deutsche Literatur der Gegenwart, 4. Aufl. München 1962; ebenso die verschiedenen Beiträge im Literaturmagazin 7, "Nachkriegsliteratur", Hamburg 1977. Herausgestellt werden muß allerdings, daß im Folgenden, entgegen der zumeist angewandten Einteilung, als "Nachkriegsliteratur" nicht nur die Literatur des ersten Nachkriegsjahrzehnts bezeichnet werden wird, sondern alle nach dem zweiten Weltkrieg erschienene Literatur bis 1978; es wird dabei dann unterschieden zwischen den einzelnen Jahrzehnten dieses Zeitabschnitts.
2) Das gilt sowohl für die breit angelegte, doch zum größten Teil eher essayistisch-spekulativ argumentierende Beschäftigung mit der Thematik im kulturphilosophischen Werk Max Horkheimers und Theodor W. Adornos als auch für die bekannteste Arbeit zum Thema aus dem Bereich der analytischen Psychologie, die Untersuchung "Die Unfähigkeit zu trauern" der Psychologen Alexander und Margarethe Mitscherlich (München 1967).
3) So verfahren die bisher zur Frage der Thematisierung von Judengestalten veröffentlichten Arbeiten, die Dissertation von Kurt S. Maier, Images of the Jew in Postwar German Fiction and Drama (1945 - 1965), Columbia University, und die Dissertation von Nancy A. Lauckner, The Image of the Jew in Post-War German Novel, University of Tennessee, Knoxville, Wisconsin 1971, Microfilm (Auszug im Year Book of the Leo Baeck Institute, XX, London), ebenso wie die - unsere Thematik untergeordnet mit-berührende - Arbeit von André Reszler, Le national-socialisme dans le roman allemand contemporain (1933 -1958), Genf 1966

1. Kapitel

1) Albrecht Goes, Das Brandopfer, Frankfurt 1954, S. 50/51
2) Biographische Daten: Albrecht Goes, geb. 1908 in Langenbeuttingen (Württ.), seit 1930 Pfarrer in Württemberg; erste Veröffentlichung 1934. Im 2. Weltkrieg Feldgeistlicher, seit 1953 freier Schriftsteller. Biographische Daten hier und im Folgenden nach: Handbuch der deutschen Gegenwartsliteratur, 2. Aufl. München 1969.
3) Vgl. a.a.O. S. 21
4) a.a.O. S. 21f.
5) a.a.O. S. 22
6) a.a.O. S. 26
7) Dafür spricht vor allem die Aufnahme des Ex. 3,2 in die Ankündigung der Wiedereröffnung des Betriebs, vgl. a.a.O. S. 72
8) a.a.O. S. 62
9) a.a.O. S. 74
10) a.a.O. S. 7
11) vgl. die Darstellung des "Verräters" und das "so ist das also, auch dort" im Ausgangsbeispiel.
12) a.a.O. S. 22

13) vgl. a.a.O. S. 9f.
14) Albrecht Goes, Unruhige Nacht, Hamburg 1950. In dieser Erzählung verarbeitet der Autor eine Episode aus dem Erlebnisbereich des Feldgeistlichen: der Ich-Erzähler, ein Feldgeistlicher an der Ostfront im Jahre 1942, hat sich in einer Nacht zugleich mit seiner Aufgabe, einen Deserteur auf die Hinrichtung vorzubereiten, und mit der Gewissensnot des Oberleutnants, der das Erschießungskommando befehlen muß, auseinanderzusetzen, daneben jedoch auch mit der Problematik des Soldaten, der seine Pflicht tut und in den sicheren Tod nach Stalingrad fliegt, vorher noch mit seiner Verlobten ein Kind zeugt, das vaterlos aufwachsen wird. Im Gespräch mit dem Oberleutnant, in dem das Thema der Schuldverstrickung innerhalb des Wehrmachtsapparates in seiner ganzen Breite behandelt wird, erinnert er dann auch an Martin Luther, der "schon vor vierhundert Jahren gefragt hat, 'ob Kriegsleute auch in seligem Stand sein können', und geantwortet hat:"Ja"(a.a.O. S. 42), und beantwortet die Frage nach dem Unterschied der Schuldbelastung jener, die die Maschinerie des Verbrechens in Gang gesetzt haben und jener, die sich ihr nicht verweigern, weil sie sich nur als schnell ersetzbares Rädchen empfinden, dessen Tod jetzt nichts, dessen Leben jedoch später etwas ändern kann, ähnlich wie später der Erzähler im "Brandopfer" mit Blick auf die Zukunft und die Aufgabe, die dann wartet. Vgl. "Unruhige Nacht", a.a.O. S. 44
15) In ähnliche Richtung zielt auch die Grundaussage der Kurzerzählung "Begegnung in Ungarn" (1945): hier wird die Konfrontation eines 1944 in Ungarn bei noch nicht deportierten Juden einquartierten Feldgeistlichen mit der Bitte um Schutz geschildert: während der Geistliche dieser konkreten Bitte machtlos gegenübersteht, wird das, was er zu geben hat, nämlich die Solidarität des Glaubens, des gemeinsamen Bekenntnisses des "Der Herr, unser Gott, ist ein einiger Gott" in der Rezitation des Sch'ma-Gebets zu einer stärkeren, die konkrete Not transzendierenden Wirklichkeit. Vgl. Albrecht Goes, Begegnung in Ungarn, in: Erfüllter Augenblick, Stuttgart 1955, S. 31 - 35
16) Das Brandopfer, a.a.O. S. 64
17) Der Schabbat beginnt nicht um sechs, wie man Frau Walker belehrte (a.a.O. S. 15), sondern auf die Minute genau mit dem Sonnenuntergang. Kurz zuvor zündet die jüdische Hausfrau die Schabbatlichter an, eine andere Bedeutung hat dieser "Moment" der hier so weihevoll gewürdigt wird, nicht. Danach begibt man sich zum Gebet in die Synagoge, das dann beginnen kann, wenn zehn Männer anwesend sind. Wegen der großen Zeitverschiebung im Jahreslauf hat man zwar im westlichen reformierten Judentum teilweise einen einheitlichen Gottesdienstbeginn um 18h eingeführt, worauf Frau Walkers Information beruhen mag; die Schilderung der frommen Begrüßung des Schabbats beim Glockenschlag ist jedoch absurd.
18) u. 19) das Ma'ariv-Gebet ist, auch am Schabbatabend, nicht an eine bestimmte Uhrzeit gebunden. Der gemeinsame Teil des Gebets beginnt, wenn der Minjan versammelt ist (was hier nicht ausgeschlossen, aber unwahrscheinlich ist,

da mehr von Frauen erzählt wird), und der Rabbiner hat dabei überhaupt keine besondere Funktion, auch ist die "Segensgebärde", von der etwas später (a.a.O. S. 52) berichtet wird, im synagogalen Gottesdienst nicht üblich. Mehr auf Kenntnis des Neuen Testaments als des Deutschen Judentums beruht es dann auch, daß vom Rabbiner an anderer Stelle als vom "Rabbi" die Rede ist (a.a.O. S. 61) (Die richtige Formulierung wäre "Rabbiner Ehrenreich hat gesagt"...) Ganz abgesehen von diesen genannten Einzelheiten ist es vor allem die Unsicherheit in der Verquickung von Zügen religiösen und assimilierten Judentums, die diese Darstellung der Juden so unglaubhaft macht.

20) Auffälliger noch als hier tritt das in der Erzählung "Begegnung in Ungarn" entgegen (Vgl. oben Anm. 15): dort wird das zum Schluß an zentraler Stelle rezitierte Sch'ma-Gebet mit den Worten der christlichen Lesart, die - für jüdisches Empfinden unerträglich - den Gottesnamen ausspricht: "Schema Jisrael, Jahwae elohenu, Jahwae aechad". a.a.O. S. 35

21) a.a.O. S. 9

22) Polizeiverordnung über die Kennzeichnung der Juden vom 1.9.41. Fotokopie in: Kennzeichen J. Bilder, Dokumente, Berichte zur Geschichte der Verbrechen des Hitlerfaschismus an den deutschen Juden 1933-1945, hrsg. v. Helmut Eschwege, Berlin (DDR) 1966, S. 155

23) a.a.O. S. 43/44

24) a.a.O. S. 44

25) Fernschreiben des RF SS, 27.10.1938, in: Kennzeichen J, a.a.O. S. 97

26) a.a.O. S. 34

27) In der Diaspora wurde und wird der hebräische Name zumeist als Zweitname nur in der Synagoge verwendet; die entsprechende Form wäre Riwka.

28) vgl. oben S. 6

29) Die Notiz ist mit "Stuttgart, im Januar 1955" datiert. Albrecht Goes, Novellen. Berlin (DDR), 1977, S. 134

30) Vgl. den Abschnitt über die "Techniken der Entwirklichung" in der genannten Untersuchung von A. u. M. Mitscherlich, a.a.O. S. 44

31) Albrecht Goes, Die guten Gefährten, Stuttgart o.J. (1942), S. 7

32) a.a.O. S. 7

33) a.a.O. S. 257

34) a.a.O. S. 257

2. Kapitel

1) Stephan Hermlin, Die Zeit der Gemeinsamkeit, Berlin (West) 1966, S. 43f.

2) Stephan Hermlin, (Pseud. f. Rudolf Leder), geb. 1915 in Chemnitz, trat 1931 in den kommunistischen Jugendverband ein und betätigte sich im kommunistischen Widerstand. 1936 Emigration nach Ägypten, Palästina, England, Spanien, Frankreich, Schweiz. Nach 1945 Rückkehr nach Frankfurt/M., 1947 Übersiedlung nach Ostberlin. Erste Veröffentlichung 1944 (Zwölf Balladen von den großen Städten). Sein Werk

umfaßt vor allem Gedichte und kleinere Erzählungen, Aufsätze und Nachdichtungen. Mitglied im Vorstand des Schriftstellerverbandes der DDR seit 1947, nach 1963 nicht wiedergewählt.

3) Das großangelegte Ghetto-Archiv des Historikers Emanuel Ringelblum enthält zu einem Teil Informationen, die von ihm selbst zu einem Bericht verarbeitet wurden, zum anderen Teil Dokumente über die Zeit bis zum Februar 1943. Das Archiv-Material, unter Ghetto-Häusern in Metallkisten und Molkereikannen vergraben, wurde nach 1945 an zwei Plätzen geborgen, ein drittes Versteck scheint zu existieren, wurde jedoch noch nicht gefunden. Ringelblum selbst wurde im Versteck bei polnischen Freunden auf der "arischen" Seite gefaßt und ermordet, gab jedoch auch unter der Folter keine Angabe über die Plätze des vergrabenen Archivs, von dessen Existenz die Nazis wußten.
Das Archivmaterial findet sich heute im Warschauer Jüdischen Historischen Institut. Auf Deutsch liegt vor: Emanuel Ringelblum, Tagebücher aus dem Chaos, Eingeleitet von Arie Tartakower, Stuttgart 1967. Eine ausführliche Darstellung über Entstehung und Verlauf des Aufstandes im Ghetto unter Verarbeitung des Archivmaterials gibt Bernhard Mark, Der Aufstand im Warschauer Ghetto, Berlin (DDR), 1957. Eine kürzere Sammlung von Dokumentauszügen findet sich bei Josef Wulf, Vom Leben, Kampf und Tod im Ghetto Warschau, Bonn 1958. S. auch den Überblick über Archivdokumente und andere Zeugnisse Überlebender ibid. S. 103f.

4) Stephan Hermlin, a.a.O. S. 14

5) a.a.O., S. 15

6) a.a.O., S. 27ff

7) Aus dem sog. "Stroop-Bericht" "Es gibt keinen jüdischen Wohnbezirk in Warschau mehr", Teil I, Blatt 9 (Photokopie bei Luchterhand, 1960)

8) a.a.O. S. 51f.

9) Vgl. die Äußerung Marcel Reich-Ranickis, die von einer Prädestination Hermlins zum Nachdichter spricht, in dem Aufsatz "Stephan Hermlin, der Poet", in: Deutsche Literatur in Ost und West, München 1976 S. 389. Hermlin schuf Übertragungen und Nachdichtungen von Paul Eluard, Pablo Neruda, Nazim Hikmet und Attila Joszef.

10) Vgl. die Wahrnehmung Brandts, das "Spiel der Adern", das Kind, das mit dem Körper der toten Mutter spielt, der kindlich-rosige SS-Mann, der Ukrainer, der für Fluchthilfe Bestechungsgeld annimmt und den Fliehenden erschießt: bei Hermlin a.a.O. S. 36ff, und in dem Bericht des Journalisten Novogrodzki, wiedergegeben bei Josef Wulf, a.a.O. S. 56ff.

11) Niederschrift des Journalisten Novogrodzki, zit. n. Josef Wulf, a.a.O. S. 57f.

12) a.a.O. S. 37/38

13) a.a.O. S. 39

14) vgl. a.a.O. S. 7ff.

15) a.a.O. S. 14

16) a.a.O. S. 58

17) Der Seder-Abend wird hier auf den 27. April datiert: in Wirklichkeit begann das Pessachfest 1943 am 20. April,

der Seder war also am 19.4.43, dem Abend des ersten Kampftages zu halten. Zwar haben wohl vereinzelt entsprechende Feiern stattgefunden, doch wirkt die hier beschriebene Vollständigkeit (weißes Tischtuch, Wein, Mazzot) eher unwahrscheinlich gegenüber allem, was über die äußerste Not jener Tage überliefert worden ist. Vgl. Dan Kurzmann, Das Ghetto, in ZEIT-Magazin Nr. 12, 16.3.79, S. 65ff.

18) Theodor Herzl, Der Judenstaat, 11. Aufl. Jerusalem 1946, S. 80

19) Der Deckname "Mlotek" entspricht dem polnischen Wort für "Hammer" (młotek); "Hammer" bzw. "hammerartig" ist auch die Bedeutung des Beinamens makabaios (wahrscheinlich von hebräisch maqqebet), den der jüdische Anführer jener Bewegung für religiöse und nationale Eigenständigkeit unter der Seleukidenherrschaft im 2. Jhdt. v.d.Z. angenommen hatte. Vgl. Kurt Schubert, Die Kultur der Juden im Altertum, Wiesbaden 1980, S. 161.

20) "Bei Lebenden und Toten zeigt sich plötzlich in Antlitz, Haltung und Stimme der Gang der Geschichte: nur muß, dessen bin ich sicher, unter den ganz erstarrten Zügen Hiobs sich das Gesicht Bar Kochbas verbergen", a.a.O. S. 19.

21) So der Rabbiner Ehrenreich gegenüber dem SA-Mann im "Brandopfer", a.a.O. S. 53

22) Ein wenig zu sehr den Anforderungen der kommunistischen Gedankenwelt gemäß dürfte gelegentlich auch die Schilderung des Geschehens im Ghetto geraten sein, z.B. die der Sitzungen der Jüdischen Kampf-Organisation, bei denen Lenins "Briefe aus der Ferne" gelesen werden. (a.a.O. S. 23) Problematisch dürfte es auch sein, wenn hier die vielschichtig-verstrickten Beziehungen im Verhältnis von Polen und Juden, Kommunisten und Nationalisten, auch der verschiedenen jüdischen Gruppierungen im Ghetto selbst aufgehoben erscheinen im einprägsamen Bild eines allgemeinen Kampfes von Kommunisten gegen Faschisten.

23) a.a.O. S. 57

24) "Heiligung des Namens", Bezeichnung des Märtyrertodes in der jüdischen Tradition

25) a.a.O. S.47

26) Ebenso wie diese Sinnverfälschung, so zeigt auch hier die Handhabung von Details, daß der Verfasser keine Rücksprache mit religiösem Judentum oder auch dem Text der Haggadah selbst gesucht hat. So z.B. ist die Reihenfolge des Seder-Ablaufs völlig durcheinander gebracht. Denn die Beschreibung weckt zuerst den Eindruck, als sei das Seder-Ritual längst im Gang, die Haggadah wird gelesen und die Nachgekommenen erhalten noch schnell ein Stück Matzah. Dann aber wird alles durcheinandergewürfelt: die Worte "dieses Jahr noch Knechte..." gehören in die Einleitungsworte des "ha lachmah-ania", sie lauten jedoch:"Dieses Jahr hier,kommendes Jahr im Lande Israel, dieses Jahr Knechte, kommendes Jahr Kinder der Freiheit." Das "nächstes Jahr in Jerusalem" dagegen steht am Schluß der eigentlichen Haggadah-Lesung, vor dem Lied "und nun war es um Mitternacht". Die Fragen des Jüngsten (Kindes!) an den Hausvater gehören an den Anfang, hinter das "ha lachmah-ania".

Auch der Bericht über den Inhalt des Gelesenen zeigt, daß hier im Bereich christlichen Vorverständnisses gedacht wird; dorthin dürfte die Vorstellung gehören, die Israeliten hätten die Pyramiden gebaut, denn in der Bibel heißt es nur, die Israeliten hätten die Vorratsstädte Pithom und Ramses erbauen müssen (Ex.1,11), und das wird auch in der Haggadah erwähnt. Von den "Peitschen der Treiber", dem Zug durch die Wüste und dem "Geschrei der Hungernden nach Manna" ist in der Pessach-Haggadah ebenfalls nichts erwähnt.
Beobachtungen dieser Art lassen sich auch an anderer Stelle machen, so z.B., wenn auf S.22, anscheinend als Totenklage, das Schofar geblasen wird, "das die Posaune des Gerichts darstellt" (das Schofar wird nur während der Hohen Feiertage im Herbst geblasen).

27) Die Vorführung dieses "Programms" taucht bei Stephan Hermlin auch an anderer Stelle auf, so z.B. in der Zeichnung jener Begegnung mit den drei musizierenden "Zigeunern", von denen sich einer dann als deutscher Jude vorstellt: "Hingerissen von der Bewegung der Stunde, hatte ich einige Worte gesagt. Einer der Musikanten - Zigeuner und Tänzer pausierten gerade - verbeugte sich: "Sie kommen aus Deutschland? Ich habe meine Jugend in Stuttgart verlebt." Er legte dem Primgeiger und dem Zymbalspieler die Arme um die Schultern: "Erlauben Sie mir, Ihnen meine Kameraden, meine Brüder vorzustellen. Die beiden sind wirklich Brüder. Sie sind Zigeuner. Ich bin Jude. Ich bin der dritte Bruder. Wir haben immer zusammen gespielt." Ich war aufgestanden und sagte: "Sie sind sehr große Musiker. Sie machen uns glücklich." Der Jude lächelte:"Ich weiß...Sehen Sie, er war in Dachau, ich in Sachsenhausen, und er, der dritte...Wir haben es überstanden. Ich wollte nach Palästina auswandern, aber kann ich denn meine Brüder verlassen? Sie haben beide auch Kinder..." Er lächelte wieder, diesmal in die Gesichter seiner Freunde, mit tiefer und weher Zärtlichkeit." Stephan Hermlin, Begegnungen 1954-1959, Berlin (DDR), 196o,S.18f.

28) Henryk Grynberg, Zydowska wojna, Warszawa 1965. dt. Der jüdische Krieg, Frankfurt 1972. Henryk Grynberg, geb. 1936 in Polen, war während der deutschen Okkupation auf dem Land und in Warschau versteckt gehalten worden. Als Schriftsteller debütierte er 1963 mit dem Erzählungsband Ekipy Antygona. Heute lebt er in den USA. Über dem Buch "Der jüdische Krieg" stehen die Worte: "Mit Erstaunen und Entsetzen denke ich darüber nach, was ein Leben wert ist. Ich muß immer wieder an meinen Vater denken, der seinem Schicksal nicht entgehen konnte. Und immer wieder denke ich an die unwahrscheinliche Ausdauer meiner Mutter, die ihren Krieg allein führte. Gerade jetzt,wo man so leicht - wenn auch wieder gefährlich-lebt."

29) Henryk Grynberg, a.a.O. S.56f.

3o) a.a.O. S.111

31) Stephan Hermlin, Der Leutnant Yorck von Wartenburg, Singen 1946

32) Stephan Hermlin, a.a.O. S.9 . Vgl. dazu die Formulierung Marcel Reich-Ranickis "Dies gilt für alle epischen Arbeiten Hermlins: Zeit und Ort der Handlung lassen sich zwar meist

exakt feststellen, doch sind die Welten, in denen sich diese Geschichten abspielen, erfunden." Deutsche Literatur in West und Ost, München 1963, S.4o2
33) Marcel Reich-Ranicki, Stephan Hermlin, der Poet, in: Deutsche Literatur in West und Ost, München 1963, S.389
34) Marcel Reich-Ranicki, a.a.O. S.398
35) Stephan Hermlin, Die Zeit der Gemeinsamkeit, a.a.O. S.56f.

3. Kapitel

1) Ilse Aichinger, Die größere Hoffnung, (1948), Ungek. Ausgabe Frankfurt 1974, S.86f.
2) Biographische Daten: Ilse Aichinger, geb. 1921 in Wien, machte 1939 Abitur, war während des Krieges dienstverpflichtet und studierte nach 1945 fünf Semester Medizin, brach das Studium jedoch ab, um ihren ersten Roman vollenden zu können. Ab 1949 war sie im Lektorat des S. Fischer Verlags tätig, und arbeitete in Ulm zusammen mit Inge Scholl an der dortigen Hochschule für Gestaltung. 1953 heiratete sie den Schriftsteller Günter Eich. Ihr weiteres Werk umfaßt vor allem Erzählungen, Hörspiele und Dialoge.
3) Vgl. a.a.O. S. 33ff.
4) Vgl. a.a.O. S. 112
5) Vgl. a.a.O. S. 174ff.
6) a.a.O. S. 188
7) Vgl. Ellens Erinnerung an den Moment, da die Spielgruppe in der Wohnung aufgespürt wird, a.a.O. S. 113: "Durch die Finsternis hindurch sah sie Georg, Herbert und Ruth auf dem Drittel einer Matratze hocken, von Läusen und Angst gequält und gedemütigt, aber still, mit verschränkten Armen, und sie hörte in dem Raunen des Regens Bibis Antwort auf die Frage des Scharführers: 'Letzte Beschäftigung?' 'Spielen!'"; ebenso das Verhör Ellens a.a.O. S. 138ff.
8) vgl. S. 35f.
9) a.a.O. S. 12f.
10) Daß hier der existentialphilosophische Ansatz gelegentlich als eine Interpretation christlichen Gedankenguts erscheint, sei nur am Rande vermerkt, da es an der Gesamtdeutung nicht verändert (vgl. die Interpretation der Lehre Jesu "sich zu schmiegen, woran man geschmiedet wird" im Ausgangstext, oder die etwas grotesk-makabre Beschreibung der an der sterbenden Großmutter vollzogenen Taufe im Anschluß an das Versprechen, sie zum Leben zu erwecken und ihr zu geben, wonach sie "im Grunde" immer verlangt habe, a.a.O. S. 108ff.
11) vgl. unten 1. Zwischenbemerkung S. 6
12) Alle Bilder sind einem Abschnitt auf S. 60, a.a.O., entnommen
13) vgl. a.a.O. S. 50ff.
14) vgl. a.a.O. S. 55
15) vgl. a.a.O. S. 11, S. 13, S. 188
16) Unter diesem Vorzeichen dürfte auch das weitere Schreiben der Autorin zu sehen sein, das, obwohl stilistisch sich vom Erstlingswerk entfernend, doch in Kontinuität zu diesem betrachtet werden muß.

17) Vgl. vor allem das leidenschaftliche Bekenntnis in "Das ist unser Manifest", in Wolfgang Borchert, "Draußen vor der Tür und andere Erzählungen", (1947), (TB Hamburg 1956): "... Denn wir lieben diese gigantische Wüste, die Deutschland heißt. Dies Deutschland lieben wir nun. Und jetzt am meisten. Und um Deutschland wollen wir nicht sterben. Um Deutschland wollen wir leben. Über den lilanen Abgründen. Dieses bissige, bittere, brutale Leben. Wir nehmen es auf uns für diese Wüste. Für Deutschland. Wir wollen dieses Deutschland lieben wie die Christen ihren Christus: Um sein Leid.
...
sie alle, die Angst haben und Not und Demut: Die wollen wir lieben in all ihrer Erbärmlichkeit. Die wollen wir lieben wie die Christen ihren Christus: Um ihr Leid. Denn sie sind Deutschland. Und dieses Deutschland sind wir doch selbst. Und dieses Deutschland müssen wir doch wieder bauen im Nichts, über Abgründen: Aus unserer Not, mit unserer Liebe. Denn wir lieben dieses Deutschland doch. Wie wir die Städte lieben um ihren Schutt - so wollen wir die Herzen um die Asche ihres Leides lieben. Um ihren verbrannten Stolz, um ihr zertrümmertes Vertrauen, um ihre ruinierte Liebe. Vor allem müssen wir die Mütter lieben, ob sie nun achtzehn oder achtundsechzig sind - denn die Mütter sollen uns die Kraft geben für dies Deutschland im Schutt." a.a.O. S. 133f.
18) Heinrich Böll, Wo warst du, Adam? (1930) 7. Aufl. München 1976. Biographische Daten: Heinrich Böll, geb. 1917 in Köln. Nach dem Abitur Buchhändlerlehre, Arbeitsdienst, 1939 - 45 Wehrdienst. 1945 kehrte er aus amerikanischer Kriegsgefangenschaft zurück, arbeitete zunächst in der Schreinerei seines Bruders und als Behördenangestellter und lebt seit 1951 als freier Schriftsteller. 1972 erhielt er den Nobelpreis für Literatur. Sein Werk umfaßt eine große Anzahl von Romanen, Essays und Erzählungen.
19) Die Brücke als Symbol der Verbindung zwischen den Menschen: in Heinrich Bölls Roman ist es eine von Partisanen zerstörte, von Deutschen wieder aufgebaute und gleich danach von Russen wieder zerstörte Brücke, die die Sinnlosigkeit allen Handelns im Chaos des Kriegs versinnbildlicht.
20) vgl. a.a.O. S. 102f.
21) a.a.O. S. 140f.
22) vgl. a.a.O. S. 61
23) vgl. a.a.O. S. 75ff. und S. 124ff.
24) vgl. a.a.O. S. 71
25) vgl. a.a.O. S. 100
26) Diese Tendenz zur abwehrenden Dämonisierung geht in späteren Literaturbeispielen zuweilen bis zur sprachmagischen Entwirklichung: so ist in Bölls späterem Roman "Billard um halb zehn" (1959) stets von "Lämmern" auf der einen Seite und denen, die "vom Sakrament des Büffels gekostet" haben, auf der anderen Seite die Rede. Vgl. Heinrich Böll, Billard um halb zehn, Köln 1959, passim; oder vgl. auch die stets verwendete Formulierung "die Anderen" zur Bezeichnung der auf der Seite des Nationalsozialismus Stehenden in Alfred Anderschs Roman "Sansibar oder der

letzte Grund", Olten und Freiburg 1957. Darauf wird in Kap. 5 näher einzugehen sein.
27) vgl. a.a.O. S. 93ff.
28) a.a.O. S. 93
29) So vor allem die Schilderung des Soldaten Greck, a.a.O. S. 45ff.
30) a.a.O. S. 95
31) a.a.O. S. 33ff.
32) vgl. oben Kap. 1, S.22ff.

4. Kapitel: Walter Jens

1) Walter Jens, Der Blinde, Hamburg 1951, S. 47ff.
2) Walter Jens, Geb. 1923 in Hamburg; Studium der klassischen Philologie in Hamburg und Freiburg i. Br., Promotion 1944 mit einer Arbeit über den Dialog bei Sokrates; Assistent in Hamburg und Tübingen, 1949 Habilitation, seit 1950 Dozent, seit 1956 apl. Professor f. klassische Philologie und allgemeine Rhetorik in Tübingen. Walter Jens trat - außer als Philologe - als Erzähler, Hörspielautor, Übersetzer und Kritiker hervor. Nach der 1947 pseudonym veröffentlichten Erzählung "Das weiße Taschentuch" literarisches Debüt 1950 mit dem Roman "Nein. Die Welt der Angeklagten". Der 1951 herausgekommenen Erzählung "Der Blinde" folgten zahlreiche Romane, Hörspiele, essayistische und literaturkritische Schriften.
3) vgl. a.a.O. S. 11
4) Heinrich Mittenhaufen weiß wohl Bescheid über das abendliche Rollenspiel seines Freundes im KZ (vgl. a.a.O. S. 51), über die Funktion des Klötzchenspiels in diesem Zusammenhang erfährt er jedoch erst später. (vgl. a.a.O. S. 64ff.)
5) a.a.O. S. 55f.
6) a.a.O. S. 69
7) a.a.O. S. 127
8) a.a.O. S. 128
9) Dieses Moment von Veräußerlichung begegnet z.B. auch darin, daß sich das Gesicht des Mannes sichtbar aufhellt oder verdüstert, entsprechend dem Spiel-Geschehen. Vgl. S. 62
10) Als weitere Namen in dieser Runde, in der Deutsch offenbar die Umgangssprache ist, werden aufgeführt: Aron Pulitzer, a.a.O. S. 63, Isaac Wedzin, a.a.O. S. 65, Samuel Rubiner, a.a.O. S.65.
11) Vgl. diesen Bericht von Moses Matthäus a.a.O. S. 65f.: "'Es war am dritten Januar. Sie hatten uns den ganzen Tag durch die halb vereisten Sümpfe getrieben. Abends mußte ich mich hinlegen und Samuel Rubiner, der früher Arzt war, sagte gleich, daß es eine Lungenentzündung sei. An diesem Abend, als wir alle wußten, daß ich nun für Wochen nicht sprechen konnte, versammelten wir uns noch einmal in unserem Zimmer. Es war alles wie sonst, nur daß ich nicht in der Mitte saß, sondern auf einer Pritsche in der Ecke lag. Wir waren sehr niedergeschlagen, weil es nun mit unseren abendlichen Zusammenkünften vorbei sein würde.'
Der Blinde hob den Kopf, wollte etwas sagen, aber Matthäus wehrte ab:
'Natürlich hätte man uns gestattet, auch ohne eine bestimmte

Absicht in den abendlichen Freistunden zusammenzukommen. Es wäre ihnen vielleicht sogar ganz lieb gewesen, aber gerade das wollten wir verhindern. Wir wußten zu gut, daß wir uns dann binnen kurzem so aufgerieben hätten wie die anderen.'
Der Schauspieler sprach immer leiser.
'Als die Freistunde dieses Abends beinahe um war, kam Isaac Wedzin, ein junger Lehrer aus Lodz, auf den Gedanken mit dem Baukastenspiel.'
Moses Matthäus stand auf und ging zum Fenster. Seine Finger trommelten gegen die gefrorenen Scheiben. 'Dann waren auf einmal zehn Stimmen im Raum.'
'Was soll nun werden?'
'Wir können es nicht wie die anderen machen.'
'Wie lange wird es dauern, bis der Moses wird sein wieder gesund?'
'Wir würden es nicht so lange aushalten.'
Moses Matthäus sprach wieder mit seiner gewohnten Stimme.
'Wir redeten lange hin und her. Alle Vorschläge wurden verworfen, und am Ende stritten wir uns beinahe. Endlich, als die ersten schon erschöpft schwiegen - die Kerze war fast heruntergebrannt - begann Isaac Wedzin, der bisher nichts gesagt hatte, zu sprechen.
'Gib den Baukasten, Großväterchen. - Seht Euch die Steine an. Es sind kleine Holzsteine. Sind es Häuser, oder Gärten, oder Menschen, oder Monate?'
Dann begann Isaac mit den Steinen zu spielen, führte Menschen zusammen und ließ sie sich trennen, baute Häuser auf, um sie wieder zu zerstören, schuf Jahre, Länder und Meere und machte aus allem immer wieder neue Geschichten.'
Matthäus lehnte den Kopf gegen die kalte Scheibe.
'Vom Januar bis zum April haben wir das Baukastenspiel gespielt. Jeden Abend spielte ein anderer, manchmal eine Geschichte, manchmal mehrere, manchmal setzten wir - und das war am Schluß das Beliebteste - die Geschichte vom Vortag fort.
Am Abend nach dem Ende haben die anderen mir das Spiel als Dank für die Abende geschenkt, an denen ich gelesen hatte. Wir waren nur noch sieben an diesem letzten Abend. Auch Isaac und Aaron fehlten.' Moses Matthäus brach ab."
12) vgl. a.a.O. S. 124
13) Zur Problematik dieses Umfeldes vgl. Paul Mattussek, Die Konzentrationslagerhaft und ihre Folgen, Berlin/Heidelberg/New York 1971, S. 220ff.
14) a.a.O. S. 7
15) a.a.O. S. 7 Eine andere Interpretation könnte lauten, daß hier gerade mit der expliziten Fixierung ans Konkrete die Zeitlosigkeit des Allgemeinen angedeutet werden sollte; daß es sich also nicht um Synthesis zweier Kompositions-Intentionen handelte, sondern um eine einheitliche, die sich dieses besonderen Stilmittels bedient. Für unseren Gedankengang, der sich mit der Manifestation einer Vorstellung über das Miteinander von KZ-Überlebenden und Nicht-Juden im real begegnenden Nachkriegsdeutschland beschäftigt, würde sich damit nichts ändern.
16) Vgl. a.a.O. S. 97 und S. 81

17) Vgl. a.a.O. S. 121
18) Es sind immer nur unscheinbare Kleinigkeiten, die an den zurückliegenden Krieg erinnern und die für den Leser der damaligen Zeit eine beredtere Sprache gesprochen haben mögen als für den heutigen: so heißt es einmal, an einem Straßenrand seien "wieder Buden aufgebaut" (a.a.O. S. 19) - Indiz für die Zerstörung; oder es wird von der alten Villa, in der Moses wohnt, gesagt, sie sei "schon vor Jahren ... unter viele Menschen aufgeteilt worden" (a.a.O. S. 41) - Indiz für das durch Ausgebombte und Flüchtlinge entstandene Wohnraumproblem. Auch der Kurz-Dialog unter Passanten "Manche hamstern schon wieder'. 'Was, jetzt um diese Zeit?'" (a.a.O. S. 76) deutet auf die Not der zurückliegenden Jahre, und ebenso zählen die Erwähnung eines 1943 in Frankreich Erblindeten (a.a.O. S. 97) oder des Spiegels in Mittenhaufens Wohnung, der "seit dem Krieg" einen Riß hat (a.a.O. S. 13) zu solchen Andeutungen.
19) a.a.O. S. 71
20) Vgl. die diesbezügliche Analyse Theodor W. Adornos in dem Aufsatz "Auferstehung der Kultur in Deutschland" (1950), in: Kritik, Frankfurt 1973, S. 20ff., auf die unten Zwischenüberlegung S. 87 ff. näher eingegangen wird.
21) Vgl. a.a.O. S. 43
22) a.a.O. S. 33
23) a.a.O. S. 33
24) a.a.O. S. 32
25) vgl. a.a.O. S. 90, S. 103, S. 116
26) vgl. a.a.O. S. 116ff.

Zwischenüberlegung

1) So in "Tauben im Gras" (1951), "Das Treibhaus" (1953) und "Der Tod in Rom" (1954). Vgl. dazu Marcel Reich-Ranicki, Der Zeuge Koeppen, in: Deutsche Literatur in Ost und West, Münschen 1966, S. 34ff.
2) Theodor W. Adorno, Auferstehung der Kultur in Deutschland, in: Kritik, Frankfurt 1975, S. 20 - 35
3) a.a.O. S. 25
4) a.a.O. S. 29
5) a.a.O. S. 29/30
6) So Dieter Wellershoff, in: "Bilder mit dunklem Einschlag", in: Christian Linder, Schreiben & Leben, Köln 1974, S. 125
7) Dem dürfte Walter Jens näher gekommen sein, als er im Vergleich der Relation von Kontinuität und Bruch nach beiden Kriegen diese weniger unter politischem Gesichtspunkt, sondern mehr unter dem psychologischen des Verhältnisses zur Tradition sieht, und so zu einer nur scheinbar entgegengesetzten Gesamtschau kommt: "damals, 1918, blieb die Kontinuität gewahrt, die Tradition warf ihren mächtig-unaufhellbaren Schatten, aber die Avantgardisten gebärdeten sich, antibourgois und archaisch-verwegen, als begänne die Welt mit ihnen von vorn; ... Eine Nation war besiegt - der Kontinent aber blieb unangetastet; es gab Konsequenzen, genug war erhalten, man konnte getrost rebellieren und neue Fronten beziehen. 1945 war man wortwörtlich auf sich selbst ge-

stellt: jetzt gab es überhaupt nichts Positives mehr, von dem man sich absetzen, keine Werte, die man wegwerfen konnte - selbst die Sprache war ja geschändet. In einer solchen Lage mochte die Pose der Avantgardisten allenfalls als harmloser Mummenschanz und Kasperle-Zynismus erscheinen: Wo war denn der Bürger, gegen den man ins Feld ziehen konnte, wohin hatten sich die Väter geflüchtet, in deren Angesicht das Recht der Söhne zu verfechten war?" Walter Jens, Deutsche Literatur der Gegenwart, 4. Aufl. München 1962, S. 29/30

8) Alfred Andersch, Deutsche Literatur in der Entscheidung, Karlsruhe 1948, S. 29
"Hier soll nicht der Versuch gemacht werden, den Zusammenbruch aller Werte mit einem neuen Rezept zu beantworten, dem des Existentialismus. Wahrscheinlich ist der Existentialismus in seiner gegenwärtigen Form nicht mehr als die Vorstufe einer neuen und umfassenden Anthropologie, auf die wir warten. Aber es steht außer Frage, daß das existentielle Denken heute von bewegender Kraft ist. In seinem Appell an die persönliche Entscheidung weist es der menschlichen Freiheit den beherrschenden Platz ein, mehr noch, indem es Freiheit und Existenz identifiziert, die Viskosität eines entscheidungslosen Daseins gleichsetzt mit Unmenschlichkeit und Tod, übernimmt es die dialektische Rolle einer geistigen Bewegung, welche die Welt, um ein Wort von Marx zu gebrauchen, nicht nur interpretiert, sondern verändert. Die Bedeutung des Existentialismus zeigt sich auch darin, daß er durch alle Lager hindurch wirkt, es gibt einen glaubenslosen und einen christlichen Existentialismus, genau so, wie sich ein marxistischer denken ließe. Die Entscheidung zur Freiheit läßt noch keinen Rückschluß auf die Art des Inhalts der Freiheit zu; so mag in Zukunft eine katholische oder rationalistische, eine kommunistische oder liberale Literatur durchaus möglich sein."

<u>Exkurs: Luise Rinser</u>

1) Luise Rinser, Jan Lobel aus Warschau, Kassel 1948, S. 34ff.
2) Luise Rinser, geb. 1911 im oberbayrischen Pitzling, studierte Pädagogik und Psychologie, war von 1935 - 1939 Lehrerin, erhielt dann Berufsverbot und wurde 1944 wegen "Wehrkraftzersetzung" verhaftet. 1945 - 1953 war sie Mitarbeiterin der "Neuen Zeitung" in München, heiratete 1953 den Komponisten Carl Orff, von dem sie 1958 geschieden wurde. Seither lebt sie als freie Schriftstellerin in München und Rom. Ihr literarisches Debut gab sie 1941 mit der Erzählung "Die gläsernen Ringe"; seither schrieb sie zahlreiche Romane, autobiographische Schriften und Hörspiele.
3) Auf das Problem der Einordnung dieser Literatur wird unten S. 27f. näher eingegangen.
4) a.a.O. S. 5
5) a.a.O. S. 6
6) a.a.O. S. 5
7) a.a.O. S. 9
8) a.a.O. S. 11
9) a.a.O. S. 9

10) a.a.O. S. 6
11) a.a.O. S. 9
12) a.a.O. S. 5
13) a.a.O. S. 6
14) a.a.O. S. 6
15) a.a.O. S. 7
16) a.a.O. S. 10
17) a.a.O. S. 13
18) a.a.O. S. 17f.
19) a.a.O. S. 20f.
20) a.a.O. S. 38ff.
21) Ein polnischer Jude jener Jahre würde sich wohl eher eindeutig entweder als Pole oder als Jude bezeichnet haben. Doch die Formulierung ist hier aufschlußreich: sie soll wohl zugleich doppelten Exotismus signalisieren und doppelt an ein schlechtes Gewissen appellieren.
22) a.a.O. S. 41f.
23) a.a.O. S. 19
24) a.a.O. S. 22 und 26
25) Auf dieses Phänomen geht Kurt S. Maier, Images of the Jew in Postwar German Fiction and Drama (1945 - 1965) Columbia University PhD 1969, ausführlicher ein, und bringt als typisches Beispiel Otto Schrag, Die Antwort, Frankfurt 1951
26) Luise Rinser, Grenzübergänge, Frankfurt 1972, S. 5
27) vgl. a.a.O. S. 7f.
28) vgl. a.a.O. S. 6f.
29) vgl. a.a.O. S. 9ff.
30) Darauf soll an dieser Stelle nicht erschöpfend eingegangen werden, doch seien zum illustrierenden Vergleich einmal einige Passagen aus Luise Rinsers Auschwitz-Bericht einem Textstück aus Peter Weiss' Rapport "Meine Ortschaft" gegenübergestellt:
"Wir fahren in den Ort ein. Der Bahnhof. Ein Bahnhof wie tausend andere. Es dürfte ihn nicht mehr geben, weil es ihn nie hätte geben dürfen. Hier kamen Züge an aus allen Himmelsrichtungen. Auschwitz lag sehr praktisch. Im Lager gibt es eine Landkarte, die zeigt, WIE praktisch: von allen für die Aktion wichtigen Punkten Europas lag es gleich weit entfernt. Die Landkarte zeigt Auschwitz wie eine Spinne im Netz. Aus dem Norden kamen Polen und Juden. Aus dem Süden Ukrainer, Zigeuner und Juden. Aus dem Westen Kommunisten, Homosexuelle und Juden. Aus dem Osten Russen und Juden.
Männer, Frauen, Kinder. Viele Kinder.
Die Leute kamen mit allerlei Hausrat an. Man hat ihnen (wie barmherzig man doch war) gesagt, daß man sie umsiedle, sie fänden anderswo Arbeit und eine neue Heimat. Manche haben es geglaubt. Ihr Hausrat hat alle überlebt: Haufen von zerbeulten Blechtöpfen, rostigem Eßgeschirr, Kindernachttöpfen.
...
Hernach fahren B. und ich hinüber nach Birkenau, liebliches Wort: Birken-Au. Eine Sumpflandschft, weithin, niedrig, darüber ein Bleihimmel ohne Sonne. Ein schwüler Nachmittag. Bahngeleise, die irgendwo enden zwischen Brennesseln und

Weidengebüsch. Das Gebüsch wächst auf zerborstenen Ziegeln und gesprengtem Zement. Hier war die Laderampe, hier wurden die Ankommenden sogleich in die Todesbaracken und die Gaskammern und Öfen gebracht. Einige Baracken stehen noch längs der endlosen Straße. Ich gehe mit B. auf ihr bis zum Mahnmal. Ich war in Jerusalem, ich bin auf der Via Crucis gegangen, auf der Jesus ging, sein Kreuz tragend. Hier ist er tausendmal gegangen.
Es ist ganz still. Es gibt da nur einen einzigen Laut, der nicht aufhört, ein dumpfes kurzes u-u-u-u-u-...
Er kommt aus dem Boden, aus einem Schilftümpel, aber aus welchem? Es gibt viele hier. Ich beuge mich über einen, er ist sonderbar grau. B. gibt mir einen Stecken. "Stochern Sie hinein!" Ich tu es. Da steigt Graues auf, ganz leicht, schwimmt eine Weile, geht langsam wieder auf Grund. "Dein aschenes Haar Sulamith". Die Asche der Vergasten und Verbrannten. Man füllt die Sümpfe damit auf. Ich lasse den Stecken entsetzt fallen. Das u-u-u- geht weiter. Eine Unke irgendwo. Sie wird nie aufhören zu rufen.
Auf meinem Schreibtisch liegt ein Stück Ziegelstein, es stammt vom Krematorium Birkenau." (Grenzübergänge, a.a.O. S. 22f. und 26)
"Hier sind sie gegangen, in langsamem Zug, kommend aus allen Teilen Europas, dies ist der Horizont, den sie noch sahen, dies sind die Pappeln, dies die Wachttürme, mit den Sonnenreflexen im Fensterglas, dies ist die Tür, durch die sie gingen, die Räume, die in grelles Licht getaucht waren und in denen es keine Duschen gab, sondern nur diese viereckigen Säulen aus Blech, dies sind die Grundmauern, zwischen denen sie verendeten in der plötzlichen Dunkelheit, im Gas, das aus den Löchern strömte. Und diese Worte, diese Erkenntnisse erklären nichts. Nur Steinhaufen bleiben, vom Gras überwuchert. Asche bleibt in der Erde, von denen, die für nichts gestorben sind, die herausgerissen wurden aus ihren Wohnungen, ihren Läden, ihren Werkstätten, weg von ihren Kindern, ihren Frauen, Männern, Geliebten, weg von allem Alltäglichen, und hineingeworfen wurden in das Unverständliche. Nichts ist übriggeblieben als die totale Sinnlosigkeit ihres Todes.
...Ein Lebender ist gekommen, und vor diesem Lebenden verschließt sich, was hier geschah. Der Lebende, der hierherkommt, aus einer anderen Welt, besitzt nichts als seine Kenntnisse von Ziffern, von niedergeschriebenen Berichten, von Zeugenaussagen, sie sind Teil seines Lebens, er trägt daran, doch fassen kann er nur, was ihm selbst widerfährt. Nur wenn er selbst vom Tisch gestoßen und gefesselt wird, wenn er getreten und gepeitscht wird, weiß er, was dies ist. Nur wenn es neben ihm geschieht, daß man sie zusammentreibt, niederschlägt, in Fuhren lädt, weiß er, wie dies ist.
Jetzt steht er in einer untergegangenen Welt. Hier kann er nichts mehr tun. Eine Weile herrscht die äußerste Stille.
Dann weiß er, es ist noch nicht zuende." (Peter Weiss, Meine Ortschaft, in: Rapporte, Frankfurt 1968, S. 123ff.)

31) Luise Rinser, Grenzübergänge, a.a.O. S. 25
32) Luise Rinser, Der schwarze Esel, Frankfurt, 1974
33) a.a.O. S. 104

5. Kapitel: Günter Grass

1) Günter Grass, Die Blechtrommel, Darmstadt/Neuwied 5. u. 6. Aufl. 1960, S. 343f.
2) Biographische Daten: geb. 1927 als Sohn deutsch-polnischer Eltern im Freistaat Danzig. Seit 1944 Soldat, dann bis 1946 in amerikanischer Kriegsgefangenschaft. 1946 - 49 Steinmetz- und Steinbildhauerlehre, Besuch der Kunstakademien Düsseldorf und Berlin. 1956 literarisches Debüt mit dem Gedichtband "Die Vorzüge der Windhühner". 1956 - 60 Graphiker, Bildhauer und Schriftsteller in Paris, danach Berlin. Der "Blechtrommel" folgten zahlreiche weitere Romane, auch Theaterstücke und Gedichte sowie Reden und Aufsätze. 1965 Verleihung des Georg Büchner Preises.
3) a.a.O. S. 330f.
4) So schreibt M. Reich-Ranicki über die Verzeichnung jüdischer Gestalten in der Literatur vor Grass: "Sobald Juden als Opfer nationalsozialistischer Verfolgungen erschienen, machte sich sogar bei vortrefflichen Autoren ein ebenso gutgemeinter wie schließlich primitiver Philosemitismus bemerkbar. Die in diesen Büchern auftretenden Juden waren - zumindest in vielen Fällen - edel, rührselig und ganz und gar unecht." Marcel Reich-Ranicki, Günter Grass, unser grimmiger Idylliker, in: Deutsche Literatur in Ost und West, München 1963, S. 222
5) a.a.O. S. 223
6) vgl. a.a.O. S. 160ff.
7) u. 9) Vgl. hierzu auch die Ausführungen Helmut Koopmanns in "Der Faschismus als Kleinbürgertum und was daraus wurde", in: Gegenwartsliteratur und Drittes Reich, hrsg. v. Hans Wagener, Stuttgart 1977, S. 163ff. Koopmann erarbeitet hier vor allem die Gegensätzlichkeit derartiger Darstellung zu den weit ausholenden Versuchen einer geschichts-philosophischen oder psychologisch-spekulativen Interpretation des Faschismus in der Emigrantenliteratur heraus: "Gegen Ende der fünfziger Jahre kommt eine Literatur auf, die von den früheren Darstellungs- und Deutungsversuchen gar nichts wissen will. 1959 erschien "Die Blechtrommel" von Günter Grass mit einem scheinbar durch jede Reflexion ungetrübten Bild des Nationalsozialismus, dem es im gleichen Maße an Analyse fehlte, wie es vorher, in der Literatur der Emigranten, die Beschreibungen des Nationalsozialismus so sehr geprägt hatte. Zwar ist auch hier von einer Vorgeschichte die Rede, denn das Buch setzt eigentlich mit dem Jahr 1899 ein; aber es ist eine andere Vorgeschichte als die, die bei Thomas Mann und Heinrich Mann, bei Lion Feuchtwanger und Stefan Zweig eine Rolle spielte - nichts von deutschen Verhältnissen, die irgendwann implantiert wurden, und nichts von einer genotypischen Anlage, die dahin führen mußte, wohin es dann gekommen war.

In die Ära des Nationalsozialismus geht es unmerklich hinein, und an die Stelle der Psychoanalyse und der Suche nach historischen Parallelen ist etwas ganz anderes getreten, was hier zum ersten Mal als Medium der Darstellung auftaucht, nämlich eine Frontalansicht des Kleinbürgertums der Wohnküchenkultur und ihrer Bewohner, über die, zunächst ganz unmerklich und fast nicht spürbar, aber dann mit um so stärkerer Überflutung, der Nationalsozialismus hereinbrach, und daß er in diesem Kleinbürgertum, aus dessen Perspektive heraus die Welt gesehen wird, keinen Widerstand fand, sondern nur auf den Mitläufer millionenfacher Ausprägung stieß, macht das Abenteuerliche dieser Darstellung aus, da hier zum ersten mal eine Kaste bemüht wurde, die man gemeinhin mit dem Nationalsozialismus nicht in Beziehung gebracht hatte. Im Roman fällt schon früh das Wort vom "zukunftsträchtigen Kleinbürgertum", und das ist die Formel, unter der das Phänomen des Nationalsozialismus fortan gesehen wird." (a.a.O. S. 170)

8) a.a.O. S. 93

10) So Helmut Koopmann, a.a.O. S. 175: "Infantilismus als Lebensform also, Grausamkeit als Haltung und Ausdruck einer Entwicklungsstufe, der man mit Marschmusik und Uniformen noch kommen konnte: es ist eine ausgeartete Kindlichkeit, die mit Oskar Matzerath auf die Bühne tritt: aber eigentlich ist die Welt so, und Oskar, der nur vermeintliche Dreijährige, durchschaut sie gnadenlos."

11) So Hans Magnus Enzensberger, Wilhelm Meister, aufs Blech getrommelt, in : Einzelheiten, Frankfurt 1962, S. 221ff, S. 223: Immer wieder tritt die Erzählung in jene verbotene Sphäre ein, wo sich Ekel und Sexualität, Tod und Blasphemie begegnen. Was Grass in dieser Hinsicht einerseits von aller Pornographie trennt, andererseits von dem sogenannten "schonungslosen Realismus" der amerikanischen Schule unterscheidet, was seine brüsken Eingriffe legitimiert, ja zu künstlerischen Ruhmestaten macht, das ist die vollkommene Unbefangenheit, mit der er sie vornimmt. Grass jagt nicht, wie Miller, hinter dem Tabu her: er bemerkt es einfach nicht."

12) vgl. Reich-Ranicki, a.a.O. S. 225

13) vgl. a.a.O. S. 164

14) a.a.O. S. 321

15) vgl. a.a.O. S. 162

16) a.a.O. S. 124

17) vgl. a.a.O. S. 433ff.

18) a.a.O. S. 493

19) Günter Grass, Hundejahre, Neuwied/Darmstadt 1963

20) vgl. a.a.O. S. 422ff.

21) vgl. a.a.O. S. 404ff.

22) Uns geht es an dieser Stelle zunächst um die Reihung der Elemente traditionellen Klischees des "häßlichen Juden". Neben der in diesem Zusammenhang aufführbaren Interpretation des Vogelscheuchenmotivs gilt auf anderer Ebene die symbolische, die die Vögel mit der - das Schicksal ausmachenden - Menschenwelt gleichsetzt: so schwärmen schon bei Eddis Taufe Vogelschwärme unheilverheißend über die Taufge-

sellschaft dahin - "Dennoch hatte er nichts gegen Vögel; wohl aber hatten die Vögel, gleich welcher Flug- und Federart sie sein mochten, etwas gegen ihn und seinen vogelscheuchenerfindenden Geist." (a.a.O. S. 28); später wird er ihren Unmut durch entlarvende Karikaturen des Menschen auf sich ziehen, definitiv aber Dämonisches herausfordern mit jener ihr Eigenbild karikierenden Scheuche, dem "Großen Vogel Piepmatz" (a.a.O. S. 79). Im Umkreis dieser Interpretation der Vogelscheuche als einer entlarvenden Herausforderung des Dämonischen im Menschen ist dann der später auftauchende Satz zu verstehen:"Aber unter allen Völkern, die als Vogelscheuchenarsenale dahinleben, ist es mit Vorzug das deutsche Volk, das, mehr noch als das jüdische, alles Zeug dazu hat, der Welt eines Tages die Urvogelscheuche zu schenken." (a.a.O. S. 478)
23) vgl. a.a.O. S. 71ff.
24) vgl. a.a.O. S. 195
25) a.a.O. S. 358
26) vgl. a.a.O. S. 12ff.
27) vgl. a.a.O. S. 67f.
28) vgl. a.a.O. S. 73
29) vgl. a.a.O. S. 192
30) a.a.O. S. 35
31) a.a.O. S. 503
32) Günter Grass, Aus dem Tagebuch einer Schnecke, Darmstadt/Neuwied 1972
33) a.a.O. S. 138
34) a.a.O. S. 186

6. Kapitel: Peter Weiss

1) Peter Weiss, Abschied von den Eltern, Frankfurt 1961, S. 52f.
2) Peter Weiss wurde 1916 in Nowawes bei Berlin als Sohn eines Vaters jüdischer Herkunft und einer Mutter nichtjüdischer Herkunft geboren. 1934 emigrierte die Familie nach England. Peter Weiss begann seinen künstlerischen Weg als Maler, lebte 1936 - 1938 in Prag, wo er die Kunstakademie besuchte, später in der Schweiz und nach 1939 in Schweden. Er nahm schwedische Staatsbürgerschaft an. Sein 1946 geschriebenes Erstlingswerk "Das Duell" erschien, wie auch weitere folgende Prosatexte, zuerst auf Schwedisch, da es zunächst im deutschen Sprachraum nicht angenommen wurde. In Westdeutschland debütierte Weiss 1960 mit dem 1952 geschriebenen Buch "Der Schatten des Körpers des Kutschers". Im Lauf der folgenden Jahre erschienen weitere Prosawerke, Dramen und Essays. Weiss lebte vorübergehend in West-Berlin, kehrte jedoch nach Schweden zurück.
3) Vgl. Anm. 26 in Kap. 3 dieser Arbeit.
4) vgl. a.a.O. S. 57 und 58
5) vgl. a.a.O. S. 51
6) a.a.O. S. 14
7) a.a.O. S. 61ff.
8) a.a.O. S. 138
9) a.a.O. S. 82f.

10) a.a.O. S. 144
11) a.a.O. S. 123f.
12) Der Vergleich mit Kafka wird auch später immer wieder aufgenommen, so in: Fluchtpunkt, Frankfurt 1962, S. 99f.: "Ich drängte gegen die Begrenzungen an, und wenn es gelang, sie an einer Stelle zu erweitern, sackte ich wieder zurück, ich verstand weder, was ich gewonnen hatte, noch, was diese Begrenzungen eigentlich vorstellten. Kafka stand vor dieser Mauer, an der er sich schließlich zerschlug, er rannte immer wieder gegen diese Mauer an, die doch nicht breiter war als er selbst. Diese Mauer bestand aus den überlieferten Gesetzen, und ich brauchte nur einen Schritt zur Seite zu treten, um vor der Offenheit zu stehen. Doch um zu diesem einfachen Schritt fähig zu sein, mußte ich erst die Chimäre, an der ich mich abschleppte, wegwerfen." Und an einer anderen Stelle, in Zusammenhang mit der als befreiend erlebten Lektüre des Buches "Tropic of Cancer" heißt es: Die Welt, in der ich mit Kafka im Zwiegespräch stand, erhielt den Todesstoß. Sie war noch nah, sie bestand noch, doch sie war eine Grabkammer, in der ich gegen Mauern anlief. Kafka hatte nie gewagt, die Urteilssprüche der Richter zu revidieren, er hatte die Übermacht verherrlicht und sich ständig vor ihr gedemütigt. Wenn er einmal auf dem Weg war, sie zu durchschauen, so sank er schon bald ins Knie, um Abbitte zu leisten. Er hatte in seinen Tagebüchern vermerkt, wie spielend leicht es sein müßte, eine Selbstbiographie zu schreiben, leicht wie die Niederschrift eines Traums. Und doch kam er nie dazu. In den Ansätzen zeigte sich gleich etwas Zwanghaftes, Niedergehaltenes. Nie hatte er sich von seinem Vater lossagen können, und auch vor der Frau hatte er nie etwas anderes empfunden als seine Untauglichkeit. Er hatte sich blindgestarrt an der Mauer, an der verrammelten Tür, und hinterrücks hatte er sich ermorden lassen. Doch hier, aus diesem grünen und roten Buch schlug mir die Revolte gegen jede Autorität entgegen. Es gab keine Übermacht mehr. Das Buch begann an einem Punkt, wo alle Übermacht schon überrannt war. Die Nachricht kam aus der gleichen Welt, in der Kafka zugrunde ging, der mechanischen anonymen Vernichtungswelt, und noch gesteigerter, noch brutaler und fieberhafter war sie erlebt, doch sie war überwunden worden, mit einem Kunstgriff, der äußerst einfach wirkte, der aber erst gewonnen werden konnte, wenn der Entschluß, sich dieser Welt ganz auszuliefern und jede Rückzugsmöglichkeit aufzugeben, durchgeführt worden war. Bei Kafka war alles von Furcht durch Berührungen durchsetzt. Sein Schmerz lag im Gedanklichen, er schilderte den Kampf der Ideen, der widerstreitenden Empfindungen. Er befand sich auf einer hoffnungslosen Suche nach der Nähe der anderen, er träumte von einer Gemeinschaft, einer Begnadigung, einer Versöhnung, und immer wieder hatte er das Unerreichbare, das Unmögliche vor sich. In diesem anderen Buch aber herrschte die blendend helle Tageswelt, in der Leib an Leib schlug,hier wurde auf die Gemeinschaft gepfiffen und Schuld und Rücksichtnahme waren fauler Plunder. Die Hierarchien der Kanzleien, die

alles umfassenden Gesetze waren zertrümmert, und in einem furchtbaren Chaos begann das freie Leben. ... Noch blickte ich als der verbrauchte, übermüdete Europäer in diese Welt eines wilden Lebenshungers, und mir schwindelte noch vor den Möglichkeiten, die vor mir lagen." S. 164f.
13) a.a.O. S. 82; vgl. auch den Gedanken einer möglichen Freiheit als Freiheit von dem verbogenen Verhältnis zur Körperlichkeit a.a.O. S. 48f.
14) a.a.O. S. 144
15) a.a.O. S. 10
16) Vgl. Abschied von den Eltern, a.a.O. S. 143: "Unaufhörlich produzierten wir weiter, während draußen eine Welt in Stücke fiel. Der Krieg öffnete meine Augen nicht. Der mißglückte Kampf um meine Berufung hatte mich in einen Zustand der Umnachtung versetzt. Meine Niederlage war nicht die Niederlage des Emigranten vor den Schwierigkeiten des Daseins im Exil, sondern die Niederlage dessen, der es nicht wagt, sich von seiner Gebundenheit zu befreien. Die Emigration hatte mich nichts gelehrt. Die Emigration war für mich nur die Bestätigung einer Unzugehörigkeit, die ich von frühester Kindheit an erfahren hatte. Einen heimischen Boden hatte ich nie besessen."
17) a.a.O. S. 12
18) a.a.O. S. 12f
19) a.a.O. S. 13
20) a.a.O. S. 41
21) a.a.O. S. 59f.
22) a.a.O. S. 68f.
23) a.a.O. S. 137f.
24) Von derselben Erzählung der sensiblen Einfühlung in Angerührtwerden und Suchen nach Ausdrucksmöglichkeit, die eine vorschnelle Zuordnung oder auf emotionale Wirkung bedachte Sprache vermeidet, sind auch andere Texte dieses Autors aus jenem Zeitabschnitt bestimmt; vgl. so den im Exkurs, Anm. 30 dieser Arbeit wiedergegebenen Text über die eigene Konfrontation mit Auschwitz, ein Text, der von kaum einem anderen Zeugnis zu diesem Thema in jener auf Behutsamkeit und verhaltener Betroffenheit basierenden Eindringlichkeit erreicht wird.
25) vgl. die in Anm. 12 wiedergegebene Passage der eigenen Profilierung gegen Kafka, entnommen aus: Fluchtpunkt, a.a.O. S. 164
26) a.a.O. S. 193ff.
27) a.a.O. S. 195ff.
28) Daß der Autor in dieser ganzen Zeit außerhalb Deutschlands gelebt hat, muß an dieser Stelle sicher mit im Blick behalten werden; doch kann in unserem Zusammenhang nicht im Einzelnen darauf eingegangen werden, welche Rolle dieser Faktor in der Entwicklung seines künstlerischen Werks im Vergleich zu anderen Faktoren gespielt hat.
29) Fluchtpunkt, a.a.O. S. 49
30) Peter Weiss, Die Ästhetik des Widerstands, Bd. 1 Frankfurt 1975, Bd. 2 Frankfurt 1978
31) Auch hier legt es sich nahe, diese Beobachtung in Zusammenhang damit zu sehen, daß der Autor weiter außerhalb

des deutschen Sprachraums lebt; wieweit dies jedoch erklärenden Wert hat, muß in diesem Zusammenhang offen bleiben und bleibt auch irrelevant.
32) Die Ästhetik des Widerstands, Bd. 1, a.a.O. S. 8f.
33) a.a.O. S. 53
34) a.a.O. S. 35f.
35) a.a.O. S. 34f.
36) a.a.O. S. 35
37) a.a.O. S. 22
38) a.a.O. S. 11
39) a.a.O. S. 87
40) a.a.O. S. 11o
41) a.a.O. S. 111
42) a.a.O. S. 175ff.
43) Vgl. oben Kap. 5 Anm. 7 und 9.
44) Vgl. oben Zwischenüberlegung I, S. 92
45) Peter Weiss, Die Ermittlung. Frankfurt 1965
46) Edgar Hilsenrath, geb. 1926 in Leipzig, floh 1938 noch vor der "Kristallnacht" mit Mutter und Bruder zu den Großeltern in die Bukowina. Im Oktober 1941 Deportation der Familie in das Ghetto von Moghilev-Podolsk am Dnjestr, wo sie bis zur Befreiung durch die Rote Armee 1944 überleben konnten. Später erneute Flucht und illegale Einwanderung in das damalige Palästina, 1951 Übersiedlung in die USA, dort Niederschrift des Romans "Nacht".
47) Edgar Hilsenrath, Nacht, Köln 1978, S. 9f. (Erstveröffentlichung München 1964)
48) vgl. a.a.O. S. 415ff.
49) Über die halbherzige und versteckt ablehnende Aufnahme des Romans in der BRD des Jahres 1964 schreibt Wolfgang Nagel im ZEIT-Magazin Nr. 40 vom 29.9.78, S. 43f.: Hilsenraths Lagerbuch erschien 1964 beim Münchner Kindler Verlag. Seine Weltauflage beträgt bis heute knapp eine Million Exemplare - ganze 791 wurden damals in Deutschland verkauft. Hilsenrath war verbittert: "Man hat mich einen Vertrag unterzeichnen lassen und das Buch absichtlich begraben - ein Verbrechen nenne ich das." Dabei war Verleger Kindler von dem Manuskript spontan begeistert gewesen und wollte sich für seine Verbreitung persönlich einsetzen. Eine verlagsinterne Opposition, mutmaßt der Autor, sei schuld daran, daß der Titel trotzdem in der Versenkung verschwand: Die übervorsichtige Erstauflage von 1200 Exemplaren zeuge nicht gerade von verlegerischem Enthusiasmus. Mehr als ein Viertel der Auflage - einen ungewöhnlich hohen Anteil - will Kindler als "Werbe- und Rezensions-Exemplare" verschickt haben, die wenigen (übrigens durchweg positiven) Pressestimmen lassen Hilsenrath daran zweifeln. Werbung machte der Verlag auf Drängen des Autors erst, als das Buch beim Verlag schon vergriffen war. Eine Neuauflage freilich stand nicht zur Debatte.
Von Kindlers Werbeleiter Ernst Landau erfuhr Hilsenrath den Grund: 'In Deutschland darf ein solches Buch nicht verbreitet werden.'
Und Nina-Raven-Kindler, Frau des Verlegers und damals hauptsächlich mit der Geschäftsführung betraut, präzisierte ihre

Abneigung gegen den Roman: 'In unserem Verlag fand sich keine Stimme dafür ... Ich fürchte die falsche Reaktion des deutschen Publikums, das sehr gerne etwas finden möchte, um seine antisemitische Haltung zu rechtfertigen.' Dabei lagen dem Verlag damals viele Briefe einflußreicher Juden vor, die die Publikation von 'Nacht' ausdrücklich guthießen, gerade weil der Roman nicht den ängstlichen Philosemitismus jener Jahre vertrat, von dem sie fürchteten, daß er leicht umschlagen könnte in erneuten Judenhaß."

7. Kapitel: Alfred Andersch

1) Alfred Andersch, Efraim, Zürich 1967, S. 70f.
2) Alfred Andersch, geb. 1914 in München, schloß sich früh der kommunistischen Jugendorganisation an und war 1933 als kommunistischer Jugendleiter für ein halbes Jahr im KZ Dachau inhaftiert. Im zweiten Weltkrieg zur Wehrmacht eingezogen, desertierte er 1944 in Italien. Nach der Rückkehr aus amerikanischer Internierungshaft 1946 gab er zusammen mit Hans Werner Richter in München die Zeitschrift "Der Ruf" heraus, die 1947 von der amerikanischen Zensurbehörde verboten wurde. Auf dem Hintergrund von Journali - stik und Rundfunkarbeit entstand das literarisch-essayistische Werk: am bekanntesten wurde der Essay "Deutsche Literatur in der Entscheidung" (1948), die Autobiographie "Die Kirschen der Freiheit" (1952), in der er sich ausführlich mit dem Problem der Desertion auseinandersetzt, und die Romane "Sansibar oder der letzte Grund" (1957), "Die Rote" (1961), "Efraim" (1963), "Winterspelt" (1974).
3) vgl. a.a.O. S. 88
4) vgl. a.a.O. S. 103
5) a.a.O. S. 179f.
6) a.a.O. S. 49f.
7) Dies wird z.B. deutlich, wenn man einmal das hier Geschriebene vergleicht mit einem wenige Jahre zuvor in Israel erschienenen Roman, in dem ein israelischer Schriftsteller europäischer Herkunft aus seiner Perspektive genau die bei Andersch angesprochene Thematik in den Mittelpunkt rückt, dabei unter umgekehrtem Vorzeichen: dem Roman "Liskor we lischkoach" (Erinnern und Vergessen) des 1924 in Rowno geborenen und 1937 emigrierten Dahn Ben-Amotz. (Tel Aviv 1959; die deutsche Übersetzung erschien 1974 in Frankfurt unter dem Titel "Masken in Frankfurt"). In diesem Roman geht es thematisch um fast dasselbe - die Empfindungen eines als Kind emigrierten Juden bei der Konfrontation mit dem Land, in dem seine Eltern ermordet wurden. Auch dieses ist ein Buch, das reißerisch die Thematik mit den Verwirrungen einer Liebesgeschichte verbindet, dieser sogar ein Happy-end beschieden sein läßt (nach dem Muster: Naziverfolgter heiratet Mädchen aus dem Volk der Mörder seiner Eltern), ein Buch, dessen Figuren und dessen Deutschlandbild nicht weniger klischeehaft sind als die entsprechenden Bilder über Israel in deutscher Trivialaufmachung. Doch dessen ungeachtet ist dieser Roman in Israel ein relativ viel diskutiertes Zeugnis, vor allem offenbar deswegen,

weil hier das Thema des Aufgewühltseins eines Juden bei der Neubegegnung mit Deutschland, der verschiedene Stadien einer Entwicklung neuen Verhältnisses zu diesem Land und seinen Menschen ausführlich, manchmal zu ausführlich bis penetrant, über allem jedoch von der Glaubwürdigkeit eigenen Beteiligtseins bestimmt durchgespielt wird.
Gewiß ist die derartig vehement aufgepeitscht vorgeführte Betroffenheit nur eine Gegenmöglichkeit zu der in Anderschs "Efraim" dargestellten Distanz und braucht deshalb nicht unbedingt korrigierende Geltung zu haben, doch scheint sie tatsächlich viel eher dem Empfinden des größten Teils der Betroffenen zu entsprechen als die an der Gestalt Efraims gezeigte Reaktion: die Frage muß für unsere Untersuchung also sein, warum gerade ein nichtjüdischer Deutscher solch ein eher unwahrscheinliches Gegenbild entworfen hat.

8) a.a.O. S. 239ff.
9) a.a.O. S. 452f.
10) vgl. Text S. 188, Anm. 5
11) a.a.O. S. 36. Vgl. z.B. auch den im Ausgangstext zu verfolgenden unvermittelten Übergang von der Beschreibung der eigenen Situation zu einer allgemeinen Orientierung über Journalisten, die nach Berlin geschickt werden; oder auch die beispielhafte Beschreibung eines Gesprächs mit Meg, in der der Übergang auf die verallgemeinernde Ebene fast nach jedem Satz erfolgt, a.a.O. S. 278ff.
12) a.a.O. S. 228f.
13) a.a.O. S. 89f.
14) a.a.O. S. 468f.
15) So Marcel Reich-Ranicki, Sentimentalität und Gewissensbisse, in: Lauter Verrisse, München 1970, S. 47 - 56; vgl. a.a.O. S. 56: "Sogar der Leitgedanke des ganzen Romans wird schließlich annulliert."
16) Bezogen auf Max Frischs Roman "Homo faber".
17) vgl. a.a.O. S. 76, S. 194, S. 393
18) Ich schließe mich hier im Großen und Ganzen der Kritik Marcel Reich-Ranickis an, die endet: "Sentimentalität und Gewissensbisse, Sex und Auschwitz, Binsenweisheiten und herbes Aroma, der Mief der Provinz und der Duft der großen weiten Welt - diese Mischung gefällt." a.a.O. S. 56
19) Alfred Andersch, Deutsche Literatur in der Entscheidung, Karlsruhe 1948
20) So in: Alfred Andersch, Sansibar oder der letzte Grund, Freiburg/Olten 1957
21) Vgl. dazu auch Hans Geulen, Alfred Andersch. Probleme der dargestellten Erfahrung des "deutschen Irrtums", in Gegenwartsliteratur und Drittes Reich, hrsg. v. Hans Wagener, Stuttgart 1977, S. 216: "In dem Maße, wie Auschwitz unbegreiflich für ihn ist, ist es auch die Geschichte."
22) vgl. a.a.O. S. 162
23) Vgl. Marcel Reich-Ranicki, a.a.O. S. 47f.:
"Anläßlich der Frankfurter Buchmesse 1967 hat das Fernsehen zwölf bekannte Kritiker gebeten, die drei ihrer Ansicht nach wichtigsten literarischen Neuerscheinungen zu nennen. Die Antwortliste umfaßt fünfundzwanzig verschiedene Titel, darunter auch einige deutsche Romane. Doch der einzige Ro-

man, den ein prominenter deutscher Schriftsteller in diesem Herbst vorlegen konnte, Alfred Anderschs "Efraim", wurde von keinem der Befragten genannt - sie wollten lieber auf dürftige Versuche jüngerer Autoren und auf ausländische Bücher hinweisen als auf dieses immerhin ernste epische Vorhaben. Offenbar wird also der "Efraim" von der deutschen Kritik mißbilligt. Ist es so?
Von den vielen Besprechungen dieses Buches, die in der bundesrepublikanischen Presse bisher zu lesen waren, kenne ich rund zehn. Sie sind alle sehr freundlich, betont respektvoll, zum Teil enthusiastisch. Häufig finden sich Superlative: Wir hätten es mit dem bedeutendsten Werk von Andersch zu tun oder mit dem besten deutschen Roman des Jahres 1967 oder gar mit einem Höhepunkt der zeitgenössischen Literatur schlechthin. Gewiß, hier und da werden Bedenken geäußert, aber meist zögernd, zurückhaltend und rücksichtsvoll und gelegentlich in demselben geradezu weihevollen Tonfall, der sich in der Zustimmung bemerkbar macht.
Warum schweigen diejenigen, die das Buch ablehnen? Und warum liest man - von Ausnahmen abgesehen - die Ansichten nur jener, die es befürworten? Weshalb wird über den "Efraim" in literarischen Kreisen oft mit geradezu aggressiver Verachtung gesprochen und in der Presse schonungsvoll und feierlich? Die deutsche Kritik ist doch sonst nicht so zimperlich. Die Ursachen dieser nicht alltäglichen Situation sollten in dem Buch gesucht werden, um das es hier geht."

24) a.a.O. S. 385
25) Vgl. Zwischenüberlegung I, S. 86 ff.
26) Alexander u. Margarethe Mitscherlich, Die Unfähigkeit zu trauern, München 1967, S. 15ff.

8. Kapitel: Gerhard Zwerenz

1) Gerhard Zwerenz, Die Erde ist unbewohnbar wie der Mond, Frankfurt 1973, S. 7
2) Gerhard Zwerenz, geb. 1925 in Gablenz, erlernte das Kupferschmiedehandwerk, wurde 1943 Soldat und nach der Rückkehr aus russicher Gefangenschaft Volkspolizist. Später studierte er in Leipzig Philosophie bei Ernst Bloch. 1957 Flucht in die BRD. Er veröffentlichte zahlreiche essayistische Schriften und einige Romane.
3) a.a.O. S. 325
4) vgl. a.a.O. S. 266
5) vgl. a.a.O. S. 73
6) vgl. a.a.O. S. 50ff.
7) vgl. a.a.O. S. 173
8) vgl. a.a.O. S. 209ff.
9) vgl. a.a.O. S. 135ff.
10) vgl. a.a.O. S. 89ff., 285ff., u.a.
11) vgl. a.a.O. S. 232ff.
12) vgl. a.a.O. S. 251
13) vgl. a.a.O. S. 328
14) a.a.O. S. 367

15) a.a.O. S. 32
16) a.a.O. S. 36
17) a.a.O. S. 252
18) a.a.O. S. 146
19) a.a.O. S. 152f.
20) a.a.O. S. 148
21) a.a.O. S. 100f.
22) a.a.O. S. 303f.
23) Mit diesem Begriff, so gewagt er ist, soll im Folgenden die breite Gruppe jener durch die "linke" Bewegung angesprochenen Halbintellektuellen bezeichnet werden, die mit dem soziologisch definierten Kleinbürgertum die Grundvoraussetzung teilt, daß sie sich als schwach und abhängig erfährt, obwohl ihre Selbstzuordnung Schwäche und Unabhängigkeit verlangt, und die diesen Widerspruch gedanklich nicht aufheben kann, daher ansprechbar ist für irrationale Appelle faschistoider Provenienz.
24) a.a.O. S. 205
25) a.a.O. S. 205 vgl. auch die Bemerkung des "linken Rechtsanwalts Joachim über die Funktion von Beziehungen zu Juden in diesem Staat: (a.a.O. S. 195)
"Ich möchte mich bedanken, sagt Joachim. Ich spürte in der Haft ihre Hilfe. Die kleinen Erleichterungen sinds, auf die es ankommt. Rechtlich stehen sie jedem zu, doch bekommt man sie schwer. Man braucht einen guten Freund, der Jude sein muß und Generalstaatsanwalt, dann kann man vielleicht tatsächlich erhalten, was einem juristisch sowieso garantiert ist."
26) a.a.O. S. 224
27) a.a.O. S. 103f.
28) a.a.O. S. 201f. Vgl. auch a.a.O. S. 29:
"Abraham sah, wie die beiden miteinander sprachen. Er stand zu weit entfernt und hörte nicht ihre Worte, aber er las ihnen von den Lippen ab, was sie sprachen. Dieser verdammte Jude will sein Auto haben, sagte der Leiter, mit dem Kopf zu Abraham weisend. Der Meister sagte: Ich bin kein Antisemit, aber ich würde den dort gern ein paar Wochen warten lassen. Also machen wir seinen Wagen gleich fertig, sagte der Leiter, so ein komischer Jud kann heute ganz schön ungemütlich werden."
29) a.a.O. S. 169f.
30) a.a.O. S. 99
31) vgl. a.a.O. S. 308ff.
32) a.a.O. S. 206
33) a.a.O. S. 20f.
34) Die Bemerkung, Abraham verbinde kein "gestern und vorgestern" mit dem Land, vgl. a.a.O. S. 223, könnte darauf hindeuten.
Das Motiv des Schuh-Ausziehens meint offensichtlich die "Chalitzah", eine Praktik, die traditionell durchgeführt wurde (vgl. Ruth 4,8), wenn das Gebot der Schwagerehe aus irgendeinem Grund nicht erfüllt werden konnte, wobei es keineswegs darum ging, daß die Frau dies zu "wagen" hatte. Heutigentags wird diese Praktik meist jedoch durch weniger rabiate Symbolhandlungen ersetzt.

35) So hört man denn ständig von "gois"; eine Form, die auch von "verweltlichten" Juden kaum anstelle des üblichen "goyim" gebraucht worden sein dürfte.
36) a.a.O. S. 223
37) a.a.O. S. 143
38) a.a.O. S. 151
39) a.a.O. S. 117
40) a.a.O. S. 154
41) a.a.O. S. 117
42) a.a.O. S. 200
43) vgl. a.a.O. S. 11: "Du bist doch einer von uns! sagte der Mann an der Tür. Klar, ich werd meschugge, das ist doch einer von den unsrigen!
Er kam mit ausgebreiteten Armen auf Abraham zu, der tausend solche Freundlichkeiten erinnerte, ach welch ein Zwang zur Umarmung, wenn Nase an Nase sich drückt. Du bist e Jud und ich bin e Jud! Der das sagte, schlang schon seine Arme um Abraham und begann ihn zu drücken und zu herzen, ..."
44) vgl. a.a.O. S. 312: "Saß vielleicht tief in ihm eingebrannt ein Ekel, der ihn bewegte und antrieb und zu Handlungen brachte, die ohne diese Antipathie gegen sich selbst nicht geschähen und auch nicht ihm gemäß wären?"
45) vgl. a.a.O. S. 373f.: "Sein Leben lang hatte er schmarotzt. Erst an der Mutter, dann an Israel, hernach an der Stadt Frankfurt. Auch privat war er nie richtig zugehörig gewesen, hatte, ohne es zu wissen, mit Vorliebe an Frauen schmarotzt, bei denen die Gefahr, daß sie ihn ganz nehmen würden oderer sie ganz nehmen müßte, nicht bestand."
46) vgl. a.a.O. S. 315: "... ohne in dieselbe servile Haltung zu verfallen wie viele Bürger der Rechten, wenn sie mit Juden Umgang bekamen."
47) vgl. den S. 211 wiedergegebenen Text
48) a.a.O. S. 17
49) R.W. Faßbinder, geb. 1945, Filmemacher, hatte außer dem Theaterstück "Der Müll, die Stadt und der Tod", in: Stücke 3, Frankfurt 1976, einen Film geplant, dem der Text des Theaterstücks zugrundeliegen sollte, zu dem ihm die finanzielle Unterstützung der Filmförderanstalt verweigert wurde. Nach seinem Drehbuch drehte später der mit ihm befreundete Schweizer Regisseur Daniel Schmid den Film "Schatten der Engel".
50) Gerhard Zwerenz, "Linker Antisemitismus ist unmöglich", in: DIE ZEIT, Nr. 16, 19.4.76, S. 34
51)Einige wenige Stellen, an denen dem Autor Zeilen gelingen, in denen Ansätze zu solchem Durchbruch gesehen werden könnten, bleiben im Gesamt der Erzählung belanglos; so z.B. die Passage über den Pflastermaler "Chagall" und seine junge krebskranke Frau, a.a.O. S. 328f.
52) Rainer Werner Faßbinder, in: "Philosemiten sind Antisemiten", DIE ZEIT Nr. 16, 9.4.76, S. 33
53) So z.B. ein anderer Vertreter dieser Altersgruppe, der 1944 geborene Herbert Achternbusch, in einer Passage innerhalb des Buches "Die Stunde des Todes", Frankfurt 1975,

S. 61f., in der er in seiner gedrängten Sprache das Problem des unter einer unausgegorenen Konfrontationspädagogik neu entstehenden Judenhasses und die Umwandelbarkeit bereitliegender Goebbels-Reizworte eindringlich anschaulich macht:
"Ha, ich bestrafte meine Frau gern dafür, daß ich von ihr abhängig war. Wie die Deutschen den Juden nie verzeihen, daß sie die Juden umgebracht haben. Wovon das Herz voll ist, geht der Mund über: ich denke daran, als man uns in unserer Kindheit Millionen toter ausgemergelter Juden mit der Planierraupe auf die Schulbank schob. Werdet damit fertig, ihr Milchgesichter! Wir Lehrer haben unseren Teil getan! Aber ich hatte ein anderes Bild vom Juden und schiß auf die Moral. Die Juden haben meinem Vater die Zwetschgen geklaut. Und als er ihnen gesagt hat, daß das nicht geht, haben sie ihm den Zwetschgenbaum umgehaut. Sie haben mit den Steinen, mit denen mein Vater die gepachtete Wiese für seine einzige Ziege eingedämmt hatte, den Bach gestaut, damit sie baden konnten. Der Bach überschwemmte die Wiese und das Winterfutter drohte zu verfaulen.. Er ging mit schwingender Sense zu ihnen hin und befahl, daß sie das rückgängig machen sollten. Aber sie haben ihn umzingelt, haben ihm eine Jacke übergeworfen, haben ihn gefesselt, an den Füßen gepackt und haben ihn mit dem Kopf durch den Bach geschleift. Daß er sich nicht den Kopf eingeschlagen hat, grenzt sowieso an ein Wunder. Marie! Hol die Polizei! schrie er noch zum Haus hinauf. Im Saal von ihrem Lager sind sie um ihn rumgesprungen und haben gesungen und ihn mit der Sense bedroht und ihm versprochen, daß der den Abend nicht erlebt. Das waren Ostjuden und ich habe meinem Vater nie klarzumachen versucht, er müsse verstehen, denn was die mitgemacht haben. Ich habe immer geschwiegen, wenn mein Vater auf sie geflucht hat. Ich denke nicht daran, daß die Kleinen ausbaden sollen, was die Großen angerichtet haben, und mit irgend humanen Klügeleien will ich mich nicht lähmen lassen."

54) vgl. Gerhard Zwerenz, Bürgertum und Pornographie, Frankfurt 1971, S. 88

55) Da die Problematik Israels und des Judentums bei den genannten Autoren unter der Begrifflichkeit marxistischen Denkens angesprochen wird, wird von der Kritik hier der Begriff des "linken Antisemitismus" in die Diskussion gebracht. Das scheint mir nicht weiterführend zu sein, da die Phänomenologie des "linken Antisemitismus" nur teilweise abdeckt, was an der Judenthematisierung des analysierten Jargons zu denken gibt. Zur Thematik des "linken Antisemitismus" vgl. Henryk M. Broder, Vom Antisemitismus zum Antisozialismus - oder: Wie die Linke das Erbe der Rechten übernommen hat, in Emuna (Israel Forum 4/76, S. 37 - 42)

56) Friedrich Dürrenmatt, Zusammenhänge, Zürich 1976, S. 11

57) Friedrich Dürrenmatt, geb. 1921 in Konolfingen (Kanton Bern), studierte Theologie, Philosophie und Germanistik und debütierte 1947 als Dramatiker. Der Schwerpunkt seines dichterischen Schaffens liegt seither bei Dramatik und Hör-

spiel, doch schrieb Dürrenmatt auch Erzählungen und Vortragsprosa.
58) a.a.O. S. 176
59) a.a.O. S. 11
60) a.a.O. S. 176ff.
61) a.a.O. S. 14

Rückblick und Ausblick

1) Als Beispiel eines Sich-Ausrichtens auf diese Linie, das dann auch mit öffentlicher Beachtung honoriert wurde, kann die schriftstellerische Entwicklung des oben vorgestellten jüdischen Autors Edgar Hilsenrath gesehen werden, dessen 1964 herausgekommenes Buch "Nacht", das dem Leser eben das Ertragen von Ambiguität, Verunsicherung zumutet, zunächst keinen Erfolg hatte, während ein späteres, den geschmacklichen Anforderungen der westdeutschen Öffentlichkeit mehr entsprechendes Buch, der spielerisch-kaltschnäuzige, mit Ekeleffekten jonglierende und ermüdend glatt alle Klischees von Bewältigungsangst und Erinnerungshorror zynisierende Roman "Der Nazi und der Friseur" (1978) ihm zu breiterer Anerkennung und Bekanntwerden verhalf.
2) Vor allem in den Romanen "Jakob der Lügner" (1969) und "Der Boxer" (1976)
3) Vor allem in den Romanen "Ein Sommer in der Woche der Itke K." (1974) und "Die Töchter" (1976)
4) mit seinem Film "David" (1979), gedreht nach dem gleichnamigen Buch autobiographischer Aufzeichnungen von Joel König, Frankfurt 1979 (Original Göttingen 1967 unter dem Titel "Den Netzen entronnen")

Literaturverzeichnis

I. Primärliteratur

Achternbusch, Herbert, Die Stunde des Todes, Frankfurt 1975
Aichinger, Ilse, Die größere Hoffnung (1948), Ungek. Ausgabe Frankfurt 1974
Andersch, Alfred, Efraim, Zürich 1967
" Sansibar oder der letzte Grund, Olten u. Freiburg 1957
Becker, Jurek, Der Boxer, Frankfurt 1976
" Jakob der Lügner, Berlin(DDR)/ Weimar 1969
Ben-Amotz, Dahn, Masken in Frankfurt, Frankfurt 1974
Böll, Heinrich, Billard um halb zehn, Köln 1959
" Wo warst du, Adam? (195o) 7. Aufl. München 1976
Borchert, Wolfgang, Draußen vor der Tür und andere Erzählungen,(1948) Ungek. Ausgabe Frankfurt 1974
Dürrenmatt, Friedrich, Zusammenhänge, Zürich 1976
Faßbinder, Rainer Werner, Der Müll, die Stadt und der Tod, in: Stücke 3, Frankfurt 1976
Freytag, Gustav, Soll und Haben, (1855) München 1976
Goes, Albrecht, Das Brandopfer, Frankfurt 1954
" Begegnung in Ungarn, in: Erfüllter Augenblick, Stuttgart 1955, S. 31 - 35
" Die guten Gefährten, Stuttgart o.J. (1942)
" Novellen, Berlin (DDR) 1977
" Unruhige Nacht, Hamburg 195o
Grass, Günter, Die Blechtrommel, Darmstadt/Neuwied 5.u.6. Aufl. 196o
" Hundejahre, Darmstadt/Neuwied 1963
" Aus dem Tagebuch einer Schnecke, Darmstadt/Neuwied 1972
Grynberg, Henryk, Der jüdische Krieg, Frankfurt 1972
Hermlin, Stephan, Begegnungen 1954 - 1959, Berlin (DDR) 196o
" Der Leutnant Yorck von Wartenburg, Singen 1946
" Die Zeit der Gemeinsamkeit, Berlin (West) 1966
Hilsenrath, Edgar, Nacht, (1964) Köln 1978
" Der Nazi und der Friseur, Köln 1977
Jens, Walter, Der Blinde, Hamburg 1951

König, Joel, David. Aufzeichnungen eines Überlebenden, Frankfurt 1979 (Original Göttingen 1967 unter dem Titel "Den Netzen entronnen)
Koeppen, Wolfgang, Tauben im Gras, Stuttgart 1951
" Der Tod in Rom, Stuttgart 1954
" Das Treibhaus, Stuttgart 1953
Lander, Jeannette, Ein Sommer in der Woche der Itke K., Frankfurt 1974
" Die Töchter, Frankfurt 1976
Rinser, Luise, Grenzübergänge, Frankfurt 1972
" Jan Lobel aus Warschau, Kassel 1948
" Der schwarze Esel, Frankfurt 1974
Roth, Joseph, Hiob, (193o) Hamburg 1976
Weiss, Peter, Abschied von den Eltern, Frankfurt 1961
" Die Ästhetik des Widerstands, Bd. 1 Frankfurt 1975, Bd. 2 Frankfurt 1978
" Die Ermittlung, Frankfurt 1965
" Fluchtpunkt, Frankfurt 1962
" Meine Ortschaft, in: Rapporte, Frankfurt 1968
Zwerenz, Gerhard, Bürgertum und Pornographie, Frankfurt 1971
" Die Erde ist unbewohnbar wie der Mond, Frankfurt 1973

II. Sekundärliteratur

Adorno, Theodor W., Auferstehung der Kultur in Deutschland (195o), in: Kritik, Frankfurt 1973
Andersch, Alfred, Deutsche Literatur in der Entscheidung, Karlsruhe 1948
Broder, Henryk M., Vom Antisemitismus zum Antizionismus - oder: Wie die Linke das Erbe der Rechten übernommen hat, in: Emuna/Israel Forum 4/76, S. 37 - 42
Enzensberger, Hans Magnus, Wilhelm Meister, aufs Blech getrommelt, in: Einzelheiten, Frankfurt 1962
Gegenwartsliteratur und Drittes Reich, hrsggb. v. Hans Wagener, Stuttgart 1977
Handbuch der deutschen Gegenwartsliteratur, 2. Aufl. München 1969

Herzl, Theodor, Der Judenstaat, 11. Aufl. Jerusalem 1946
Jens, Walter, Deutsche Literatur der Gegenwart, 4. Aufl. München 1962
" Statt einer Literaturgeschichte, 5. Aufl. Pfullingen 1962
Kennzeichen J. Bilder, Dokumente, Berichte zur Geschichte der Verbrechen des Hitlerfaschismus an den deutschen Juden 1933 - 1945, hrsggb. v. Helmut Eschwege, Berlin(DDR) 1966
Kurzman, Dan, Das Ghetto, Serie im ZEIT-Magazin Nr. 12 (1979) und folgende
Lauckner, Nancy A., The Image of the Jew in the Post-War German Novel, Diss. University of Tennessee, Knoxville, Wisconsin 1971, Microfilm
Literaturmagazin 7, Nachkriegsliteratur, hrsggb. v. Jürgen Manthey, Hamburg 1977
Maier, Kurt S., Images of the Jew in Postwar German Fiction and Drama, Diss. Columbia University 1969
Mark, Bernhard, Der Aufstand im Warschauer Ghetto, Berlin (DDR) 1957
Mattussek, Paul, Die Konzentrationslagerhaft und ihre Folgen, Berlin/Heidelberg/New York 1971
Mitscherlich, Alexander und Margarethe, Die Unfähigkeit zu trauern, München 1967
Müller-Schwefe, Hans-Rudolf, Sprachgrenzen. Das sogenannte Obszöne, Blasphemische und Revolutionäre bei Günter Grass und Heinrich Böll, München 1978
Reich-Ranicki, Marcel, Deutsche Literatur in Ost und West, München 1976
" Lauter Verrisse, München 197o
" Über Ruhestörer, München 1973
" Zur Literatur der DDR, München 1974
Reszler, André, Le national-socialisme dans le roman allemand contemporain, Genève 1966
Ringelblum, Emanuel, Tagebücher aus dem Chaos, eingel. v. Arieh Tartakower, Stuttgart 1967
Schubert, Kurt, Die Kultur der Juden im Altertum, Wiesbaden 198o, S. 161

Stroop-Bericht, Es gibt keinen jüdischen Wohnbezirk in Warschau mehr, Photokopie Neuwied/Darmstadt 196o

Stütz, Marina, Der Aufstand im Warschauer Ghetto, in: Emuna/ Israel Forum Heft 3/78 S. 63 - 66

Wellershoff, Dieter, Bilder mit dunklem Einschlag, in: Christian Linder, Schreiben & Leben, Köln 1974

Wulf, Josef, Vom Leben, Kampf und Tod im Ghetto Warschau, Bonn 1958

ZEIT, DIE, Nr. 16 (1976)

ZEIT-Magazin Nr. 4o (1978)

ZEIT-Magazin Nr. 12 (1979)ff